高等职业教育"十三五"创新型规划教材

管理学基础

主　编：李选芒　　陈昊平
副主编：王荣琦　　田建平　　成志平
主　审：赵居礼

北京理工大学出版社
BEIJING INSTITUTE OF TECHNOLOGY PRESS

版权专有　侵权必究

图书在版编目（CIP）数据

管理学基础/李选芒，陈昊平主编．—北京：北京理工大学出版社，2016.7（**2017.12 重印**）

ISBN 978-7-5682-1905-1

Ⅰ．①管⋯　Ⅱ．①李⋯　②陈⋯　Ⅲ．①管理学－高等学校－教材　Ⅳ．①C93

中国版本图书馆 CIP 数据核字（2016）第 032707 号

出版发行 / 北京理工大学出版社有限责任公司
社　　址 / 北京市海淀区中关村南大街 5 号
邮　　编 / 100081
电　　话 /（010）68914775（总编室）
　　　　　（010）82562903（教材售后服务热线）
　　　　　（010）68948351（其他图书服务热线）
网　　址 / http://www.bitpress.com.cn
经　　销 / 全国各地新华书店
印　　刷 / 北京泽宇印刷有限公司
开　　本 / 787 毫米 × 1092 毫米　1/16
印　　张 / 20　　　　　　　　　　　　　　　责任编辑 / 武丽娟
字　　数 / 461 千字　　　　　　　　　　　　　文案编辑 / 武丽娟
版　　次 / 2016 年 7 月第 1 版　2017 年 12 月第 3 次印刷　　责任校对 / 孟祥敬
定　　价 / 45.00 元　　　　　　　　　　　　　责任印制 / 李志强

图书出现印装质量问题，请拨打售后服务热线，本社负责调换

前　言

教材是教学过程的重要载体，加强教材建设是深化职业教育教学改革的有效途径，是推进人才培养模式改革的重要条件，对促进现代职业教育体系建设、切实提高职业教育人才培养质量具有十分重要的作用。

管理学已形成了比较完整的理论体系和丰富的思想内容，是从事现代管理工作的理论基石。通过学习和掌握其基本原理和方法，可以为以后的学习打下较为扎实的基础，因此，管理学是财经类专业学生必须学习和掌握的基础课程。

本教材在编写过程中，力求淡化理论研究，更好地让学生理解管理学的基本原理及其在实践中的应用，每章配有案例和习题，增加知识链接和知识拓展项目，突出教材的实用性，形成有自己特色的体系结构。本教材共有九章内容，分为基础篇、职能篇和拓展篇，主要内容包括：管理基础知识、管理理论与思想、计划职能、组织职能、领导职能、控制职能、企业文化、管理道德与企业社会责任和管理创新。另外，为了更大限度地拓展学生的学习视野，本教材还增加了附录——终生受用的经典管理理论和管理故事。

本教材由陕西工业职业技术学院李选芒、陈昊平担任主编，西安航空职业技术学院赵居礼教授担任全书主审。参加编写人员及编写分工如下：第一章由李选芒教授编写；第二章和附录由陕西工业职业技术学院陈昊平副教授编写；第三章、第四章和第五章由陕西工业职业技术学院王荣琦副教授编写；第六章由陕西工业职业技术学院田建平讲师编写；第七章、第八章和第九章由陕西工业职业技术学院成志平讲师编写。

本教材在编写过程中参考了大量的书籍、文献、论文，引用了许多专家、学者的著作和研究成果，通过网络也搜集和采用了大量的资料，因不能一一指出其出处，在此谨对他们一并致谢！

由于编写时间仓促及编者水平有限，加之在编写过程中依照高职高专人才培养模式和教学模式的创新，对教材内容及编写模式进行了改革和创新，难免有一些不当和不成熟之处，恳请读者批评指正，以期不断改进。谢谢！

编　者
2015 年 9 月

目 录

基 础 篇

第一章 管理基础知识 ……………………………………………………………… (3)
 第一节 管理系统与管理职能 ……………………………………………………… (3)
 第二节 管理主体与管理客体 ……………………………………………………… (8)
 第三节 管理环境与管理机制 ……………………………………………………… (11)

第二章 管理理论与思想 ……………………………………………………………… (18)
 第一节 中国传统的管理 …………………………………………………………… (19)
 第二节 西方传统的管理 …………………………………………………………… (24)
 第三节 行为科学管理理论 ………………………………………………………… (29)
 第四节 西方现代的管理 …………………………………………………………… (31)

职 能 篇

第三章 计划职能 ……………………………………………………………………… (49)
 第一节 计划 ………………………………………………………………………… (50)
 第二节 决策 ………………………………………………………………………… (74)

第四章 组织职能 ……………………………………………………………………… (97)
 第一节 组织与组织结构 …………………………………………………………… (98)
 第二节 组织结构的基本类型 ……………………………………………………… (106)
 第三节 人力资源配置与管理 ……………………………………………………… (111)

第五章 领导职能 ……………………………………………………………………… (133)
 第一节 领导 ………………………………………………………………………… (134)

第二节　领导理论 …………………………………………………… (141)
　　第三节　激励 ………………………………………………………… (152)
　　第四节　沟通 ………………………………………………………… (162)
　　第五节　领导艺术 …………………………………………………… (168)
第六章　控制职能 ………………………………………………………… (179)
　　第一节　控制概述 …………………………………………………… (180)
　　第二节　控制过程 …………………………………………………… (188)
　　第三节　控制方法 …………………………………………………… (193)

拓 展 篇

第七章　企业文化 ………………………………………………………… (211)
　　第一节　企业文化概述 ……………………………………………… (212)
　　第二节　企业文化构成与特征 ……………………………………… (218)
　　第三节　企业文化建设 ……………………………………………… (222)
第八章　管理道德与企业社会责任 ……………………………………… (232)
　　第一节　管理道德概述 ……………………………………………… (233)
　　第二节　改善组织道德行为的途径 ………………………………… (236)
　　第三节　企业社会责任 ……………………………………………… (242)
第九章　管理创新 ………………………………………………………… (254)
　　第一节　管理创新及其作用 ………………………………………… (255)
　　第二节　管理创新的理念、原则及内容 …………………………… (259)
　　第三节　创新的过程 ………………………………………………… (262)
　　第四节　创新方法 …………………………………………………… (263)
附录　终生受用的经典管理理论和管理故事 …………………………… (272)
训练题参考答案（部分） ………………………………………………… (305)
参考文献 …………………………………………………………………… (307)

基/础/篇

第一章

管理基础知识

> **导入案例**
>
> 丁谓（966—1037），字谓之，后更字公言，江苏长洲县（今苏州）人。宋真宗大中祥符五年至九年（1012—1016）任参知政事（次相），天禧三年至乾兴元年（1019—1022）再任参知政事、枢密使、同中书门下平章事（正相），前后共在相位七年，是宋代苏州人中第一个官至宰相的高官。
>
> 丁谓"一举三得"重建皇宫
>
> 宋真宗大中祥符年间，都城开封里的皇宫着火，宫室毁坏了不少。右谏议大夫、权三司使丁谓受命负责重新营造皇宫。建造皇宫需要很多土，丁谓考虑到从营建工地到城外取土的地方距离太远，费工费力，便下令将城中街道挖开取土，节省了不少工时。挖了不久，街道便成了大沟。丁谓又命人挖开官堤，引汴水进入大沟之中，然后调来各地的竹筏木船经这条大沟运送建造皇宫所用的各种物材，十分便利。等到皇宫建造完毕，丁谓命人将大沟中的水排尽，再将拆掉废旧皇宫以及营建新皇宫所丢弃的砖头瓦砾填入大沟中，大沟又变成了平地，重新成为街道。这样，丁谓"一举三得"，挖土、运送物料、处理废弃瓦砾三件工程一蹴而成，节省的工费数以亿万计。丁谓主持的皇宫修建工程体现了中国古人高超、智慧的管理实践。工程建设的过程，同现代管理思想何其吻合！

第一节 管理系统与管理职能

一、管理的性质和特征

1. 管理的概念

管理是人类最基本的社会实践活动之一，它不仅贯穿于人类社会的各个历史阶段，而且存在于社会生活的各个领域。在现实生活之中，大至政府、军队，小至企业、医院、学校、家庭等社会基本单位和部门都存在管理活动。可以说，凡是由两人以上组成的、有一定活动目标的集体或组织都离不开管理。

那么，什么是管理呢？从字面意思来讲，"管"就是将对象限制在一个狭小的范围之内进行看管，在控制之下；"理"是在充分了解对象自身规律的前提下，对其进行整理或治理，最终达到一个令人满意的理想状态或目标。

在不同时期，中外管理学家从不同的角度给予管理不同的解释，以下是具有代表性的几种观点，它们都从某个侧面反映了管理的内涵。

(1) 管理是指计划、组织、指挥、协调和控制。

这是古典管理创始人之一、法国管理学家亨利·法约尔于1916年提出的观点。这个观点明确了管理的过程和职能。他的理论经过近百年来许多人的研究和实践，除在管理职能上有所增减之外，被证明基本上是正确的，并成为管理定义的基础。

(2) 管理就是决策。

这是美国管理学家赫伯特·A·西蒙提出的观点。他认为决策贯穿于管理的全过程和所有方面，组织是由决策者构成的系统，决策正确与否直接关系组织工作的成败。他把决策的制定过程分为四个阶段：1) 调查情况，分析形势，搜集信息，找出制定决策的理由；2) 制定可能的行动方案，以应付面临的形势；3) 在各种可能方案中进行抉择，选择比较满意的方案，并付诸实施；4) 检查已实施方案的执行情况，并进行评价，然后制定新的决策。这一过程是任何组织的管理者实施管理都要进行的过程，所以从这方面来看，管理就是决策。

(3) 管理就是确切知道要别人干什么，并要他们用最好、最经济的方法去干。

这是美国"科学管理之父"泰罗提出的观点。他认为"管理的主要目的应该是使雇主实现最大限度的富裕，同时也使每个雇员实现最大限度的富裕"。他强调寻求最经济的方法去完成工作任务。

(4) 管理不仅是一门学问，还是一种文化，它有自己的价值观、信仰和语言。

这是美国管理学家彼得·德鲁克提出的观点。他认为管理"根植于一种文化、一种价值传统、习惯和信念之中，根植于政府制度和政治制度之中"。

(5) 徐国华编著的《管理学》中，将管理定义为"通过计划、组织、控制、激励和领导等环节来协调人力、物力和财力资源，以期更好地实现组织目标的过程"。

(6) 周三多编著的《管理学》中，将管理定义为"通过信息获取、决策、计划、组织、领导、控制和创新等职能的发挥来分配、协调包括人力资源在内的一切可以调用的资源，以实现单独的个人无法实现的目标"。

综上所述，本书认为管理的概念可以表述为：管理是在特定的组织内外部环境约束下，对组织所拥有的资源进行有效的计划、组织、领导和控制，通过组织资源的优化配置，以期高效率地实现组织目标的过程（如图1-1所示）。

2. 管理的二重属性

任何社会生产都是在一定的生产方式和一定的生产关系下进行的。生产过程具有二重性，既是物质资料的再生产，又是生产关系的再生产。因此，对生产过程进行管理也存在二重性，即组织生产力的自然属性和为一定生产关系服务的社会属性。

(1) 管理的自然属性。管理的自然属性也称为管理的生产力属性或管理的共性。管理的自然属性是与生产力相联系的，表现为合理地组织生产力，其无阶级性。

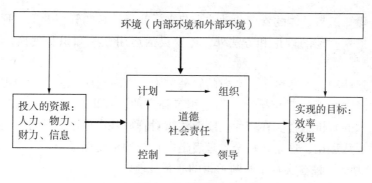

图 1-1 管理活动

在管理过程中，为了有效地实现组织目标，需要对人、财、物和信息等资源进行合理配置，对产供销及其他职能活动进行协调，以实现生产力的科学组织。这种组织生产力的管理功能是由生产力的发展引起和决定的，反映了人和自然的关系，故称为管理的自然属性。比如，无论是资本主义社会还是社会主义社会，只要进行社会化大生产，就需要合理地进行计划、组织、领导和控制，有效地利用人力、物力、财力和信息资源，提高经济效益。从这个意义上说，管理不具有明显的意识形态色彩，不会随着社会形态的变化而变化，故其又被称为管理的共性。

（2）管理的社会属性。管理的社会属性也称为管理的生产关系属性或管理的个性。管理的社会属性是与生产关系相联系的，表现为调节各种生产关系，主要体现管理者的意志和利益，具有一定的阶级性。

在管理过程中，为了维护生产资料所有者的利益，需要调整人们之间的利益分配，协调人与人之间的关系，它反映的是生产关系与社会制度的性质，故称为管理的社会属性。管理的社会属性是由管理所处的生产关系和社会制度的性质决定的。从这个意义上说，管理具有明显的意识形态色彩，在不同的社会制度、不同国家、不同民族之间具有较大差异，故其又被称为管理的个性。

正确认识管理的二重属性具有非常重要的现实意义。第一，全面认识管理的任务，既要合理组织生产力，提高经济效益，又要努力改善生产管理，兼顾社会责任。第二，对国外的管理理论和思想要正确评价和学习，要结合我国的国情有所选择地借鉴，不能盲目照搬。

3. 管理的基本特征

（1）管理是科学与艺术的结合。

管理是一门科学。管理作为一项活动，其间存在着一系列基本的客观规律。人们经过长期的实践，归纳总结出了一系列反映管理过程中客观规律的管理理论和方法，并利用这些理论和方法来指导管理实践，又以管理活动的结果来衡量这些管理理论和方法是否正确、是否有效，从而使管理的科学理论和方法在实践中得到不断的验证和丰富。因此，管理是一门科学，它以反映客观规律的管理理论和方法为指导，有一套分析问题、解决问题的科学的方法论。

管理又是一门艺术。管理虽然可以遵循一定的原理和规律办事，但由于在管理过程中存在很多不确定因素，包括突发性、偶然性的因素，而这些因素复杂多变，单靠管理理论和方法无法进行有效的管理。因而，管理者必须在管理实践中发挥人的积极性、主动性和创造性，灵活地把管理知识与具体的管理活动结合起来，获得满意的管理效果。管理的艺术性强调管理活动除了依靠一定的理论和方法外，还要灵活运用这些知识和理论，以达到最好的效果。

从管理的科学性和艺术性可知，有效的管理艺术是以对它所依据的管理理论的理解为基础的。因此，二者之间不是互相排斥，而是相互补充的。管理既是一门科学，又是一门艺术，是科学与艺术的有机结合。在当代，既要注重对管理基本理论的学习，又不能忽视在实践中因地制宜地灵活运用，这是每一个管理者走向卓越的重要保证。

(2) 管理能力是一种在实践中不断习得的心智技能。

首先，管理是一种心智技能。管理是一种思维力，是一种观察力，是一种决断力；管理是一种运用权威、利益机制与社会互动来影响他人与活动的运筹力、执行力。管理能力主要是心智性的技能，而非动作性技能，管理的关键在于思维，管理的灵魂在于创新，管理的价值在于实践。

其次，管理技能只能在实践中习得，在实践中不断提高。管理的实践属性与艺术属性，以及其技能的心智性，决定了管理技能只能在实践中习得。管理理论的学习只能为管理技能的培养提供理论基础，离开管理的实际参与和运作，就不可能有效地培养管理者的技能。只有将理论应用于实践，在反复处理复杂的管理问题的过程中，才能不断地提高管理者的管理技能。

(3) 管理的核心是处理各种人际关系。

对管理者而言，管理就是在其职责范围内协调下属人员的行为，让别人同自己一道去实现组织目标的活动。组织中的任何事情都是由人来传达和处理的，管理活动自始至终，在每个环节上都是与人打交道的，因此说管理的核心是处理组织中的各种人际关系。

(4) 管理的载体是组织。

管理活动在人类现实的社会生活中广泛存在，而且总是存在于一定的组织之中的。有效的协作需要组织的存在，需要在组织中实施管理。社会生活中各种组织的具体形式虽因其社会功能的不同而存在差异，但构成组织的基本要素是相同的。一个组织的建立，既要具备基本的内部要素，又要受外部环境的影响和制约。管理就是在这样的组织中，由若干人通过行使各种管理职能，使组织中以人为主体的各种要素得到合理配置，从而实现组织的目标。

二、管理系统

1. 管理系统的概念

管理系统，是指由相互联系、相互作用的若干要素或子系统，按照管理的整体功能和目标结合而成的有机整体。关于管理系统，可以从以下几个方面来理解：

(1) 管理系统是由若干要素构成的，这些要素可以看作管理系统的子系统；而且这些要素之间是相互联系、相互作用的。

(2) 管理系统是一个层次结构。其内部划分成若干子系统，并组成有序结构；而对外，任何管理系统又成为更大社会管理系统的子系统。

(3) 管理系统是整体的，发挥着整体功能，即其存在的价值在于其管理功能的大小。而任何一个子系统都必须是为实现管理的整体功能和目标服务的。

2. 管理系统的构成

（1）管理目标。管理目标是指人们在管理活动中，利用合理科学的管理措施所要达到的预期结果。管理目标是管理系统建立与运行的出发点和归宿，管理系统必须围绕目标建立与运行。

（2）管理主体。管理主体即管理者，是指掌握管理权力，承担管理责任，决定管理方向和进程的人。

（3）管理对象。管理对象，也称管理客体，是指管理者为实现管理目标，通过管理行为作用于其上的客体。管理对象包括不同类型的组织，也包括各组织中的构成要素及职能活动。

（4）管理媒介。管理媒介主要是指管理机制与方法，是管理主体作用于管理对象过程中的一些运作原理与实施方式、手段。

（5）管理环境。管理环境是指实施管理过程中的各种内外部条件和因素的总和。管理环境对管理行为产生直接或间接影响。

三、管理职能

1. 管理职能的概念

管理职能是管理者在管理过程中的各种基本活动及其功能。管理的各项职能总体上是为管理的目标服务的。

2. 管理职能的内容

（1）计划职能。计划职能是管理的首要职能，主要任务是在收集大量基础资料的基础上，对组织未来环境的发展趋势做出预测，根据预测的结果和组织拥有的可支配资源建立组织目标，然后制定各种实施目标的方案、措施和具体步骤，为组织目标的实现做出完整的谋划。

（2）组织职能。组织职能有两层含义：一是进行组织结构的设计、构建和调整，如成立某些机构或对现有机构进行调整和重塑；二是为达成计划目标所进行的必要的组织过程，如进行人员、资金、技术、物资等方面的调配，并组织实施等。

（3）领导职能。领导职能是指组织的各级管理者利用各自的职位权力和个人影响力去指挥和影响下属为实现组织目标而努力的过程。为了使领导工作卓有成效，管理者必须了解个人和组织行为的动态特征、激励员工以及进行有效的沟通。

（4）控制职能。控制职能所起的作用就是检查组织活动是否按既定的计划、标准和方法进行，及时发现偏差、分析原因并进行纠正，以确保组织目标的实现。控制职能与计划职能具有十分密切的关系，计划是控制的标准和前提，控制是为了计划的实现。

3. 管理职能之间的关系

管理的各项职能相互融合、相互交叉。在管理实践中，计划、组织、领导和控制职能一般是按顺序履行的，即先要执行计划职能，然后是组织、领导职能，最后是控制职能，但又不是绝对的。

管理职能存在着普遍性与差异性。原则上讲，各级各类管理者的管理职能具有共同性，都在执行计划、组织、领导、控制四大职能；但同时，不同层次、不同级别的管理者执行这四大职能时的侧重点与具体内容又是各不相同的。

第二节　管理主体与管理客体

一、管理主体——管理者

1. 管理主体的概念

管理主体即管理者，是指履行管理职能，对实现组织目标负有贡献责任的人。传统观点认为，管理者是运用职权、权力，对人进行统驭和指挥的人。它强调的是组织中正式的职位和职权，强调必须拥有下属。比如，企业的厂长、公司的经理、学校里的系主任等。而现代观点认为，管理者的首要标志是必须对组织目标负有贡献责任，而不是权力。重点在于只要共同承担职能责任，对组织的成果有贡献，而不在于其是否有下属人员。比如，拥有知识并负有贡献责任的工程师也是管理者。另外，管理者除了指挥别人完成某项具体工作以外，也可能承担某项具体的工作。比如，一些公司的销售经理，除了监督以及激励其下属完成某一销售额以外，自身也可能承担一部分具体的销售业务。

2. 管理主体的类型

（1）管理者可以按其所处的管理层次划分为高层管理者、中层管理者和基层管理者，如图1-2所示。

高层管理者，是指对整个组织的管理负有全面责任的人。其主要职责是：制定组织的总目标、总战略，掌握组织的大政方针并评价整个组织的绩效。他们在与外界的交往中，往往代表组织，以"官方"的身份出现。

中层管理者，通常指处于高层管理者和基层管理者之间的一个或若干个中间层次的管理者。其主要职责是：贯彻执行高层管理者所制定的重大决策，监督和协调基层管理人员的工作。与高层管理者相比，中层管理者更注重日常的管理事务。

基层管理者，又称一线管理者，是组织中处于最低层次的管理者，他们所管辖的仅仅是作业人员而不涉及其他管理者。其主要职责是：给下属作业人员分派具体的工作任务，直接指挥和监督现场作业活动，保证各项任务的有效完成。

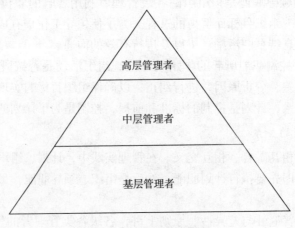

图1-2　管理者的层次

(2) 按照职权关系的性质，管理者可分为直线管理人员和参谋人员。

直线管理人员，是指有权对下级进行直接指挥的管理者。他们与下级之间存在着领导隶属关系，是一种命令与服从的职权关系。直线管理人员的主要职能是决策和指挥。直线人员主要是组织等级链中的各级主管，即综合管理者。

参谋人员，是指对上级提供咨询、建议，对下级进行专业指导的管理者。他们与上级的关系是一种参谋、顾问与主管领导的关系，与下级是一种非领导隶属的专业指导关系。他们的主要职能是咨询、建议和指导。参谋人员通常是各级职能管理者。

(3) 按管理者工作的性质和领域，管理者可分为综合管理者和专业管理者。

综合管理者，是指负责整个组织或组织中某个事业部的全部活动的管理者。对于小型组织来说，可能只有一个综合管理者，那就是总经理，他要统管组织内的包括生产、研发、营销、人事、财务、后勤等在内的全部活动。而对于大型组织来说，可能会按照产品类型分别设立几个产品分部，或按地区设立若干个地区分部。

专业管理者，是指仅仅负责管理组织中某一种职能的管理者。根据所管理的专业领域性质的不同，可以将管理者划分为生产部门管理者、研发部门管理者、营销部门管理者、人事部门管理者、财务部门管理者等。

3. 管理者的素质

管理者的素质是指管理者的与管理相关的内在基本属性与质量。管理者的素质主要表现在政治、业务、能力、身心和心理等方面。

(1) 政治思想素质。主要包括思想观念、价值体系、政策水平、职业道德、工作作风等方面的要求，具体表现在具有正确的世界观、人生观和价值观，现代化的管理思想，强烈的事业心、高度的责任感、正直的品质及民主作风，以及实事求是、勇于创新的精神。

(2) 业务素质。管理者应掌握的业务知识包括应懂得市场经济的基本运行规律和基本理论；应懂得组织管理的基本原理、方法、程序和各项专业管理的基本知识；应懂得思想工作、心理学、组织行为学、社会学等方面的知识，以便做好员工的思想工作，激发员工士气，协调好人与人之间的关系，充分调动员工的积极性。

(3) 工作能力素质。管理者不仅应具有一定的业务知识，还要有较高的工作能力，如较强的分析、判断、概括能力，决策能力，组织、指挥和控制能力，沟通、协调组织内外各种关系的能力，不断探索和创新的能力和知人善任的能力。

(4) 身体素质。管理者的指挥、协调、组织活动，需要足够的智慧，也需要消耗大量的精力，因此，必须有强健的体魄、充沛的精力。

(5) 心理素质。面对复杂多变的环境和各种不同类型的人物，管理者要想应对自如、游刃有余，除了前面这些素质要求外，还需要具备健康的心理素质。比如：有主见，非武断；有勇气，非鲁莽；有毅力，非固执；心胸豁达等。

4. 管理者的技能

(1) 技术技能。技术技能是指使用某一专业领域内的工作程序、技术和知识完成组织任务的能力。技术技能包括：专业知识、经验、技术、技巧，程序、方法、操作与工具运用熟练程度等。例如，工程师、会计师、广告设计师、推销员等，就都掌握着相应领域的技术技能，所以被称为专业技术人员。

(2) 人际技能。人际技能是指与处理人事关系有关的技能或者是与组织内外的人打交道的能力。人际技能要求管理者了解别人的信念、思考方式、感情、个性以及每个人对自己、对工作、对集体的态度，个人的需要和动机，还要掌握评价和激励员工的一些技术和方法，最大限度地调动员工的积极性和创造性。

（3）概念技能。概念技能是指综观全局、分析、评价和判断事物的能力，也就是洞察企业与环境互相影响的复杂性，并在此基础上加以分析、判断、抽象、概括并迅速做出正确判断的能力。

对基层管理者来说，技术技能最重要；对高层管理者来说，概念技能最重要；人际技能对所有层次的管理者同等重要。

二、管理客体——管理对象

1. 管理客体的概念

管理客体，也称为管理对象，是指管理者为实现管理目标，通过管理行为作用于其上的客体。管理总是对一个群体或组织实施的，所以管理对象首先可以理解为不同功能、不同类型的社会组织。而任何社会组织为发挥其功能，实现其目标，必须拥有一定的资源与要素。管理正是要对这些资源或要素进行配置、调度、组织，才能使管理目标得以实现。所以，这些资源或要素就是管理的最终对象。同时，组织要实现功能和目标，就必须展开职能活动，形成一系列工作或活动环节。

2. 管理对象的内容

（1）社会组织。社会组织是指为达到特定目的，完成特定任务而结合在一起的人的群体。它既包括具有法人资格的群体，如政党、工商企业、学校，也包括法人组织内部的单位或部门，如生产车间、销售部门。

（2）资源或要素。管理的主要任务除了实现组织与环境相适应外，还必须实现人、财、物、信息、技术、时间、社会信用等一切资源的优化配置，以期用最少的资源投入实现最佳的经济效益和社会效益。具体内容如下：

①对人的管理。主要涉及人员分配、工作评价、人力开发等。

②对资金的管理。主要涉及财务管理、预算控制、成本控制、资金使用、效益分析等。

③对物的管理。主要涉及资源利用，物料的采购、存储与使用，设备的保养与更新，办公条件和办公设施的改善等。

④对信息的管理。主要涉及组织外部、内部信息的快速收集、传递、反馈、处理与利用，发展趋势的准确预测等。

⑤对技术的管理。主要涉及新技术新方法的研发、引进与使用，各种技术标准和工作方法的制定与执行等。

⑥对时间的管理。主要是如何合理安排工作时间并提高工作效率，在最短的时间内达到组织目标等。

⑦对信用的管理。如通过组织的实践活动、媒体宣传和从事公益事业等手段，树立本组织良好的社会声誉和社会地位，为组织目标的实现创造良好的环境。

（3）职能活动。管理是使组织的活动效率化、效益化的行为，因此，最经常、最大量的管理对象是社会组织实现基本职能的各种活动。管理的功效主要表现为组织的各种职能活动更有秩序、更有效率、更有效益。

第三节　管理环境与管理机制

一、管理环境

1. 管理环境的含义及分类

管理环境，是指影响一个组织生存和发展的所有内外部因素的总和。任何组织都是在一定环境中从事活动的；任何管理也都要在一定的环境中进行。管理环境的特点制约和影响着管理活动的内容和进程。

按照影响因素存在的范围不同，可以把管理环境划分为内部环境和外部环境。内部环境，是指社会组织履行基本职能所需的各种内部资源与条件，还包括人员的社会心理、组织文化等因素。外部环境，是指组织外部的各种自然和社会条件等因素。

组织的外部环境还可以进一步划分为一般环境和任务环境。一般环境也称宏观环境，是指各类组织共同面临的整个社会的一些环境因素。任务环境也称微观环境，是指某个社会组织在完成特定职能过程中所面临的特殊环境因素。

管理环境的变化要求管理的内容、手段、方式、方法等随之调整，以利用机会，趋利避害，更好地实施管理。

2. 管理环境对组织的影响

（1）经济环境的影响。经济环境是影响组织行为最关键、最基本的因素，相对于其他方面而言，宏观经济环境的变化对组织所产生的影响更直接、更重要。其中对组织影响最大的是宏观经济周期波动和政府所采取的宏观经济政策。例如，在国民经济高速增长时期，企业往往面临更多的发展机会，因而企业可以增加投资，扩大生产和经营规模，这时企业的竞争环境也不会太紧张。而经济停滞或衰退时期则相反。国家实施信贷紧缩会导致企业流动资金紧张，周转困难，投资难以实施；而政府支出的增加则可能给企业创造良好的销售前景。通常，利率、通胀率、汇率、可支配收入及证券市场指数等因素的改变意味着经济环境的变化。

（2）政治环境的影响。政治环境是指总的政治形势，它涉及社会制度、政治结构、党派关系、政府政策倾向和人民的政治倾向等。政治的稳定无疑是组织发展必不可少的前提条件，只有在一个和平的环境中，企业才有投资的信心制订长期发展目标和计划。例如，伊拉克、阿富汗等国，常年处于战乱之中，这些国家的企业都处于崩溃状态。政治环境的变化有时对组织的决策行为产生直接影响，但更多地表现为间接影响。如由国家权力阶层的政治分歧或矛盾所引发的罢工浪潮和政局动荡，无疑会给企业的经营活动造成直接冲击，而这种政治环境变化所导致的新制度、新法规和新的经济政策，将会对全国范围内企业的经营和决策产生广泛、深远的直接和间接影响。

（3）社会环境的影响。社会环境是指由价值观念、消费观念、生活方式、职业与教育程度、宗教信仰、风俗习惯、社会道德风尚等因素构成的环境。这种环境在不同的地区、不同的社会是不同的。组织一经产生就按照社会环境的要求进入一定的位置，受到环境的约束限制。但组织所处的社会环境不是一成不变的，组织的经营必须适应社会环境的变迁，提供的产品和服务以及内部政策应随社会环境的变化而改变。

（4）技术环境的影响。任何组织都与一定的技术存在稳定联系，技术是组织为社会服务或贡献的手段。技术环境不仅直接影响企业内部生产与经营，同时还与其他环境因素相互依赖、相互作用。

（5）自然环境的影响。自然环境是指能够影响社会生产过程的自然因素，包括组织所在地区的位置、气候条件、资源状况等。对于企业来说，自然环境是影响其生产经营活动的至关重要的因素。自然环境的不同会对企业原料来源、经营或出售的商品种类、经营设施安排等产生影响。"天时、地利、人和"中所谓"地利"指的主要就是自然环境。

二、管理机制

1. 管理机制的含义与特征

机制原本是指机器的构造及其工作原理。机器构造合不合理、工作原理清不清楚，直接影响机器的操作运转。组织就像一部需要运行的机器，当然就必须有组织管理系统的结构及其运行机制。管理机制，是指管理系统的结构及其运行机理，其本质是管理系统的内在联系、功能及运行原理。管理机制是决定组织管理功效的核心问题。例如，管理者在管理中存在何种管理关系、采取何种管理行动、达到的管理效果如何，归根结底是由管理机制决定的。

管理机制具有以下几个特征：

（1）内在性。管理机制是管理系统的内在结构与机理，其形成与作用是完全由自身决定的，是一种内在的运动过程。

（2）系统性。管理机制是一个完整的有机系统，具有保证其功能实现的结构与作用系统。

（3）客观性。任何组织，只要其客观存在，其内部结构、功能既定，必然要产生与之相应的管理机制。这种机制的类型与功能是一种客观存在，是不以任何人的意志为转移的。

（4）自动性。管理机制一经形成，就会按照一定的规律、秩序，自发地、能动地诱导和决定企业的行为。

（5）可调性。机制是由组织的基本结构决定的，只要改变组织的基本构成方式或结构，就会相应改变管理机制的类型和作用效果。

2. 管理机制的构成

管理机制是以客观规律为依据，以组织结构为基础，由若干子机制有机组合而成的。在实际管理中，特别是在企业管理中，管理机制主要表现为运行机制、动力机制和约束机制三大机制。运行机制是管理机制的主体，动力机制和约束机制则为系统运行提供动力或进行行为修正。

（1）运行机制。运行机制是组织中最基本的管理机制，是管理机制的主体。运行机制主要指组织基本职能的活动方式、系统功能和运行原理。

任何组织，大到一个国家，小到一个企业、单位、部门，都有其特定的运行机制。例如：国家有政权运行机制，有国民经济运行机制，有社会活动运行机制等；工业企业有生产经营运行机制；商业企业有商品经营与服务活动运行机制；学校有教学运行机制；文化团体有文化活动运行机制；军队有军事训练、军事活动运行机制等。

（2）动力机制。所谓动力机制，是指管理系统动力的产生与运作的机理。例如：某推销员一家需要存钱买一套房子,于是产生了通过多推销商品以得到更多佣金的动机;由于积极推销,获得一大笔佣金买了一套比较满意的房子;这样一种需要的满足又强化了该推销员的其他需要,如汽车的购买或者职位的晋升等方面的需要。这些都是动力机制引起的。

动力机制主要由三个方面构成。一是利益驱动。这是社会组织动力机制中最基本的力量,是由经济规律决定的。人们会在物质利益的吸引下,采取有助于组织功能实现的行动,从而有效推动整个系统的运行。二是政令推动。这是由社会规律决定的。管理者凭借行政权威,强制性地要求被管理者采取有助于组织功能实现的行动,以此推动整个系统的运行。三是社会心理推动。这是由社会与心理规律决定的。管理者利用各种管理手段或措施,对被管理者进行有效的教育和激励,以调动其积极性,使其自觉自愿地努力实现组织目标。

(3) 约束机制。约束机制是指对管理系统行为进行限定与修正的机制。其功能是保证管理系统正确运行以实现组织目标。一个管理系统,如果失去约束,放任自流,就会失去控制,偏离目标,招致失败。有效的约束机制,对于保证系统的顺利运行、有效实现目标具有极为重要的作用。

约束机制主要包括以下几个方面的约束因素:

①权力约束。权力约束是双向的。一方面,利用权力对系统运行进行约束。如下达保证实现目标的命令,对偏差行为采取有力处罚,从而凭借权力,保证系统的顺利运行。另一方面,要对权力的拥有与运用进行约束,以保证正确地使用权力。失去约束的权力是危险的权力。

②利益约束。利益约束是约束机制极为有效的组成部分,故常被称为"硬约束"。利益约束也是双向的。一方面,以物质利益为手段,对运行过程施加影响,奖励有助目标实现的行为,惩罚偏离目标的行为;另一方面,对运行过程中的利益因素加以约束,其中突出地表现为对分配过程的约束。

③责任约束。这主要是指通过明确相关系统及人员的责任,来限定或修正系统的行为。例如,明确规定企业法人代表对国有资产保值、增值所负有的责任,并加以量化和指标化。

④社会心理约束。这主要是指运用教育、激励和社会舆论、道德与价值观等手段,对管理者及有关人员的行为进行约束。

本章小结

管理是在特定的组织内外部环境约束下,对组织所拥有的资源进行有效的计划、组织、领导和控制,通过组织资源的优化配置,以期高效率地实现组织目标的过程。管理具有自然属性和社会属性的二重属性。管理者要履行好管理职能,应具备三种基本技能,即概念技能、人际技能和技术技能。对基层管理者来说,技术技能最重要;对高层管理者来说,概念技能最重要;人际技能对所有层次的管理者同等重要。管理环境,是指影响一个组织生存和发展的所有内外部因素的总和。任何管理都要在一定的环境中进行。

管理机制是管理系统的结构及其运行机理。其本质是管理系统的内在联系、功能及运行原理。管理机制是决定组织管理功效的核心问题。管理机制具体包括运行机制、动力机制和约束机制。运行机制是管理机制的主体,动力机制和约束机制则为系统运行提供动力或进行行为修正。

知识拓展

姜汝祥，企业执行力咨询第一品牌锡恩公司创始人。精研跨国公司核心竞争力的归国学者，北京大学光华管理学院高层经济培训中心副主任。畅销书《差距》——"中国第一部企业战略专著"作者。2002年凭借其管理思想获评"中华海外归国十大创业人物"。

姜汝祥：狼性领导十大原则

原则之一：忍辱负重

狼不会为了尊严，在自己弱小的时候，去攻击比自己强大的东西。

很多伟大任务是经历磨难才成功的，领导者必须懂得从小到大是对伟大原则的养育过程，你必须忍辱负重，要像一位母亲一样勇于牺牲。看不到这一点，你就会被眼前所谓的尊严打倒。

原则二：整体至上

在夜里，没有哪一种声音比狼群异乎寻常的嚎叫更阴森、凄楚、可怕而又动听的了。

它们仿佛在宣告："虽然声音都各有不同，但我们是一个整体，所以最好不要惹我们。"

领导者最大的使命是使员工听到公司强大的声音中有自己的那一份，这将使公司变得更加强大。

原则三：自知之明

狼也很想当兽王，但狼知道自己是狼不是老虎。所以狼选择了草原这一细分市场。这是典型的差异化战略。领导者懂得专注于一点可以使自己成为这一领域的老虎，而不是不自量力地去当一切动物的王。

原则四：顺水行舟

跳上一块浮冰到达对岸，狼知道如何用最小的代价，换取最大的回报。领导者永远懂得是时势造英雄，而不是英雄造时势。

原则五：血浓于水

狼虽然通常独自活动，但你不会发现有哪只狼在同伴受伤的时候独自逃走。

你是否有能力让人们跟随你冲锋陷阵，取决于你是否让他们确信你心中装着他们的利益。

领导者要懂得斗志是可以用鲜血激发出来的，鲜血能够形成团队牢不可破的信赖（军队是最典型的例子)。

原则六：利益至上

狼很想做一个善良动物，但狼也知道自己的胃只能消化肉，所以狼唯一能做的只有每次都干干净净地吃掉自己的猎物。

大富人家通常出不了人才，伟大的旗帜下往往是平庸的员工。领导者懂得所谓职业化就是利益背后的原则至高无上，法不容情。

原则七：知彼知己

狼尊重每个对手，在每次攻击前都充分了解对手，而不是轻视它，所有狼一生的攻击很少失误。

领导者要明白，自己的胜利并不一定依靠自己有多么强大，而是取决于自己是否比对手更用心！知彼知己，才有可能百战百胜。

原则八：原则至上

狼在小狼有独立能力时就坚决离开它，因为狼知道，如果小狼当不成狼，就只能成为羊了。

领导者绝不应把精力放在落后的员工身上，而应把精力放在表现不错的员工身上。

原则九：团队精神

在动物里面，大雁能比其他动物飞得更远，狼比其他动物更强大，都是源自团队之间的配合。领导者懂得通过尊重，鼓励其他成员表现自我，这样整个集体定会变得强大而令人敬畏。

原则十：持续基因

公狼会在母狼怀孕时一直保护它，直到小狼能够独立生存，"狼心狗肺"之说对狼是不公平的。领导者懂得超越利益的文化才是一个团队凝聚的核心。

训练题

一、选择题

1. 通常认为，管理的首要职能是（　　）。
   A. 计划　　　　B. 组织　　　　C. 领导　　　　D. 控制
2. 管理者应该具备的最基本的三种技能是（　　）。
   A. 技术技能　　B. 人际技能　　C. 概念技能　　D. 领导技能
3. 以下对管理的描述正确的是（　　）。
   A. 管理的目的是管好人　　　　　B. 管理的目的是实现组织的目标
   C. 管理的对象主要是人　　　　　D. 管理的对象不仅仅是人
4. "凡事预则立，不预则废"反映了管理的（　　）职能。
   A. 计划　　　　B. 组织　　　　C. 领导　　　　D. 控制
5. 下面的陈述正确的是（　　）。
   A. 只有企业才需要管理　　　　　B. 任何类型的组织都需要管理
   C. 个体企业不需要管理　　　　　D. 社会团体不需要管理

二、简答题

1. 什么是管理？管理具有哪些特征？
2. 为什么说管理既是一门科学，又是一种艺术？

3. 管理系统的构成要素有哪些？
4. 管理的职能包括哪些？它们之间有什么关系？
5. 实际管理中需要管理者具备哪些素质？
6. 为什么处于同一组织的不同层次的管理者其所需的技能结构是不同的？

三、案例分析

三个和尚有水吃

有一句老话，叫"一个和尚挑水吃，两个和尚抬水吃，三个和尚没水吃"。后来还被拍成动画片，叫《三个和尚》。九龙不治水，三个和尚没水吃，说明人多了反而不如人少。如今，这三个观点过时了。三个和尚的故事现在已经演绎为"一个和尚没水吃，三个和尚水多得吃不完"。

山上的和尚到底是怎么解决吃水问题的呢？

话说一座山上有三座寺庙，分别位于山顶、山腰和山脚，山上唯一的一口井在半山腰，为了解决吃水问题，三座寺庙的和尚采取了不同的方法。

1. 山顶和尚的做法

问题：由于庙在山顶，山陡路长，三个和尚挑上满满一桶水，路途颠簸，回到庙里可能只剩下半桶水了，如果要挑满一缸水，那么会非常累。

方案1：接力法

每个和尚负责1/3的路程，每到1/3的路程，就由另一个和尚接力过去，这样减轻了每个和尚的负担，而且他们排定了值日表，可以轮流选择1/3的路程，这样在挑水的路上还可以欣赏美丽的风光。

方案2：双人搭配挑水制度

方案2其实是方案1的改进版，方案1在初期在解决了挑水和尚较累的问题，但是过一段时间后就会发现在挑水过程中会比较寂寞，不人性化，于是就提出了双人搭配挑水方案，路上每隔一段就换一次，两个和尚可以在路上说说笑笑，既轻松，又可以在挑水的过程中互相学习，探讨深厚的佛理。

2. 山腰和尚的做法

问题：由于水井就在半山腰，所以挑水非常容易，但是正是因为太方便，三个和尚都学着偷懒，总想着自己少干点，因此缸里的水也一直满不了。

方案：制定合理的奖惩制度

大家负责三口缸的任务，三人每人一口缸。如果每天谁缸里的水最多，晚饭就加道菜，缸里水最少的那个就只能吃白饭，没有菜。如果三口缸都是满的，大家就可以因为工做出色而争取到吃小灶的权利。

有了这个制度后，三个和尚就拼命挑水，自然每个人的缸都是满的，如果因为哪个生病了或者有事，其他和尚也会主动帮助代挑那缸水。这样，三口缸永远都是满的，三个和尚也就经常得到吃小灶的权利了。

3. 山脚和尚的做法

问题：山脚和尚由于离井很远，而且路途陡峭，天天到山腰挑水也非常累。

方案1：挖渠引水

由于水往低处流，三个和尚就挖渠引水，大家没日没夜地干了七七四十九天，眼看水快到庙的时候，新的问题又出现了，发现有一块非常大的石头，挡住了水流无法引入庙里，而且一路上渠道里水经过流失，水流已经干涸了，三个和尚精疲力竭，懊恼异常，辛辛苦苦干了这么长时间，到最后才知道线路选择得不对，懊恼怎么没提前勘探线路呢，挖渠太累了。

方案2：引水入流

经过方案1的挫折后，和尚们经过了仔细的思考，想到山上有很多很粗的竹子，可以利用这些竹子把水引下来，和尚们说干就干，并做了详细的线路勘探，仔细衡量了工作进度，制订出一份详细的计划，并不像以前那样没日没夜地干活了。大家日出而作，日落而息，每日按照进度完成，因为山势变化莫测，会遇到很多山石阻碍，和尚们就计划在环山路几个阻挡的地方建立水潭进行蓄水，将水引下山。他们砍来合适的竹子，掏空竹节，铺好竹路引水完成工程，从此水就可以源源不断地引入庙里，再也不需要挑水了。

以小组为单位，根据所学知识，对上面的案例进行讨论分析：

（1）该故事中三个寺庙里的和尚分别引入了哪些管理机制和方法使得和尚们有水吃？你还能提出哪些更好的方案？

（2）请举出实际工作生活中碰到的类似三个和尚吃水的问题，从机制、管理、技术创新等方面入手寻找解决问题的办法。

第二章

管理理论与思想

导入案例

先有人走才有路

世界著名建筑大师格罗培斯设计了世界上最罕见的特大公园——美国迪士尼乐园。经过三年的施工，公园马上就要对外开放的时候，格罗培斯却为连接景点之间的路径绞尽了脑汁，前后设计了50多个方案，却没有一个让他满意的。于是，他决定暂时放下手头的工作，去法国度假。

汽车在法国南部的乡间公路上奔驰，这里是法国著名的葡萄产区，漫山遍野到处都是当地农民的葡萄园。一路上，他看到人们将无数的葡萄摘下来提到路边，向过往的行人和车辆吆喝，但很少有人停下来。

当他们的车子驶入一个小山谷时，发现有很多车子停在那里。原来这是一个无人看管的葡萄园，只要你在路边的箱子里投入5法郎，就可以自己摘一篮子葡萄上路。据说这里的园主是一位老太太，她因年迈无力料理葡萄园而想出了这种办法。起初她还担心用这种办法能不能卖完这么多葡萄，谁知在这绵延百里的葡萄产区，她的葡萄总是最先卖完。她这种给人自由选择的做法使格罗培斯深受启发。他当即通知游乐园的相关负责人，在游乐园的空地上撒上草籽，提前开放。

游乐园很快开放了，小草也跟着发了芽。在景点与景点之间，游人随意踩出了一条条小路，土黄色的小路纵横交错于绿草之间，美不胜收。第二年，格罗培斯依照游人踩出的小路，设计出了连接景点的路径，他的这个设计在1971年伦敦国际园林建筑艺术研讨会上被评为世界最佳设计奖。

当有人问他，为什么会采取这样的方式设计迪士尼乐园的道路时，格罗培斯说了一句话：艺术是人性化的最高体现，最人性的，就是最好的。

其实地上本没有路，走的人多了，也便成了路。思想、原理和理论都是实践的总结，若要形成有用的理论，必然先有实践。就像要得到好的路径设计，先要种上草让人们去踩。管理学也来源于实践，有了实践，经过总结形成思想，多种思想经过系统化再形成理论。理论又被人们用于实践，管理学的理论就是在实践—理论—实践的螺旋式上升的过程中不断深化演进并为人们所接受的。

第一节 中国传统的管理

一、中国传统管理的社会文化背景

中国是世界上历史最悠久的文明古国之一。早在5 000多年前，中国已经有了人类社会最古老的组织——部落，有了部落首领，因而也就有了管理。到了商周时代，中国已形成了组织严密的奴隶制和封建制国家组织，出现了从中央到地方高度集权、等级森严的金字塔形的权力结构。

中国自古就是世界上人口最多，幅员辽阔的国家之一。早在秦朝时就形成了与现代中国国土相近的统一国家。在以后2 000多年漫长的历史中，历代统治者都能对如此辽阔的疆土和众多的人口进行有效的控制与管理。从管理学的角度来看，历代统治者给我们留下了有关管理国家、巩固政权、统帅军队、组织战争、治理经济、发展生产、安定社会等方面极为丰富的经验和理论，其中也包含许多至今仍闪耀着光辉的管理思想。

中国有许多世界历史上的伟大工程。长城、都江堰、京杭大运河等就是其中令人赞叹的例子。要完成这些浩大的工程，在科学技术尚不发达的当时，其计划、组织、领导、控制等管理活动的复杂程度是现代人难以想象的。

中国在其漫长的历史中，所经历战争之多，规模之大，也是世界各国所少有的。早在春秋战国时期，就经常发生投入几十万军队的大战役。战争给人们带来了死亡和灾难，摧毁了人类的文明和良知。但战争也推动了如何治理军队、如何带兵作战的军事思想的发展，产生了许多不朽的军事著作。《孙子兵法》就是其中最著名的代表作，著作之中所阐述的"为将之道""用人之道""用兵之道"，以及在各种极其错综复杂环境中为了取胜所采取的各种战略、策略，堪称人类智慧的结晶。对于今天的各项管理工作，特别是对处于激烈竞争中的企业，都有着极其现实的参考价值。

中国的儒家思想是中国传统文化的主流。儒家思想的特点是着重于对人类精神文明的研究。中国历代的思想家，从孔子、孟子、庄子、墨子、管子等诸子百家起，在浩如烟海的著作中，反复论述的基本主题就是人的本性以及人们之间的社会关系。他们提出"三纲"，即以"君为臣纲,父为子纲,夫为妻纲"作为处理君臣、父子、夫妻之间相互关系的道德规范;提出"五常",即以"仁、义、礼、智、信",作为处理个人和国家、社会、家庭及其他人之间相互关系的行为准则。

任何管理思想都根植于一定的社会文化土壤,而一定的社会文化又都割不断与历史传统的联系,并且总是在继承中发展,在发展中继承。只有这样,才能形成适合我国国情、具有强大生命力的管理思想。

二、中国传统管理的本质

中国传统管理文化可以简要地归纳为"三、六、九"和中国传统管理的十五要素。

1. "三"

"三"就是"以人为本,以德为先,人为为人"。这三条也是中国传统管理文化的本质属性,是中国传统管理文化中最精彩的部分。"以人为本",即一切以人为核心,实现人的全面、自由、普遍发展;"以德为先"强调道德伦理的作用,管理者先"修己"以做出道德示范,在无形中影响被管理者的行为,从而达到"安人"的目的;"人为为人"要求每一个管理者首先要注意自身的行为和修养,"正人必先正己",然后从"为人"的角度出发,来控制和调整自己的行为,创造一种良好的人际关系和激励环境,使人们能够持久地处于激发状态工作,使人的能动性、积极性得到充分发挥,为人类社会更好地服务。

2. "六"

"六"是指六家学说,即以孔子为代表的儒家的"修己安人""以人为本";以周易为代表的"刚柔相济""崇德广业";以老子为代表的道家的"道法自然""无为而治";以墨子为代表的墨家的"兼爱""利人";以韩非为代表的法家的"唯法为治";以孙武为代表的兵家的"运筹定计""知人善用""应敌而变"。

3. "九"

"九"是指九部传统管理要著,即《周易》《老子》《论语》《荀子》《孙子兵法》《盐铁论》《富国策》《营造法式》《生财有大道》。前五部著作已经是妇孺皆知。

知识拓展

《周易》是一部中国古哲学书籍,亦称《易经》,简称《易》。周易以高度抽象的六十四卦的形式表征普遍存在的双边关系中可能发生的各种各样的变化,并附以卦爻辞做简要说明。周文王演周易,其背景是周文王与商纣王之间的斗争。《周易》是中国传统思想文化中自然哲学与伦理实践的根源,对中国文化产生了巨大的影响;是中华人民智慧与文化的结晶,被誉为"群经之首,大道之源";在古代是帝王之学,政治家、军事家、商家的必修之术。《周易》涵盖万有,纲纪群伦,是中国传统文化的杰出代表;广大精微,包罗万象,亦是中华文明的源头活水。

老子,姓李名耳,字伯阳,在函谷关前著有五千言的《老

子》一书，又名《道德经》或《道德真经》，为道家学派的经典著作。《道德经》分为上下两册，共81章，前37章为上篇道经，第38章以下属下篇德经，全书的思想结构是：道是德的"体"，德是道的"用"。《道德经》是后来的称谓，最初老子书称为《老子》而无《道德经》之名。《老子》以"道"解释宇宙万物的演变，以为"道生一，一生二，二生三，三生万物"，"道"乃"夫莫之命（命令）而常自然"，因而"人法地，地法天，天法道，道法自然"。"道"为客观自然规律，同时又具有"独立不改，周行而不殆"的永恒意义。《老子》书中有着朴素的唯物主义的观点。

《论语》是一本记录春秋时期思想家兼教育家孔子及其弟子言行的语录，一共20卷，11 705个汉字，由孔子的弟子及其再传弟子编写，是我国古代儒家经典著作之一，是首创语录体。儒家创始人孔子的政治思想核心是"仁""礼"和"中庸"。在汉武帝时期，董仲舒建议汉武帝采纳儒家思想，于是便有了"罢黜百家，独尊儒术"的口号。《论语》以记言为主，"论"读音为"轮"，是一串的意思，"语"是话语，从字面上理解，"论语"即为言论的汇编。

荀子（前313—前238）名况，时人尊而号为"卿"，战国时期赵国人，著名思想家、教育家，儒家代表人物之一，对儒家思想有所发展，对重整儒家典籍也有相当的贡献。孔子中心思想为"仁"，孟子中心思想为"义"，荀子继二人后提出"礼""法"。荀子思想虽然与孔子、孟子思想都属于儒家思想范畴，但有其独特见解，自成一说。荀子的思想偏向经验以及人事方面，是从社会脉络方面出发，重视社会秩序，反对神秘主义的思想，重视人为的努力。荀子提倡性恶论，韩非、李斯都是他的入室弟子，亦因为他的两名弟子为法家代表人物，使历代有部分学者怀疑荀子是否属于儒家学者。与孔子、孟子相比，荀子的思想则具有更多的现实主义倾向。他在重视礼义道德教育的同时，也强调了政法制度的惩罚作用。

《孙子兵法》是中国最古老、最杰出的一部兵书，是从战国时期就风靡流传的军事著作，古今中外的军事家们都使用其中论述的军事理论来指导战争，而且，其中论述的基本理论和思想还被运用到了现代经营决策和社会管理方面。《孙子兵法》的作者为春秋时期吴国的将军孙武。孙武（前535—前480），字长卿，被后世尊为孙子、"兵圣"和"世界兵学鼻祖"，著有竹书《孙子兵法》13篇，分为计篇、作战篇、谋攻篇、形篇、势篇、虚实篇、军争篇、九变篇、行军篇、地形篇、九地篇、火攻篇、用间篇，共6 000多字，其内容几乎涵盖了军事的方方面面,并且在每一方面都有很深刻的见解,被誉为"兵学圣典"。

(1)《盐铁论》原为西汉汉昭帝时以御史大夫桑弘羊、丞相田千秋为一方,以各地贤良、文学为另一方,就盐铁官营和酒类专卖等问题举行辩论的会议纪要,后经桓宽整理增补而成的一部著作,共10卷60篇。它详细记录了盐铁会议上论辩双方在国家行政管理、国民经济管理、财政管理和人才管理等方面的分歧,为我们提供了了解西汉中期政治、经济、军事、思想文化等方面情况的宝贵史料。

《盐铁论》是一部空前绝后的奇书。它是中国文化史上唯一的一本比较客观地记录了统治阶级内部当权派和非当权派关于国家的财政、经济、外交、文化等大政方针问题争论的著作,使我们在两千多年后的今天,不仅能够对当时的政治、经济、军事、外交有所了解,而且也能够对统治阶级内部关于为政方针的哲学基础加以了解。

桓宽,字次公。汝南(今河南上蔡)人,生卒年不详。汉宣帝时举为郎,后任庐江太守丞。

(2)《富国策》是北宋李觏的代表性作品,全书共10篇,提出"强本节源上下有余,限制工商驱民归田,安民富民鼓励通商"等观点,并全面论述了封建国家关于土地、工商、贸易、税收等方面的管理问题。

李觏(1009—1059)字泰伯,北宋时期重要的哲学家、思想家、教育家、改革家,他生当北宋中期"积贫积弱"之世,虽出身寒微,但能刻苦自励、奋发向学、勤于著述,以求康国济民。他博学通识,尤长于礼,不拘泥于汉、唐诸儒的旧说,敢于抒发己见,推理经义,成为"一时儒宗"。晚年得范仲淹、余靖等推荐,任太学助教、直讲。他主张改革政治,反对道学家不许谈"利""欲"的虚伪说教;主张"量入为出"的财政政策,重视发展生产;主张"限人占田",以防土地不均;主张将过多的工商业者和道士、和尚、巫医卜相、倡优等"冗者"驱之归农,以增加农业劳力。其哲学思想有唯物主义因素。著作有《直讲李先生文集》。

(3)《营造法式》是北宋李诫奉旨在两浙工匠喻皓的《木经》的基础上编成的,是北宋官方颁布的一部建筑设计、施工的规范书,反映了当时中国工程管理与实践成果的著作,是我国古代最完整的建筑技术书籍。

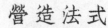

北宋哲宗元祐六年(1091),将作监第一次编成《营造法式》,由皇帝下诏颁行,史称《元祐法式》。因该书缺乏用材制度,工料太宽,所以北宋绍圣四年(1097)又诏李诫重新编修,于崇宁二年

(1103)刊行全国。《李仲明营造法式》分为释名、制度、功限、料例和图样五个主要部分,共34卷。书中用大量篇幅列举了包括石刻、木刻、彩画等13种共176项工程的尺寸标准以及操作要领。附有大量珍贵插图,具有很强的直观性,是中国古籍中最完整的一部建筑技术专书,最具有理论体系的建筑设计学经典,融人文与技术为一体。它不仅标志着我国古代建筑技术已经发展到了一个新的水平,同时也是中国古代设计思想理论发展的重要界碑。

李诫(1035—1110),字明仲,郑州管城县(今河南新郑)人。中国古代土木建筑家、《营造法式》一书的编纂者。自元佑七年(1092)起从事宫廷营造工作,历任将作监主簿、丞、少监等,官至将作监,监掌宫室、城郭、桥梁、舟车营缮事宜。

(4)《生财有大道》是明朝海瑞借儒家经典《大学》中的同名词,阐述其福民富国思想的一部著作。书中主要论述了治国的生财之道、理财之方及君须恤民的思想。

海瑞(1514—1587),字汝贤,号刚峰,广东琼山(今属海南省海口)人,祖籍福建,明朝著名清官,历任知县、州判官、尚书丞、右佥都御史等职。其为政清廉,洁身自爱;为人正直刚毅,职位低下时就敢于蔑视权贵,从不谄媚逢迎。他一生忠心耿耿,直言敢谏,曾经买好棺材,告别妻子,冒死上疏。海瑞一生清贫,抑制豪强,安抚穷困百姓,打击奸臣污吏,因而深得民众爱戴。他的生平事迹在民间广泛流传,经演义加工后,成为许多戏曲节目的重要内容。

4. 十五要素

中国传统管理的十五要素,即道、变、人、威、实、和、器、法、信、筹、谋、术、效、勤、圆等15个方面。

(1)道,是治理国家的客观规律。
(2)变,是应变,就是要根据事物发展的规律随机应变,采取灵活的战术。
(3)人,是以人为本,取人心、得人才、用人才。
(4)威,即权威,是管理的基础。
(5)实,指办事要从实际出发,实事求是。
(6)和,指和为贵,说明一切问题的成功解决都要建立在天时、地利、人和的基础上。
(7)器,是指工具,"工欲善其事,必先利其器"。
(8)法,是治国之本,要求依法管理。
(9)信,指讲求信用,诚实为重。
(10)筹,指运筹帷幄,制定全面性的战略。

(11) 谋，是计划、规划。
(12) 术，要求管理者运用正确的方式、方法和策略，因势利导，化不利为有利，克敌制胜。
(13) 效，指办事必须注意提高效率和效益。
(14) 勤，提倡勤俭节约，主张民生在勤。
(15) 圆，是圆满，力求使事物处于合理、最佳的圆满状态。

第二节　西方传统的管理

一、早期的管理思想

西方文化起源于希腊、罗马、埃及、巴比伦等文明古国，它们在公元前6世纪左右即建立了高度发达的奴隶制社会，在文化、艺术、哲学、数学、物理学、天文学、建筑等方面都对人类做出了卓越的贡献。这些古国在国家管理、生产管理、军事、法律等方面都曾有过光辉的实践。公元3世纪后，随着奴隶制的衰落和基督教的兴起，这些古文化逐渐被基督教文化所取代。基督教圣经中所包含的伦理观念和管理思想，对西方封建社会的管理实践起着指导性的作用。

随着资本主义的发展和工厂制度的形成，旧的基督教教义与资本主义精神发生了冲突，于是基督教新教兴起了。在基督教新教教义的鼓励下，资本主义经商和管理日益得到社会的重视，越来越多的人从事社会实践中的经济与管理问题的研究。其中最早对经济管理思想进行系统论述的学者主要有以下三位。

1. 亚当·斯密

亚当·斯密（Adam Smith，1723—1790），英国哲学家和经济学家。生于苏格兰伐夫郡的可可卡地，后进入格拉斯哥大学学习，1740年进入了牛津大学贝利奥尔学院，1746年离开牛津大学。1748年开始于爱丁堡大学演讲授课。年近30岁时第一次阐述了经济哲学的"明确而简易的天赋自由制度"，他后来将这些理论写入被简称为《国富论》的《国民财富的性质和原因的研究》一书里。《国富论》是第一本试图阐述欧洲产业和商业发展历史的著作，于1776年出版。1790年7月17日，亚当·斯密于爱丁堡去世。

1776年，英国经济学家亚当·斯密发表了《国民财富的性质和原因的研究》（简称《国富论》）一书，系统阐述了劳动价值论和劳动分工理论。斯密特别强调分工可以提高劳动生产率。他认为，分工的益处主要表现在以下方面：

(1) 劳动分工可使工人重复完成单向操作，提高熟练程度，从而提高劳动效率。
(2) 劳动分工可以减少由于变换工作而损失的时间。
(3) 劳动分工可使劳动简化，使劳动者的注意力集中在某一特定的对象上，有利于创造新工具和改进设备。

亚当·斯密的劳动分工理论，不但符合当时社会生产发展的需要，而且成为企业管理理论中的一条重要原理。

2. 查尔斯·巴贝奇

查尔斯·巴贝奇（Charles Babbage，1792—1871），英国著名的数学家、机械学家，是计算机研究的先驱者，又是管理研究的先驱者。他曾用10年的时间考察了英国和欧洲大陆的工厂管理问题，后于1832年出版了《论机器与制造业的经济》一书。他在该书的前言中写道："过去10年中，为了使我自己熟悉各种机器工艺，我访问了英国和欧洲大陆的大量工场和工厂。我不自觉地把我在其他研究中自然产生的普遍化原则应用到它们之中去了。"这说明他先于泰罗80余年，便把科学的原则应用到企业管理的研究之中了。

在斯密之后，英国数学家查尔斯·巴贝奇发展了斯密的观点，提出了许多关于生产组织机构和经济学方面的问题。1832年，他在《论机器和制造业的经济》一书中，阐述了他的思想。巴贝奇赞同斯密的劳动分工能够提高劳动效率的观点，但认为斯密忽略了分工可以减少支付工资这一好处。巴贝奇对制针业做了典型调查，把制针业的生产过程分为七个基本操作工序，并按工序的复杂程度和劳动强度雇佣不同的工人，支付不同的工资。如果不实行分工，整个制造过程由一个人完成，那就要求每个工人具有全面的技艺，既要完成制造过程中技巧性强的工序，又要有足够的体力来完成繁重的操作。工厂主必须按照全部工序中技术要求最高、体力要求最强的标准来支付工资。由此，巴贝奇提出"边际熟练"原则，即对技艺水平、劳动强度定出界限，作为支付报酬的依据。

同时，巴贝奇认为工人和工厂主之间存在利益共同点，并竭力提倡利润分配制度，即工人可以按照其在生产中所做的贡献，分到工厂利润的一部分。巴贝奇也很重视对生产的研究和改进，主张实行有益的建议制度，鼓励工人提出改进生产的建议。他认为工人的收入应该由按照工作性质所确定的固定工资、按照生产效率及所做贡献分得的利润、为提高劳动效率而提出建议多给予的奖励三部分构成。提出按照生产效率不同来确定报酬的具有激励作用的制度是巴贝奇做出的重大贡献。

3. 罗伯特·欧文

罗伯特·欧文（Robert Owen，1771—1858），英国空想社会主义者，也是一位企业家、慈善家。欧文出身贫寒，当过学徒、店长，后来成为一家工厂老板。1824年欧文在美国印第安纳州买下1 214公顷土地，开始新和谐移民区实验，但实验以失败告终。他最著名的著作为《新社会观》《新道德世界书》。欧文认为，"教育下一代是最最重大的问题"，"是每一个国家的最高利益所在"，是"世界各国政府"的"一项压倒一切的紧要任务"。

英国空想社会主义者罗伯特·欧文经过一系列试验，提

出在工厂生产中要重视人的因素，要缩短工人的工作时间，提高工资，改善工人住宅。他的改革实验证实，重视人的作用和尊重人的地位，可以使工厂获得更多的利润。所以，罗伯特·欧文被称为现代人事管理之父。

二、古典管理理论

早期的管理思想实际上是管理理论的萌芽，管理理论比较系统的建立是在19世纪末20世纪初。这个阶段所形成的管理理论被称为"古典管理理论"。

1. 科学管理理论

弗雷德里克·温斯洛·泰勒（Frederick Winslow Taylor，1856—1915），美国著名管理学家，经济学家，被后世称为"科学管理之父"，其代表作为《科学管理原理》。泰勒在他的主要著作《科学管理原理》（1911年）中提出了科学管理理论。20世纪以来，科学管理在美国和欧洲大受欢迎。100多年来，科学管理思想仍然发挥着巨大的作用。

科学管理理论在20世纪初得到了广泛的传播和应用，对欧美资本主义国家的制造业产生了积极影响。泰勒是最先突破传统经验管理格局的先锋人物，被称为"科学管理之父"。1911年，泰勒出版《科学管理原理》的一书是科学管理理论正式形成的标志。

（1）主要观点。科学管理的中心问题是提高劳动生产率。泰勒认为要抛弃根据经验和主观假设来管理的做法，用"科学"的观点去分析工作，制定有科学依据的工人的"合理的日工作量"，让每个人都用正确的方法作业，并用此方法对工人进行指导训练来提高劳动生产率。其内容包括以下几个方面：

①劳动方法标准化。要使工人掌握标准化的操作方法，使用标准化的工具、机器和材料，并使作业环境标准化，用以代替传统的经验，这需要调查研究，拿出科学依据。为此，泰勒亲自做了大量的试验。例如，金属切削试验、搬运铁块试验、铁锹试验。

②挑选和培训"第一流的工人"。泰勒认为，"第一流的工人"是指那些自己愿意努力干，工作对他又适合的工人。而管理人员的责任在于按照生产的需要，对工人进行选择、分工和培训，使其达到最高效率，成为"第一流的工人"。

③实行刺激性的工资报酬制度。为了最大限度地激发工人的劳动积极性，泰勒提出通过工时研究和分析，制定一个定额或标准，按照工人完成的定额和实际表现而采用不同的工资率，即执行有差别的计件工资制度。

④劳资双方进行"精神革命"。泰勒认为，劳资双方要想从生产中获得各自的收益，就必须进行一场"精神革命"，变互相指责、怀疑、对抗为互相信任和合作，为共同提高劳动生产率而努力，这是实现"科学管理的第一步"。

⑤把计划职能与执行职能分开。泰勒主张把计划和执行职能分开，成立专门管理部门负责调研、计划、培训，以及发出指示和命令；而所有工人和部分工长只承担执行职能，即按照管理部门制定的操作方法和指示，使用规定的标准工具，从事实际的操作。

⑥实行职能工长制。泰勒主张将管理工作细分，使所有管理者只承担一种管理职能。他

设计出八个职能工长,代替原来的一个工长,其中四个在计划部门,四个在车间,每个职能工长负责某一方面的工作。

⑦在组织机构的管理控制上实行例外管理。泰勒认为,规模较大的企业组织管理必须应用例外原则,即企业高级管理人员把例行的一般日常事务授权给下级管理人员去处理,自己只保留对例外事项的决定和监督权。

20世纪初,有许多与泰勒同时代的学者也积极从事管理实践与理论研究。例如:亨利·甘特发明了甘特图,为计划评审技术(PERT)奠定了基石,并提出"人的因素最重要"的思想;吉尔布雷思夫妇在动作研究、疲劳研究、劳动者心理等方面做出了巨大贡献;哈林顿·埃默森在工时测定、提高效率方面进行了大量研究并提出效率原则。他们的研究成果丰富和发展了"科学管理理论"。

(2)对管理实践的启示。泰勒的科学管理理论是管理思想发展史上的一个里程碑,它是使管理成为科学的一次质的飞跃。作为一个较为完整的管理思想体系,泰勒的科学管理对管理实践的启示主要有四个方面。第一,管理活动不是一门不可传授的艺术,而是一种可以传授的知识和科学,管理活动不是单纯依靠经验进行的,而是要遵循一定的科学规律,按照一定的科学方法进行。第二,企业开展管理活动的目标是追求效率的提高,因此,企业内部需要广泛地开展分工与合作。第三,企业应加强制度建设,制定专业的管理职能和组织体系。第四,通过对工人的培训可以达到提高生产效率的目的。

2. 一般管理理论

亨利·法约尔(Henri Fayol,1841—1925),法国管理学家,是直到20世纪上半叶为止,欧洲贡献给管理运动的最杰出的大师,被后人尊称为"管理过程之父"。他最主要的贡献在于三个方面:从经营职能中独立出管理活动;提出管理活动所需的五大职能和14条管理原则。这三个方面也是其一般管理理论的核心。法约尔的著述很多,1916年出版的《工业管理和一般管理》是其最重要的代表作,标志着一般管理理论的形成。

泰勒的科学管理理论开创了西方古典管理理论的先河。在其传播之时,欧洲也出现了一批古典管理的代表人物及其理论,其中影响最大的就是法国管理学家亨利·法约尔的一般管理理论。泰勒研究的重点内容是企业内部具体工作的效率,而法约尔的研究则是以企业整体作为研究对象。他认为,管理理论是指"有关管理的、得到普遍承认的理论,是经过检验并得到论证的一套有关原则、标准、方法、程序等内容的完整体系"。有关管理的理论和方法不仅适用于公私企业,也适用于军政机关和社会团体,这正是其一般管理理论的基石。

(1)主要观点。1916年法约尔出版了《工业管理与一般管理》一书,提出了适用于各类组织的经营六职能、管理五要素和14条管理原则,这也是法约尔对管理思想的主要贡献。

①经营六职能。法约尔以整个企业为研究对象,对企业所从事的经营活动进行归纳,总结出六大职能:技术活动(生产)、商业活动、财务活动、安全活动、会计活动和管理活动。管理活动从企业活动中独立出来,成为一种重要经营职能。

②管理五要素。法约尔认为管理活动包括计划、组织、指挥、协调、控制五大要素,这些要素广泛应用于企事业单位和行政组织,是一般性的管理职能。法约尔以管理五要素为核

心内容，构建了具有权威性的管理职能及管理过程一般框架。

③有效管理14条原则。法约尔根据自己的工作经验，归纳出了有效管理的14条原则，即劳动分工原则、权责对等原则、纪律严明原则、统一指挥原则、统一领导原则、个人利益服从整体利益原则、报酬的公平合理原则、集中化管理原则、等级制度原则、秩序性原则、公平性原则、人员稳定原则、首创精神原则、人员团结原则。

另外，法约尔还详细研究了企业各级人员必须具备的素质问题，特别强调管理教育的必要性。他指出，企业高级管理人员最必需的能力是管理能力，单凭技术教育和业务实践是不够的，所以管理教育应当普及。

（2）对管理实践的启示。法约尔的一般管理理论对管理实践活动的启示主要体现在以下三个方面。一是管理理论是可以指导实践的。二是管理必须善于预见未来，制定长期的管理规划。如今的企业面对剧烈变化的环境，计划职能尤为关键。许多企业缺乏战略管理的思维，很少考虑长期的发展，不制订长期规划，其结果多为短期行为，丧失长远发展的后劲，埋下了不稳定的隐患。三是管理能力可以通过教育来获得，这是企业得以良性发展的重要基准。如今越来越多的企业管理人员热捧MBA和EMBA教育，正是他们主动提升管理能力的诉求结果。许多中小企业在快速成长阶段出现管理能力不足和管理人才匮乏的并存局面，往往是由于企业领导推崇经验管理、轻视管理培训导致的。

法约尔的一般管理理论对管理学的发展产生了巨大的影响，后来成为管理过程学派的理论基础，所以法约尔被称为"管理过程之父"。继泰勒的科学管理理论之后，一般管理理论被誉为管理学史上的第二座丰碑。

3. 行政组织理论

马克斯·韦伯（Max Weber，1864—1920），德国政治经济学家、社会学家，被公认是现代社会学和公共行政学最重要的创始人之一。韦伯最初在柏林洪堡大学开始教职生涯，并陆续于维也纳大学、慕尼黑大学等大学任教。韦伯将国家定义为一个"拥有合法使用暴力的垄断地位"的实体，这个定义对于西方现代政治学的发展影响极大。他曾前往凡尔赛会议代表德国谈判，并且参与了魏玛共和国宪法的起草设计。1920年6月14日，韦伯因病在慕尼黑逝世。

行政组织理论由德国社会学家马克斯·韦伯创立。他从社会学研究中提出了所谓的"理想的"行政组织，为20世纪初的欧洲企业从不正规的业主式管理向正规化的职业性管理过渡提供了一种纯理性化的组织模式，对当时新兴资本主义企业制度的完善起到了划时代的作用。所以，后人称韦伯为"组织理论之父"。

（1）主要观点。行政组织理论的核心是理想的行政组织形式。他对组织形式的研究是从人们所服从的权力或权威开始的，其主要理论观点包括以下三个方面。

①理想的行政组织体系。韦伯认为，理想的行政组织是通过职务或职位而不是通过个人或世袭地位来管理的。理想行政组织结构分为最高领导层、行政官员及一般工作人员三层，企业无论采用何种组织结构，都具有这三层基本的原始框架。

②权力的分类。韦伯指出，任何一种组织都必须以某种形式的权力为基础，才能实现其目标。韦伯把权力划分为三种类型：一是理性的、法定的权力，指的是依法任命，并赋予行政命令的权力，对这种权力的服从是依法建立的一套等级制度，这是对确认职务或职位的权力的服从；二是传统的权力，它以古老的、传统的、不可侵犯的和执行这种权力的人的地位的正统性为依据；三是超凡的权力，它是指这种权力是建立在对个人的崇拜和迷信的基础之上的。

③理想的行政组织的管理制度。韦伯认为，每一个官员都应按一定准则被任命和行使职能，这些准则包括：任何机构组织都应有确定的目标；组织目标的实现，必须实行劳动分工；按等级制度形成一个指挥链；组织人员之间是一种指挥和服从的关系，这种关系是由职位所赋予的权力决定的；承担每一个职位的人都是经过挑选的，人员必须是称职的，同时也不能随便免职；管理人员只管理企业或其他组织，但不是这些企业或组织的所有者；管理人员有固定的薪金，有明文规定的升迁制度，有严格的考核制度；管理人员必须严格遵守组织中的法规和纪律。

（2）对管理实践的启示。马克斯·韦伯的行政组织理论对管理实践活动的启示主要体现在以下三个方面：一是企业的组织体系应按照不同的职务划分为高、中、低三个管理层，每一层都对应了不同的管理职能；二是管理人员必须遵守组织规则，其自身行为要受规则的制约，但同时他们也有责任监督其他成员服从于这些规则；三是理想行政组织的几项特征，可以作为企业内部机构改革重整的基本准则。

第三节 行为科学管理理论

一、行为科学理论产生的历史背景

以泰勒的"科学管理"和法约尔的"一般管理"，以及韦伯的"行政组织理论"为代表的古典管理理论的广泛流传和实际应用，对提高企业的劳动生产率产生了很大作用。但是古典管理理论大多只注重对生产过程和组织控制的研究，较多地强调科学性、精密性、纪律性，而忽视了对人这个关键因素的研究，甚至把工人当作机器的附属物看待，认为不是人在使用机器，而是机器在使用人。

古典管理理论本身这种重物轻人的局限，就决定了运用这些理论和方法无助于进一步提高劳动生产率和缓解劳资紧张关系等问题。其原因在于以下几个方面。

（1）工人并非纯粹的"经济人"，他们不仅追求金钱和物质利益上的满足，而且客观地存在着不断增强的心理需要。

（2）随着科技水平的进步和生产规模的不断扩大，劳动力大军的结构发生了重大变化。具有较高文化水平和技术水平的工人占据了主导地位，体力劳动逐渐让位于脑力劳动，面对这些具有较高素质和心理需求的劳动者，依靠单纯的金钱刺激和严格的控制难以发挥像以往那样的作用。

上述变化，使得雇主们深切地感到，继续依靠传统的管理理论和方法已经不可能有效地控制工人来达到提高劳动生产率、增加利润的目的。一些管理学家和心理学家也意识到社会化大生产和与之相适应的新的管理理论的发展需要。于是，他们开始从生理学、心理学、社会学等角度研究企业中有关人的问题,诸如人的工作动机、情绪、行为与工作环境之间的关系等,试图找出影响生产率的因素,进而创建了行为科学理论。

对行为科学理论的研究可以分为前期和后期,前期研究的结果是创立了人际关系学,后期研究的结果是建立了真正的行为科学理论。

二、人际关系学

乔治·埃尔顿·梅奥(George Elton Mayo,1864—1949),行为科学的奠基人。美国管理学家,原籍澳大利亚,早期的行为科学——人际关系学说的创始人。他闻名于世的是他对霍桑实验所做的贡献。在霍桑实验的基础上,埃尔顿·梅奥分别于1933年和1945年出版了《工业文明的人类问题》和《工业文明的社会问题》两部名著。霍桑实验以及埃尔顿·梅奥对霍桑实验结果的分析对西方管理理论的发展产生了重大而久远的影响,使西方管理思想在经历过早期管理理论和古典管理理论(包括泰勒的科学管理理论,法约尔的一般管理理论和韦伯的行政组织理论)阶段之后进入行为科学管理理论阶段。

对人际关系的研究开始于著名的"霍桑实验"。霍桑实验是1924—1932年间,美国国家研究委员会与西方电气公司合作,由哈佛大学心理学教授乔治·埃尔顿·梅奥主持,在西方电气公司所属的霍桑工厂,为测定各种有关因素对生产效率的影响程度而进行的一系列试验。

(1)主要观点。在总结霍桑实验研究成果的基础上,1933年,梅奥出版了其代表作《工业文明中的人类问题》,创立了人际关系学说。书中对人的看法以及对待人群关系方面提出了与古典管理理论不同的新观点,主要观点如下:

①工人是"社会人",而不是单纯追求金钱收入的"经济人"。作为复杂社会系统的成员,人的行为并不单纯来自追求金钱的动机,还有社会和心理方面的需要,追求人与人之间的友情、归属感、安全感和受人尊敬等。金钱和物质刺激并非刺激工人积极性的唯一因素,它们对促进生产率只起第二位作用,处于第一位的是员工社会和心理需求的满足。

②企业中除了"正式组织"外,还存在着"非正式组织"。如果说正式组织是为了实现企业目标所规定的企业成员之间职责范围的一种结构,那么,非正式组织就是企业成员在共同工作的过程中,由于具有共同爱好、共同的社会感情而形成的非正式群体。这种非正式组织有特定的规范和倾向,左右着成员的行为,它与正式组织是相互依存的,对劳动生产率的提高有很大影响。

③生产率的高低主要取决于士气和工作态度,而士气又取决于人际关系。工资报酬、工作条件等不是影响生产率的第一因素。为此,不仅要为工人提供舒适的工作环境,还要创造一种工人参与管理、自由发表意见、同事之间及上下级之间坦诚交流的和谐的人际关系。

④企业领导要善于正确处理人际关系,善于听取员工的意见,要在正式组织的经济需求和非正式组织的社会需求之间保持平衡,能够通过提高员工的满意度来提高士气,从而提高生产率。

(2)对管理实践的启示。梅奥的人际关系理论对管理实践活动的启示主要体现在以下方面：一是企业高层领导不能实行"一言堂"，否则会导致"万马齐喑"的局面；二是管理人员应该关心员工8小时工作之外的日常生活，通过改善员工的业余文化活动来调动员工的积极性；三是企业领导要善于利用"非正式组织"，引导其在企业中发挥积极作用，防止拉帮结派。

三、行为科学理论

人际关系学发展到20世纪50年代初期便形成了行为科学理论。行为科学理论侧重于对工人在生产中的行为以及这些行为产生的原因进行分析研究。其内容包括人的本性与需要、动机与行为以及生产中的人际关系等。行为科学在第二次世界大战后的发展主要集中在两大领域：一是有关人的需要、动机、行为的激励理论，其中代表性的理论包括马斯洛的"需求层次理论"、赫茨伯格的"双因素理论"等；二是同管理直接相关的领导理论，代表性的就是麦格雷戈的"X-Y理论"。以上各理论将在本书第五章领导职能中进行详细介绍。

第四节　西方现代的管理

一、现代管理理论的形成与发展历程

1. 时代背景

"二战"后，世界政治经济形势发生了深刻变化，成为现代管理理论产生的时代背景。首先，生产社会化程度空前提高，企业迅速扩张规模的同时，还要面对激烈的市场竞争，管理决策难度和复杂程度明显增加，要求用新的管理理论解决企业的决策问题；其次，科学技术迅猛发展，科技成果广泛渗透到企业各个领域部门，要求用先进技术手段提供管理支持；最后，企业员工素质大幅度提高，对企业活动影响日益明显，要求在管理中充分发挥人的积极性和创造性。正是上述新的管理要求最终促成了现代管理理论的产生和发展。

2. 发展历程

现代管理理论产生于20世纪50年代，其发展历程大致分为三个阶段。

哈罗德·孔茨（Harold Koontz，1908—1984），美国管理学家，管理过程学派的主要代表人物之一，早年于美国耶鲁大学获博士学位。以后在美欧各国讲授管理学，并在美国、荷兰、日本等国的大公司中任咨询工作，曾担任美国管理学会会长，美国加利福尼亚管理研究院管理学名誉教授。他从1941年始陆续出版了20几本书并发表了八九十篇论文，主要代表著作有《管理学原理》《管理理论丛林》《再论管理理论丛林》等。

（1）现代管理理论的形成阶段（20世纪50年代至60年代）。

这一阶段，除管理学家外，社会学家、经济学家、生物学家、数学家等都纷纷从不同

角度用不同方法来研究管理理论，管理理论呈现出一种分散化的发展趋势。1961年12月，美国管理学家哈罗德·孔茨在《管理学杂志》上发表《管理理论的丛林》一文，将当时的西方管理学派总结为管理过程学派、经验学派、人群行为学派、社会系统学派、决策学派、数理学派等6个学派，并形象地称之为"管理理论丛林"，标志着现代管理理论的形成。

（2）现代管理理论的发展阶段（20世纪60年代至80年代）。

从20世纪60年代到80年代，管理理论得到了进一步发展，并呈现出新的集中化趋势。管理理论学派也出现新的变化，人类行为学派分化成为人际关系学派和群体行为学派，管理过程学派中分化出了权变理论学派，并出现了社会技术系统学派、经理角色学派等新学派，经过近几十年的时间，管理理论的丛林不但存在，而且更加茂密。1980年，孔茨又在《管理学会评论》上发表《再论管理理论的丛林》一文，将管理学派从6个增加到11个。

（3）现代管理理论的新发展阶段（20世纪80年代至今）。

进入20世纪80年代以后，信息化和经济全球化使得管理环境发生了重大变化，管理理念更加人性化、管理形态呈知识化、管理组织虚拟化、组织结构扁平化、管理手段和设施网络化、管理文化全球化。这些发展趋势促成了文化管理、战略管理、企业再造、知识管理、管理创新等一批新的管理理论的兴起，现代管理理论研究也进入一个新的发展阶段。

二、现代管理流派

1. 管理过程学派

（1）代表人物。管理过程学派又称管理职能学派，学派创始人是亨利·法约尔，该学派代表人物主要包括詹姆斯·穆尼、拉尔夫·戴维斯、哈罗德·孔茨和西里尔·奥唐奈等人。

（2）主要观点。管理过程学派主要以管理过程及管理职能为研究对象，认为管理过程就是各项管理职能发挥作用的过程；以此为出发点，将管理工作划分为若干职能，对各职能的性质、特点和重要性以及实现这些职能的原则和方法加以研究，并最终建立起系统的管理理论，用以指导管理实践。

（3）管理启示。管理过程学派的理论对管理实践活动的启示主要体现在以下三个方面。第一，管理是一个过程，可以从管理经验中总结出一些基本道理或规律，即管理原理，它们对认识和改进管理工作能起到一种说明和启示的作用。第二，企业可以按照该学派确定的管理职能和管理原则，训练管理人员。第三，该理论只适用于工会力量不大、生产线稳定的情况，很难应对现实中动态多变的生产环境；并且，该学派总结的管理职能并不包括所有的管理行为，也不是在任何组织目标下都通用的。因此，对于该学派的理论学习绝不能生搬硬套，应该适时而定。

2. 行为科学学派

（1）代表人物。行为科学学派始于梅奥的霍桑试验及其创建的人际关系理论，而后众多学者对该理论进行了发展完善，代表人物及理论有马斯洛及其"需求层次理论"，赫次伯格及其"双因素理论"，以及麦格雷戈及其"X-Y理论"。

(2) 主要观点。行为科学以人的行为及其产生的原因为研究对象,从人的需要、欲望、动机、目的等心理因素的角度研究人的行为规律,特别是研究人与人之间的关系、个人与集体之间的关系,并借助这种规律性的认识来预测和控制人的行为,以实现提高工作效率,达成组织的目标。

(3) 管理启示。行为科学学派的理论对管理实践活动的启示主要体现在两个方面:首先,企业不仅要注重对事和物的管理,更应该重视对人及其行为的管理;其次,企业应该重视管理方法的转变,将原来的监督管理转变为人性化的管理。

3. 社会系统学派

(1) 代表人物。社会系统学派的创始人和代表人物是美国管理学家切斯特·巴纳德,该学派是以巴纳德的现代组织理论体系的建立为标志的。

切斯特·巴纳德(Chester Barnard, 1886—1961),巴纳德在漫长的工作实践中,不仅积累了丰富的经营管理经验,而且还广泛地学习了社会科学的各个分支。1938年,巴纳德出版了著名的《经理人员的职能》一书,此书被誉为美国现代管理科学的经典之作。1948年,巴纳德又出版了另一部重要的管理学著作《组织与管理》。巴纳德的这些著作为建立和发展现代管理学做出了重要贡献,也使巴纳德成为社会系统学派的创始人。除了以上两本经典著作外,巴纳德还写过许多论文和报告,如《经理人员能力的培养》《人事关系中的某些原则和基本考察》《工业关系中高层经理人员的责任》《集体协作》《领导和法律》等。由于巴纳德在组织理论方面的杰出贡献,他被授予了七个荣誉博士学位。

(2) 主要观点。社会系统学派的主要观点包括以下四个方面:第一,组织是一个是由个人组成的协作系统,是社会大系统中的一部分,受到社会环境各方面因素的影响;第二,组织作为一个协作系统都包含三个基本要素,即协作的意愿、共同的目标和信息的交流;第三,管理者应在这个系统中处于相互联系的中心;第四,经理人员的主要职能是提供信息交流、促成必要的个人努力,以及提出和制定目标。

(3) 管理启示。社会系统学派的理论对管理实践活动的启示主要体现在两个方面。首先,企业可以利用系统理论和社会学知识改造传统组织的经理人员,因为传统组织偏重于非结构化的决策与沟通机制,目标也是隐含的。其次,企业应着力改造组织的动力结构,明确组织内部的信息沟通机制,这是现代组织的柱石;同时在转变的过程中,充分考虑利用非正式组织的力量。

4. 决策理论学派

(1) 代表人物。决策理论学派是"二战"后的新兴管理学派,代表人物是美国经济学家和社会科学家赫伯特·西蒙。

赫伯特·西蒙(Herbent Simon, 1916—2001),经济组织决策管理大师,美国管理学家和社会科学家。西蒙在管理学上的贡献是深入研究了经济组织内的决策程序,并提出了管理的决策职能并建立了系统的决策理论。这一理论是以社会系统理论为基础,吸收古典管理理论、行为科学和计算机科学等内容而发展起来的一门边缘学科,被公认为关于公司企业实际决策的独创见解。鉴于西蒙在决策理论研究方面的突出贡献,1978年他被授予诺贝尔经济学奖。

(2) 主要观点。该学派理论主要观点包括以下四个方面:其一,决策贯穿管理的全过程,决策是管理的核心;其二,决策过程包括四个阶段,即搜集情况阶段、拟定计划阶段、选定计划阶段、评价计划阶段,而每一个阶段本身就是一个复杂的决策过程;其三,在决策标准上,用"令人满意"的准则代替"最优化"准则;其四,组织决策可分为程序化决策和非程序化决策,经常性活动的决策应程序化,非经常性活动应采取非程序化决策。

(3) 管理启示。决策理论学派的理论对管理实践活动的启示主要体现在两个方面:一是企业应将决策职能贯穿于组织活动全过程;二是注重管理行为执行前分析的必要性和重要性。

5. 系统理论学派

(1) 代表人物。系统理论学派与社会系统学派有别,它是在一般系统理论的基础上建立起来的。其代表人物有理查德·约翰逊、弗里蒙特·卡斯特、詹姆斯·罗森茨韦克,他们三人合著的《系统理论与管理》为系统理论学派的代表作。

(2) 主要观点。该学派的理论主要观点包括以下三个方面:第一,组织是由目标与价值、技术、社会心理、组织结构、管理等五个不同的分系统构成的整体;第二,企业的成长和发展要受到以人为主体,以及物资、机器和其他资源和要素的影响,管理人员力求保持各部分之间的动态平衡;第三,企业是一个投入产出系统,投入的是物资、劳动力和各种信息,产出的是各种产品。

(3) 管理启示。系统理论学派的理论对管理实践活动的启示主要体现在:企业管理者从整体的观点出发,不仅要解决内部关系问题,还必须注意解决企业与外部环境的关系问题。企业管理者应该学会用系统的观点来考察和管理企业,这样有助于提高企业的整体效率。

6. 经验主义学派

(1) 代表人物。经验主义学派又称为经理主义学派,代表人物有彼得·德鲁克、欧内斯特·戴尔、艾尔弗雷德·斯隆、威廉·纽曼等。

彼得·德鲁克(Peter F. Drucker, 1909—2005),1909年11月19日生于维也纳,1937年移居美国,终身以教书、著书和咨询为业。德鲁克一生共著书39本,在《哈佛商业评论》发表文章30余篇,被誉为"现代管理学之父"。他文风清晰练达,对许多问题提出了自己的精辟见解。杰克·韦尔奇、比尔·盖茨等人都深受其思想的影响。德鲁克一生笔耕不辍,年逾九旬还创作

了《德鲁克日志》一书，无怪乎《纽约时报》赞誉他为"当代最具启发性的思想家"。2005年11月11日，德鲁克在加州家中逝世，享年95岁。

（2）主要观点。该学派的主要观点包括以下两个方面：第一，管理不是纯粹理论的研究，应侧重于实际应用，且是以知识和责任为依据的；第二，管理者的任务是了解本机构的特殊目的和使命，使工作富有活力并使职工有成就，并处理本机构对社会的影响和责任。

（3）管理启示。经验主义理论学派的理论对管理实践活动的启示主要体现在：管理应侧重于实际应用，而不是纯粹理论的研究。管理者可以依靠自己的经验，制定目标和措施并传达给有关的人员；进行组织工作；进行鼓励和联系工作；对工作和成果进行评价；使员工得到成长和发展。

7. 权变理论学派

（1）代表人物。权变理论学派是20世纪70年代在西方形成的一种管理学派，代表人物有卢桑斯、菲德勒、豪斯等人。

（2）主要观点。权变理论学派认为在企业管理中没有什么一成不变、普遍适用的"最好的"管理理论和方法，只有根据企业所处的内外部环境权宜应变地处理问题。权变观点的最终目标是提出最适合具体情境的组织设计和管理活动。

（3）管理启示。权变理论学派的理论对管理实践活动的启示主要体现在：管理者应该根据组织的具体条件及其面临的外部环境，采取相应的组织结构、领导方式和管理方法，灵活地处理各项具体管理业务。这样，就使管理者把精力转移到对现实情况的研究上来，并根据对具体情况的具体分析，提出相应的管理对策，从而有可能使其管理活动更加符合实际情况，更加有效。

8. 管理科学学派

（1）代表人物。管理科学学派也叫数量学派或运筹学派，代表人物有埃尔伍德·斯潘赛·伯法、希尔、爱德华·鲍曼、罗伯特·费特、塞缪尔·里奇蒙等人。

（2）主要观点。管理科学学派认为，管理就是制定和运用数学模型与程序的系统，就是用数学符号和公式来表示计划、组织、控制、决策等合乎逻辑的程序，求出最优的解答，以达到企业的目标。而解决问题的七个步骤是：观察和分析、确定问题、建立模型、得出解决方案、对模型和解决方案进行验证、建立对解决方案的控制、把解决方案付诸实施。以上七个步骤相互联系、相互影响。

（3）管理启示。管理科学学派的理论对管理实践活动的启示主要体现在：企业面临的复杂的、大型的问题可以分解为较小的部分进行诊断、处理；企业可以通过建立一套决策程序和数学模型以增加决策的科学性，可以通过电子计算机等现代设备协助决策；各种可行的方案均是以经济效果作为评价依据的。

三、现代管理思想新发展

20世纪末至21世纪初，面对信息化、全球化、经济一体化等新的形势，企业管理活动出现了深刻的变化与全新的格局，管理思想与管理理论也出现了新的发展趋势。

1. 战略管理理论

20世纪70年代以后，企业竞争加剧，风险日增。为了谋求长期生存发展，企业开始注重构建竞争优势。1976年，安索夫的《从战略规则到战略管理》一书出版，标志着现代战略管理理论体系的形成。而后斯坦纳等人又对该理论进行了发展，而迈克尔·波特所著的《竞争战略》把战略管理的理论推向了高峰。

迈克尔·波特（Michael E. Porter, 1947—），在世界管理思想界可谓是"活着的传奇"，他是当今全球第一战略权威，是商业管理界公认的"竞争战略之父"，是现代最伟大的商业思想家之一，32岁即获哈佛商学院终身教授之职。迈克尔·波特博士获得的崇高地位缘于他所提出的"五种竞争力量"和"三种竞争战略"的理论观点，其三部经典著作《竞争战略》《竞争优势》《国家竞争优势》被称为竞争三部曲。

这一理论以企业组织与环境关系为主要研究对象，重点研究企业如何适应充满危机和动荡的环境而不断变化的过程及规律；强调通过对产业演进的说明和各种基本产业环境的战略分析，得出不同的战略决策，并通过战略实施与评价验证战略的科学性和有效性。

2. 企业再造理论

美国企业从20世纪80年代起开始了大规模的企业重组革命，日本企业也于90年代开始进行所谓的第二次管理革命，这十几年间，企业管理经历着前所未有的、类似脱胎换骨的变革。1993年，美国麻省理工学院教授迈克尔·哈默与詹姆斯·钱皮在经过多年调研后，提出了企业再造理论。

迈克尔·哈默（Michael Hammer, 1948—2008），是世界最著名的管理学家之一，他是企业再造和业务流程理念的创始人，他的思想使现代经营管理领域发生了深刻的变化。遍及全球的许多企业将他所倡导的理念运用于自身的经营活动和组织结构中，创造了惊人的业绩。美国《商业周刊》称他为20世纪90年代最优秀的一个管理思想家，《时代》周刊把他评选为美国最具影响力的25人之一。

这一理论认为，为了能够适应新的世界竞争环境，企业必须摒弃已成惯例的运营模式和工作方法，以工作流程为中心，重新设计企业的经营、管理及运营方式，制订企业再造方案，并组织实施与持续改善。企业再造包括了企业战略再造、企业文化再造、市场营销再造、企业组织再造、企业生产流程再造和质量控制系统再造等多方面内容。

詹姆斯·钱皮（James A. Champy, 1948—），美国著名的管理学家，先后在麻省理工学院获得学士、硕士和博士学位。曾担任IBM软件工程师，麻省理工学院计算机专业教授，以及Index Consulting集团的PRISM研究负责人，是公认的研究业务重组、组织变革和企业复兴等管理问题的世界权威。1993年，他与迈克尔·哈默合著《企业再造》。该书迄今为止已经售出200万册，并于1995年被美国《商业周刊》评为最畅销的商业类图书之一。詹姆斯·钱皮是一个能够抓住现实变革根本的管理大师。

3. 文化管理理论

20世纪80年代初，在总结日本企业经营管理经验的基础上，"文化管理"开始出现。1981年，美国管理学家威廉·大内出版《Z理论——美国企业界怎样迎接日本的挑战》一书，最早提出企业文化的概念。而后理查德·帕斯卡尔、托马斯·彼得斯和泰伦斯·狄尔等人又对其进行了不同角度的阐述和发展，最终促成了文化管理理论的形成。

威廉·大内（William Ouchi, 1943—），1943年出生于夏威夷檀香山，是日裔美籍管理学家，Z理论创始人，也是最早提出企业文化概念的人。他从1973年开始转向研究日本企业管理，经过调查比较日美两国管理的经验，于1981年在美国爱迪生维斯利出版公司出版了《Z理论——美国企业界怎样迎接日本的挑战》一书，在这本书中，他提出Z理论，并最早提出企业文化概念，其研究的内容主要是人与企业、人与工作的关系。

文化管理就是对企业的控制、计划、领导、协调、组织等方面都渗入文化的因素，以文化贯通企业管理的全过程。在管理过程中强调以人为本的"人本主义"；突出组织结构呈现扁平化；强调团队精神和情感管理；强调塑造企业文化。

4. "学习型组织"理论

20世纪90年代以来，知识经济的到来，使信息与知识成为重要的战略资源，相应地诞生了"学习型组织"理论。该理论的形成是以美国管理学家彼得·圣吉的著作《第五项修炼》的出版为标志的。

彼得·圣吉（Peter M. Senge, 1947—），学习型组织之父，当代最杰出的新管理大师之一。他是美国麻省理工大学斯隆管理学院资深教授，国际组织学习协会创始人、主席。1947年生于芝加哥，1970年于斯坦福大学完成航空及太空工程学士学位后，进入麻省理工学院读研究生，旋即被佛睿思特教授的系统动力学整体动态搭配的管理新观念所吸引。他和戴明、阿吉瑞斯、雪恩与熊恩等大师级的前辈，以及一些有崇高理想的企业家，致力于将系统动力学与组织学习、创造原理、认知科学、群体深度对话与模拟演练游戏相融合，发展出一种学习型组织的蓝图。彼得·圣吉在麻省理工大学斯隆管理学院创立了"组

织学习中心",对一些国际知名企业进行创建学习型组织的辅导、咨询和策划。

这一理论认为,传统的组织类型已经越来越不适应现代环境发展的要求,未来真正出色的企业,将是能够设法使组织成员全心投入,并有能力不断学习的组织。这种组织类型的成员必须具备五项技能,即锻炼系统思考能力、追求自我超越、改善心智模式、建立共同远景目标和开展团队学习。学习型组织是一种更适合人性的组织模式,这种组织有崇高而正确的核心价值和使命,具有强大的生命力和实现共同目标的动力,不断创新,持续蜕变。

本章小结

管理知识总的来说是源于经验,在人类发展史上人们通过管理实践总结出丰富的管理理论,形成了较为完整的管理思想体系。各种管理理论的形成无不是经过了管理实践——管理思想——管理理论的演变过程。管理理论的发展是符合认识论的普遍规律的,管理学的发展也验证了管理作为一门科学具有一套科学的方法论。

古典管理理论阶段是从19世纪末到20世纪初这一历史时期。这一阶段随着生产力的高度发展和科学技术的飞跃进步,经过管理学家的不断研究、观察甚至亲自实践,对管理的科学认识不断丰富和具体,从而对其进行概括和抽象,才逐渐形成了管理理论,管理作为一门科学才真正蓬勃兴起。这一阶段的管理理论主要有科学管理理论、一般管理理论和行政组织理论。

从20世纪初到第二次世界大战结束前的这一历史阶段,管理理论在古典管理理论的基础上更加重视管理中人的因素的作用,在管理心理学方面有了长足进步,由此产生的管理措施更加人性化。这一阶段的管理理论主要有人际关系学说、行为科学理论。

现代管理理论是第二次世界大战到21世纪初这一历史阶段。这一阶段,科学技术日新月异,生产力迅速发展,生产和组织规模急剧扩大,生产社会化程度大大提高,伴随着管理理念和生产工具的进步,管理理论得到了快速发展,新的管理理论层出不穷。这一阶段的管理理论主要有管理过程学派、决策理论学派、权变理论学派和管理科学学派等。

知识拓展

余世维:一个有效管理者的11面镜子

余世维博士,1948年8月31日生于上海,祖籍湖北孝感,美国佛州诺瓦大学公共决策博士、美国哈佛大学企业管理博士、英国牛津大学国际经济博士后,世界多所著名大学客座教授。他是目前中国最受欢迎的实战型管理培训专家,华人最权威、最资深的实战型培训专家之一,被尊为华人管理教育第一人。

许多许多的历史才可以培养一点点传统,许多许多的传统才可以培养一点点文化。在今天看来,管理中有些传统的做法是一种错误,不管是过去还是现在都应该避免。任何人都会犯错误,不犯任何错误的人,也必定是一无所成的人。问题是我们要如何避免犯错误。一般来说,经理人(主管)

容易迷失、易犯的错误有11条，它应是我们可贵的检讨与反省的指标，就像一面无情的镜子，需要我们勇敢地面对它，从错误中学到宝贵的教训与经验，使自己成为一位成功而有效的主管。

1. 拒绝承担个人责任

有一次一件事情出了差错，董事长把我叫去骂了一顿。我对董事长说"这是我的错"，我在董事长面前从来不会说这是谁的错。等我回到办公室，把几个副总叫过来，第一句话就告诉他们："刚才我被董事长骂的时候，可没有讲你们任何一个人的名字，我在他面前一人挑起全部的责任，可你们给我犯下这样子的错误。"

如果我在董事长面前说，这是徐副总的错，这是赵副总的错，这是王副总的错，董事长只讲一句话：余总经理，我白请你了，如果今天都是他们的错，你在干什么？我要是被他这样子说，我就没脸再待下去了。所以在董事长面前，我一肩挑起，这叫负起责任，错就是错嘛，干吗要把责任推卸给别人呢？大胆地承认错误，然后想办法解决问题，吸取经验教训，这才是最重要的。有效的管理者总是会为事情的结果负起个人的责任，不轻易把麻烦传给别人。美国总统杜鲁门曾在自己的办公室门口挂了一条醒目的标语：buckets stop here。意思是问题到此为止，不再传给别人。每一位主管都应该把这句话当作自己的座右铭。

世界上有两种人，一种人在努力地辩解，一种人在不停地表现。做主管的要尽量地表现，少去辩解，要敢于负起责任。当出现问题时，看看是不是自己的原因。当准备去请教你的上司时，先自问一下，有没有负担起自己的责任，是不是非进上司的门不可。总之，要时刻记住美国著名管理顾问史蒂文·布朗的一句话：管理者如果想发挥管理效能，必须得勇于承担责任。

2. 不去启发下属

所谓启发，是指随人、随时、随地的教育。不管什么时候，只要看到下属不对，都可以启发，连门卫都可以启发，但是许多当主管的往往不愿意开启尊口。有一次我看到一个文员在写信封，写错了，就马上把其他人一起叫过来说：各位请看，这信封的写法"刘总经理"4个字要一样大，"总经理"3个字不能小写，好像人家不配当总经理似的；名字反而大写是一个错误，名字要避讳，要小；后面写敬启，是错的，敬启是恭敬地打开，人家凭什么要恭敬地打开！写给人家总经理要写大启、君启或亲启，这样才有礼貌。

这叫机会教育，我在公司花很多时间在教育上，但这都是辛苦在前，轻松在后。千万别忘记，你的下属有70%的教育都是靠你。但有人说教育是人力资源部的事情，这样的想法是错误的。一个主管应负七成的责任去教育他的下属，只有三成的责任是靠人力资源部门，而且人力资源部门只管基础性教育。真正的主管要做专业教育，不能"放牛吃草"，要抓住任何机会去启发你的下属。

3. 只强调结果，不强调思想

人首先要有思想，然后才有想法，产生触动，最后变成行为，久了就变成习惯。行为要变成习惯是很难的。文学家陈之藩在《剑桥倒影》一书中有句话：许多许多的历史才可以培养一点点传统，许多许多的传统才可以培养一点点文化。可见文化是多年的习惯，要养成习惯不是简单的事情。比如准时观念是一种思想、一种行为，如果把它变成一个习惯，就会形成文化。世界强国的时间观念都是非常强的。

很多老总都喜欢讲一句话：不要告诉我过程，我只需要结果。这句话听起来很帅，很有个性，有风度。如果你是军长、师长，你可以命令部下带着兄弟们把那个山头给我攻下来，不要给我讲流多少血，我对血没有印象；不要跟我说死多少人，我不在乎，我只要求今天中午之前把那个山头给我攻下。不错，在军事上都强调这种观念，很多老总就喜欢这种派头。可是，今天我们是干事业，不是叫下属去死。我们应该强调思想，你不扭转他的思想，讲100遍也没有用。

如果你的下属跟着你而思想没有长进，进来的时候和离开的时候都是一样的，你就不可能是一个成功的主管，他对你也会有怨恨。下属的思想是主管教育和灌输的，做主管的应该像教育自己的孩子一样去教育他们。如果你没有教给他思想，他就没有想法，就不可能产生触动，没有触动就发展不出行为，没有行为就更不可能产生习惯。

4. 一视同仁的管理方式

每个人都要经历家庭、学校和社会教育。他父母怎么教育的，我们已经管不着了；他的老师当初告诉他什么，我们也来不及追究了，主管应成为他们的"父母"，有责任去教育他们。问题是：每个人的背景不同，个性不一样，经历也不一样，世界上没有两个人是完全一样的，应该怎么教育呢？那就是拒绝一视同仁的管理方式。一把钥匙只能开一把锁，不能用一把钥匙开所有的锁。比如批评人时，对脸皮厚的人，可以当众批评；对爱面子的人，要叫到办公室单独谈。

做主管的要费些心思，要去研究你的下属，从他们的行为、动作、眼神、语言、思想上去了解，去判断。如果他非常喜欢钱，就让他去做销售；他做事很仔细，可以让他干设计工作；看东西只看地上的人，适合守仓库；吃饭都用计算器的人应该做会计；婆婆妈妈的人去搞客户服务；坐不住的人就让他去做外勤：这叫用人用长处。最糟糕的是把人都看成一样，不同的家庭、不同的学校培育出不同的人，每个地方有不同的文化、亚文化。作为主管，应该关注这些问题。我手下有个管理人员，他把权看得很重要，对钱没什么大的要求，我就把公司的印章交给他，每天在办公室"嘣嘣嘣"地盖章，而且把他的位置放在办公室的中间，让大家都看着他，让他有一种权力感，结果他非常高兴。

对思想比较单纯、服从性比较高的人，我们可以给他工作指示，给他效率要求，给他预算控制，可以实行从上到下的直线管理；对于受过高等教育、敏感、见过世面、经历复杂、强调团队精神的人，要让他参与，要注重双向管理，不能搞单行道。一个公司到底用什么方法，没有完全的定式，有的强调制度，有的重视人性管理。一个公司凭一本人事规章是没什么用的，每个公司都有人事规章，而且大同小异。所以，管理要适应对象，不能一视同仁。

5. 忘了公司的命脉：利润

有一天，一家公司的总裁在餐厅吃午饭。吃到一半，有4个熟悉的声音由隔壁的厢房传出。那些人的讨论相当热烈，他忍不住偷听，发觉是手下的几位高级主管在得意地谈自己的部门。

总工程师说："没人能跟我比，对一家公司的成功，贡献最大的部门就是生产部门。如果你们没有像样的产品，那等于什么也没有。"销售经理抢着说："错了！世界上最好的产品一点用都没有，除非你有强大的销售部门把它卖出去。"主管公司内部及公共关系的副总裁也有意见："如果公司没有良好的形象，惨败是绝对的，没人会向一家他不信任的公司买产品。""我认为你们的观点都太狭窄了，"主管人力资源的副总裁展开攻击，"我们都知道公司的力量在于它的员工，去掉强有力而且工作意愿高的员工，公司会立刻陷于停顿。"

4位雄心勃勃的年轻人继续讨论，为他们的部门力争。直到总裁吃完午饭，讨论仍未结束，他离开餐厅时顺便在那间厢房门口停下。"诸位，"他说，"我忍不住听了你们的讨论，很高兴你们能为自己的部门感到自豪，不过我不能不说，经验告诉我，你们没有一个说得正确。在任何公司里，没有哪个部门能对公司的成败负责。如果你追究到问题的核心，你会发现管理一家成功的公司就像玩特技的人维持5个球在空中，其中4个球是白的，分别写着产品、销售、企业与公共关系、员工，另外一个是红球。在任何时候，玩特技的人一定要记住，无论发生什么事，绝不能让红球掉到地上，因为红球上写着两个字：利润。"这位总裁的话绝对正确。没有利润，公司即使有最完美的产品、最好的形象、最有能耐的员工、最引人注目的财务基础，它还是很快就会陷入困境的。

做主管的有四大责任，为股东创造利润，为社会谋求就业，为员工谋求福利，为消费者谋求品质。最重要的是第一个，即创造利润，让公司有发展，是所有主管的首要责任。总公司考核你，最高主管评价你，只问一件事：有利润吗？当然，我们所谓的追求利润不是说要不择手段地去赚钱，而是要把追求利润看成是责任是目标，并且始终牢记心中。

6. 只见问题，不看目标

作为一个主管，要注意目标，就像游泳一样，要一边游，一边看前方，不要一头撞到池壁才知道到了。不要花太多时间在小问题上，要多花时间在目标上，如果一个主管把精力放在小问题上，就会忘记自己的目标，会丧失创造力，或者至少会逐渐枯竭。很多主管好像很忙，其实常常都是空忙，他们每天花90%的时间去做对公司只有10%的贡献的事情，这样缺乏效率的一个主要原因是他们只注意小处。

做事要看大原则，每天上班先做最重要、最紧急的事情，其他做不完的事要放下，一个人不可能做完所有的事，永远都有做不完的事。

我们强调要看目标，并不是说不要看问题，问题一定要看，而且要看得仔细，因为问题就是机会。但只有站在目标的高度上看问题，问题才可能变成机会。所以，主管不要说我遇到了一个问题，要说我面对一个机会，这样意义就不同了。如果专注于琐事，就难以看到真正的问题，也看不到机会。做不到这一点，你的竞争对手就会抢先一步，因为行销学上有一句名言：凡是你想不到的，你的对手会帮你想到。

7. 不当主管，只做哥们

做主管的要有自己的威严，在公司里不要坏了规矩，下属的脚一旦踩到你的肩膀上，接下来就是踩到你的头顶上。我们对下属要爱、要支持、要奖励，但是他站在你的头上讲话就不可以，这叫没有伦理，坏了规矩。一个主管如果纵容下属，最后会很难管理。他第一次破坏规矩就要开始处罚，如果没有处罚，他就会成为一个"榜样"，公司的标准一旦破坏，以后的事就难办了。

不少主管很难做到这一点，原因是他常常希望在公司获得大家的支持，自己不够稳时，常常在公司套交情，用哥们义气把大家拢在一起，但这样他讲话就会没有威严。原因何在？因为他没有把公司的要求和纪律看得非常重要，却把私人感情和个人功利看得更重，结果动之以情，把大家通通看成是哥们。人有时是这样子的，你对他好，他并不感恩，反而认为你这个人非常随便。

在我们公司，男职员拍女职员的肩膀我是有意见的，男职员如果讲黄色笑话也是不允许的，这叫坏了规矩。有一次，在仓库我无意中听到一个男职员讲黄色笑话给一个女职员听，那女职员笑了笑。我马上走过去告诉那位男职员："这种笑话回去讲给你妈妈和你的姐妹听,如果你觉得不能讲,那么我们的职员也不可以,这叫公司伦理。"我这话一说,他们显得非常困惑和尴尬。我的意思是,公司也要有伦理,如果这个时候我跟着他们一起笑,那就等于把他们当成了哥们,就会破坏规矩,给管理带来麻烦。

所以我的下属和我在一起,没有人可以随便和我开玩笑。我裁人时不用顾忌太多,非常凶狠。敢于这样做,就是因为平时我没有把他们当哥们,不欠他们的人情,裁人时可以不流下一滴眼泪。我今天很轻松,因为实际上我十分爱下属,只是不希望他们把我当作难兄难弟,在公司就得遵守公司的规矩。

8. 没有设定标准

英国有家公司,专做世界有名的杯盘,他们的产品摔坏的比合格出品的还要多。有个设计师专门摔盘子,每10个摔坏6个,合格的只有4个,但是订单排到3年以后,没货。公司不怕摔,摔坏的盘子全都计入其他盘子的成本。就这样还难以买到,为什么?那是精品,公司有高标准,具有尊严。

一个公司设定行为标准就是让公司有尊严,让公司的员工有尊严。公司没有标准,一个经理没有设计出标准,公司就会不成体统。如果你进了一家公司,人家问你是怎么进去的。你说,进去不容易啊,要笔试,要口试,要扒一层皮。反过来,如果你说,进去很容易啊,随便就进去了。人家会认为这公司不值得待,没有经过筛选,没有严格的标准。人都有这种心理:你越是有一种行为标准,越是有一种绩效要求,他觉得越有尊严。

所谓标准,其实是一种誓约、一种尊严、一种品质。像德国的奔驰一样,在街上看到奔驰,你会想到什么?那是一种尊严。为什么有钱的人都喜欢买奔驰,如果制造商没有那样的标准,你会买它的车吗?一样的道理,谁能像奔驰那样有一种标准,谁就有尊严。公司有了标准,可以让员工感到在这种公司工作是一种荣耀。当一切有关的人把标准视为一种誓约、一种品质的要求,自尊心在公司就会变得越来越强,管理也就变得越来越轻松。因此,主管不仅要执行标准,更要设立标准,只有具有管理标准,才会有高的管理绩效。

9. 纵容能力不足的人

有的主管喜欢在办公室寻找爱,寻找下属对他的爱。其实错了,管理不是比赛,看看谁的爱最多,不要当老好人。我在公司常常讲一句话:做人(是指不讲原则只和稀泥这样的人)就不要做事,做事就不要做人。如果你做不到这一点,你就把位子让出来,让那些愿意当黑脸的人来当主管。今天公司交给你一个任务,是希望你能完成。而你怕得罪这个怕得罪那个,那么干脆就不要做。

古代法家的韩非子在这个问题上有个精辟的论述,用今天的话来说就是:一个主管只会压制自己,那叫怕;一个主管只会纠正自己,那叫乱;一个主管只会节省自己,那叫贱。主管没有必要告诉自己不要做这个不要做那个,纠正这里那里,总是为自己节省。有本事的人,自己乱七八糟,手下一切正常,每天在外面应酬客户,公司平安无事,这叫厉害。如果你一天到晚穿得标标致致,台灯照着你孤独的背影工作到深夜,最后还口吐鲜血,积劳成疾,这叫犯贱。为什么?管理层就像金字塔,如果只是顶上有点烂,下面稳固,不会有什么大事;如果底下坏了,顶上再好,也会摇摇欲坠。所以,你要严格管理你的部属,纠正你的手下,叫你的组织去节省。如果主管只要求自己,等于是纵容能力不足的人。

还有的老总喜欢找一个能力比自己差的人做副手,副手也找一个能力比他差的人做部下，这样下去，能力越来越差，于是主管就总是说自己的部下不行，其实都是他当初自己造成的。中国人用人有一种地方观念，喜欢用与自己地域关系或人缘关系较近的人，哪怕他的能力差些。这都是纵容能力不足的人。过度纵容能力不足的人，让那些没有能力、不求上进的人留在组织里，对其他人来说是不公平的，于是大家都没劲，结果是差的拖垮好的，最终拖垮了组织。

10. 眼中只有超级明星

不要眼中只有超级明星，要强调团队精神。就像一个球队，如果只强调超级明星，不强调全体的努力，是难以取胜的。麦当劳有一句话，我们公司没有店长，店长是叫给外人听的。麦当劳的店长也要替客人点餐，这是公司总部的规定，全世界麦当劳的员工不分职位都要替客人点餐。他们体会到，公司能有今天的成功，靠的是全体员工，不是哪一个超级明星的功劳。

如果你把你那一行最顶尖的人全请到你的公司去，那一年结束，还是只有一个人能争得排行第一的位置。为什么？因为这么多顶尖好手根本不存在，而且就算他们存在，也只有一个第一，而其他的人得到的是落选者的头衔。一个公司真正的超级明星是很少的，公司大部分的业务都是那些一般的人做的。只重视超级明星，唯一的结果就是降低管理绩效、减少公司业绩。

即使公司有超级明星，也要淡化他的贡献，如果自己是超级明星，更要有这种胸怀。主管要把90%的爱放在90%的人身上，不要把90%的爱放在10%的人身上，那样对另外90%的人不公平。凡是为公司做出贡献的人都应看成公司的英雄，这样公司就成了一个团队。

很多的公司去挖一些有名气的人，把他们当成超级明星请来，可常常没多久我们就听到他们分道扬镳的结局。为什么？因为一些超级明星不会感恩，他们认为能有今天是自己努力的结果，不是公司栽培的结果；他们不合群，认为自己在公司是鹤立鸡群，而且还不妥协，碰到公司有难，还常常不愿意委屈自己；他们除了要求高薪以外，对公司没什么贡献。所以，做老总的不要眼中只有超级明星，要重视栽培部下，让部下变成明星。

11. 在公司内部形成对立

有一次，我问董事长："他们在干什么？"董事长严肃地望着我："他们是谁？""我们楼下的维修工啊。"我说。当时他这样子问我，我没有反应过来。又有一次，我问："他们那个工程……""他们是谁？"我还没说完，他就打断我的话问。这时我想起了上次同样的经历，立即意识到了是什么问题。我对董事长承认，我错了。董事长说："余总，这里只有我们，没有他们。"这件事情给我很深的教训。在公司内部，在顾客面前，不要说"他们"，要说"我们"。

作为主管，千万别小看这一字之差。举个例子，我在日航公司工作时曾到东京蛭田机场受训，有一次经过附近的一个超市，买了一盒杏仁豆腐，回去一吃，坏了。第二天我经过那里，进去对营业员小姐说，我昨天买的杏仁豆腐是坏的。"坏的？有没有带来？"那个小姐问。我说："那又不值什么钱，我把它扔了，没关系，不要误会，我不是来要钱的。""不不不，这是大事，你等一下。"她说完就咚咚咚地跑到楼上，没多久，咚咚咚地跑了下来，旁边还有一个男士，手里拎着一个袋子，走到我面前说："先生，这里有5盒杏仁豆腐，保证是新鲜的，您拿去吃，这是您昨天买杏仁豆腐的钱，我们退回给您。我们店里卖出这样子的豆腐是我们的羞耻，但是我们已经打了电话，供应商下个礼拜要来开会，我们要研究一下为什么会发生这种事情。先生，如果下个礼拜一您还经过这里，您有兴趣的话，可以来找我，我会告诉您我们哪里犯了错误。"这以后，我经过那里时都会去买东西。为什么？我相信它，我这辈子在那里买的任何东西，他们都会负起责任。其实，当时那个小姐不是卖给我东西的那位，那个店长也不是，可他们没有说：这个不是我经手的，这是供应商的错，这是昨天那个小姐的错，这是你自己的错。他们只说，这是"我们"的错。

主管要常常强调"我们"的观念。如果有谁做错了什么，就是"我们"的错，然后去检讨是哪里出了问题。这个观念应该从你的职业生涯开始就建立起来，久而久之就会形成一种习惯，最后在公司才不会形成对立，公司或你的部门就能真正团结成一个整体。

训练题

一、选择题

1. 被誉为"科学管理之父"的是（　　）。
   A. 泰勒　　　　B. 法约尔　　　　C. 韦伯　　　　D. 梅奥
2. 科学管理理论的关注点是（　　）。
   A. 企业生产现场　　　　B. 组织的整体利益
   C. 人的行为　　　　D. 企业文化
3. 以下属于法约尔提出的管理理论是（　　）。
   A. 例外原则　　　　B. 一般管理理论
   C. 科学管理理论　　　　D. 行政组织理论
4. 被称为"组织理论之父"的是（　　）。
   A. 泰勒　　　　B. 法约尔　　　　C. 韦伯　　　　D. 梅奥
5. 被称为"管理过程之父"的是（　　）。
   A. 泰勒　　　　B. 法约尔　　　　C. 韦伯　　　　D. 梅奥
6. 法约尔认为，企业的技术、商业、安全、财务、会计和管理六种职能的总体运动构成了（　　）。
   A. 经营　　　　B. 管理　　　　C. 生产　　　　D. 销售
7. 认为在现实中不存在一成不变、普遍适用的管理方法，管理应随机应变的是（　　）。
   A. 系统管理理论　　　　B. 权变管理理论
   C. 决策理论　　　　D. 数理理论
8. 以下属于韦伯提出的管理理论是（　　）。
   A. 例外原则　　　　B. 一般管理理论
   C. 14 条管理原则　　　　D. 行政组织理论
9. 以下哪一个管理理论学派的研究对象是管理的过程和职能？（　　）
   A. 决策理论学派　　　　B. 一般管理理论学派
   C. 系统管理理论学派　　　　D. 人际关系学说
10. 梅奥通过霍桑实验得出一系列有关人际关系学说的主要观点有（　　）。
    A. 企业中的人首先是"经济人"
    B. 企业中的人首先是"社会人"
    C. 生产效率主要取决于员工的工作态度和人们的相互关系
    D. 企业中存在非正式组织，要重视它们的存在

二、简答题

1. 泰勒科学管理思想包括了哪些内容？
2. 法约尔认为管理的基本职能是什么？
3. 韦伯行政组织理论给现代管理带来了哪些启示？
4. 梅奥人际关系理论的主要观点是什么？
5. 什么是管理理论丛林？它有哪些主要的管理学派？
6. 什么是学习型组织？在现代企业管理中如何建立学习型组织？
7. 学习型组织的五项修炼包括了哪些内容？

三、案例分析

"节约"出来的管理问题

张岚是某集团公司刚刚招聘的办公室主任。新官上任三把火，为了给管理层留下一个雷厉风行的好印象，张岚上任之初就开始推广成本意识，倡议大家厉行节约，并出台了一系列有关节约的行为细则，比如"但凡打印非正式文本一律使用废纸背面""鼠标使用2年才予以更换"等。

由于集团总部属于非营利单元，加之近年集团下属企业业绩增长停滞，自然，张岚的行动得到了集团领导的肯定和表彰，因为这和集团近年倡导的"二次创业"的精神很一致。

节约细则实施了一段时间，但是办公室在做低值易耗品的每月统计时发现成本不降反升，并且额外增加了许多开支，比如打印机的维修费、硒鼓碳粉的消耗等，这让张岚大为恼火，认为是有人故意唱反调。

另一个办公室的同事告诉了张岚原委，其实这恰恰是这些细则规定所致。比如：打印使用废纸，这样经常导致激光打印机卡纸，并加速了硒鼓的损耗，一台打印机没用多久就要进行大修；使用替代碳粉，但是用不了多久打印字迹就模糊，维修人员说这是由于碳粉颗粒不均匀所致；鼠标的规定更是导致了员工不满，有些人不愿意同办公室啰唆，干脆自己买来使用，但是大家私下却牢骚满腹。

过了一段时间，办公室不得不对细则进行了修正。

请结合本单元所学的知识，分析下列问题：
(1) 张岚运用了何种管理理论指导自己的管理活动？
(2) 张岚的管理为什么失败了呢？
(3) 如果你是张岚，在意识到自己的错误后，会采取哪些措施来改进呢？

职/能/篇

第三章

计划职能

导入案例

细节决定成败

上海有一号地铁路线和二号地铁路线两条线，它们之间就存在巨大差异。

上海地铁一号线是由德国人设计的，看上去并没有什么特别的地方，直到中国设计师设计的二号线投入运营，才发现其中有那么多的细节被二号线忽略了。其中有三条是比较明显的。

（1）上海地处华东，地势平均高出海平面就那么有限的一点点，一到夏天，雨水经常会使一些建筑物受困。德国的设计师就注意到了这一细节，所以地铁一号线的每一个室外出口都设计了三级台阶，要进入地铁口，必须踏上三级台阶，然后再往下进入地铁站。就是这三级台阶，在下雨天可以阻挡雨水倒灌，从而减轻地铁的防洪压力。事实上，一号线内的那些防汛设施几乎从来没有动用过；而地铁二号线就因为缺了这几级台阶，曾在大雨天被淹，造成巨大的经济损失。

（2）德国设计师根据地形、地势，在每一个地铁出口处都设计了一个转弯。这样做不是增加出入口的麻烦吗？不是增加了施工成本吗？但当二号线地铁投入使用后，人们才发现这一转弯的奥秘。其实道理很简单，如果你家里开着空调，同时又开着门窗，你一定会心疼你每月多付的电费。想想看，一条地铁增加点转弯出口，省下了多少电，每天又省下了多少运营成本。

（3）每个坐过地铁的人都知道，当你距离轨道太近的时候，机车一来，你就会有一种危险感。在北京、广州地铁都发生过乘客掉下站台的危险事件。德国设计师们在设计上体现着"以人为本"的思想，他们在靠近站台约50厘米处内铺上金属装饰，又用黑色大理石嵌了一条边，这样，当乘客走近站台边时，就会有了"警惕"，意识到离站台边的远近，而二号线的设计师们就没想到这一点。地面全部用同一色的瓷砖，乘客一不注意就靠近轨道，非常危险！地铁公司不得不安排专人来提醒乘客注意安全。

（资料来源：http：//www.cz88.net/lizhi/zhichang/46143.html）

第一节 计 划

一、计划概述

（一）计划的含义

计划，首先可以简单地理解为人们做某件事情行动之前所做的谋划和安排等准备工作。计划是管理的首要职能，它存在于社会各级各类组织的各个层次的管理活动中，一个组织要有效地实现其目标，首先必须做好充分的计划工作。

1. 计划的定义

计划的定义有广义和狭义之分。广义的计划就是制订计划、执行计划和检查计划的执行情况等全过程。狭义的计划就是制订计划，即管理者预测未来、确定目标、制定实现这些目标的行动方案的过程。也就是管理者根据组织内外部的实际情况，权衡客观需要和主观可能，通过科学的预测，提出在未来一定时期内组织所要达到的目标以及实现目标的途径。

管理中的计划职能就是狭义的计划，进一步来说，就是预先决定做什么（what），讨论为什么要做（why），确定何时做（when）、何地做（where）、何人做（who）以及如何做（how）的一种工作程序。通常可用"5W1H"来表示。

（1）做什么（what）。要明确组织的使命、战略、目标以及行动计划的具体任务和要求，明确一个时期的中心任务和工作重点。例如：企业在未来5年要达到什么样的战略目标；企业年度生产计划的任务是确定生产哪些产品，生产多少，合理安排产品投入和产出的数量和进度，在保证按期、按质和按量完成订货合同的前提下，使得生产能力得到尽可能充分的利用。

（2）为什么要做（why）。要论证组织的使命、战略、目标和行动计划的可能性和可行性，也就是说要提供制定的依据。实践表明，计划工作人员对组织和企业的宗旨、目标和战略了解得越清楚，认识得越深刻，就越有助于他们在计划工作中发挥主动性和创造性。正如通常所说的"要我做"和"我要做"的结果是大不一样的，其道理就在于此。

（3）何时做（when）。规定计划中各项工作的开始和完成的进度，以便进行有效的控制和对能力及资源进行平衡。

（4）何地做（where）。规定计划的实施地点或场所，了解计划实施的环境条件和限制，以便合理安排计划实施的空间组织和布局。

（5）谁去做（who）。计划不仅要明确规定目标、任务、地点和进度，还应规定由哪个部门、哪个人负责。例如，开发一种新产品，要经过产品设计、样机试制、小批试制和正式投产几个阶段。在计划中要明确规定每个阶段由哪个部门、哪个人负主要责任，哪些部门协助，各阶段由哪些部门、哪些人员参加鉴定和审核等。

（6）如何做（how）。制定实现计划的措施以及相应的政策和规则，对资源进行合理分配和集中使用，对人力、生产能力进行平衡，对各种派生计划进行综合平衡等。

计划是一种需要运用智力和发挥创造力的过程，它要求高瞻远瞩地制定组织战略和目标，严密地规划和部署，把决策建立在反复权衡的基础之上。为了做好计划工作，实现计划所设定的目标，计划工作需要遵循一定的基本原理、程序、方法和手段。实践表明，计划工作中的许多失误，就是对这些基本的东西缺乏了解所致。

2. 计划工作的特点及意义

（1）计划工作的特点。计划工作与其他管理职能相比较其基本特点可以概括为以下五个方面：

①目的性。任何组织或个人制订计划都是为了有效地实现其目标，因此各种计划及其所有派生计划，都应围绕着如何实现其目的和目标而制订。一个组织能够生存，首要的一点就是通过有意识的合作来完成群体的目标，这是管理的最基本特征，计划工作是最能明确反映管理基本特征的主要职能活动。

②指导性。计划工作在管理职能中处于首要地位。计划工作以及计划的形式为组织经营管理活动提供了明确的目标。管理过程中的其他管理职能都是为了支持、保证目标的实现，因此这些职能只有在计划工作确定目标之后才能进行。美国企业家查理·S·史罗马在《无谬管理》一书中指出："对一件方案，宁可厌恶其计划之时间以确保日后执行之成功，切勿在毫无轮廓之前即草率开始执行，而终于导致错失方案之目标。"

③普遍性。计划工作具有普遍性，主要体现在两个方面：一是不论是日常的生活事务还是组织中的工作，如要有效地达到预期的目的和效果，首先要制订计划，离不开计划的指导；二是在一个组织中，计划是各个层次的主管人员的一个共同职能。所有的主管人员，无论是企业中的总经理还是班组长都要从事计划工作，只不过计划的内容、范围不同而已。

④经济性。计划工作要讲究效率。资源的稀缺性也要求计划工作必须讲求效率，即计划工作要考量它对组织目标所做的贡献、为了制订和执行计划所需要的费用及其他预计不到的损失。简单地讲，计划工作不是想如何做就如何做，而是要关注实现计划目标的投入与产出之间的比例。例如某个计划会使既定目标得以实现，但在计划的实施过程中付出了太高的或者是不必要的代价，那么这个计划的效率就是低的，也就失去了计划工作的意义。

⑤创新性。计划工作总是针对需要解决的新问题和可能发生的新变化、新机会做出正确有效的决定，因而它是又一个创新的管理过程。组织的发展与进步依赖于管理计划的不断创新。

（2）计划工作的意义。一个计划的好坏直接影响着管理工作效率的高低以及组织目标的实现。一个好的计划即科学性、准确性很强的计划，对于我们的工作将起到事半功倍的作用；相反，一个科学性、准确性很差的计划，则会使我们的工作事倍功半，甚至一无所获。因此，制订计划的工作是十分重要的，主要表现在以下几个方面。

①有利于提高组织的应变能力，降低风险。未来的不肯定性和变化决定了计划工作的必要性。计划的本身是面向未来的，而未来又是不确定的，充满了风险。计划工作的重要性就在于组织如何适应未来的不确定性。因此，需要周密细致的预测，制定相应的补救措施和随时检查计划的落实情况，遇到问题则须重新制订相应的计划措施。这样才能使企业组织更好地适应未来变幻莫测的大环境。

②有利于有效实现组织目标。每个计划及其派生而来的计划，目的都在于促使一个部门或组织的目标得以实现。只有计划不可能使我们的工作有所成就。有了计划还须有行动，必须使工作全面地开展起来。然而，计划工作可以使行动对准既定的目标。它能预测哪些行动能导致最终目标的实现、哪些行动会背离目标、哪些会导致相互抵消、哪些又是毫不相干的，从而对准所要实现的目标去设法取得一种始终如一的、协调的工作步骤和经营结构，使计划按部就班地顺利进行，最终实现目标。正是由于周密细致、全面的计划工作统一了部门之间的活动，才使管理者从日常的事务中解放出来，而将主要精力放在随时检查、修改、扩大计划上，放在对未来不肯定的研究上。这样，既能保证计划的连续性，又能保证全面地实现奋斗的目标。

③有利于充分利用有限的资源。资源的稀缺性要求组织经营管理的效率性，所以计划工作使组织经营管理活动的费用降至最低限度。它用共同的目标、明确的方向来代替不协调的、分散的活动，用均匀的工作流程代替不均匀的工作流程，用深思熟虑的决策代替仓促草率的判断，从而实现对各种生产要素资源的合理分配，使人力、物力、财力紧密结合，取得更大的经济效益。所以，计划工作能细致地组织经营活动，它是组织充分、合理、有效地利用资源的重要工具。

④计划是管理控制的依据。计划和控制是一个事物的两个方面。未经计划的活动是无法控制的。控制活动就是通过纠正脱离计划的偏差使活动保持既定的方向。管理者如果没有计划规定的目标作为测定的标准，就无法检查其下级完成工作的情况；如果没有计划作为标准，就无法测定控制活动。控制活动和计划工作一样，必须注意到未来，即有效的控制就是面对未来。

综上所述，计划工作是一个科学性、目的性、指导性和预见性很强的管理活动。我国企业在对外开放的方针下正面临世界市场的激烈竞争环境，形势要求我们迅速地提高宏观的和微观的管理水平，而加强计划工作，提高计划工作的科学性就是全面提高管理水平的前提和关键。

管理故事

松下电器工业公司的故事

30多年前，RCA公司、通用电气公司和齐尼思（Zenith）公司等统治着美国的电视机市场。如今，这些公司的电视机产品都销声匿迹了，取而代之的是日本松下电器工业公司的Panasonic和Quasar等品牌的电视机。松下公司的生产的各种录像机也充斥了市场。

松下电器公司是松下幸之助在第二次世界大战后建立的，其目标是成为当时正在浮现的电子学领域的领导者，重建日本强国的地位。20世纪50年代初期，松下公司确立了控制美国电视机市场的目标，与其他日本电视机制造商组成了卡特尔，将进攻的焦点集中在了美国市场上。

在 20 年的时间里，松下公司将它的美国竞争对手从 25 个削减到了 6 个，最终，所有的美国竞争对手不是破产就是被外国同行所兼并。目前，松下公司已经成长为世界第 12 位的大公司。1990 年 11 月，又斥资 60 多亿美元买下了环球制片公司的母公司——MCA 公司。

松下公司的成功说明了什么呢？它说明了广泛的计划如何促进一个公司巨人的创建。

（二）计划的种类

计划的种类很多，按照不同的标志可分成不同的计划。

1. 按计划的层次划分

按计划的层次划分可分为高层计划、中层计划和基层计划。

（1）高层计划。高层计划是由高层领导机构编制，并下达到整个组织执行的计划。高层计划一般是战略性的计划，它是对本组织重大的、全局性的、时间较长的工作任务的筹划。

（2）中层计划。它是中层管理机构编制、下达或颁布到有关基层执行的计划。中层计划一般是战术或业务计划。

（3）基层计划。它是基层执行机构编制、颁布和负责检查的计划。基层计划一般是执行性的计划，主要有作业计划、作业程序和规定等。

2. 按计划的期限划分

按计划的期限划分可分为长期计划、中期计划和短期计划。

（1）长期计划。长期计划的期限一般在 10 年以上，又可称为长远规划或远景规划。长期计划一般只是纲领性、轮廓性的计划，它只有一个比较粗略的远景设想。

（2）中期计划。中期计划的期限一般为 5 年左右。中期计划是实现计划管理的基本形式。它一方面可以把长期的战略任务分阶段具体化，另一方面又可为年度计划的编制提供基本框架，因而成为联系长期计划和年度计划的桥梁和纽带。

（3）短期计划。短期计划包括年度计划和季度计划，以年度计划为主要形式。它是中期计划和长期计划的具体实施计划、行动计划。

3. 按计划的表现形式划分

按计划的表现形式划分可分为宗旨、目标、战略、政策、程序、规则、规划和预算等几种类型。

（1）宗旨。宗旨是一个组织继续生存的目的或原因，它反映的是组织的价值观念、经营理念和管理哲学等根本性的问题。组织内部每个管理层次都应在明确理解宗旨的基础上进行自己的工作。宗旨用以表明组织是干什么的或应该干什么，如企业的宗旨是向社会提供有经济价值的商品或劳务，学校的宗旨是提供教育、培养人才等。

（2）目标。一定时期的目标或各项具体目标是在宗旨的指导下提出的，它具体规定了组织及各个部门的经营管理活动在一定时期内要达到的具体结果。组织中各个管理层次都应该建立自己的目标。

（3）战略。战略是为实现组织的长远目标，根据组织的环境条件及这些环境条件可能的变化所选择的发展方向、确定的行动方针以及资源配置方针和资源配置方案的一个总纲。

战略是方向、重点和资源分配的优先次序,是指导全局和长远发展的方针。

(4) 政策。政策是表现在计划之中的文字说明或协商一致的意见,以此来指导或沟通决策过程中的思想和行动。政策把所要拟定的决策限制在一定的范围内,以保证决策和目标的一致性。既然政策是决策时考虑问题的指南,它就必须允许有某些斟酌决定的自由,否则它就成规则了。

(5) 程序。程序也是一种计划,它规定了如何处理那些重复发生的例行问题的标准方法。程序的实质是对所要进行的活动规定时间顺序,因此程序也是一种工作步骤。制定程序的目的是减轻主管人员决策的负担,明确各个工作岗位的职责,提高管理活动的效率和质量。此外,程序通常还是一种经过优化的计划,它是对大量日常工作过程及工作方法的提炼和规范化。

(6) 规则。规则就是根据某种具体情况所做出的允许或不允许采取某种行动的规定。规则常常与政策和程序相混淆,所以要特别注意区分。规则与政策的区别在于:后者保持一定的自由度,会给管理人员留有酌情处理的余地;前者不留有任何灵活自行处理的权利。规则与程序的区别在于规则不规定时间顺序,可以把程序看成一系列规则的总和,但规则可以是也可以不是程序的组成部分。例如,"禁止吸烟"是一个与任何程序都无关的规则。

(7) 规划。规划是综合性的计划,它包括目标、政策、程序、规则、任务分配、执行步骤、使用的资源以及为完成既定行动方针所需的其他要素。规划有大有小,有长期和近期之别。规划一般是粗线条的、纲要性的。

(8) 预算。预算是用数字表示预期结果的一种报告书。预算也可以被称为"数字化"的规划。预算有各种类型,如有关于经营方面的费用预算,有反映资本支出的基本建设预算,也有说明现金流动情况的现金预算,等等。预算也是一种控制手段,但制定预算属于计划的内容,它是计划的一个基本工作。一个预算也可能包括整个企业的规划,由于它是以数字形式出现的,所以也能使计划工作做得更加精确。

4. 按计划的对象划分

按计划的对象划分,计划可分为综合计划、部门计划和项目计划。

(1) 综合计划。综合计划一般是指具有多个目标和多方面内容的计划,就其所涉及的对象而言,它关联整个组织或组织中的许多方面,如企业中的年度生产经营计划就属于综合计划。

(2) 部门计划。部门计划是在综合计划的基础上制订的,它的内容比较专一,属于某一特定的部门或职能。部门计划一般是综合计划的子计划,是为了达到组织的分目标而制订的计划,如企业销售部门的年度销售计划等。

(3) 项目计划。项目计划是针对组织的特定活动所做的计划,如企业中某项产品的开发计划。

5. 按职能划分

计划还可以按职能进行分类。这里的"职能"是指企业的职能,而不是管理的职能。例如可以按职能将某个企业的经营计划分为销售计划、生产计划、供应计划、新产品开发计划、财务计划、人事计划、后勤保障计划等。这些职能计划通常就是企业相应的职能部门编制和执行的计划。从而按职能分类的计划体系,一般是与组织中按职能划分管理部门的组织结构体系并行的。

(三) 计划的程序

任何计划工作的程序都是相近的，依次包括以下内容：估量机会、制定目标、确定前提条件、拟定可供选择的方案、比较各种方案、制订派生计划，以及通过编制预算使计划数字化，执行与检查（如图3-1所示）。

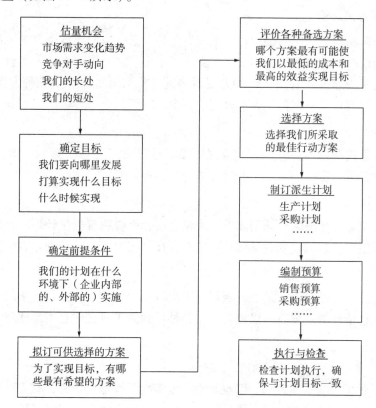

图3-1 计划工作的程序

1. 估量机会

对机会的估量，要在实际的计划工作开始之前就着手进行，它虽然不是计划的一个组成部分，却是计划工作的真正起点。其内容包括：对未来可能出现的变化、预示的机会和威胁进行初步分析；分析自身的长处和短处，了解自身能力所在；列举主要的不肯定因素，分析其发生的可能性和影响程度；在反复斟酌的基础上，下定决心，扬长避短。

2. 确定目标

计划工作的第一步，是在估量机会的基础上，确定组织战略目标并对目标在空间和时间上进行分解。在这一步上，要说明基本的方针和要达到的目标，说明制定战略、政策、规则、程序、规划和预算的任务，指出工作的重点。

3. 确定前提条件

计划工作的第二步是确定一些关键性的计划前提条件，并达成共识。所谓计划工作的前提条件就是计划工作的假设条件，换言之，即计划实施时的预期环境。对计划工作的前提了解得越细越透彻，并能始终如一地运用它，则计划工作做得越协调。

4. 拟订可供选择的方案

计划工作的第三步是探讨和调查可供选择的行为过程即方案。一个计划往往同时有几个可供选择的方案，我们要做的工作是将可供选择的方案的数量逐步减少，对一些最有希望的方案进行分析。计划工作者常常要通过数学方法和计算机来择优，排除希望最小的方案。

5. 评价各种备选方案

计划工作的第四步是按照前提和目标来权衡各种因素，以此对各个方案进行评价。备选方案可能有几种情况：有的方案利润大，但支出资金多，回收慢；有的方案利润小，但风险也小；有的方案对长远规划有益；有的方案对当前工作有好处。在这几种方案并存的条件下，就要根据组织的目标来选择一个最合适的方案。

6. 选择方案

选择方案就是选择行为过程，正式通过方案。选择方案是做决策的关键，应当指出的是，选择行为过程不一定就是一种，有时可能会对两种方案同时进行。

7. 制订派生计划

派生计划就是总计划下的分计划。做出决策之后，就要制订派生计划。总计划要靠派生计划来扶持。派生计划是总计划的基础；只有派生计划完成了，总计划才有保证。

8. 编制预算

在完成以上几步工作之后，最后一项便是把决策和计划转化为预算，使之数字化，通过数字来大体反映整个计划。预算可以成为汇总各种计划的工具，它是衡量计划工作进度的重要标准。

9. 执行与检查

计划工作最后还包括实施计划，以及观察计划实施过程是否正常，有无障碍出现，为了按照计划要求执行方案，管理人员必须进行一系列的决策。执行方案需要组织中的所有成员相互协调与配合。实现有效协调的途径是鼓励参与编制计划。实施计划还需要制订时间表并对其进行分段，以利于计划的实施。

为了有效地实施计划，还必须制定后续程度和控制机制。这些程序和控制机制能够发现操作中的偏差，有助于采取纠正措施。在计划的每一阶段，都应将实际产出结果与计划进行比较。许多项目和计划失败的原因就在于它们缺少有效的后续程序。

管理故事

粥的分配制度

七个人住在一起，每天分一大桶粥。要命的是，粥每天都是不够的。一开始，他们抓阄决定谁来分粥，每天轮一个。于是乎，每周下来，他们只有一天是饱的，就是自己分粥的那一天。后来他们开始推选出一个口口声声道德高尚的人出来分粥。

大权独揽，没有制约，也就会产生腐败。大家开始挖空心思地去讨好他，互相勾结，搞得整个小团体乌烟瘴气。然后大家开始组成三人的分粥委员会及四人的评选委员会，互相攻击扯皮下来，粥吃到嘴里全是凉的。

最后想出来一个方法：轮流分粥，但分粥的人要等其他人都挑完后拿剩下的最后一碗。为了不让自己吃到最少的，每人都尽量分得平均，就算不平，也只能认了。

大家快快乐乐，和和气气，日子越过越好。

二、战略规划

（一）战略的含义

战略一词最早来源于军事术语，本义是"将军的艺术"，现在受到西方理论界推崇，被国内外企业管理者奉为"商战宝典"的《孙子兵法》，就是研究战略的成功著作。

对一个企业来说，战略是为了实现企业的使命和目标对所要采取的行动方针和资源使用方向的一种总体筹划。它是根据竞争环境提供的机会和威胁以及自身的优势和劣势制定的。

从军事角度讲，战略是指导战争全局的计划和策略。

从企业管理角度讲，战略是有关全局的重大决策或方案。

在现代管理科学中，战略这一概念一般是指一个组织面对充满各种机遇和挑战的不断变化的环境，为寻求其长期生存和不断发展而做出的总体性谋划。本书将战略定义为：一个组织在激烈的竞争环境中，为谋求其生存和发展，实现组织的使命和目标，而制定的带有长远性和全局性的关于组织的发展方向、前进道路和行动方案的谋划。

（二）战略的主要特点

战略的特点主要表现为以下五点。

1. 长远性

这是从时间角度分析战略的特点。战略是对未来较长时期内，关于企业生存、发展而进行的策划。企业所有的战略都是在考虑未来，都是从现在出发，对未来做出准备和规划。战略在国外一般为5年、10年或15年，在我国通常为5年以上，例如，国民经济5年发展规划。没有长远考虑的决策称不上是战略决策，战略一定会对企业造成长远的影响。

2. 全局性

这是从空间角度进行的分析。战略是一个人造的、开放的系统，是系统思维的产物。

战略要实现的是企业的总目标，而不是仅仅考虑某一个或某几个部门，企业的战略包含了企业的各种单项活动。所以战略必须以整个企业作为考虑的对象，整体谋划，全盘运作。只有站在全局的角度，才能合理调配各种资源，实现总体目标。

3. 指导性

这是战略所起的作用，是从长远性和全局性引申而来的。既然战略是站在全局的角度，对企业未来较长时期内的发展方向、前进道路、行动方案做出整体性谋划，那么企业的各个部门，每个员工，都要按照战略制定的方法去执行，所以，战略具有指导性。

4. 抗争性

它表明了战略的本质。制定战略的目的是在充满各种挑战和机遇的环境中生存并发展。所以对于环境要科学预测，对于竞争者（或对手）要做到知己知彼，对于自身要扬长避短，对于企业领导者要求有超前意识、有创新意识。

5. 风险性

由于战略具有长远性、抗争性，决定了战略具有风险性。一旦决策失误，造成的损失将非常巨大，甚至无法弥补。所以要求领导层在拟定战略方案时，要使利益最大化、风险最小化；在执行战略方案时，要随时做好应变的准备，要有监控和信息反馈系统。

（三）战略规划的含义

所谓战略规划，就是制定组织的长期目标并将其付诸实施，它是一个正式的过程和仪式。一些大企业都有意识地对大约50年内的事情做出规划。

制定战略规划分为三个阶段，第一个阶段就是确定目标，即企业在未来的发展过程中，要应对各种变化所要达到的目标。

第二阶段就是要制定这个规划，当目标确定了以后，考虑使用什么手段、什么措施、什么方法来达到这个目标，这就是战略规划。

第三个阶段是将战略规划形成文本，以备评估、审批，如果审批未能通过的话，那可能还需要多个迭代的过程，需要考虑怎么修正。

（四）战略规划的特点

战略规划的有效性包括两个方面：一方面是战略正确与否，正确的战略应当做到组织资源和环境的良好匹配；另一方面是战略是否适合这个组织的管理过程，也就是和组织活动匹配与否。一个有效的战略一般有以下特点：

1. 目标明确

战略规划的目标应当是明确的，不应是二义的，其内容应当使人得到振奋和鼓舞。目标要先进，但经过努力可以达到，其描述的语言应当是坚定和简练的。

2. 可执行性良好

好的战略的说明应当是通俗的、明确的和可执行的，它应当是各级领导的向导，使各级领导能确切地了解它，执行它，并使自己的战略和它保持一致。

3. 组织人事落实

制定战略的人往往也是执行战略的人，一个好的战略计划只有有了好的人员去执行，它才能实现。因而，战略计划要求一级级落实，直到个人。高层领导制定的战略一般应以方向和约束的形式告诉下级，下级接受任务，并以同样的方式告诉再下级，这样一级级地细化，做到深入人心，人人皆知，战略计划也就个人化了。

个人化的战略计划明确了每个人的责任，可以充分调动每个人的积极性。这样一方面激励了大家积极动脑筋想办法，另一方面增加了组织的生命力和创造性。在一个复杂的组织中，只靠高层领导一个人是难以识别所有机会的。

4. 灵活性好

一个组织的目标可能不随时间而变，但它的活动范围和组织计划的形式无时无刻不在改变。现在所制订的战略计划只是一个暂时的文件，只适用于现在，应当进行周期性的校核和评审，灵活性强使之容易适应变革的需要。

（五）战略规划的内容

战略规划的内容由三个要素组成。

1. 方向和目标

经理在设立方向和目标时有自己的价值观和自己的抱负。但是他不得不考虑外部的环境和自己的长处，因而最后确定的目标总是这些东西的折中，这往往是主观的，一般来说最后确定的方向目标绝不是一个人的愿望。

2. 约束和政策

这是指要找到环境和机会与自己组织资源之间的平衡，要找到一些最好的活动集合，使它们能最好地发挥组织的长处，并最快地达到组织的目标。这些政策和约束所考虑的机会是现在还未出现的机会，所考虑的资源是正在寻找的资源。

3. 计划与指标

这是近期的任务，计划的责任在于进行机会和资源的匹配。但是这里考虑的是现在的情况，或者说是不久的将来的情况。由于是短期，有时可以做出最优的计划，以达到最好的指标。经理或厂长以为他做到了最好的时间平衡，但这还是主观的，实际情况难以完全相符。

战略规划内容的制定处处体现了平衡与折中，都要在平衡折中的基础上考虑回答以下四个问题：

我们想要做什么？What do we want to do？——确定目标；

我们可以做什么？What might we do？——确定方向；

我们能做什么？What can we do？——找到环境和机会与自己组织资源优势之间的平衡；

我们应当做什么？What should we do？——做出计划；

这些问题的回答均是领导个人基于对机会的认识，基于对组织长处和短处的个人评价，以及自己的价值观和抱负而做出的回答。所有这些不局限于现实，兼要考虑未来。

（六）战略规划的层次

战略规划是分层次的，正如以上所说战略规划不仅在最高层有，在中层和基层也应有。一个企业一般应有三层战略，即总体战略、经营单位战略、职能部门战略。

战略规划的第一个层次解决的首要问题就是决定企业要在什么领域里经营，这是企业的总体战略，有时也称为公司战略。它的决策和实施是由公司总部进行的。

战略规划的第二个层次称为经营单位战略，也称为竞争战略或从业战略。这个层次解决的问题是如何在选定的经营领域里与竞争者竞争。它是由公司总部和业务部共同决定，并由业务部执行的。

战略规划的第三个层次称为职能战略，也称为功能战略。它是在经营单位战略的指导下，各业务部门进行各项业务活动的具体战略。其内容大部分是由经营单位战略所决定的，但其贯彻执行则主要由职能部门负责。

各层次间的关系及所包含的内容，如图3-2所示。

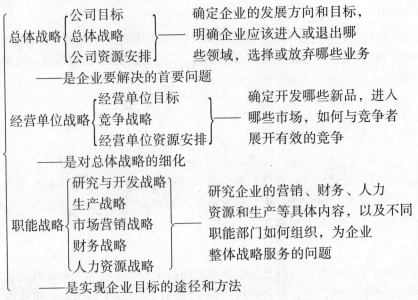

图3-2 战略规划的层次及内容

（七）战略规划步骤

战略规划是对战略制定和实施过程的管理，战略规划需要解决的是如何制定战略，以及如何形成一个规划把战略投入实施的问题。关于战略规划的过程，可以把它分为三个阶段：战略分析、战略选择和战略实施。

1. 战略环境分析

制定战略的核心是要正确地提出和回答问题。美国著名管理学家彼得·F·德鲁克认为，应当回答下面三个问题：我们的企业是个什么企业？将是个什么企业？应该是个什么企业？要回答这三个问题需要进一步回答：谁是我们的顾客？我们的顾客购买的到底是什么？我们应当进入什么市场？什么市场是最有发展前途的市场？显然提出和回答这些问题需要对企业内外部环境进行全面系统的分析，即战略分析。

企业的环境分析思路框架，如图3-3所示。

（1）外部环境分析。外部环境分析包括一般环境分析和产业环境分析。

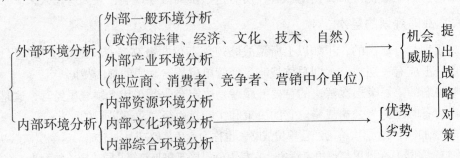

图3-3 战略环境分析框架

①外部一般环境分析。外部一般环境包括政治和法律环境、经济环境、文化环境、技术环境、自然环境等。

A. 政治和法律环境。政治环境表现为一个国家的政治体制、政府政策;法律环境表现为国家的各项与企业活动相关的立法。它又可以分为国内环境和国际环境。

B. 经济环境。经济环境是企业所面临的外部社会经济条件。例如,国内生产总值及其增长率、固定资产投资总额及其增长率、社会消费品零售额及其增长率、进出口总额及其变化、财政收入、外汇储备、税收状况、经济周期、行业状况、人口及其增长率、居民收入水平、储蓄存款总额及其变化、购买力水平、物价指数、就业水平、物质环境状况等。

C. 文化环境。广义的文化,是指人类社会历史实践过程中所创造的物质和精神财富的总和,它包括价值观念、观点、态度等。文化既包括有形的,如建筑、服饰等;也包括无形的,如观念、信仰等。

而社会文化环境是由生活在一定社会群体中的人们的受教育程度、文化水平、价值取向、宗教信仰、风俗习惯、生活准则、审美观点等因素构成的,它是由该地区居民在长期的生活积淀中所形成的。一个企业的管理者必须适应这种环境,按照这个社会文化环境中的特有准则来制订决策和方案。

D. 技术环境。技术环境对企业的生存和发展有着直接重大的影响,尤其在全球都面临能源及原材料的紧缺状况的今天,技术已经成为决定企业命运和社会进步的关键所在。在企业中,技术是指如何设计、生产、销售产品和服务的方法。新技术可以给企业带来新产品、新服务、新材料、新工艺、新设备;能带来更高的劳动生产率;能带来更好的产品质量、更多的产品品种;能带来更高的生活水准。技术环境分析不仅要关注本企业、本行业的相关技术,还要更多地了解国家科研投资的重点和支持的项目,了解国际最新发展动态,了解专利保护等情况。

E. 自然环境。自然环境包括企业及其机构所处的地理位置、矿产资源、气候条件等因素。地理位置对企业的发展有重要作用,地处沿海地区或经济发达地区,或享受政府给予的优惠政策,对企业的发展是十分有利的。我国目前东部和西部的差异,原因就与此有关。矿产资源的富集程度对于那些从事原材料开采及加工的企业,又提供了一个便利条件。而气候条件又对企业的从业类型提出了客观上的限制。

②外部产业环境分析。产业环境是对企业经营活动有直接影响的外部环境。主要的分析内容和方法有产业组织分析、市场细分和竞争对手分析。有关产业分析的方法很多,如美国战略学者波特(M. E. Porter)提出了五种基本竞争力量决定产业竞争强度和获利能力的模型,如图3-4所示。

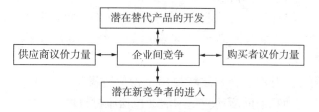

图3-4 行业中的五种力量分析

A. 供应商的议价能力(店大欺客)。供方主要通过提高投入要素价格与降低单位价值质量的能力，来影响行业中现有企业的盈利能力与产品竞争力。供方力量的强弱主要取决于他们所提供给买主的是什么投入要素，当供方所提供的投入要素其价值构成了买主产品总成本的较大比例、对买主产品生产过程非常重要或者严重影响买主产品的质量时，供方对于买主的潜在讨价还价力量就大大增强。

B. 购买者的议价能力（客大欺主）。购买者主要通过其压价与要求提供较高的产品或服务质量的能力，来影响行业中现有企业的盈利能力。

C. 新进入者的威胁（潜在的同行，跟风者）。新进入者在给行业带来新生产能力、新资源的同时，将希望在已被现有企业瓜分完毕的市场中赢得一席之地，这就可能会与现有企业发生原材料与市场份额的竞争，最终导致行业中现有企业盈利水平降低，严重的话还有可能危及这些企业的生存。

D. 替代品的威胁（奇货可居）。两个处于同行业或不同行业中的企业，可能会由于所生产的产品是互为替代品，从而在它们之间产生相互竞争行为，这种源于替代品的竞争会以各种形式影响行业中现有企业的竞争战略。这种来自替代品生产者的竞争压力的强度，可以具体通过考察替代品销售增长率、替代品厂家生产能力与盈利扩张情况来加以描述。

E. 同业竞争者的竞争程度。大部分行业中的企业，相互之间的利益都是紧密联系在一起的，作为企业整体战略一部分的各企业竞争战略，其目标都在于使得自己的企业获得相对于竞争对手的优势，所以，在实施中就必然会产生冲突与对抗现象，这些冲突与对抗就构成了现有企业之间的竞争。现有企业之间的竞争常常表现在价格、广告、产品介绍、售后服务等方面，其竞争强度与许多因素有关。

根据以上对于五种竞争力量的讨论，企业可以采取尽可能地将自身的经营与竞争力量隔绝开来、努力从自身利益需要出发影响行业竞争规则、先占领有利的市场地位再发起进攻性竞争行动等手段来对付这五种竞争力量，以增强自己的市场地位与竞争实力。

（2）企业的内部环境分析。市场顾客在变化，满足市场顾客所需要的技术也在变化，以外部为中心不能为企业制定长期战略奠定牢固的基础。因此，在外部环境多变的情况下，企业本身的资源和能力将是更稳固的基础。也就是说，用有能力来定义企业，比用要满足什么需求来定义企业，可能为制定战略提供更为持久的基础。企业内部环境分析，需要收集企业的管理、营销、财务、生产作业、研究与开发以及计算机信息系统运行等方面的信息，从中分析企业的优势和劣势。

企业的核心能力是竞争对手无法迅速模仿的能力，是企业获得竞争优势的关键，核心能力表现在：具有建立电子商务网络和系统的技能；迅速把新产品投入市场的能力；更好的售后服务能力；生产制造高质量产品的技能；开发产品特性方面的创新能力；对市场变化做出快速反应；准确迅速满足顾客定单的系统；整合各种技术创造新产品的技能等。

有关内部分析的方法有许多，如波特提出了价值链模型（如图3-5所示）。企业的经营活动可以分为基本活动和辅助活动。基本活动包括原材料供应、生产加工、成品运输、市场营销和售后服务等；辅助活动包括采购、研究开发、人员配备管理和企业基础性活动等。波特认为企业的经营活动实际上是价值增值的活动，企业所创造的价值增值如果超过了成本，便有盈利，如果超过竞争对手的话，便拥有了更多的竞争优势。

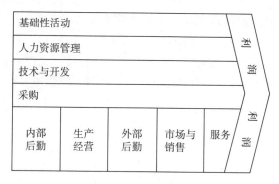

图3-5 价值链分析模型

总之,战略分析就是要厘清企业外部的机会和威胁,内部的优势和劣势,回避威胁克服劣势,利用机会发挥优势,为制定战略奠定良好基础。

2. 战略选择

战略选择是战略规划管理的核心。解决这个问题时,要考虑两方面的内容:一是可选战略,即回答企业目前有哪些可选择的战略方案;二是战略评价,即用什么样的方法进行选择。

(1) 总体竞争战略。总体竞争战略的基本思想是:竞争是一切战略的核心,它是企业参与竞争并保持其领先地位的基础。企业要确定总体战略,就要发现其竞争优势所在,并利用这个优势,在适合的领域里生存和发展。从竞争角度讲,一个企业可以拥有两种最基本的竞争优势:低成本和差异化。这两种基本优势与企业的活动范围相结合,便得出三种总体战略。这三种总体战略分别为总成本领先战略、差异化战略和集中化战略。

①总成本领先战略。这种战略的主导思想是以低成本取得行业中的领先地位,并按照这一基本目标采用一系列专门的方针。成本领先要求建立起大规模、高效率的生产设施,在丰富经验的基础上控制各项管理费用,最大限度地减小研究开发、服务、广告等方面的支出,尽量降低成本,使产品的单位成本低于竞争对手。为了达到这些目标,就要在管理方面对成本控制给予足够的重视。

成本领先的优势在于能建立行业壁垒,不但保护本企业在竞争中不受伤害,还能迫使对手由于成本居高、利润下降而退出市场,从而使本企业获得更高的市场占有率,在竞争中处于更有利地位。一旦企业的市场份额提高,其继续购买的成本会进一步降低,而且由于成本领先所获得的高利润又使企业在设备维护、设备更新等投资上继续保持领先地位,进而形成一种良性循环。为了成功地实施成本领先战略,要求所面对的市场必须有持久、稳定、大量的需求,从产品的制造、生产到销售都能广泛地推行标准化、规范化和系列化。这方面的成功案例包括麦当劳和肯德基。当推行大规模、标准化生产后,每个面包的大小、每根薯条的形状、每个鸡块的炸制时间、每个汉堡中调味酱的多少都是完全相同的;而且其食品质量、环境卫生、服务态度、工作人员的操作流程等也有一套完整而严格的检验标准。通过标准化的运行,不但确保了品牌的信誉,而且使得它们成为快餐业的领头巨人。

但是有一点要注意,企业的成本领先并不等于企业的产品就具有特色,成本领先不能失去产品的独特性。因为消费者需要的是能满足其需求的富有特色的产品。产品失去了独特性,也就失去了对消费者的吸引力,最终会被市场淘汰。

②差异化战略。差异化策略是企业在本行业中追求独特性，与其他产品有意识地保持不同，把产品的独特性作为其保持市场份额、追求利润的出发点，并且建立起竞争方面的优势。其基本思路是：将整个市场细分后，选择两个或两个以上甚至所有的细分市场作为目标市场。根据不同细分市场的特点，分别生产不同的产品，制定不同的营销策略，满足不同细分市场上顾客的不同需求。这种策略适用于财力雄厚、技术力量和管理水平较高的大型企业。

其优点是产品品种多，能面向广阔市场，满足不同需求，市场占有率大，适应性强，风险小。其缺点是由于小批量多品种生产，要求企业有较高的管理水平；而且由于产品多样化，无法发挥规模效益，导致企业成本上升。所以，运用此策略时，所能获得的经济效益要能抵消成本的提高额。

实现差异化的方式有多种，例如提高产品的性能、改善包装、完善客户服务、树立品牌形象等。其中最典型的例子就是宝洁公司，它成功地运用了差异化战略，挺进中国市场时在洗发水、洗涤用品、化妆品等方面成功地推出了多个品牌，海飞丝、飘柔、潘婷、汰渍、碧浪、玉兰油等这些耳熟能详的品牌，都是在细分市场的基础上，有针对性地突出产品的独特性，通过满足市场需求而占据了大量的市场份额，并使企业从中获得了高额的收益。

差异化战略与成本领先战略的不同之处在于，它是利用顾客对品牌的信任度以及由此产生的对价格敏感程度的下降而使企业避开了竞争。不但给竞争对手构成了入侵障碍，还使顾客由于缺乏比较对象而失去了对价格的评价和选择余地，而且由于竞争优势的存在使企业处于有利的地位。

值得注意的是，差异化战略并不意味着企业可以忽视成本，而是这时成本不再是企业的根本战略，这与讨论成本领先战略时提到的不能失去产品的独特性是一个道理。所以，企业必须在不影响差异化的前提下，尽可能地降低成本，保持与竞争对手成本上的近似。

③集中化战略。前面所述的两种战略都是适用于整个市场的战略，而集中性战略是针对某个细分市场或某种产品的战略。集中战略，也称为专一化战略，就是企业的产品或服务只为某个细分市场而制定，对于其他的细分市场则不予考虑。如果将集中化战略与总成本领先战略和差异化战略结合，可以得到两种不同形式的集中化战略：成本集中和差异化集中。前者是企业关注于在目标市场上取得成本方面的优势；后者是企业关注于在目标市场上取得差异化。无论是哪种，都是以某一个细分后的目标市场作为基础的。

这种战略的优点在于，企业可以集中使用有限资源，通过实行专业化的生产、销售，以其专一化的产品或服务，取得在某一个市场上较大的市场占有率。缺点是企业对目标市场依赖性太大，风险大。

集中化战略追求的不是占据整个市场份额，也不是在较大的市场上取得较小的市场占有率，而在一个或几个小市场上拥有较高的市场占有率。所以，这种战略适宜于资源有限的中小企业。

波特指出，企业应根据自己的情况，主要采取某一种类型的战略，并全力以赴，而不应当徘徊其间，丧失特色。

(2) 可选择的战略方案。企业可供选择的战略类型有许多，包括一体化战略、扩张型战略、多元化战略、防御型战略等，每种战略又可分成若干战略，并存在许多变种。表3-1说明了各种战略形式的含义以及相应的例子。

表3-1 可供选择的战略类型

战略	内容	含义	举例
扩张型	市场渗透	扩大产品或服务的市场份额	企业加大广告投入或降价促销
	市场开发	把产品、服务打入其他地区	海尔在美国设厂，进军海外市场
	产品开发	改造现有产品、服务或开发新的产品、服务	各电视机厂纷纷生产平板电视
	收购或兼并	扩大资产或生产规模	联想集团收购IBM全球PC业务
防御型	收缩	减少成本支出，转变经营方向，以扭转利润下降	毕特丽丝公司精兵简政放弃其旗下许多公司，得以度过经济衰退期
	剥离	将公司的一部分出售	万科公司出售怡宝蒸馏水业务
	稳定	保持现有目标不变	可口可乐公司每年提供相同的产品和服务
一体化	前向一体化	获得零售、分销所有权	面粉厂加工面包出售
	后向一体化	获得原材料、零部件所有权	家具厂由购买板材制造家具改为自己生产板材
	横向一体化	供应商、制造商、销售商合作或组建虚拟组织	日本资生堂与北京日化四厂合资生产华资系列化妆品
多元化	集中多元化	增加相关的产品或服务	面粉厂用麸皮作为饲料
	水平多元化	为现有用户增加新的、不相关的产品或服务	食品加工制造企业生产服装
	复合多元化	增加不相关的产品、服务	石油公司经营金融和纺织业

管理故事

北方的某个小城市里，一家海洋馆开张了，50元一张的门票，令那些想去参观的人望而却步。海洋馆开馆一年，简直门可罗雀。

最后，急于用钱的投资商以"跳楼价"把海洋馆脱手，黯然回了南方。新主人入主海洋馆后，在电视和报纸上打广告，征求能使海洋馆起死回生的金点子。一天，一个女教师来到海洋馆，她对经理说，她可以让海洋馆的生意好起来。

按照她的主意去做，一个月后，来海洋馆参观的人天天爆满，这些人当中有1/3是儿童，2/3则是带着孩子的父母。三个月后，亏本的海洋馆开始盈利了。

海洋馆打出的新广告内容很简单，只有12个字："儿童到海洋馆参观一律免费"。

故事的哲理：

从客户那里获取利润的唯一办法，就是满足客户的需求。可我们身边到处可见只想到向客户收费，而忽视其核心诉求的商家。满足客户的核心诉求，取悦客户最在意的人，哪怕看似免费，反而会迎来滚滚财源，商业就是这样有趣。

（3）战略评价。可供选择的战略方案产生以后，要想知道战略对于企业是否合适，企业如何选定适宜自己的方案，就需要通过战略评价才能寻找到最优或满意的方案。评价是选优的基础。评价意味着确定事物的价值，它是一个探索、理解和叙述每个方案可能结果的过程。

评价常用的指标有投资费用、投资收益率、投资回收期、劳动生产率、技术的先进性、质量的可靠性、环境保护等。评价时并不是把所有的因素都考虑进去，而是选择一些能反映方案优劣程度的主要指标。虽然评价的因素有很多，但通常要考虑以下三个方面：方案的可行性、方案的可接受性和方案的可靠性。可行性，是指采取这一方案的困难程度，所需的人力、物力、财力、资金和技术的投入；可靠性，是指方案实施后的出错程度，它关注于所承担风险的大小；可接受性，是指方案能对现实目标起多大的作用，达到目标的程度，谁是受益者，能带来多大的回报。评价准则如图3-6所示。

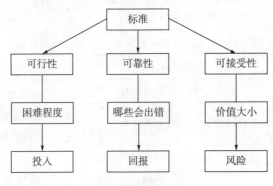

图3-6 战略评价

3. 战略实施

战略实施是指落实、执行和逐步实现战略规划的活动。它包括确定组织机构及其结构，落实和协调战略执行活动，检测和控制战略方案的实施，评价及进行信息反馈等四个步骤。

（1）确定组织机构及其结构。组织的目标不是选好了一个方案后就能够实现的，更重要的工作是执行。目标和方案的实现是靠人来完成的，寻找合适的人，建立高效的组织机构，是实现目标的基础。组织是手段，是实现战略和目标的手段。一个良好的组织机构能够大大提高组织的绩效，优化资源配置，促进战略目标的顺利实现。

（2）落实和协调战略执行活动。如果不能很好地实施方案，再好的战略都将毫无意义。落实和协调是指安排和实施战略执行活动，并对其中出现的问题进行调整和解决的过程。它包括制定执行进度、规定相关政策、合理配置资源（包括人、财、物、信息、时间等）、修正和完善业务流程、对员工进行约束和激励、解决矛盾、调整各种关系等多项工作。

落实和协调是一项长期、艰巨的工作，对整个组织来说是一个严峻的挑战。它需要组织内各层次的管理者和所有的员工同心协力，尽职尽责地去完成预定的目标。在执行过程中，难免会出现整体利益与部门利益之间、长远利益与眼前利益之间、组织利益与个人利益之间的矛盾。所以，管理者必须具有良好的沟通能力，懂得领导艺术，熟练掌握协调人际关系的技能，能激励起员工工作的主动性和积极性，把员工个人价值的实现与组织的兴衰存亡联系到一起，使员工在工作中产生自豪感和使命感，使之为既定战略目标的实现而努力奋斗。

（3）检测和控制战略方案的实施。为保证执行的结果与战略规划的要求相一致，必须对实施过程进行不断监控。通过检测，发现偏差，及时地采取相应的措施来纠正和控制，才能使之回到正确的步骤上去。检测是管理控制的基石。一旦检测的结果中含有虚假成分，那么以这个错误的检测结果进行控制，结果只会造成战略管理过程的失控和混乱。

（4）评价及进行信息反馈。评价应当是全面的和多指标的。不仅要从经济角度去评价组织战略实施的情况，还要从组织的竞争实力、创新能力、抗风险能力、团队精神、环境效益、社会效益等多方面去考察战略的实施效果。

战略评价要同时考虑近期和远期效果。短期经营效果好并不等于长期战略的成功；而长远的战略实现也不会很快在近期内取得明显的效果。所以，一个组织的管理者要有清醒的头脑和战略眼光，能运用动态的观点评价战略的实施成果：既不陶醉于短期的成就，也不会被眼前的困难所吓倒。

信息反馈是把战略实施过程中检测到的情况进行收集、汇总和评价，并把结果传递到有关管理部门作为分析问题的依据的过程。反馈过程不是一次完成的，它要在整个战略实施过程中不断地、重复地进行，通过检测、评价、反馈、纠偏、再检测、再反馈……如此往复进行，直到战略实施的结果达到满意。

管理故事

韩国三星集团的创始人李秉喆，小时候家境不好，为了生计，很小就得去卖报纸挣钱。

"你一天要跟我订多少份报纸去卖？"报亭老板问这个衣衫褴褛的男孩。"别的孩子能卖多少？"他羞涩地问。老板笑道："这可没法说，少的卖几十份，多的能卖几百份，但拿得太多剩在手里，是要赔钱的。"李秉喆想想说："那要100份吧！"老板有点吃惊，但还是给了他。

第二天一早，李秉喆空着手来到报亭。老板纳闷地问："昨天剩下的报纸呢？""卖完了，我今天想要200份。"李秉喆答。老板很吃惊，但还是给了他。第三天一早，李秉喆又空着手来了，张口要300份。老板十分惊讶，决定跟着他，看看他是怎么卖报的。李秉喆到了车站后，没像别的孩子那样四处叫卖，而是不停地往候车乘客手中塞报纸，等一个区域的乘客发完了，这才回来收钱，然后再到另一个地方如法炮制。

老板疑惑地问："会不会有人不给钱跑了？""有，但特别少，因为他们看了我的报纸，就不好意思坑一个孩子的报纸钱了。跟那些把报纸砸在手里的报童比，算总账还是我卖得最多！"李秉喆自信地回答。老板立即对他刮目相看。

故事的哲理：

企业的第一使命就是获取客户，盈利是之后水到渠成的必然结果，两者绝对不能错位。否则就只能先甜后苦做一锤子买卖，欲取先予绝对不是什么策略，而是一种态度乃至一种智慧。

三、计划实施方法

目前在计划工作中较常用的一些现代计划方法主要有：目标管理法、滚动计划法、运筹学方法、投入产出法、经济计量学方法等。

(一) 目标管理法

1. 目标管理的定义

目标管理（Management by objectives，MBO）是一种程序和过程，它使组织中的上级和下级一起商定组织的共同目标，并由此决定上下级的责任和分目标，然后把这些目标作为经营、评估、奖励每个单位和个人贡献的标准。它用系统的方法使许多关键管理活动结合起来，并且有意识地瞄准并有效和高效地实现组织目标和个人目标。

2. 目标管理的由来

目标管理是美国管理专家德鲁克在1954年发表的《管理实践》一书中提出的。之后，这种管理方法逐步被许多组织所采用。中国于20世纪70年代末引进了这一方法，并用于企业管理，取得了明显效果，目前仍有很多企业在使用。

目标管理的产生基于两大背景。一是20世纪40年代后期，随着科学技术和经济的迅速发展，组织内部的分工越来越细，各类工作的专业性越来越强，使各部门的本位主义和唯我思想得以滋长，部门之间各行其是、互不往来，组织整体的协调性被忽视，出现了大量内耗。如何在分工日益专业化的情况下，保持各项工作之间的协调性便成为当时比较突出的问题。二是处于主导地位的科学管理更多地强调管理的理性化而忽视人性化，强调命令化而忽视员工的思想和需求。梅奥的人群关系理论冲击了泰勒的科学管理思想，就是在这种背景下，德鲁克提出了目标管理。

3. 目标管理的特点

目标管理是一种以工作和人为中心的综合管理方法，它首先由组织的上级管理人员与下级管理人员和员工一起制定组织目标，并由此形成组织内每个成员的责任和细分目标，明确规定每个成员的职责范围，最后又用这些目标来进行管理、评价和决定对每个部门和成员的奖惩。目标管理具有以下四个特点：

（1）组织目标是共同商定的，而不是上级下达指标，下级提出保证。
（2）根据组织的总目标决定每个部门和个人的任务、责任及应达到的分目标。
（3）总目标和分目标是组织部门和个人的活动依据，一切活动都围绕这些目标展开，将履行的职责和实现的目标紧密结合。
（4）将目标作为对部门和个人的考核依据。

4. 目标管理的基本思想

目标管理，在指导思想上，以Y理论为基础（Y理论认为，在目标明确的情况下，人们都能够对自己负责）；在具体方法上，发展了科学管理理论，强调通过目标进行管理。其基本思想可概括为以下三个方面：

（1）以目标为中心。明确的目标是有效管理的前提，是组织协同行动的准则，它可以使组织成员的思想、意志、行动达到统一。在目标管理中，非常注重目标的制定，各分目标以总目标为依据，成为总目标连锁体系的有机组成部分。计划的制订和执行以目标为导向，任务完成后又按目标的完成情况进行考核。目标管理把重点放在目标的实现上，克服了只注重工作过程而忽略目标实现的弊端，有助于克服管理的盲目性、随机性，收到事半功倍的效果。

（2）强调系统管理。组织会有不同层次、不同性质的多个目标，如果各目标相互之间不协调，则组织规模越大、人员越多，发生冲突和浪费的可能性就越大；同时，组织总目标的实现有赖于组织各分目标的实现,总目标和分目标之间、分目标与分目标之间是相互关联的。目标管理强调目标的分解,要求总目标和各分目标、分目标与分目标相互支持、相互保证,形成协调的目标网络体系,从而保证组织目标的整体性和一致性。

(3) 重视人的因素。目标管理是一种参与式的、民主的、自我控制的管理,也是一种把个人需求与组织目标结合起来的管理。目标管理重视人的因素,通过工作的目的性、管理的自我控制、个人的创造性进行管理,它强调由管理者和下属共同确定目标和建立目标体系,下属不再只是命令的执行者,而是目标的制定者。目标不再是异己的东西,而是上下级共同协商研究的结晶,这不仅使组织目标更符合实际,更具有可行性,且能够激发各级人员实现目标的积极性和成就感。在这种制度下,上下级之间是平等、尊重、信赖和支持的关系,下级在承诺目标和被授权后是自觉、自主和自治的。

5. 目标管理过程

(1) 目标的设置。目标的设置是目标管理过程中最重要的阶段,这一阶段可以细分为4个步骤:

①企业经营环境调查。这是企业目标确立的依据。目标确定得明确、合适与否,取决于企业管理人员对外部环境的评价是否准确,以及对内部环境的分析是否完整、透彻。外部环境可以分为总体环境和运营环境,前者包括政治环境、经济环境、社会环境和技术环境,后者一般考虑产业、竞争地位、市场需求、融资、劳动力等要素;内部环境则主要分析营销功能、理财功能、生产经营及技术功能、人员功能和组织管理功能。只有在对企业外部环境和内部环境进行全面分析的基础上,才能扬长避短,设置科学而客观有效的组织发展目标,为目标管理奠定基础。

②初步在最高层设置目标。在对内外环境分析的基础上,确定企业的宗旨或使命以及战略目标。经营宗旨是企业管理人员对企业性质和活动特征的认识,是企业各项活动的最终依据,通常是一个试图抓住企业想要做的事情的本质的文件,内容一般包括企业的基本产品、市场和技术、经营目的、经营哲学和自我评价。战略目标是企业经营宗旨的具体化,在企业整体的高度上告诉全体员工:如何运用本企业的资源,才能在最大限度地利用环境提供的机会的同时,使环境对企业造成的威胁降到最低。

③设置部门和员工的目标。在确保企业经营宗旨和战略目标传达给下级后,由上下级一起工作来设置下属人员的目标,经过可行性论证后,就作为部门和员工的工作目标。设置部门和员工的目标要经过以下过程:

首先,要设定目标。设定的目标,既可以由上级提出,再同下级讨论;也可以由下级提出,由上级批准。无论采用哪种方式,目标必须由上下级共同商量确定。

其次,重新审议组织结构和职责分工。目标管理要求每一个目标都有确定的责任主体,因此预设目标之后需要重新审视现有的组织结构,根据新的分解目标进行调整,明确目标责任者和协调关系。

最后,商定下级的目标。商定下级的目标时要进行充分的交流沟通。在讨论中,上级要尊重下级,平等待人,耐心倾听下属的意见,帮助下级建立与组织目标相一致的支持性目标。分目标要具体、量化,便于评估;要分清轻重缓急,以免顾此失彼;既要有挑战性,又要有实现的可能。每个员工和团队的分目标要同组织中其他员工的团队的分目标协调一致,共同支持组织总体目标的实现。

④反复循环修订目标。目标的设置不仅是一个连续的过程，也是一个相互作用的过程。下级的目标可能会影响相应的组织结构和上级的目标，企业战略和上级的目标也会影响下级的目标。从最高层开始确定目标再分派给下属，或者从基层开始，都是不合适的。实际上，二者应以战略目标为导向，在相互作用过程中不断反复循环地协调，最终趋于一致。

（2）目标实施。目标管理重视结果，强调自主、自治和自觉，并不等于领导可以放手不管，相反由于形成了目标体系，一环失误，就会牵动全局。因此，领导层的工作在目标实施过程管理中是不可缺少的。

首先，进行定期检查，利用双方经常接触的机会和信息反馈渠道自然地进行；其次，要向下级通报进度，便于互相协调；最后，要帮助下级解决工作中出现的困难问题，当出现意外、不可测事件严重影响组织目标实现时，也可以通过一定的程序，修改原定的目标。

在组织实施目标管理时，我们常常要进行以下几项工作：

①让员工个人对其在组织中的职位进行书面说明或修正，明确责任和职责范围。

②员工和他的上级共同审查这份说明，以便这份书面文件正确反映员工对结果应负的责任。

③员工独立制定在今后一定时间内的工作目标，这些目标以其责任和职责范围为基础。

④直接上级和员工面对面地审查这些目标，并在目标可实现性、对员工现有绩效的改进和提高程度、下级目标与上级的目标相关性和目标可衡量性等方面达成共识。

⑤做好责任范围、目标、优先次序、完成时间和标准等方面的书面记载，以便有关方面对此有明确的了解，明确各自的承诺。

（3）检查和评估。目标管理的第三步就是检查和评估。对各级目标的完成情况，要事先规定出期限，定期进行检查。检查的方法可灵活地采用自检、互检和责成专门的部门进行检查。检查的依据就是事先确定的目标。

对于最终结果，应当根据目标进行评价，并根据评价结果进行奖罚。达到预定的期限后，下级首先进行自我评估，提交书面报告；然后上下级一起考核目标完成情况，决定奖惩；再讨论下一阶段目标，开始新循环。如果目标没有完成，就分析原因总结教训，切忌相互指责，以保持相互信任的气氛。

在目标管理的检查和评估阶段，我们常常要对目标进行以下几项分析工作：

①目标是否体现工作的主要特征？

②目标是否太多？如果目标太多，能否合并一些目标？目标是否是可以检验的？

③目标是否明确，是否有具体的数量指标（完成工作的数量如何）、质量指标（工作结果应达到什么样的质量标准）、时间指标（完成目标的期限）和成本指标（完成目标的成本应控制在什么样的范围内）？

④目标是否既合理又具有挑战性？

⑤目标中是否包括目标的改进和个人发展目标？

⑥是否就目标与需要了解该目标的人员进行了讨论和沟通？

⑦在实行目标管理的过程中能否及时地提供反馈并采取纠正措施？

⑧实现目标是否具备足够的资源和权限？

⑨那些希望实现目标的人是否有机会提出他们的目标建议？

⑩下级人员对分配给他们的职责是否有控制力？

通过对目标管理的检查和评估，我们就可以积累经验，吸取与借鉴一些教训，为目标管理工作奠定基础。

6. 目标管理的优缺点

（1）目标管理的优点。目标管理的优点体现在以下几个方面。

①促成了管理的改进，使组织的目标性增强，有助于绩效的改进。目标管理法迫使企业管理人员去考虑计划的执行效果，而不仅仅是计划本身。而且，有了一套明确的目标，就有了控制的标准，同时也是评价各部门和个人绩效的标准。

②有助于改进组织结构和职责分工。目标管理法要求尽可能把完成一项组织目标的成果和责任划归一个职位或部门。这条原则的实施，常常使我们发现组织的缺陷——授权不足与职责不清。此外，目标管理法的授权和权力下放，促进分权管理，可以使组织具有弹性。

③有助于调动员工的主动性、积极性、创造性，具有激励作用。目标管理强调自我控制、自我调节，将个人利益和组织利益紧密联系起来，因而提高了士气。由于目标是商定的，员工明确了自己的工作在整体工作中的地位和作用，并且参与了讨论和做出承诺，同时取得了授权和支持；通过目标和奖励，将个人利益和企业利益紧密联系在一起，这时他不再是只听从命令、等待指示的盲从的工作者，而是一个可以自我控制的在一个领域内施展才华的积极工作者。因此，目标管理具有积极的激励作用。

此外，目标管理促进了员工意见交流，改善了人际关系；目标管理强调自我控制、自我调节，有一套明确的可考核的目标，是进行监控的指导，有利于展开有效的控制工作。

（2）目标管理的缺点。在实际操作中，目标管理也存在许多明显的缺点，主要表现在以下五个方面。

①目标难以制定。组织内的许多目标难以定量化、具体化；许多团队工作在技术上不可分解；组织环境的可变因素越来越多，变化越来越快，组织的内部活动日益复杂，使组织活动的不确定性越来越大。这些都使得组织的许多活动在制定数量化目标时是很困难的。

一方面，可考核的目标是难以确定的；另一方面，使同一级主管人员的目标都具有正常的"紧张"和"费力"程度更是困难：这两个问题恰是使目标管理取得成效的关键。

另外，目标时间期限也难以确定。几乎在所有实行目标管理的组织中，所确定的目标一般都是短期的，很少超过一年，常常是一季度或更短些。强调短期目标的弊病是显而易见的，因此，为防止短期目标所导致的短期行为，上级主管人员必须从长期目标的角度提出总目标和制定目标的指导方针。

②目标管理的人性理论假设不一定都存在。人性假设是管理人的基础。目标管理就是以"社会人"的假设和Y理论为基础，对于人类的动机做了过分乐观的假设。实际上，学者们对人性假设的意见并不统一。学者们提出了"经济人"与X理论、"社会人"和Y理论、复杂人性假设、超Y理论、管理人（或决策人）假设和文化人假设等其他人性假设理论。实际中的人是有"机会主义本性"的，尤其是在监督不力的情况下。因此，许多情况下，目标管理所要求的承诺、自觉、自治气氛难以形成。

③目标商定和宣讲可能增加管理成本。目标商定通过私下沟通、统一思想是很费时间的。每个单位、个人都关注自身目标的完成，很可能忽略了相互协作和组织目标的实现，滋长本位主义、临时观点和急功近利倾向。

目标管理看起来简单，但要把它有效地付诸实施，则尚需各级主管人员对它有详尽的了解和认识。这就需要对目标管理的整个体系做耐心的解释工作：说明目标管理是什么；它怎样发挥作用；为什么要这样做；它在评价管理工作成效时起些什么作用；以及参与目标管理的人能得到什么好处等。对目标管理的原理和方法进行宣讲会增加管理成本。

④存在着不灵活的危险。目标管理要取得成效，就必须保持其明确性和肯定性，如果目标经常改变，就难以说明它是经过深思熟虑和周密计划的结果，这样的目标是没有意义的。但是，计划是面向未来的，而未来存在许多不肯定因素，这又使得管理者必须根据已经变化了的计划工作前提对目标进行修正。然而修订一个目标体系与制定一个目标体系所花费的精力相差无几，结果可能迫使主管人员不得不中途停止目标管理的过程。

⑤奖惩不一定都能和目标成果相配合，很难保证公正性，削弱了目标管理的效果。

目标管理要经过检查和评估阶段。对各级目标的完成情况，要事先规定好期限，定期进行检查，检查的方法可灵活地采用自检、互检和责成专门的部门进行检查。检查的依据就是事先确定的目标。

对于最终结果，应当根据目标进行评价，并根据评价结果进行奖罚。通过对目标管理的检查和评估，我们就可以积累与借鉴一些经验，吸取教训，为目标管理工作打下基础。然而，奖惩不一定都能和目标成果相配合，很难保证公正性，这就很容易削弱目标管理的效果。

（二）滚动计划法

1. 滚动计划法含义

滚动计划法是一种定期修订未来计划的方法。这种方法是将短期计划、中期计划和长期计划有机地结合起来，根据近期计划的执行情况和环境变化情况，定期修订未来计划并逐渐向前滚动延伸（如图3-7所示）。由于在计划工作中很难准确地预测未来发展的各种影响因素的变化，而且计划期越长，这种不确定性就越大。因此，若硬性地按几年前制定的计划实施可能会导致重大损失，滚动计划法则可避免这种不确定性可能带来的不良后果。

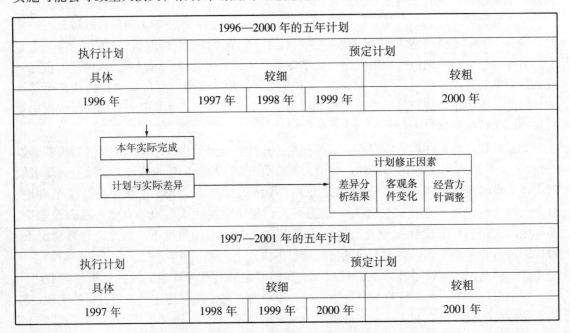

图3-7 滚动计划编制过程

2. 滚动计划法的具体做法

（1）将计划期分为若干个执行期，近期计划的内容制定得较为详细、具体，是计划的具体实施部分，具有指令性；远期计划的内容较粗略，是计划的准备实施部分，具有指导性。

（2）计划执行一定时期，就要根据实际情况和客观条件的变化对以后各期的计划内容进行适当的修改、调整，并向前延续一个新的计划期。

3. 滚动计划法的优点

以滚动计划法进行工作规划具有以下优点：

（1）使计划更加切合实际。由于滚动计划相对缩短了计划时期，加大了对未来估计的准确性，从而提高了计划的质量。

（2）使长期计划、中期计划和短期计划互相衔接，保证能根据环境的变化及时地进行调节，并使各期计划基本保持一致。

（3）大大增强了计划的弹性，从而提高了组织的应变能力。

（三）运筹学方法

运筹学方法是计划工作最全面的分析方法，是"管理科学"的理论基础。运筹学也是一种分析的、实验的和定量的科学方法，用于研究在资源条件（人、财、物）已定的情况下，为了达到一定目的，如何统筹兼顾整个活动所有各个环节之间的关系，为选择一个最好的方案提供数量上的依据，以便做出合理安排，最经济、最有效地使用人、财、物各种资源，取得整体的最好效果。

运筹学由众多的分支所构成，如线性规划、非线性规划、动态规划、整数规划、图论、排队论、对策论、库存论、模拟等。其中发展最成熟、应用最广的是线性规划。线性规划主要解决某项任务的整体效益最优的问题。具体地说，一类是最大化问题，即在有限资源条件下，如何使一项任务完成的效果最好或完成的工作量最大；另一类是最小化问题，即在工作任务确定的前提下，怎样使各种消耗减少到最小。计划工作中应用运筹学方法包括以下步骤：

（1）把问题化为数学模型。首先根据研究目的对问题的范围进行界定，确定描述问题的主变量和问题的约束条件，然后根据问题的性质确定采用哪一种运筹学方法，并按此方法将问题描述为一定的数学模型。为了使问题简化和突出主要的影响因素，需要做各种必要的假定。

（2）规定一个目标函数，作为对各种可能的行动方案进行比较的尺度。

（3）确定模型中各参量的具体数值。

（4）求解模型，找出使目标函数达到最大值（或最小值）的最优解。

（四）投入产出法

投入产出法于1963年提出，目前已有一百多个国家采用该法进行经济方面的研究，我国是1973年引用投入产出法编制各种计划的。

投入产出法是利用数学方法对物质生产部门之间或产品与产品之间的数量依存关系进行科学分析，并对再生产进行综合平衡的一种现代的科学方法。它以最终产品为经济活动的目标，从整个经济系统出发确定达到平衡的条件。它的基本原理是：任何系统的经济活动都包括投入和产出两大部分。投入是指在生产活动中的消耗;产出是指生产活动的结果,在生产活动中投入与产出保持一定的数量关系。投入产出法就是利用这种数量关系建立投入产出表,根据投入产出表对投入与产出的关系进行科学分析,再用分析的结果来编制计划并进行综合平衡的。

投入产出法的优点表现为以下几个方面:

(1) 通过分析,可确定整个国民经济或部门、企业经济发展中的各种比例关系,并为制定合理的价格服务。

(2) 这种分析可预测某项政策实施后所产生的效果。

(3) 可从整个系统的角度编制长期或中期计划,易于搞好综合平衡。

(五)计量经济学方法

计量经济学是运用现代数学和各种统计方法来描述和分析各种经济关系的方法,它以经济学中的各种经济关系为依据,运用数理统计的方法和经济计量技术,根据实际统计资料,对有关变量和模型参数进行估算、检验和应用。

第二节 决 策

一、决策概述

(一)决策的含义

正确的决策是成功的关键,在日常生活和工作之中,无论是个人还是组织,几乎每时每刻都在做出决策。那么什么是决策呢?其含义的理解也众说纷纭,各有各的道理,在此我们将其分为广义和狭义的决策。

从广义上来说,可以把决策看作一个管理过程,是人们为了实现特定的目标,运用科学的理论与方法,系统地分析主客观条件,提出各种预选方案,从中选出最佳方案,并对最佳方案进行实施、监控的过程。包括发现问题,设定目标,确定备选方案,评估备选方案,选择、实施的全过程。

从狭义上来说,决策就是为解决某种问题,从多种替代方案中选择一种行动方案的过程,即对某一事件的决定、抉择或拍板。

(二)决策的原则

决策原则是指在决策过程中必须遵循的指导原理和行为准则,它是科学决策的反映,也是决策实践经验的概括总结。在决策过程中所要遵循的具体原则有以下几个。

1. 科学性原则

科学性原则是衡量一切事物的最高准则,科学性原则主张人们的一切活动都应从事物的本质和客观规律出发,尊重客观性,反对主观性;尊重必然性,反对偶然性;尊重本质性,反对表面性。科学性原则,是决策时必须遵循的首要原则。

2. 系统性原则

系统性是现代决策的重要特点之一。在现代条件下,决策对象通常是一个由多因素组成的有机系统，运用系统理论进行决策，是科学决策的重要保证。系统理论是把决策对象看作一个系统，并以这个系统的整体目标为核心，追求整体效应。为此，系统性原则要求在决策时，首先应贯彻"整体大于部分之和"的原则，统筹兼顾，全面安排，各要素和单个项目的发展要以整体目标为准绳，其次强调系统内外各层次、各要素、各项目之间的相互关系要协调、平衡配套，要建立反馈系统，实现决策实施运转过程中的动态平衡。

3. 满意原则

决策的满意原则是针对最优化原则提出的，因为决策者不可能完全掌握未来发展的全部信息，不可能准确地预测未来的外部环境和内部条件，不可能完全知晓各种可行性方案的后果。因此，常常采取被人们所能接受的满意的标准来衡量决策，即决策达到满意标准即可。

4. 可行性原则

为了使决策付诸实施，决策必须切实可行。可行性原则要求决策者在决策时，不仅要考虑到需要，还要考虑到可能；不仅要估计到有利因素和成功的机会，更要预测到不利条件和失败的风险；不仅要静态地计算需要与可能之间的差距，还要对各种影响因素的发展变化进行定量和定性的动态分析。

5. 个人决策和群体决策相结合的原则

个人决策能当机立断，提高效率；群体决策能发扬民主，集思广益。要抓住机会，减少风险，既不能事事大家讨论、群体决策，也不能事事一人拍板、个人决策。要坚持个人决策和群体决策相结合的原则，建立合理的决策机制，充分发挥集体和个人的智慧，做到决策民主化、科学化。

6. 反馈原则

反馈原则，就是建立反馈系统，用实践来检验决策和修正决策。由于事物的发展和客观环境的不断变化，决策者受其自身知识、经验、能力的限制，致使决策在实施中可能会偏离预定目标，这就需要根据反馈情况采取措施，对原方案或目标加以相应的调整和修正，使决策趋于合理。

7. 创新性

科学的决策，要求决策者既要有技术经济分析的能力，又要有战略眼光和进取精神，勇于开拓新路子，提出新设想，创造新方法。

（三）**决策的基本要素**

从系统的观点看，管理决策是由决策主体、决策客体、决策理论方法和决策结果等要素构成的一个有机整体。

1. 决策主体

决策主体是指参与决策的领导者、参谋者及决策的执行者。决策主体可以是个人，也可以是集团——决策机构。决策主体是决策系统的灵魂和核心，决策能否成功，取决于决策主体的素质。

2. 决策客体

决策客体是指决策对象和决策环境。决策对象，是指决策主体能趋势影响和控制的客体事物。如一个企业，某项业务的经营目标、经营规划、某项产品研究开发等。决策环境则指制约决策对象按照一定规律发展变化的条件。决策对象与决策环境的特点、性质决定着决策活动的内容及其复杂程度。

3. 决策方法

决策离不开决策方法。决策方法的功能在于将现代科学技术成果运用于决策过程，从整体上提高经营管理决策活动的科学性，减少和避免决策结果的偏差与失误。比如，遵循科学的决策程序，采用适宜的决策方法，把定性和定量分析相结合。

4. 决策信息

信息是经营管理决策的前提和基础。要保证经营管理决策的正确性，拥有大量、丰富的市场信息是必不可少的条件。决策主体只有掌握了充分、准确的市场信息才有可能做出正确决策。

5. 决策结果

决策的目的是得到正确的决策结果。没有决策结果的决策不算是决策。任何决策都要得到决策结果，所以，决策结果是决策的构成要素。

（四）决策的类型

决策作为管理的核心内容，其内容与形式丰富多样。从不同的角度，按照不同的标准，可以将决策分为不同的类型。

1. 战略决策、战术决策和业务决策

按照决策目标的广度和深度，可把决策分为战略决策、战术决策和业务决策。

（1）决策目标所要解决的问题带有全局性、影响重大的，就是战略决策，如企业的经营方向、经营目标、生产规模、产品开发等决策问题。

（2）带有局部性、短期性并为战略目标服务的，例如企业的生产、技术、财务等方面的具体决策，就是战术决策。

（3）业务决策又称为作业决策，是指为提高效率以及执行管理决策等而在日常作业中做出的具体决策。比如，基层组织内组织任务的日常分配、劳动力调配、个别工作程序和方法的变动等。业务决策的特点是：属于单纯执行决策，决策的重点是对日常作业进行有效的组织，以提高作业效率，这类决策一般由基层管理者负责。

2. 高层决策、中层决策和基层决策

按决策者在组织中的地位划分，可把决策分为高层决策、中层决策和基层决策。

（1）比如在企业中，高层决策往往涉及企业全局性的与外部环境关系密切的重大问题，由企业的最高经营管理层做出。

（2）中层决策是指组织中的中层管理人员所进行的执行性决策。

（3）基层决策即基层管理人员为解决组织日常业务问题而做出的决策。

上述三种决策具有交叉效应，但决策的层次不同，具有不同的职能和作用，其复杂程度、定量化程度都有一定的区别。三者的区别如表3-2所示。

表3-2 高层决策、中层决策和基层决策的比较

比较项目	高层决策	中层决策	基层决策
性质差别	非定型化多	定型化多	基本定型化
层次差别	战略性多	业务性多	执行性多
决策的复杂程度	复杂	比较复杂	比较简单
决策的定量化程度	大部分无定量，具有风险性	大部分定量化，小部分无定量化	全部定量化
肯定程度	不完全肯定	肯定	很肯定

3. 确定型决策、风险型决策和不确定型决策

按照决策的可靠程度分为确定型决策、风险型决策和不确定型决策。

(1) 确定型决策是指掌握了各可行方案的全部条件，可以准确预测各方案的后果，并从中选择一个最有利的方案为决策方案。确定型决策需要解决的问题非常明确，解决问题的过程以及环境也一目了然，几种不同的可行方案的结果也是清楚的，决策过程、环境、结果都是已知的，所以决策者能做出理想而精确的决策。事实上，在企业中，确定型决策并不多，特别是对高层管理者来说，这是一种理想化的决策活动。确定型决策一般均可运用数学模型或借助电子计算机来进行。

(2) 风险型决策是指决策事件的某些条件是已知的，但还不能完全确定决策的后果，只能根据经验和相关资料估计各种结果出现的可能性（即概率）。这时决策具有一定的风险，故称风险型决策。风险型决策面临的问题是明确的，解决问题的方法是可行的，可供选择的若干个可行方案是已知的，这些方案执行后会出现几个不同的结果，而且这些结果和结果出现的概率也是可知的。但是，这样的决策具有一定的风险。如冷饮的销量和天气有很大关系，天气晴好时，销量多，应该多进货，天气不好则应该少进货。但天气到底如何，我们只能通过天气预报知道概率情况，据此做出的进货数量决策就有一定风险。

(3) 非确定型决策是指决策事件未来可能出现的几种后果及概率都无法确定，只能依靠决策者的经验、直觉和估计做出决策。非确定型决策解决问题的方法大致可行；供选择的若干个可行方案的可靠性程度不是很高；决策过程的环境是模糊的；方案实施的结果是未知的，或靠他人的经验推断，或靠主观判断。

4. 个人决策和群体决策

按决策主体的不同分为个人决策和群体决策。

(1) 个人决策是指决策是由某一人独立做出的。这种决策适用于日常性事务决策或程序化决策。个人决策的优点是可明显地提高决策效率，在瞬息万变的市场中抓住机会。但决策结果则取决于决策者的经验、智慧和阅历等综合素质。

(2) 群体决策是指由多人组成一个决策小组进行决策，这个决策小组中一部分人从事信息收集、处理、分析、归纳和综合工作，同时，小组中还需要有富有决策经验的密切合作的领导者和各方面的专家，由这些人组成决策机构智囊团，并发挥整体功能作用，以制订决策方案，合理而及时地做出决策。群体决策适用于所有的决策活动，特别是对企业有重大意义的关键性问题的决策，如企业的大政方针、战略目标、资产运作、高层人事变动等。

5. 程序化决策与非程序化决策

按决策的重复程度分为程序化决策与非程序化决策。

（1）程序化决策，又称为常规决策或例行性决策，是指在日常管理工作中以相同或基本相同的形式重复出现的决策。比如，企业中任务的日常安排、常用物资的订货与采购、会计与统计报表的定期编制与分析等。由于这类问题经常反复出现，其特点和规律性易于掌握，因而通常可将这类问题的决策程序固定下来，制定为程序、规范、标准、制度等，并作为指导以后处理类似问题的依据和准则，这将会大大提高企业的工作效率。对于企业来说，应尽可能用程序化决策方法解决重复性问题，并有意地把处理烦琐管理事项的权力交给下一层管理者，以提高管理效率。

（2）非程序化决策，又称非常规决策或例外决策，是指在管理过程中受大量随机因素的影响，很少重复出现，常常无先例可循的决策。比如，企业经营方向和目标决策、新产品开发决策，新市场开拓决策等。对这类决策，决策者往往没有固定的模式、规则和处理经验可循，完全靠决策者的洞察力、判断力、知识和信念来解决。另外，现实中还有一类决策问题，其特性介于程序化决策与非程序化决策之间，即对于这些问题我们有所了解但不全面，有所分析但不确切，有所估计但不确定。我们把这种类型的决策称为半常规决策或半程序化决策，如生产计划的安排决策、广告费用预算决策等。

6. 长期决策和短期决策

按决策的时间跨度长短不同分为长期决策和短期决策。

（1）长期决策是指在较长时期内，对组织的发展方向做出的长远性、全局性的重大决策。长期决策一般属于战略性决策，具有周期长、风险大的特点，如投资方向的选择等。

（2）短期决策是指为实现长期战略目标而采取的短期策略手段。短期决策一般属于战术决策或业务决策，具有花费少、时间短的特点，如企业的日常营销、物资储备决策等。

7. 单目标决策和多目标决策

按决策目标的多少分为单目标决策和多目标决策。

（1）单目标决策是指决策目标只有一个，称此类决策为单目标决策。

（2）多目标决策是指决策问题同时考虑了两个或两个以上的目标，它的解必须同时满足这些目标的要求。例如，现代城市交通路线的规划问题，就要同时考虑诸如运输效率、方便市民、安全可靠、经济效益、美化市容等多种因素。任何一个方案，只有当它能够使得与这些因素相联系的目标准则都得到不同程度的满足时，才算得上是令人满意的。

实际上，对于管理中的实际问题，单目标决策往往是对问题的某种程度上的简化，重点在于抓住问题的主要矛盾，忽略其对企业没有明显影响的次要因素，集中力量落实企业核心战略。当环境发生变化或企业战略进行调整时，或当我们以不同的角度研究问题时，决策目标有可能发生变化。

在日本东京有一家外贸公司，它与英国一家公司有着贸易往来。英国公司的经理经常需要购买从东京到神户的火车票。很快，这位英国经理发现：每次去神户时，座位总在右窗口，返回时又总在左窗口。这位经理询问日本公司的购票小姐其中的缘故，她笑着答道："车去神户时，富士山在您右边；返回东京时，富士山在您的左边。外国人大都喜欢富士山的美丽景色，所以我特意为您安排了不同的座位。"这位英国经理十分感动，他立即把这家日本公司的贸易额从 50 万英镑提高到 200 万英镑。

在他看来：作为这家公司的一个普通的职员，对于这样微不足道的小事，都能够想得这么周到，那么跟这样的公司做生意还有什么不放心的呢？

二、决策的基本程序

决策是一个发现问题、分析问题和解决问题的动态过程。它是由一系列前后相互关联又相互独立的步骤组成的，一般来说，决策过程通常可划分为如下几个步骤（如图 3-8 所示）。

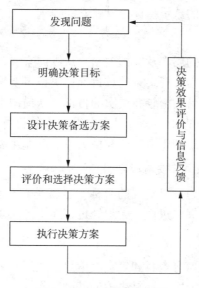

图 3-8　决策的基本程序

（一）发现问题

所有决策工作都是从发现问题开始的。所谓问题，是应有状况与实际状况之间的差距，没有问题，就不需要决策，问题不清，也就无法做出正确的决策。所以，决策必须是在发现问题并对问题有准确认识的基础上进行的。由于客观事物的复杂性和人的主观认识的局限性，发现问题往往并不容易，因此，决策者应深入实际，仔细研究，力求及时、全面、动态、系统、准确、有效地掌握组织运行中的各项信息，对其中出现的异常现象进行深入的研究和分析，找出症结所在，并以此作为决策的出发点。此外，当环境产生显著的变化时，组织内往往会出现一些新的问题，需要决策者做出决策，加以解决。在此基础上，应将事物应有现象与实际情况作对比，或将理想状态与现实状态作对比，找出差距，发现问题，以便及时决策。发现问题的过程如下式所示：

$$决策问题（差距）= 理想状态 - 现实状态$$

发现差距之后，决策就应进一步查找原因，对问题进行系统分析，确定问题的内涵和界限，界定问题的性质和特征、深度和广度、严重程度与其他问题的关联程度，抓住问题的要害，以便寻求解决问题的方法。

（二）明确决策目标

发现组织内存在的问题之后，是否要采取决策行动及采取何种行动，就取决于决策目标的确定。决策目标既是决策方案评价和选择中依据的标准,又是衡量决策行动是否取得预期结果的尺度。因此,决策目标的确定是十分重要的,对决策目标的确定应慎之又慎。在进行决策目标设计时,应注意以下几个方面。

1. 决策应具有明确性

一般来说,越是近期的目标,越要具体明确,并尽可能数量化,以便衡量决策的实施效果。对于目标的明确性,要注意两点:第一,目标必须是单义的,即目标只能有一种解释;第二,目标必须可衡量,可以规定出一个要求达到的数量界限;对于定性的指标,也要尽可能使之量化,或者转化为相关的数量指标来反映它的要求。

2. 决策目标应具有系统性

决策时要处理好决策目标的层次及结构关系。从纵向来看,决策目标应具有层次性,也就是有总目标和子目标之分。为实现决策的总目标,决策者要按照目标的层次的不同,选择低层次的子目标首先实施,然后实施较高层次的目标。从横向来看,同一层次的目标也存在着既相互联系又可能相互排斥的关系。所以,在设计决策目标时,还要明确目标之间的关系,以避免在决策实施中将组织的主要资源和精力投放到非主要目标的活动中去。

3. 决策目标既要有先进性,又要有合理性

决策目标,应该是经过努力可以实现的目标,也就是它有现实可行性,目标不能过高,过高实现不了,不是合理的目标;过低,无须经过奋斗就能实现,则不具有先进性。

(三) 设计决策备选方案

在研究了现状,取得相关信息资料和确定决策目标之后,就要为实现决策目标制定可供选择的各种行动方案,即可行方案。这是决策的基础工作。

在拟订可行方案时,应注意以下几个方面。

1. 方案的多样性和可行性

多样性是指必须拟订两个以上的方案供备选。由于决策条件的复杂性和多样性,要将所有的可行方案都设计出来是不可能的,但我们应在许多的范围内,设计出较多的备选方案来。可行性是指所拟订的方案都必须是切实可行的。

2. 方案应具有互斥性

不同方案应处于并列关系,不能相互替代,不能相互包容,也不能相互补充。方案互斥的目的在于使方案有比较选择的价值和可能。如果各方案的内容具有包容性,或互补性,也就失去了选择的意义。但是,在坚持互斥性的同时,各备选方案之间又应当是可以比较的,如果没有了可比性,同样会带来选择的不便。

3. 方案要有创造性

在制订方案时,应有创新性,尽可能设想出一些新颖的决策方案。创新方案的提出是不容易的,这需要决策者有丰富的经验、广博的知识、敏锐的洞察力和敢于创新的精神,能够对问题进行全方位的思考,并掌握一定的现代决策方法和技术。在这一过程中,决策者必须开拓思维,充分发挥想象力,运用各种创造性的思维方法。

(四) 评价和选择决策方案

拟订可行方案是决策的基础,而评价和选择方案是决策的关键。在这一过程中,我们应

努力解决好两个根本问题：一是确定合理的评价标准；二是确定科学的选优方法。

1. 确定合理的评价标准

对于目标可以计量的方案，如产量、利润等，数量化本身就是它的评价标准。对于目标无法计量的方案，不能用数量来比较，则通常可用下列四项标准加以衡量。一是价值标准，即以方案对实现目标的作用效果大小来评价方案的好坏。这里所指的价值，不仅包括决策方案所带来的以货币计量的价值，还包括决策方案的社会意义。二是满意标准。在理论上，选择方案应是选择最优的，即投入最少而收益最大的方案。而在实际上，最优往往是一种理想的状态。由于现实条件的限制，只能获得"满意"方案。三是期望值标准，对于风险型决策，即一个方案可以产生几种可能结果的情况，可以通过计算期望值的大小来选择方案，期望值大则方案优。四是时效标准，决策者要不失时机地进行决策，如果一味追求决策百分之百的成功而坐失良机，并不是优秀的决策者。以上四种标准，在现实中可根据实际情况灵活运用。

2. 确定科学的选优方法

评价方案要从系统观点出发，从全局性、整体利益出发，既要考虑组织的直接利益，又要考虑长远利益和社会、消费者的利益，同时还要注意方案之间的具体差异。方案评选的科学方法通常有三种。一是经验判断法。它是依靠决策者的知识、经验、智慧探索决策因素的规律性，通过直觉来选择方案的方法。二是数学分析法。它是由专家学者借助数学模型进行科学计算后进行方案选择的一种方案，如盈亏平衡点分析法、线性规划法等。三是试验法。当决策的问题关系重大，但缺乏经验而又无法采用数学模型进行分析时，可先选少数几个典型方案为试点，吸取经验后，再将其作为最后决策的依据。

（五）执行决策方案

选出方案后，决策过程并没有结束，决策者还必须使方案付诸实施，这就是执行决策方案。一个合格的决策者，必须具备两种能力：既要能做出决策，又要有能力化决策方案为有效的行动。为保证方案的实施，应做好以下工作：一是做好方案实施的宣传教育工作，使每个员工都了解决策的目标和具体要求，明确自己的任务；二是编制符合实际的实施计划。包括认真拟订实施决策方案的具体步骤；制定相应的实施措施与方法、编制实施行动的程序和日程表等；三是建立适当的组织机构，要使组织机构的设置和职责分配适应实施决策方案的需要，同时要把实施方案所需要的人力、物力、财力都动员和组织起来，使各个要素能够充分发挥作用，并形成整体功能；四是建立信息反馈和控制系统，要通过信息反馈系统及时获取决策实施过程的信息，把实际执行的效果和预期目标进行比较，一旦发现差异，要及时进行有效控制，保证决策目标的实现。

（六）决策效果评价与信息反馈

决策的最后一个程序是对决策执行的效果进行评价，以确认方案实施后是否真正解决了问题。如果方案实施后不能达到预期效果，问题依然存在，管理者就要从决策本身进行仔细的分析，研究哪个环节出了漏洞、是否没有正确认识问题、是否对方案评价不正确、是否是方案实施不当，追溯到以前制定决策的步骤。如果问题严重，甚至可能需要重新开始整个决策过程或进行追踪决策。

三、决策的基本方法

目前,经常使用的决策方法有两大类:一是定性决策方法;二是定量决策方法。在具体使用中,两者密切配合、相辅相成。

(一)定性决策方法

定性决策方法,又称决策的"软"方法。它是指在决策过程中充分发挥专家集体的智慧、能力和经验,在系统调查研究分析的基础上,根据掌握的情况与资料进行决策的方法。这种方法的最大优点是可以集中各方面专家的力量,所获信息较全、较新。同时,可以不用计算机等现代化管理手段,决策方便、灵活、省时、省力。这种方法的局限性主要表现在严格的论证不够,受主观因素影响大,有时还会受传统观念影响而导致决策的保守性。定性决策适用于受社会因素影响大、所含因素复杂的战略决策,主要有以下几种方法。

1. 头脑风暴法

头脑风暴法亦称畅谈会议法,它是由美国创造学家 A·F·奥斯本于 1939 年首次提出、1953 年正式发表的一种激发创造性思维的方法。这种方法的特点是邀集专家,针对一定范围的问题,敞开思想,畅所欲言。用该法进行决策必须遵循以下原则:

(1)严格限制决策对象范围,明确具体要求。
(2)不能对别人的意见提出怀疑和批评,要认真研究任何一种设想,而不管其表面看来多么不可行。
(3)鼓励专家对已提出的方案进行补充、修正或综合。
(4)解除与会者的顾虑,创造自由发表意见而不受约束的气氛。
(5)提倡简短精练的发言,尽量减少详述。
(6)与会专家不能宣读事先准备好的发言稿。
(7)与会专家人数一般为 10~25 人,会议时间一般为 20~60 分钟。

此方法的不足在于,使用此方法时,可能受到权威的影响,无法实现畅所欲言。

2. 认知冲突法

这种方法与头脑风暴法的规则刚好相反。它要求与会者针对他人提出的见解、方案,直接提出反对意见或进行否定,并鼓励争论,以求在不同意见与方案的冲突争论中明辨是非,发现各种方案的缺陷,逐步趋于一致。这种方法主要用于对已有方案的冲突分析、评价和选择。

3. 德尔菲法

德尔菲法是由美国兰德公司于 20 世纪 50 年代初发明的一种方法,是征询法的一种,其特点是要求被征询意见的人,事先不接触,事后接触。这种方法是以匿名方式通过几轮函询征求专家(一般以 10~50 人为宜,但一些重大问题的决策可以选择 100 人以上)的意见,预测小组对每一轮的意见进行汇总整理后作为参考再发给各专家,供他们分析判断以提出新的论证,几轮反复后,专家意见渐趋一致,最后供决策者进行决策。这种背靠背的征询方式使得权威、资历、口才、压力的影响大大降低,有利于真实坦率地谈出自己的意见,增加了结论的可靠性。

德尔菲法实施的步骤是:发函给相关专家提出需要调查的问题,问题由工作小组确定,提出的问题不应该带有任何的倾向性,由专家独立自主地发表自己的意见;将回函进行统计、归纳、综合,制成第二轮表格,再寄给各位专家进行进一步的评价,并阐明理由;对第二轮的意见进一步归纳整理,制成第三轮表格,再一次请专家进行分析判断,这样做既可以使他们充分阐述理由,又可以改变他们以前的意见;按照领导小组的要求,对某些有独特见解的专家有针对性地进行调查。这样不断反复,直到获得满意答案为止。

使用德尔菲法应注意:调查表中应有调查的目的、特点、反馈轮次和时间、填表说明,避免专家产生曲解;问题应有针对性,不要过于分散,应能引起专家们的兴趣;提问时避免使用含糊不清的用语;表格应力求简单,问题不宜过多,应该突出重点;要充分发扬民主,绝不可将预测组织者的意见写在调查表中;应如实整理不同意见反馈给专家,以便专家充分地各抒己见;轮隔时间不能太长,宜在3~5周之间,可根据问题的繁简、难易程度、专家对问题的兴趣,酌情安排轮隔时间。

德尔菲法用于团队决策还可以进行一些变通,比如将专家换成团队成员或加入外部专家,为了减少成本、提高效率还可以不采取信函方式,而采用直接沟通方式。

4. 方案前提分析法

有些决策问题,如何进行决策主要取决于其方案的前提假设条件。方案是否正确,关键看它的前提假设是否成立。采用这种方法时,组织者让与会者只分析讨论方案的前提能否成立,并据此判断决策方案。

(二) 定量决策法

定量决策法,又称为决策的"硬"方法,是指运用数学模型和计算机手段,在对决策问题进行定量化分析的基础上进行决策的方法。它运用统计学、运筹学、电子计算机等科学技术,把决策的变量(影响因素)与变量、变量与目标之间的关系,用数学关系表示出来,即建立数学模型。然后按照实际的决策条件,求出方案的损益值,选出满意的方案。这种决策可以分为确定型、风险型和不确定型三种。

1. 确定型决策方法

确定型决策是指影响决策的因素、条件和发展前景比较清晰明确,并且容易做出判断,根据决策目标可以选择最佳方案的一种决策方法。确定型决策方法很多,主要有线性规划、库存论、排队论、网络技术、微分极值法和盈亏平衡分析法等,较常用的有盈亏平衡分析法。

盈亏平衡分析法又称产量、成本、利润分析法,简称量本利分析法,是根据对业务量(产量、销售量、销售额)、成本、利润三者关系的综合分析,用来预测利润、控制成本、规划生产的一种分析方法。这是企业经营决策的常用方法。量本利分析的基本原理是用成本习性,指明企业获利经营销售量的界限。成本习性是指成本的变动与产量之间的依存关系。企业的生产成本分为变动成本和固定成本两部分。变动成本随产量增减成正比例变化,固定成本在一定范围内不受产量变动的影响。对成本的这样划分,构成了量本利分析的基础。

量本利分析的基本公式如下:

$$S = P \times Q \quad \text{(式3-1)}$$

$$C = F + V \times Q \quad \text{(式3-2)}$$

$$I = P \times Q - (F + V \times Q) \quad \text{(式3-3)}$$

式中，I 代表利润；S 代表销售额；C 代表总成本；F 代表固定成本；Q 代表销售量；P 代表销售单价；V 代表单位变动成本。

产量、成本、利润三者之间的关系如图 3-9 所示。销售额减去变动成本后的余额称边际贡献。这个余额先要抵偿固定成本，剩余部分为利润。可见，边际贡献是对固定成本和利润的贡献。当总的边际贡献与固定成本相等时，恰好盈亏平衡，这时，再每增加一个单位的产品，就会增加一个边际贡献的利润。边际贡献是量本利分析法的一个重要概念。

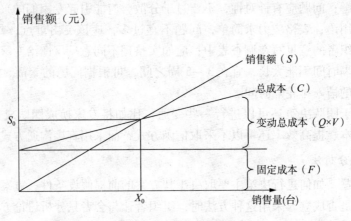

图 3-9 盈亏平衡图

盈亏平衡时，$I=0$ 则有：

$$P \times Q = F + V \times Q \tag{式3-4}$$

$$Q_0 = \frac{F}{P-V} \tag{式3-5}$$

式中，Q_0 代表盈亏平衡点的销售量；$P-V$ 代表单位边际贡献。

式 3-5 只能适用于单一品种的量本利分析，在多品种的情况下，由于不能将不同品种的产品的销售量直接相加，因此，必须把不同产品和销量均转化成为货币单位表示的销售额，才能进行计算。这样，可得：

$$S_0 = \frac{F}{1-\frac{V}{P}} \tag{式3-6}$$

式中，S_0 代表盈亏平衡点的销售额；$1-\frac{V}{P}$ 代表边际贡献率。

式 3-6 还可写成：

$$S_0 = \frac{F}{U} \tag{式3-7}$$

式中，U 代表加权平均边际贡献率。

企业在满足社会需要的前提下，要自负盈亏，尽可能多获利，这样，为求得保证一定目标利润下的销售量（额）成为量本利分析的一个重要问题，销售量（额）可用以下公式求得：

$$Q = \frac{F+I}{P-V} \tag{式3-8}$$

$$S = \frac{F+I}{1-\frac{V}{P}} \qquad \text{(式3-9)}$$

量本利分析在决策中的应用如下。

(1) 经营安全边际分析。经营安全边际分析是通过计算经营安全率来判断企业经营状况的重要方法,首先测算出来保本点销售额(量),用 Q_0 表示;然后测算实际销售额(量),用 Q_1 表示;最后计算出经营安全率 (L):

$$L = \frac{Q_1-Q_0}{Q_1} \times 100\% \qquad \text{(式3-10)}$$

式 3-10 中的 Q_1-Q_0 为安全余额,余额越大,说明企业经营状况越好;越接近于 0,说明企业经营状况越差,亏损越大,企业应及时采取措施,用调整品种结构,增加适销对路产品,降低单位变动成本,开辟新的市场等来提高经营安全率。可供参考的经验数据见表 3-3。

表3-3 经营安全率

经营安全率%	30以上	25%~30%	15%~25%	10%~15%	10%以下
经营安全状况	很安全	较安全	过得去	要警惕	危 险

例如:某企业计划年度产品销售总额为 1 200 万元,变动成本总额为 600 万元,本期负担的固定成本为 400 万元,判断其经营安全程度。

$$S_0 = \frac{F}{1-\frac{V}{P}} = \frac{400}{1-\frac{600}{1\,200}} = 800 \text{(万元)}$$

$$L = \frac{Q_1-Q_0}{Q_1} \times 100\% = \frac{1\,200-800}{1\,200} \times 100\% = 33.3\%$$

由上式计算可见,该企业经营是很安全的。

(2) 预测一定销售量下的利润水平。

例如:某企业生产销售一种产品,单位变动成本为 100 元,年固定成本为 30 000 元,销售单价为 250 元,据市场预测,年度销售量为 300 件。该企业可获利多少?

$$I = P \times Q - (F + V \times Q) = (250-100) \times 300 - 30\,000 = 15\,000 \text{(元)}$$

企业每年可获利润 15 000 元。

(3) 确定一定利润水平下的销售量。

例如:某企业压缩机每台售价 100 万元,单位变动成本 60 万元,年固定成本 4 000 万元,预定年目标利润 6 000 万元。该企业销售量达到多少台时能实现预期的利润目标?

$$Q = \frac{F+I}{P-V} = \frac{4\,000+6\,000}{100-60} = 250 \text{(台)}$$

要实现 6 000 万元的年利润目标,销量要达到 250 台。

2. 风险型决策法

风险型决策有明确的目标,比如获得最大利润;有可供选择的两个以上的可行方案;有两种以上的自然状态;不同方案在不同自然状态下的损益值可以计算出来;决策者能估算出不同自然状态出现的概率。因此决策者在决策时,无论采用哪一个方案,都要承担一定风险。风险型决策常用的方法是决策树分析法。

决策树分析法是指借助树形分析图,根据各种自然状态出现的概率及方案预期收益,计算比较各方案的期望值,从而选择最优方案的方法。

(1) 决策树图的画法。首先从左端决策点(用"□"表示)出发,按备选方案引出相应法的方案枝,每条方案枝上方注明代表的方案;然后,每条方案枝到达一个方案结点(用"○"表示),再由各方案结点引出各状态枝(也称作概率枝),并在每个状态枝上注明状态内容及其概率;最后,在状态枝末端(用"△"表示)注明不同状态下的损益值。决策树完成后,再在下面注明时间长度,如图 3-10 所示。

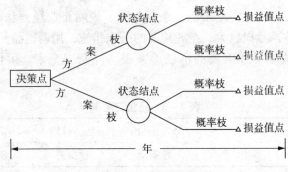

图 3-10 决策树结构

(2) 决策树分析法的基本步骤可举例说明如下。

例如:某工厂准备生产一种新产品。对未来三年市场预测资料如下:现有三个方案可供选择,即新建车间,需要投资 140 万元;扩建原有车间需要投资 60 万元;协作生产,需要投资 40 万元。三个方案在不同自然状态下的年收益值如表 3-4 所示。

表 3-4 三种方案的年收益值 单位:万元

方案	市 场 需 求		
	高需求	中需求	低需求
	0.3	0.5	0.2
新建车间(投资 140)	170	90	-6
扩建原有车间(投资 60)	100	50	20
协作生产(投资 40)	60	30	10

要求:绘制决策树;计算损益值;方案优选(剪枝)。

①绘制决策树。根据条件绘制决策树,如图 3-11 所示。

②计算损益值。

按三年计算不同方案的综合收益值:

新建车间 [0.3×170+0.5×90+0.2×(-6)]×3=284.4(万元)

扩建车间 (0.3×100+0.5×50+0.2×20)×3=177(万元)

协作生产 (0.3×60+0.5×30+0.2×10)×3=105(万元)

新建方案净收益=284.4-140=144.4(万元)

扩建方案净收益=177-60=117(万元)

协作方案净收益 = 105 − 40 = 65（万元）

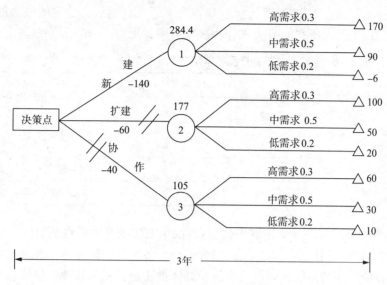

图 3-11 决策树分析图

③方案优选（剪枝）。

方案优选：比较三个方案计算结果，新建方案的预期净收益为144.4万元，大于扩建方案和协作方案收益，所以新建方案是最优方案，并用"//"划去不选的方案。

3. 不确定型决策方法

不确定型决策所面临的问题是决策目标、备选方案尚可知，但很难估计各种自然状态发生的概率。因此，此类决策主要靠决策者的经验、智力以及对承担风险的态度。不确定型决策主要方法有乐观原则决策法、悲观原则决策法和后悔值原则决策法。

例如，某企业准备生产一种新产品，对于市场的需要量估计为三种情况，即较多、中等和较少。企业拟订了三种方案：第一方案是改建生产线；第二方案是新建生产线；第三方案是与外厂协作生产。对这种产品，工厂拟生产五年。根据计算，其期望收益值如表3-5所示。

（1）乐观原则决策法（大中取大）。这种决策方法是建立在决策者对未来形势估计非常乐观的基础上，即认为极有可能出现最好的自然状态，于是争取好中取好。具体做法：先从方案中选择一个最大的收益值，即A方案18万元，B方案20万元，C方案16万元；然后，从这些方案的最大收益中选择一个最大值，即20万元所在的B方案作为决策方案，见表3-5。

表3-5 某企业生产新产品的拟订方案　　　　　　　　　　　　　单位：万元

自然状态　方案	不同需求量的收益值		
	较多	中等	较少
A 改建生产线	18	6	−2
B 新建生产线	20	5	−5
C 协作生产	16	7	1

（2）悲观原则决策法（小中取大）。这种决策方法是建立在决策者对未来形势估计非常

悲观的基础上，即从最坏的结果中选出最好的。具体做法是：先从每个方案中选择最小的收益，即 A 方案 -2 万元，B 方案 -5 万元，C 方案 1 万元；然后，从这些最小的收益值中选择数值最大的，即 1 万元所在的 C 方案作为决策方案，见表 3-6。

表 3-6　某企业生产新产品的拟定方案（乐观法、悲观法）收益表　　　　单位：万元

自然状态 方案	不同需求量的收益值			最大收益	最小收益
	较多	中等	较少		
A 改建生产线	18	6	-2	18	-2
B 新建生产线	20	5	-5	[20]	-5
C 协作生产	16	7	1	16	[1]

（3）后悔值原则决策法（大中取小）。这种决策方法的基本思路是如何使选定的决策方案后可能出现的后悔达到最小，即所受的损失最小。各种自然状态下找出最大收益值与实际采用方案的收益值之间的差额，叫做后悔值。具体做法是：先从各种自然状态下找出最大收益值；再用各个方案的收益值减去最大收益值，求得各方案后悔值；再从各个方案后悔值中找出每个方案最大的后悔值；最后，从中选择最大后悔值最小的方案作为决策方案。由表 3-7 可见，各方案的最大后悔值分别为 3、6、4。决策者应选择最大后悔值中最小的方案为较优方案。因此，改建生产线方案是最佳决策方案。

表 3-7　某企业生产新产品的拟定方案后悔值表　　　　单位：万元

自然状态 方案	在不同需求下的后悔值			最大后悔值
	需求较多	需求中等	需求较少	
A 改建生产线	20-18=2	7-6=1	1-(-2)=3	[3]
B 新建生产线	20-20=0	7-5=2	1-(-5)=6	6
C 协作生产	20-16=4	7-7=0	1-1=0	4

（4）等概率法（平均法）。这种决策方法是将未来不明的自然状态出现的可能完全等同地加以看待，因此，设各种自然状态出现的概率都相同，从而将其转化为风险型决策。

以上几种不确定性决策方法，都带有相当程度的主观随意性，决策者的知识、经验、判断能力和胆略魄力不同，选择的决策方法也不同。

本章小结

计划工作是管理的首要职能，是指管理者预测未来、确定目标、制定实现目标的行动方案的过程。计划工作的基本特性主要包括目的性、主导性、普遍性、经济性、创造性五个方面。计划的种类很多，按照不同的标准分成不同的计划类型。任何计划工作的程序都是相近的，依次包括以下内容：估量机会、制订目标、考虑计划工作的前提、确定可供选择的方案、比较各种方案、制订辅助计划以及通过预算使计划数字化。目前在计划工作中较常用的一些现代计划方法主要有：滚动计划法、目标管理法、投入产出法、经济计量法等。战略计划管理是指一个组织在制定和实施关于其未来发展方向、总体目标和行动方案的规划过程

中，所进行的决策、计划、组织、领导、协调、评价和控制等一系列的活动，以及从事这些活动的艺术和科学。战略管理的过程可以分为三个阶段，即战略分析、战略选择和战略实施。决策是人们为了实现一定的目标而制定的行动方案、进行方案选择并准备方案实施的活动，是提出问题、分析问题、解决问题的过程，也是计划工作的重要组成部分。决策是建立在环境和条件分析基础上，对未来的行为确定目标，对实现目标的若干可行性方案进行抉择并决定一个优化合理的、满意的方案的分析决断过程。从不同的角度，按照不同的标准，决策可以分为各种类型。对于决策的分类，主要是为了通过分类认识不同类型决策的特征，掌握不同类型决策的规律，并在实际工作中对不同类型的决策采取不同的决策方式和方法，做出正确的决策。正确的决策决胜千里，错误的决策"南辕北辙"。因此，在决策时，要掌握和利用科学的决策方法。决策方法体系包括两大部分：一是定性决策方法，二是定量决策方法。

知识拓展

五个世界著名企业经营决策案例给我们的启示

科学的企业经营决策能使企业充满活力，兴旺发达，而错误的经营决策会使企业陷入被动，濒临险境。纵观世界各国，经营决策失败的有之，当然，也不乏成功的案例。从以下的案例中我们会得到许多有益的启示。

在棋界有句话："一着不慎，满盘皆输；一着占先，全盘皆活。"它喻示了一个道理，无论做什么事情，成功与失败取决于决策的正确与否。

企业经营决策案例一：

1985年，由马来西亚国营重工业公司和日本"三菱"汽车公司合资2.8亿美元生产的新款汽车"沙格型"隆重推出市场。马来西亚政府视之为马来西亚工业的"光荣产品"，产品在推出后，销售量很快跌至低潮。经济学家们经过研究，认为"沙格型"汽车的一切配件都来自日本，由于日元升值，使它的生产成本急涨，再加上马来西亚本身的经济不景气，所以汽车的销售量很少。此外，最重要的因素是政府在决定引进这种车型时，主要考虑的是满足国内的需要，因此，技术上未达到先进国家的标准，无法出口。由于在目标市场决策中出现失误，"沙格型"汽车为马来西亚工业带来的好梦，只是昙花一现。

此企业经营决策案例说明，科学经营决策的前提是确定决策目标。它作为评价和监测整个决策行动的准则，不断地影响、调整和控制着决策活动的过程，一旦目标错了，就会导致决策失败。

企业经营决策案例二：

1962年，英法航空公司开始合作研制"协和"式超音速民航客机，其特点是快速、豪华、舒适。经过十多年的研制，耗资上亿英镑，终于在1975年研制成功。十几年时间的流逝，情况发生了很大变化。能源危机、生态危机威胁着西方世界，乘客和许多航空公司都因此而改变了对在航客机的要求。乘客的要求是票价不要太贵，航空公司的要求是节省能源，多载乘客，噪声小。但"协和"式飞机却不能满足消费者的这些要求。首先是噪声大，飞行时会产生极大的声响，有时甚至震碎建筑物上的玻璃。其次燃料价格增长快，运行费用也相应大大提高。这些情况表明，消费者对这种飞机需求量不会很大。因此，不应大批量投入生产。但是，由于公司没有决策运行控制计划，也没有重新进行评审，而且飞机是由两国合作研制的，雇用了大量人员参加这项工作，如果中途下马，就要大量解雇人员。上述情况使得飞机的研制生产决策不易中断，后来两国对是否要继续协作研制生产这种飞机发生了争论，但由于缺乏决策运行控制机制，只能勉强将决策继续实施下去。结果，飞机生产出来后卖不出去，原来的"宠儿"变成了"弃儿"。

此企业经营决策案例说明，企业决策运行控制与企业的命运息息相关。一项决策在确定后，能否最后取得成功，除了决策本身性质的优劣外，还要依靠对企业经营决策运行的控制与调整，包括在决策执行过程中的控制以及在决策确定过程中各阶段的控制。

企业经营决策案例三：

美国国际商用机器公司为了从规模上占领市场，大胆决策购买股权。1982年用2.5亿美元从美国英特尔公司手中买下了12%的股权，从而足以对付国内外计算机界的挑战。1983年，又以2.28亿美元收购了美国一家专门生产电信设备的企业——罗姆公司15%的股权，从而维持了办公室自动化设备方面的"霸王"地位。又如，早在1956年，美国的一家公司发明了盒式电视录像装置，可是美国公司只用它来生产一种非常昂贵的广播电台专用设备。而日本索尼的经营者通过分析论证，看到了电视录像装置一旦形成大批量生产，其价格势必降低，许多家庭有能力购买此种录像装置。这样一来，家用电子产品这个市场就会扩大，如果马上开发研究家用电视录像装置，肯定会获得很好的经济效益和社会效益。由于这一决策的成功，家用电视录像装置的市场一度被日本占去了90%之多，而美国则长期处于劣势。

此企业经营决策案例说明，经营决策正确，可以使企业在风雨变幻的市场上独居领先地位，并可保持企业立于不败之地。

企业经营决策案例四：

1960年，爱奥库卡升为美国福特公司副总裁兼总经理，他观察到60年代一股以青年人为代表的社会革新力量正式形成，它将对美国社会、经济产生难以估量的影响，爱奥库卡认为，设计新车型时，应该把青年人的需求放在第一位。在他精心组织下，经过多次改进，1962年年底这种新车最后定型。它看起来像一部运动车，鼻子长、尾部短，满足了青年人喜欢运动和刺激的心理。更重要的是，这种车的售价相当便宜，只有2500美元左右，一般青年人都有能力购买。最后这种车还取了一个令青年人遐想的名字——"野马"。1964年4月，纽约世界博览会期间，"野马"正式在市场上露面，在此之前，福特公司为此大造了一番舆论，掀起了一股"野马"热。在第一年的销售活动中，福特公司销售了41.9万辆"野马"，创下全美汽车制造业的最高纪录。"野马"的问世和巨大成功显示了爱奥库卡杰出的经营决策才能。从此，他便扬名美国企业界，并荣任福特汽车公司总裁。

此企业经营决策案例说明，决策成功，可以扩大销售额，降低成本，提高利润，进而占领市场。

企业经营决策案例五：

日本尼西奇公司在"二战"后初期，仅有30余名职工，生产雨衣、游泳帽、卫生带、尿布等橡胶制品，订货不足，经营不稳，企业有朝不保夕之感。公司董事长多川博从人口普查中得知，日本每年大约出生250万婴儿，如果每个婴儿用两条尿布，一年就需要500万条，这是一个相当可观的尿布市场。多川博决心放弃尿布以外的产品，把尼西奇公司变成尿布专业公司,集中力量,创立名牌,成了"尿布大王"。资本仅1亿日元,年销售额却高达70亿日元。

企业经营决策成功,还可以使企业避免倒闭的危险,转败为胜。如果企业长期只靠一种产品去打天下,势必潜藏着停产倒闭的危险,因为市场是多变的,人们的需要也是多变的,这就要求企业家经常为了适应市场的需要而决策新产品的开发。这种决策一旦成功,会使处于"山穷水尽"状况的企业顿感"柳暗花明"。

(来源:领导力资讯)

训练题

一、选择题

1. 在管理的职能中,具有主导地位的是( )。
   A. 计划　　　　　B. 控制　　　　　C. 组织　　　　　D. 领导
2. 广义的计划工作主要包括( )。
   A. 制订计划　　　　　　　　　　　B. 预测前提
   C. 执行计划　　　　　　　　　　　D. 检查计划的执行情况
3. 计划工作的基本特征包括( )。
   A. 目的性　　　　　　　　　　　　B. 主导性
   C. 过程性　　　　　　　　　　　　D. 普遍性和经济性
4. 按计划的期限划分可分为( )。
   A. 中期计划　　　　　　　　　　　B. 长期计划
   C. 短期计划　　　　　　　　　　　D. 月度计划
5. 由于战略具有长远性、抗争性,决定了战略一旦决策失误,造成的损失将非常巨大,甚至无法弥补,这属于战略的( )特征。
   A. 长远性　　　　B. 抗争性　　　　C. 全局性　　　　D. 风险性
6. 下列战略属于反映"研究企业的营销、财务、人力资源和生产等具体内容,及不同职能部门如何组织,为企业整体战略服务的问题"的是( )。
   A. 研究与开发战略　　　　　　　　B. 生产战略
   C. 市场营销战略　　　　　　　　　D. 财务战略
7. 通过外部环境分析获得的是( )。
   A. 机会　　　　　B. 优势　　　　　C. 劣势　　　　　D. 威胁
8. 战略的主导思想是以低成本取得行业中的领先地位,并按照这一基本目标采用一系列专门的方针,反映的是( )。
   A. 总成本领先战略　　　　　　　　B. 差异化战略
   C. 集中化战略　　　　　　　　　　D. 技术领先战略
9. 目标管理的过程包括( )。
   A. 目标设置　　　　　　　　　　　B. 目标的组织实施
   C. 结果的检查与实施　　　　　　　D. 总结
10. 因为决策者不可能完全掌握未来发展的全部信息,不能准确地预测未来的外部环境和内部条件,不能完全知晓各种可行性方案的后果,即反映出决策的( )原则。

A. 科学性　　　　B. 系统性　　　　C. 满意性　　　　D. 可行性
11. 决策的基本要素包括（　　）。
　　A. 决策主体　　　　　　　　B. 决策课题
　　C. 决策方法　　　　　　　　D. 决策结果和信息
12. 决策事件的某些条件是已知的，但还不能完全确定决策的后果，只能根据经验和相关资料估计各种结果出现的可能性（即概率），属于（　　）。
　　A. 确定型决策　　　　　　　B. 风险型决策
　　C. 不确定型决策　　　　　　D. 悲观型决策
13. 在拟定可行方案时，应注意（　　）。
　　A. 方案的可行性　　　　　　B. 方案应具有互斥性
　　C. 方案要有创造性　　　　　D. 方案的多样性
14. 下列决策方法中属于定性决策方法的是（　　）。
　　A. 头脑风暴法　　　　　　　B. 德尔菲法
　　C. 盈亏平衡法　　　　　　　D. 认知冲突法
15. 不确定型决策方法有（　　）。
　　A. 乐观法　　　　　　　　　B. 悲观法
　　C. 后悔值法　　　　　　　　D. 等概率法

二、简答题

1. 简述计划工作的特征与意义。
2. 简述计划工作的程序。
3. 五力分析法的五种力量是什么？
4. 可供企业选择的战略有哪些？
5. 简述目标管理的概念、特点与意义。
6. 如何进行决策？决策的基本步骤是什么？具体包含哪些内容？
7. 现代决策方法有哪些？决策树法的具体内容是什么？

三、计算题

1. 某纺织企业生产某种牌号的围巾，固定成本为30 000元，销售单价为25元，单位变动成本为10元，试计算：
　（1）企业的盈亏平衡点是多少？
　（2）如果把产品单价提高到30元，其他因素不变，则盈亏平衡产量是多少？
　（3）如果把单位变动成本提高到15元，其他因素不变，则盈亏平衡产量是多少？
　（4）如果把固定成本提高到46 000元，其他因素不变，则盈亏平衡产量是多少？
2. 某企业技术改造有三种备选方案：一是扩建现有工厂，二是新建分厂，三是引进国外先进设备。未来市场需求状态可能为好、中、差，每种状态可能出现的概率以及各方案在每种状态下的损益如3-8所示，试用决策树法确定最佳方案。
3. 某服装厂准备生产三种不同风格的新式服装投放市场，估计未来市场销售有销路好、销路一般和销路差三种自然状态。在不同的自然状态下的收益值如表3-9所示，试用所学的不确定型决策方法确定最合理的决策方案。

表3-8 某企业拟定方案损益表   单位：万元

自然状态 概率 损益值 备选方案	好 P=0.5	中 P=0.4	差 P=0.1
扩　建	100	60	-60
新　建	140	100	-20
引　进	80	40	-40

表3-9 不同自然状态下的收益表   单位：万元

自然状态 方案	销路好	销路一般	销路差
甲产品	180	120	-30
乙产品	120	90	15
丙产品	75	60	45

4. 某企业为了扩大生产规模，准备对原有的生产线进行改进或新建，根据市场调查、预测及产品过去的销售情况，预计产品销路好的概率为0.8，销路差的概率是0.2，经研究分析有三种方案可供企业选择：

A：新建一条生产线，需投资200万元，据初步估计，销路好时，每年可获利80万元；销路差时，每年亏损20万元。生产经营期为10年。

B：先对生产线改进，需投资100万元。销路好时，每年可获利20万元；销路差时，每年可获利10万元。生产经营期为10年。

C：先对生产线改进，前两年销路好时再扩建，需追加投资150万元，估计每年可获利100万元。生产经营期为8年。

根据所学知识选择一种最满意的方案。

四、案例分析

宏远实业发展有限公司的发展计划

进入12月份以后，宏远实业发展有限公司（以下简称宏远公司）的总经理顾军一直在想着两件事：一是年终已到，应抽时间开个会议，总结一下一年来的工作，今年外部环境发生了很大的变化，尽管公司想方设法拓展市场，但困难重重，好在公司经营比较灵活，苦苦挣扎，这一年总算摇摇晃晃走过来了，现在是该好好总结一下，看看问题到底在哪儿；二是该好好谋划一下明年怎么办？更远的还应该想想以后5年怎么干，乃至于以后10年怎么干？上个月顾总从繁忙的工作中抽出身来，到淮海大学听了两次关于现代企业管理的讲座，教授的精彩演讲对他触动很大。公司成立至今，转眼已有十多个年头了。十多年来，公司取得过很大的成就，靠运气、靠机遇，当然也靠大家的努力。细细想来，公司的管理全靠经验，特别是靠顾总自己的经验，遇事都由顾总拍板，从来没有公司通盘的目标与计划，因而常常是干到哪儿是哪儿。可现在公司已发展到有几千万元资产，三百来号人，再这样下去可不行了。顾总每想到这些，晚上都睡不着觉，到底该怎样制订公司的目标与计划呢？这正是最近顾总一直在苦苦思考的问题。

宏远公司是一家民营企业，是改革开放的春风为宏远公司的建立和发展创造了条件。因此，顾总常对职工讲，公司之所以有今天，一靠他们三兄弟拼命苦干，但更主要的是靠改革开放带来的机遇。15年前，顾氏三兄弟只身来到省里的工业重镇A市，当时他们口袋里只有父母给的全家的积蓄800元，但顾氏三兄弟决心用这800元钱创一番事业，摆脱祖祖辈辈日出而作、日落而归的面朝黄土、背朝天的农民生活。到了A市，顾氏三兄弟借了一处棚户房落脚，每天分头出去找营生，在一年时间里他们收过破烂，贩过水果，打过短工，但他们感到这都不是他们要干的。老大顾军经过观察和向人请教，发现A市的建筑业发展很快，城市要建设，老百姓要造房子，所以建筑公司任务不少，但当时由于种种原因，建筑材料却常常短缺，因而建筑公司也失去了很多工程。顾军得知，建筑材料中水泥、黄沙都很短缺。他想到，在老家镇边上，他表舅开了家小水泥厂，生产出的水泥在当地还销不完，因而不得不减少生产。于是他与老二、老三商量决定做水泥生意。他们在A市找需要水泥的建筑队，讲好价，然后到老家租船借车把水泥运出来，去掉成本每袋水泥能净挣几元钱。利虽然不厚，但积少成多，一年下来他们挣了几万元。当时的中国"万元户"可是个令人羡慕的名称。当然这一年中，顾氏三兄弟也吃尽了苦，顾军一年里住了两次医院，一次是劳累过度晕在路边被人送进医院，一次是肝炎住院，医生的诊断是营养严重不良、抵抗力差而引发肝炎。虽然如此，看到一年下来的收获，顾氏三兄弟感到第一步走对了，决心继续走下去。他们又干了两年贩运水泥的活，那时他们已有了一定的经济实力，同时又结识了很多人，有了一张不错的关系网。顾军在贩运水泥中，看到改革开放后，A市都在大兴土木，建筑队的活忙得干不过来，他想家乡也有木工、泥瓦匠，何不把他们组织起来，建个工程队，到城里来闯天下呢？三兄弟一商量说干就干，没几个月一个工程队开进了城，当然水泥照样贩，这也算是两条腿走路了。

一晃15年过去了，当初贩运水泥起家的顾氏三兄弟，今天已是拥有几千万资产的宏远公司的老板了。公司现有一家贸易分公司、建筑装饰公司和一家房地产公司，有员工近300人。老大顾军当公司总经理，老二、老三做副总经理，并分兼下属公司的经理。顾军媳妇的叔叔任财务主管，表舅的大儿子任公司销售主管。总之，公司的主要职位都是家族里面的人担任，顾军具有绝对权威。

公司总经理顾军是顾氏兄弟中的老大，当初到A市时只有24岁，他在老家读完了小学，接着断断续续地花了6年时间才读完了初中，原因是家里穷，又遇上了水灾，两度休学，但他读书的决心很大，一旦条件许可，他就去上学，而且边读书边干农活。15年前，是他带着两个弟弟离开农村进城闯天下的。他为人真诚、好交朋友，又能吃苦耐劳，因此深得两位弟弟的敬重，只要他讲如何做，他们都会去拼命干。正是在他的带领下，宏远公司从无到有、从小到大。现在，在A市顾氏三兄弟的宏远公司已是大名鼎鼎了，特别是去年，顾军代表宏远公司一下子拿出50万元捐给省里的贫困县建希望小学后，民营企业家顾军的名声更是非同凡响了。但顾军心里明白，公司这几年日子也不太好过，特别是今年。建筑公司任务还可以，但由于成本上升创利已不能与前几年同日而语了，只能是维持，略有盈余。况且建筑市场竞争日益加剧，公司的前景难以预料。贸易公司能勉强维持已是上上大吉了，今年做了两笔大生意，挣了点钱，其余的生意均未成功，仓库里还积压了不少货无法出手，贸易公司日子不好过。房地产公司更是一年不如一年,当初开办房地产公司时,由于时机抓准了,两个楼盘着实赚了一大笔,这为公司的发展立了大功。可是好景不长,房地产市场疲软,生意越来越难做。好在顾总当机立断,微利或持平把积压的房屋作为动迁房基本脱手了,否则后果不堪设想,就是现在还积压着几十套房子把公司压得喘不过气来。

面对这些困难,顾总一直在想如何摆脱现在这种状况,如何发展,发展的机会也不是没有。上个月在淮海大学听讲座时,顾军认识了A市的一家国有大公司的老总,交谈中顾总得知,这家公司正在寻找在非洲销售他们公司当家产品小型柴油机的代理商,据说这种产品在非洲很有市场。这家公司的老总很想与宏远公司合作,利用民营企业的优势抢占非洲市场。顾军深感这是一次机会,但该如何把握呢?10月1日,顾总与市建委的一位处长在一起吃饭,这位老乡告诉他,市里规划从明年开始江海路拓宽工程,江海路在A市就像上海的南京路,两边均是商店。借着这一机会,很多大商店都想扩建商厦,但都苦于资金不够而未能实现。这位老乡问顾军,有没有兴趣进军江海路。如果想的话,他可以牵线搭桥。宏远公司的贸易公司早想进驻江海路了,但苦于没机会,现在机会来了,机会很诱人,但投入也不会少,该怎么办?随着改革开放的深入,住房分配制度将有一个根本性的变化,随着福利分房的结束,顾军想到房地产市场一定会逐步转暖。宏远公司的房地产公司已有一段时间没有正常运作了,现在是不是该动了?

总之,摆在宏远公司老板顾军面前的困难很多,但机会也不少,新的一年到底该干什么?怎么干?以后的5年、10年又该如何干?这些问题一直盘旋在顾总的脑海中。

根据以上材料分析以下问题:
1. 你如何评价宏远公司?如何评价顾总?
2. 宏远公司是否应制订短、中、长期计划?为什么?
3. 如果你是顾总,你该如何编制公司发展计划?

格里亨德运输公司的决策

人人都认为格里亨德运输公司遇到了麻烦。这家公司的利润少得可怜,需求却非常旺盛,但这家公司却没有资金安排空车或买新车和雇用司机来满足这些需求。

为了削减经营成本和提高顾客服务质量,格里亨德公司的高层领导一起制订了一个公司重组计划。根据该项计划,要大幅度减员,减少服务的线路和服务内容,而且从顾客订票到车次安排全部实行计算机管理。

但是,中层管理人员反对这项计划。很多中层管理者认为,大幅度减员会使本来很差的顾客服务变得更加糟糕。负责计算机项目的经理敦促引进新的计算机系统,以解决高度复杂的软件中所存在的一些小问题。

人力资源部门指出总站员工的受教育程度太低,连高中毕业的都为数不多。因此,为使他们能够有效地使用这个系统,必须对他们进行大规模的培训。总站经理警告说,格里亨德运输公司的乘客中许多是低收入者,他们没有信用卡或者电话,这样他们就无法接受公司计算机订票系统的服务。

面对这些分歧,公司高层采用了新的系统,他们强调说,他们研究得到的数据表明,新系统将改善顾客服务质量,使顾客买票更加方便,而且还可以为将来的特殊旅行预定位置。

灾难降临了，订票的电话剧增，但由于新的接线系统存在机械上的问题，很多电话根本打不进来。

许多顾客还是像往常一样，到总站直接买票上车，计算机仿佛陷入了泥潭，击一下键需要45秒，而打印一张车票则需要5分钟。这项系统经常瘫痪，售票员不得不经常用手来写票。顾客排着长队等候购买，看不到自己的行李，而且经常被迫在总站过夜。

人员减少，使得售票人员不得不穷于应付其并不熟悉的计算机系统，对顾客不礼貌的事情时有发生。乘坐公司车辆的顾客也急剧减少，竞争对手更是趁机抢夺那些对格里亨德公司不满意的顾客。

思考题：
1. 格里亨德公司管理者面临的是程序化决策还是非程序化决策？
2. 利用管理决策制定过程的6个步骤来分析格里亨德公司的案例。
3. 公司高层对6个步骤给予足够的重视了吗？如果你是该公司的管理者，你将怎么做，为什么？

第四章

组织职能

导入案例

阿里巴巴集团调整组织架构 成立 25 个事业部

2013 年 1 月 10 日下午消息,阿里巴巴宣布对集团现有业务架构和组织进行相应调整,成立 25 个事业部,具体事业部的业务发展将由各事业部总裁(总经理)负责。

阿里巴巴集团表示,此次调整的核心在于,确保以电子商务为驱动的新商业生态系统的全面形成以及适应互联网快速变革所带来的机遇和挑战,从战略到运营层面为阿里巴巴集团的健康、稳定和可持续发展提供保障。

上述事业部将会承担阿里集团内同类型业务整合、拓展的任务,打通子公司或事业群间的界限,使阿里的商业生态系统建设从上到下一以贯之。

随着业务架构的调整,阿里巴巴集团的原有业务决策和执行体系也在发生变化,新体系由战略决策委员会(由董事局负责)和战略管理执行委员会(由 CEO 负责)构成。集团战略管理执行委员会成员中的姜鹏、张勇、张宇、吴泳铭、张建锋、陆兆禧、王坚、叶朋、吴敏芝代表集团层面,分管相关联的业务事业部。

马云在随后向全体员工发出的信件中表示，本次组织变革的方向是把公司拆成"更多"小事业部运营，希望各事业部不局限于自己本身的利益和KPI，而以整体生态系统中各种群的健康发展为重，真正使生态系统更加市场化、平台化、数据化和物种多样化，最终实现"同一个生态，千万家公司"的社会商业生态系统。"我们希望组织结构松而不散，汇报给谁以及权力有多大不重要。"

2012年年初，阿里巴巴集团宣布，将进入为期三年的"修生养性"期。在此期间，阿里巴巴针对未来市场变化和产业升级所进行的各项调整均已在进行之中。

25个事业部具体分工如下：

（1）姜鹏（三丰）分管：共享业务事业部、商家业务事业部、阿里妈妈事业部（展示广告、P4P、淘客联盟）、一淘及搜索事业部。

（2）张勇（逍遥子）分管：天猫事业部、物流事业部（天网）、良无限事业部、航旅事业部。

（3）张宇（语嫣）分管：类目运营事业部、数字业务事业部、综合业务事业部、消费者门户事业部、互动业务事业部。

（4）吴泳铭（东邪）分管：无线事业部、旺旺与客户端事业部、音乐事业部。

（5）张建锋（行颠）分管：聚划算事业部、本地生活事业部。

（6）陆兆禧（铁木真）分管：数据平台事业部、信息平台事业部、云OS事业部。

（7）王坚分管：阿里云事业部。

（8）叶朋（傲天）分管：B2B中国事业部（CBU）。

（9）吴敏芝分管：B2B国际事业部、B2C国际事业部。

（来源于新浪科技：http://tech.sina.com.cn/i/2013-01-10/14337966786.shtml）

第一节　组织与组织结构

一、组织的含义

在管理学上，组织的含义可以从静态与动态两方面来理解。

（一）静态方面

组织是指组织结构，即反映人、职位、人物以及它们之间的特定关系的网络。这一网络可以把分工的范围、程度、相互之间的配合关系、各自的任务和职责等用部门和层次的方式确定下来，成为组织的框架体系，主要包括以下三层含义。

1. 组织作为一个整体具有共同的目标

共同的目标是组织内成员进行协作的必要前提。组织内每个成员的个人目标不同，如果成员只为实现自身目标而工作，组织内部将是一盘散沙。因此，需要让成员明白，个人目标的实现建立在组织共同目标实现的基础上，共同目标的实现，要靠组织成员的共同努力。

2. 组织必须有分工与协作

分工与协作是由组织目标限定的，也是实现目标的关键，进行合理的分工和良好的协作，才能产生一个完美的结果。

3. 组织要有不同层次的权力和责任

组织分工以后，要赋予每个部门以及员工相应的权力和责任，有权无责，导致权力滥用；有责无权，工作任务无法完成。所以，权力和责任是达成组织目标的必要保证。

（二）动态方面

组织是指维持与变革组织结构，实现组织目标的过程。也就是说，设计一种组织结构，并使其有效运转的过程。主要包括以下五层含义：

（1）组织机构设计，就是根据组织目标设计和建立一套组织机构和职位体系。

（2）确定职权关系，建立信息沟通渠道。

（3）人员配备，给组织结构中的职位配备适当的人员，并授予相应的权力。

（4）组织创新，根据组织内外环境的变化以及组织运作中存在的问题，及时进行组织结构调整和变革，推进组织发展，完善组织功能。

（5）建设组织文化，在一定的社会政治、经济、文化背景条件下，组织在生产与工作实践中所创造或逐步形成的价值观念、行为准则、作风和团体氛围的总和。通过组织文化建设，可以充分发挥组织的导向、凝聚、激励、约束和辐射功能，进一步促进组织职能的有效发挥。

二、组织结构

组织结构（Organizational Structure），是指对于组织中工作任务如何进行分工、分组和协调合作，表明组织各部分排列顺序、空间位置、聚散状态、联系方式以及各要素之间相互关系的一种模式，是整个管理系统的"框架"。组织结构是组织的全体成员为实现组织目标，在管理工作中进行分工协作，在职务范围、责任、权力方面所形成的结构体系。组织结构是组织在职、责、权方面的动态结构体系，其本质是为实现组织战略目标而采取的一种分工协作体系，组织结构必须随着组织的重大战略调整而调整。

（一）组织结构的影响因素

组织受到各种不同因素的影响，很难有一套简单的规则来确定组织结构和体系。组织结构只是一个骨架，有了这个骨架策略的血肉才能有所依附。虽然组织结构自身并不能确保策略的成功，但是选择不当的组织结构可能会妨碍策略的成功实施。因此，在确定组织结构时应考虑以下影响因素。

1. 企业战略目标

在计划组织结构时，必须确保形式上的结构不妨碍企业主要目标的实现，就是要对工作进行安排，使员工能够以最有效的方式工作。

2. 企业经营所处的环境

需要判断企业经营所处的环境是稳定的还是高度复杂且不断变化的。稳定的环境允许企业采用较为严格的、常规的组织结构，而不断变化和不确定性的环境就要求企业采用更为灵活的、可调整的组织结构。

3. 企业所采用的技术

批量化的生产技术通常需要企业采用更为集中的组织结构，当企业达到一定规模时，从上到下的控制就会变得非常困难,因此,要求企业采用分权式的组织结构。如果技术更多地掌握在分散化的人员手中,由于传递技术信息的成本很高,可能会采取更为分散的组织结构。

4. 企业的人员和文化

技能熟练的、独立的专业人员通常采用分权式的组织结构并要求取得自主权。

(二)组织结构的设计原则

组织所处的环境、采用的技术、制定的战略以及发展的规模不同,所需的职务和部门及其相互关系也不同,但任何组织在进行结构设计时,都需要遵守一些共同原则。

1. 目标一致原则

任何组织都具有特定的任务和目标,因此组织结构设计和组织形式的选择都必须有利于组织目标的实现。通过总体目标的层层展开,形成内部各级组织机构的目标或任务,让每一个人都能了解自己应完成的任务,这样建立起来的组织结构才是一个有机整体。这一原则还要求在组织设计中要以实施为中心,因事设机构、设职务、配人,做到人与事高度配合,避免出现因人设事、因人设职的现象。

2. 合理管理幅度原则

管理幅度是指领导者直接有效地管辖和指挥下属人员的数量。管理幅度的大小取决于多种因素,如领导者的知识、能力、经验、工作性质,生产的特点,下级的工作能力、工作性质和分权程度等。一般来说,在一定规模的组织中,管理幅度与管理层次成反比例,管理幅度越大,管理层次越少;管理幅度越小,管理层次就越多;管理幅度过宽,领导者管不过来;管理幅度过窄,则机构层次多,信息量损失大,指挥不及时,效率低。

3. 统一指挥原则

统一指挥是指每一级部门,都只能有一个高级行政主管,统一负责本级的全部工作,每个职位都必须有人负责,每个人都知道其直接上级是谁,直接下级是谁,并对直接上级负责,向下级传达行政命令。在现代组织中,成千上万人在一起工作,他们之间分工精细,只有统一指挥,才能使他们的步调协同起来。

4. 权责对等原则

职权是人员在一定职务范围内拥有的权力;职责是人员在一定职务范围内应尽的责任。尽责是设置职位的目的,而职权是尽责的条件,权责对等是组织内每一个层次的人员,都应负有明确的完成任务的责任,同时被授予能完成这一任务所必需的权力。贯彻权责对等原则,可以正确处理职责划分和授权问题,杜绝有责无权或有权无责的现象,使二者保持一致性。

5. 分工协作原则

分工就是按照提高管理专业化程度和工作效率的要求,划分职责范围。有分工就有协调,协调包括纵向协调和横向协调,由于分工容易产生"隧道视线",各部门经常站在自己的立场而不是从整体出发考虑问题,所以横向协调显得尤为重要。

6. 精干高效原则

精干高效是指在服从组织目标所决定的业务活动需要的前提下,力求减少管理层次,精简机构和人员，充分发挥组织成员的积极性，提高管理效率及工作效率，节约非生产性开支。组织机构的设置要从实际出发，使机构数目、规模和人员配备与其所承担的任务相适应，避免机构太多，人浮于事。即在保证完成企业目标任务的前提下，力求做到机构要精、用人要少、管理效率要高。

7. 集权分权原则

在处理上下管理层的关系时，要将集权（把必要的权力集中到上级）同分权（适当授权给下级）结合起来，取得集权与分权的平衡。

8. 执行与监督分开原则

在设置组织机构时，其执行性机构与监督性机构应当分开设置，以利于监督性机构的职能得到发挥。分开设置后的监督机构，既要执行监督职能，又要加强对被监督部门的服务职能。

管理故事

一颗牙齿的旅行

有一位牙科医生，第一次给病人拔牙时，非常紧张。他刚把牙齿拔下来，不料手一抖，没有夹住，牙齿掉进了病人的喉咙。

"非常抱歉，"牙科医生说，"你的病已不在我的职责范围之内，你应该去找喉科医生。"

当病人找到喉科医生时，他的牙齿掉得更深了。喉科医生给病人做了检查。

"非常抱歉，"喉科医生说，"你的病已不在我的职责范围之内，你应该去找胃病医生。"

胃病医生用 X 光为病人检查后说："非常抱歉，牙齿已掉到你的肠子里了，你应该去找肠病医生。"

肠病医生同样做了 X 光检查后说："非常抱歉，牙齿不在肠子里，它肯定掉到更深的地方了，你应该去找肛肠科医生。"

最后，病人趴在肛肠科医生的检查台上，摆出一个屁股朝天的姿势。肛肠科医生用内窥镜检查一番，然后吃惊地叫道："啊，天哪！你这里长了颗牙齿，应该去找牙科医生。"

管理启示：细化组织部门并没有错，但若一味地设立很多的部门，而没有有效的协调机制，就会出现相互推卸责任的现象。这是一个企业，特别是大企业最容易出现的致命弱点。

（资料来源：http://joke.qq.com/a/20031103/000008.htm）

三、组织结构设计的程序

（一）组织结构设计的时机

组织结构设计主要针对以下三种情况：一是新建组织结构需要进行组织结构设计；二是原有组织结构出现较大问题或组织目标发生重大变化；三是组织结构需要进行局部调整和完善。在这三种不同情况下，组织结构设计的基本程序是一致的。

（二）组织结构设计的程序

组织结构设计的程序如下。

(1) 要根据组织的宗旨、目标和主客观环境,确定组织结构设计的基本思路和原则。

(2) 根据企业目标设置各项经营与管理职能,明确关键职能,并把公司总的管理职能分解为具体管理业务与工作。

(3) 选择总体结构模式、设计与建立组织结构的基本框架。

(4) 要设计纵向与横向组织结构之间的联系与协调方式、信息沟通模式和控制手段,并建立完善的制度规范体系。至此,组织结构设计的主体过程完成。

(5) 要为组织结构运行配备相应的管理人员和工作人员,并进行人力资源管理。

(6) 反馈与修正,要在组织运行过程中,加强跟踪控制,适时进行修正,使其不断完善,如图4-1所示。

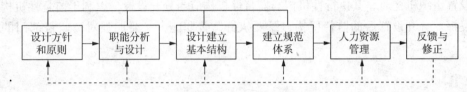

图4-1 组织结构设计程序

四、组织横向结构设计

组织横向结构设计主要解决管理与业务部门的划分问题,反映了组织中分工与合作关系。部门划分主要是指把工作和人员组成若干管理的单元并组建相应的机构或单位。部门划分的主要方法有以下几方面。

1. 按职能划分部门

按职能划分部门是把相同或类似的工作任务和职能组合在一起形成一个部门。或者说,把从事不同业务活动的人员组成不同的工作部门。这是一种被广泛采用的方法。一个能进行正常生产和经营活动的企业总会有以下业务人员:从事产品生产和设备维修的工人;负责采购、推销和做广告的人员;负责财务和会计工作的人员;负责运输和产品保管的人员;等等。把上述人员组成不同的工作部门,即生产部门、销售部门、财务部门和储运部门等。在大型企业中,每个职能部门又包含若干个亚职能单位。

2. 按产品划分部门

当组织生产的产品品种较多,且每种产品的产量又较大时,按产品种类的不同划分部门可能更为有利。一些企业倾向于生产和经营多种产品,以增加企业的市场竞争实力,而每种产品又有其特殊的工艺要求和生产流程,以及相应的市场和流通渠道。在这种情况下,原属一个部门负责的工作变得非常复杂,使各部门领导者不堪重负。于是,按产品划分部门,对某个产品或产品系列实行供—产—销一条龙的管理方法被提出来。这种划分部门的方法使部门领导具有对某个产品或产品系列供—产—销的各方面职权,并对企业利润承担相当程度的责任。

3. 按生产过程或设备划分部门

产品制造过程中的环节也可以成为划分部门的依据,如机械制造厂的铸造车间、机加工车间和组装车间等;纺织厂的棉花车间、纺纱车间、织布车间和印染车间等。按设备划分部门最常见的是机器制造业：将所有的车床安置在一起，组成车工车间；将所有的铣床车间安置在一起，组成铣工车间等。

4. 按地区划分部门

按地区划分部门最初是因为组织规模较大，经济活动的地理区域较宽广，而且交通和通信不便，把某个地区的业务工作集中起来由一个部门负责，便于管理。在交通和通信条件明显改善以后，这种划分部门的方法对于人员多且分散在广阔地区的企业，特别是全国性或国际性的大公司，仍然是适宜的。其原因有以下几点：

①各地区消费者的偏好和需求会因地方文化和风俗习惯的差异而有所不同，如果按地区设置部门，就可以使部门把注意力集中在所在地区的消费者身上，更准确地掌握消费者的要求，根据市场变化迅速做出有效的经营决策，采取相应的服务措施。

②在某些情况下，各部门所需要的人力资源和物质资源可以由当地提供，产品可地产地销，从而节约费用，提高效率。从部门所在地吸收工作人员还可以提高工作质量和经济效益。例如，来自当地的销售人员能更清楚地了解消费者的需求和市场的倾向，从而采取更适宜的服务方式和市场策略。

③按地区划分部门还有利于密切企业和地方政府、团体、公众的关系，赢得他们的支持，获得某些经济上的便利条件。各部门充分利用这些有利因素，可以获得经济方面的利益。

④按地区划分的部门可以用来培训高中层管理人员。因为在某个地区部门工作一段时间，可以使管理人员积累较全面的经验，这种锻炼机会对于他们将来的发展很可贵。

按地区划分部门也存在按产品划分部门相同的缺点，即需要增加职能机构和管理人员，其中包括具有综合管理能力的主管人员；原本集中在一个职能机构里完成的工作，现在分散来干，不可避免地会增加管理费用。

5. 按顾客划分部门

有些组织适宜按顾客群划分部门，以迎合不同客户各种特殊的和广泛的要求。按销售对象和服务对象划分部门也是专业化原则的体现。某些零售商店特设机关团体供应部、出国人员服务部、结婚用品部以及中老年服饰部等部门来满足不同顾客层的需要。火车站售票厅设团体购票部和军人购票部；邮电局设国际业务部和国内业务部，这也是根据顾客需求进行的部门划分。

五、组织纵向结构设计

组织纵向结构设计主要包括管理幅度与管理层次的合理确定。主要解决的是管理层次划分与职权分配问题，反映了组织中的领导隶属关系。在进行组织的纵向结构设计时，首先应根据企业的具体条件，正确规定管理幅度；其次，在这个量限内，考虑影响管理层次的其他因素，科学地确定管理层次；最后，在此基础上，进行职权配置，从而建立基本的纵向结构。

（一）管理幅度与管理层次

1. 管理幅度

管理幅度亦称管理跨度，是指组织的一名管理者直接管理下属人员的数量。合理的管理幅度有利于管理的控制和沟通，可以加快上情下达和下情上报的传递速度，便于管理者及时做出决策，也有利于下属贯彻上级的决策意图。

2. 管理层次

管理层次亦称组织层次，是指社会组织内部从高一级管理组织到低一级管理组织的各个组织等级。管理层次反映的是组织内部纵向分工关系，各个层次将负担不同的管理职能。管理实践表明，理想的管理层次有三个，即最高管理层、中间管理层和基层管理层。

3. 管理幅度与管理层次的关系

管理层次受到组织规模和管理幅度的影响。它与组织规模成正比：组织规模越大，包括的成员越多，则层次越多。在组织规模已定的条件下，它与管理幅度成反比：主管直接控制的下属越多，管理层次越少；相反，管理幅度减小，则管理层次增加。在管理幅度与管理层次关系方面，起主导作用的是管理幅度，即管理层次的多少取决于管理幅度的大小。

（二）管理幅度与管理层次设计

1. 管理幅度与管理层次设计

管理幅度的设计依据上下级关系的复杂程度。直接影响上下级关系复杂程度的因素有：管理工作性质，如复杂程度、相似性等；管理者自身的能力和素质高低；下级人员素质与职能性质；计划与控制的难度与有效性；信息沟通的难易与效率；组织的空间分布状况；组织的外部环境等方面。

管理层次设计主要的制约因素有：有效的管理幅度、纵向职能分工以及组织效率等。

2. 高层结构与扁平结构

在组织设计中，可能产生两种典型的组织机构。一是高层结构形式，即管理层次较多，管理幅度较小；二是扁平结构形式，管理层次较少，管理幅度较大。

（1）扁平结构的优缺点。优点：有利于缩短上下级距离，密切上下级关系，信息纵向流通快，管理费用低，而且由于管理幅度较大，被管理者有较大的自主性、积极性与满足感。同时，也有利于更好地选择和培训下层人员。缺点：由于不能严密监督下级，上下级协调较差，同级间相互沟通联络也较困难。

（2）高层结构的优缺点。优点：具有管理严密，分工明确，上下级易于协调的特点。缺点：管理层次多，使得管理人员和管理成本增加，上下级的意见沟通和交流受阻，信息"上传下达"不流畅甚至变形；由于管理严密，会影响下级人员的主动性和创造性。因此，一般来说，提高管理效率应尽量减少管理层次。

（三）职权设计

职权是组织正式赋予管理者的，能有效促使下属完成某一组织目标的权力。在组织结构设计中，随着任务和责任的分派，必须要进行职权的划分。这涉及职权的类型、授权及集权与分权。

1. 职权的类型

根据职权性质不同，可将职权分为三种，即直线职权、参谋职权和职能职权。

直线职权是组织中上级指挥下级工作的权力，在组织机构中，直线人员拥有包括发布命令及执行决策等权力，也就是通常所说的指挥权。参谋职权是参谋人员所拥有的辅助性职权，包括提供咨询、建议等。职能职权是指参谋人员或某部门的管理人员所拥有的由直线主管人员授予的部分权力,如经理授权给某职能管理者在某个问题上的指挥权。

尽管职权有不同类型,但各种职权的运用只有与组织目标的实现相一致,并发挥出有助于组织目标实现的作用时,才是有效的。任何职权都有一个相对的边际范围,它的有效性只能表现在一定的范围之内。

2. 集权与分权

集权意味着职权集中在较高的管理层次,分权则表示职权分散到整个组织中。当职权的授予与接受是在上下级之间进行时,授权就变成了分权。集权和分权是不同管理层次为共同目标而协调一致的结果。集权和分权是相对的,没有绝对的集权,也没有绝对的分权。在组织设计过程中,要考虑如何合理地确定集权与分权的程度以及哪些应集权,哪些应分权。

影响集权与分权的主要因素:

(1) 组织的规模。规模越大,要解决的问题就越多,为了防止反应迟钝,决策缓慢,就要把更多的决策权授予下级管理人员,形成较多的分权。

(2) 职责与决策的重要性。决策越重要,与此有关的权力越应集中在上层。

(3) 组织文化。分权的程度与该组织的创建过程有关。基本上是从内部发展起来的或独资创办的组织,常表现出明显的集权化倾向;合资或联合创办的组织则往往显示出分权化的倾向。另外,高层管理人员及组织中的员工所信奉的价值观对分权的程度有很大影响。

(4) 下级人员的责任。分权需要一大批素质良好的中层管理人员来授权。如果组织中缺少合格的管理人员,高层管理者就可能倾向于集权,依靠少数人来管理组织。

(5) 控制的需要。为了避免组织的瓦解,必须在分权的同时加强控制。防止在重大问题上失控,这常常是进行集权的理由或借口,因此,控制技术的改进,将有助于管理的分权化。

(6) 环境的影响。以上是组织内部因素,然而,影响集权与分权程度的还有一些外部因素。其中最重要的是政府对各类组织的控制程度。政府的众多规定使得许多事情必须要由高层管理人员直接处理,从而使分权受到一定限制。

3. 分权的主要途径

权力分散主要通过授权来实现,授权是指担任一定管理职务的领导在实际工作中,为充分利用专门人才的知识和技能,或出现新增业务的情况下,将部分解决问题、新增业务的权力委托给某个或某些下属。为使授权行为得到良好的效果,需要灵活掌握以下原则:

(1) 因事设人,视能授权。

授权的大小及范围应依据被授权者的才能和知识水平的高低而定。因此,授权前,必须仔细分析本单位工作任务的难易程度,以使职权授予最合适的人选。一旦授予下属职权而下属不能承担职责时,应明智地及时收回权力。

(2) 明确责任。

授权时,必须向被授权者明确所授事项的任务目标及权责范围,既有利于下属完成任务,也有利于避免下级推卸责任。

(3) 不可越级授权。

越级授权是上层管理者把本来属于中间管理层的权力直接授予基层领导。这样一来,会造成中间管理层工作上的被动,不利于发挥他们的积极性。所以,职权只能授予直接下属,不可越级授权。

(4) 授权要适度。

授予的职权应以所要完成的任务为度,既不可过度地授权,也不可授权不足。授权过度,等于放弃权力,造成工作无序,甚至失去控制;授权不足,往往使下属的权力过小,积极性受到挫折,达不到授权的效果。因此,授权必须适度。

第二节 组织结构的基本类型

组织的结构形式主要有直线制、职能制、直线职能制、事业部制、矩阵制、网络型组织等。其发展经历了一个由简单到复杂的发展和演变过程。

一、直线制组织结构

直线制形式是一种最古老的组织形式,最初被广泛应用于军事系统中。这种组织形式的突出特点是,企业的一切生产经营活动均由企业的各级主管人员直接指挥和管理,不设专门的参谋人员和机构,至多只有几名助理协助厂长(或经理)工作。企业日常生产经营任务的分配与运作,都是在厂长(或经理)的直接指挥下完成的,如图4-2所示。

图4-2 直线制组织结构

1. 优点

管理结构简单,管理费用低,指挥命令关系清晰、统一,决策迅速,责任明确,反应灵活,比较容易维护纪律和秩序。

2. 缺点

组织规模较大的情况下,由于所有的管理职能都集中由一人承担,往往会因为个人的知识及能力有限而难以深入、细致、周到地考虑所有管理问题,因此管理就比较简单粗放;此外,组织中的成员只注意上情下达和下情上达,每个部门只关心本部门的工作,因而部门间的横向联系与协调较差,难以在组织内部培养出全能型、熟悉组织情况的管理者。

3. 适用范围

一般来说,这种组织结构形式只适用于没有必要按职能实行专业化管理的小型组织,或者是现场的作业管理。

二、职能制组织结构

职能制组织结构采用专业分工的管理者代替直线制组织中的全能型管理者,即在总负责人下设立职能机构,把相应的管理职责和权力交给这些职能机构,各职能机构在自己业务范围内可以向下级单位下达命令和指示,直接指挥下级单位。因此,下级直线主管除了接受上级直线主管的领导外,还必须接受上级各职能部门在其专业领域的领导和指示,如图4-3所示。

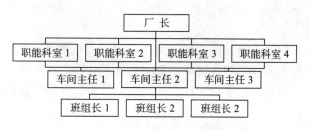

图 4-3　职能制组织结构

1. 优点

能够适应现代组织技术比较复杂和管理分工较细的特点，能够发挥职能机构的专业管理作用，因而有可能发挥专家的作用，减轻上层主管人员的负担。

2. 缺点

这种结构形式妨碍了组织中必要的集中领导和统一指挥，形成了多头领导；各部门容易过分强调本部门的重要性而忽视与其他部门的配合、忽视组织的整体目标；不利于明确划分直线人员和职能科室的职责权限，容易造成管理的混乱；加大了最高主管监督协调整个组织的要求。

3. 适用范围

这种组织结构比较适用于中小型组织。

三、直线职能制组织结构

直线职能制组织结构是对职能制的一种改进，是以直线制为基础，在各级行政领导之下，设置相应的职能部门。即在保持直线制组织统一指挥的原则下，增加参谋机构。它的特点是只有各级行政负责人具有对下级进行指挥和下达命令的权力，而各级职能机构只是作为行政负责人的参谋发挥作用，对下级只起到业务指导作用。有些职能结构（如人事、外事、财务等部门），只有当行政负责人授予他们直接向下级发布指示的权力时，才拥有一定程度的指挥职权，如图 4-4 所示。

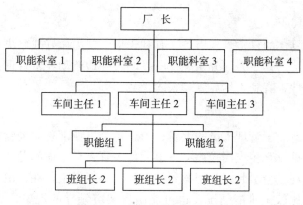

图 4-4　直线职能制组织结构

1. 优点

直线职能制综合了直线制和职能制的优点，既保证了集中统一指挥，又能发挥各种专家业务管理的作用。

2. 缺点

下级部门主动性和积极性的发挥受到限制；各部门自成体系，不重视信息的横向沟通，工作容易重复；当职能参谋部门和直线部门之间目标不一致时，容易产生矛盾，致使上层主管的协调工作量增大。另外，如果授予职能部门权力过大，容易干扰直线指挥命令系统。

3. 适用范围

这种组织结构形式对中、小型组织比较适用，但对于规模较大、决策时需要考虑较多因素的组织不太适用。该种形式在目前仍被我国大多数企业所采用。

四、事业部制组织结构

事业部制组织结构首创于20世纪20年代，最初是由美国通用汽车公司副总经理斯隆创立的，又称"斯隆模型"，由于是分权制组织形式，也称为"联邦分权化"。它是在公司总部下设多个事业部，各事业部有各自独立的产品市场、独立责任和利益，实行独立核算的一种分权管理组织结构。同时，事关大政方针、预算、人事任免等全局性问题的重大决策集中在总部，以保证企业的统一性。这种组织结构形式最突出的特点是"集中决策，分散经营"，即组织高层集中决策，事业部独立经营。这是在组织领导方式上由集权制向分权制转化的一种改革，如图4-5所示。

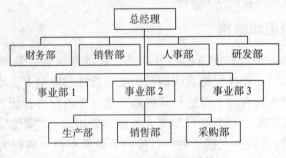

图4-5 事业部制组织结构

1. 优点

组织高层摆脱了具体的日常管理事务，有利于集中精力做好战略决策和长远规划；由于组织高层与事业部的责、权、力划分明确，所以能较好地调动经营管理人员的积极性，提高管理的灵活性和适应性，有利于培养管理人才。

2. 缺点

由于机构重复，造成了管理人员的浪费；由于各个事业部独立经营，各事业部之间要进行人员交换就比较困难，互相支援较差；各事业部主管人员考虑问题往往从本部门出发，各事业部间独立的经济利益会引起相互间激烈的竞争，可能发生内耗；由于分权易造成忽视整个组织的利益、协调比较困难的情况，也可能出现架空领导的现象，从而削弱对事业部的控制。

3. 适用范围

这种组织结构多适用于规模较大，产品种类较多，各种产品之间的工艺差别也较大，市场条件变化较快，要求适应性比较强的大型联合企业或跨国公司。

案例分析

南华仪器组织结构图

佛山市南华仪器有限公司成立于1996年，于2010年12月进行股份制改制更名为佛山市南华仪器股份有限公司，并于2015年1月23日在深圳证券交易所上市。现有产品包括机动车排放物检测仪器、机动车环保检测系统、机动车安全检测仪器及机动车安全检测系统，机动车安全检测系统包括各种计算机检测/管理网络控制系统软件。该系列产品已被全国三十一个省、市、自治区及部队的检测/维修机构选用；还广泛出口欧、美、亚等国家。企业是中国汽车保修设备行业协会副会长单位；企业及主导产品均取得国家计量部门相关认证和ISO9001质量认证，是目前国内自主拥有核心技术、制造全部检测线主体设备的专业化企业。其组织结构如下：

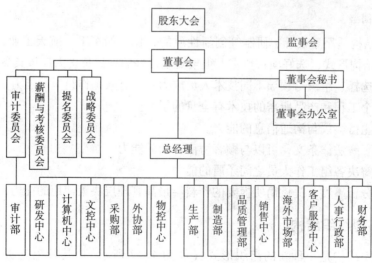

五、矩阵制组织结构

矩阵制组织结构是把按职能划分的部门和按产品（或项目，或服务等）划分的部门结合起来组成一个矩阵，使同一个员工既同原职能部门保持组织与业务的联系，又参加产品或项目小组的工作。为了保证完成一定的管理目标，每一个项目小组都设有负责人，在组织最高主管直接领导下进行工作。这种组织结构的特点是打破了传统的一个员工只有一个上司的统一命令原则,使一个员工属于两个甚至两个以上的部门,因此矩阵制组织结构又称为"非长期固定性组织",如图4-6所示。

1. 优点

加强了横向联系,克服了职能部门相互脱节、各自为政的现象,专业人员和专用设备能够得到充分利用;具有较大的机动性,任务完成,组织即解散,各回到原来的部门;各行各业人员为了一个目标在同一个组织内共同工作可以互相启发、互相帮助、互得益彰,有利于人才的培养,克服"近亲繁殖";实现集权与分权优势的结合。

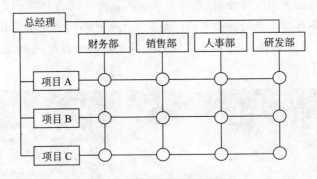

图4-6 矩阵制组织结构

2. 缺点

由于这种组织结构形式是实行纵向、横向联合的双重领导,如处理不当,会由于意见分歧而在工作中造成冲突和互相推诿;组织关系较为复杂,对项目负责人的要求较高。

3. 适用范围

这种组织结构适用于设计、研制等创新性质的工作。如军工、航天工业,高科技产业。采用这种组织结构形式,选好项目负责人很重要。良好的项目负责人应该具备以下条件:

(1) 具有选择、组织与领导不同技术人员成为一个有效工作组织的能力。
(2) 对整个工程和产品所需的技术有全盘的了解。
(3) 具有主持会议与沟通信息的能力。
(4) 具有了解法律条文,可以与顾客协商合约的能力。
(5) 具有解决各组工作人员之间矛盾的能力。
(6) 具有分析事物,提供简明扼要的资料给最高管理层决策使用的能力。

六、网络型组织结构

网络型组织结构是一种新的组织形式(如图4-7所示)。其特色是将企业内部各项工作(包括生产、销售、财务等),通过承包合同交给不同的专门企业去承担,总公司只保留为数有限的职员,其主要任务是制定政策及协调各承包公司的关系。这种组织结构可以使企业减少行政开支,具有较强的应变能力,缺点是总公司对各承包公司控制能力有限。

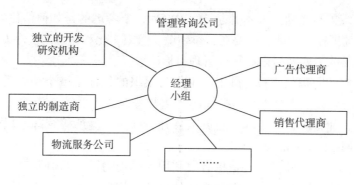

图 4-7 网络型组织结构

第三节 人力资源配置与管理

人力资源配置与管理是在建立组织机构的基础上，根据组织目标和任务对组织需要的人员进行正确选择、合理使用、科学考评和培训，以合适的人选去完成组织结构中规定的各项任务，从而保证整个组织目标和各项任务顺利完成的工作。

一、人力资源管理

（一）人力资源的内含义

通俗来讲，人力资源是指有正常智力，能从事体力或脑力劳动的人。人力资源既包含人的体力资源，也包含人的智力资源，同时含有数量和质量两个方面的特征。从实质上讲，人力资源是组织成员劳动能力的总和。

人力资源不同于物质资源，它是一种"活"资源，而物质资源是一种"死"资源。与物质资源和其他生物资源相比，人力资源具有生物性、能动性、时效性、产权归属个人、闲置中的消耗性、再生性、时代性和社会性等特点。

（二）人力资源管理

1. 人力资源管理的内涵

人力资源管理，实质上是对人的管理，是对组织中的人在生产活动中的管理。其通常涉及组织工作分析、人力资源规划、员工招聘与选拔、绩效考评与激励、员工培训与开发、薪酬福利和员工关系管理等内容。通过这些管理活动实现组织人力资源的有效配置、开发和利用，达到创造价值、获取利润的目标。

2. 人力资源管理的作用

（1）找到组织需要的人才。人力资源管理的首要目标是依据组织的业务性质、文化和价值观念，寻找符合组织要求的人才。

（2）有效整合人、财、物资源。找到合适的人选是人力资源管理的最初目标，人才引进后，还要考虑其如何与机器设备、原材料和生产线或服务柜台等的合理配置，以实现资源功能的有效互补，产生协同效果。另外，人才引进后，还需要进行"同化"，使他们在思想上、感情上和心理上认同组织，融入组织。

(3) 对人的维护与激励。人才引进与配置好后，要考虑的是如何留住人才、激励人才，让他们尽职尽责地工作。为此，需要在工作环境、组织文化和薪酬制度等方面营造留人、用人的软环境，实现员工"安居乐业"的管理目标。

(4) 管理过程的跟踪与调整。员工的工作与组织的目标是一个动态适应的过程。员工工作职责的确定与调整，考核内容、指标的变化与修改，需要人力资源管理部门提供"一揽子"的操作流程和管理制度，以实现员工晋升、调岗、奖惩等管理手段的落实，实现人力资源管理过程调控的目标。

(5) 人力资源的潜能开发。其是指有效利用人的能力的一系列活动，如依据员工兴趣爱好和技能特长，调整工作岗位或进行必要的专业培训等；另外，依据组织长远发展的需求，对员工进行职业生涯规划，帮助员工了解自己的特长和优点，使员工的长期发展方向符合组织的长期目标。

3. 人力资源管理的内容

人力资源管理是一项涉及识别人才、选拔人才、使用人才和管理人才的系统性工作，其具体内容主要包括：

(1) 人力资源规划。人力资源规划是人力资源管理的首项任务，即依据组织业务发展的蓝图制订用人的总体计划，既要保证人力资源管理活动与组织的战略方向和目标相一致，又要保证人力资源管理活动的各个环节互相协调，避免相互冲突；同时，需要考虑影响劳动力供求的有关因素，把市场竞争、同业挖角、员工流动和企业内部组织架构、业务流程的改变、整合等可变因素纳入人力资源规划的分析框架，使规划符合组织特点，满足中长期发展的需求。

(2) 岗位设计与岗位分析。岗位设计与岗位分析是人力资源管理中的一项重要工作，它通过对工作任务的分解，设计不同的工作岗位，并规定每个岗位的工作条件、工作要求和应承担的责任，确定胜任工作岗位应有的技能、知识与经验等，以确保各工作岗位职责清晰、工作描述规范、工作要求具体，在此基础上，配备与工作岗位任职资格要求相吻合的员工，达到企业人力资源与工作岗位合理配置的目的。

(3) 人员选聘。人员选聘是在企业完成人力资源规划工作的条件下展开的具体工作内容。组织人力资源规划对组织未来用人的数量和质量进行了具体的测算与评估。是否招聘、招聘多少、用什么标准等，这些具体工作都会以招聘计划的形式来体现。依据招聘计划，按照招聘流程，通过适当的途径，寻找符合工作要求的求职者，并以人事相宜的原则，将合适的求职者录用安排在一定的工作岗位上。

(4) 培训与发展。组织员工素质的提升、潜能的开发，是人力资源管理工作的重要内容。员工素质提升的方式主要采用在职培训。在职培训的特点是：以提高员工工作效率为目的，以提高员工工作技能为手段，培训项目、培训内容、培训评估和培训对象的选择与分类等都是围绕组织工作目标来设计、规划的。

(5) 绩效考评。绩效考评是人力资源管理的重要内容。具体涉及绩效考评体系的建立，如员工绩效考评目标的制定，阶段性沟通与反馈，依据考评结果进行奖惩和培训、辅导等。考评的目的主要是发现员工工作中存在的问题，进而指导员工的工作过程，提高员工的工作绩效。

(6) 薪酬福利管理。薪酬福利是组织支付给员工的物质报酬，表明组织对员工劳动价值的评价，也体现了员工个人在组织中的地位。因此，薪酬福利的支付，实质上是组织与员工之间的分配关系和交换关系。组织的薪酬福利管理涉及薪酬制度的设计、福利制度的设计、福利项目的管理等。

（7）员工关系管理。组织要长期健康地发展，关键是建立组织与员工共同发展的双赢机制，这就涉及组织与员工关系的协调问题。组织在追求自身目标的过程中，必须重视员工健康、人身安全和各种利益的协调，保障员工的合法权益，建立组织领导与基层员工之间良好的沟通渠道和信息反馈制度，建立具有人文关怀的组织文化，建立组织与员工共存共荣的牢固关系。

二、人员选聘

人员选聘是指组织及时寻找、吸引并鼓励符合要求的人，到本组织中任职和工作的过程。组织需要选聘员工可能基于以下几种情况：新设立一个组织；组织扩张；调整不合理的人员结构；员工因故离职而出现的职位空缺；等等。人员选聘是人力资源管理中很关键的一步，因为这一工作的好坏，直接影响组织人力资源的配置与组织工作的发展。

（一）人员选聘的原则

1. 多渠道的公开原则

就是把有关招聘活动的信息面向组织或社会进行公告。通过公平竞争达到广招人才的目的，同时使招聘工作置于社会监督之下，以防不正之风。

2. 竞争原则

就是通过竞争性考试来确定人员的优劣及取舍，通过激烈而公平的竞争，选拔优秀人才。这里需要注意两点：一要动员、吸引较多的人来报考；二要严格考核程序和手段，防止欺诈、舞弊等现象的发生。

3. 平等原则

就是指对所有报考者要一视同仁，不得人为地制造各种不平等条件（如性别歧视）和各种不平等的优先优惠政策。

4. 能级原则

人的能量有大小，本领有高低，工作有难易，要求有区别。招聘工作，不一定要选最优秀的，而应量才录用，做到人尽其才、用其所长、职得其人，这样才能持久、高效地发挥人力资源的作用。

5. 全面原则

指对报考人员从品德、知识、能力、智力、心理、工作经验和业绩等方面进行全面考察，因为一个人能否胜任一项工作以及他的发展前途如何，是由多方面因素决定的，特别是非智力因素有时会起到决定性作用。

6. 择优原则

择优是招聘的根本要求，只有坚持这个原则，才能选贤任能，为组织引进最合适的人员。为此，组织应采取科学的考试考核方法，精心比较，谨慎筛选。

7. 低成本的运行原则

在以效益为中心的组织中,招聘工作同样要讲求效率,以最低的资金消耗招聘到最合适的人才。

管理故事

威尔逊是假日酒店的创始人。一次,威尔逊和员工聚餐,有个员工拿起一个橘子直接就啃了下去。原来,那个员工高度近视,错把橘子当苹果了。为了掩饰尴尬,他只好装作不在意,强忍着咽了下去,惹得众人哄堂大笑。

第二天,威尔逊又邀请员工聚餐,而且菜肴和水果都和昨天一样。看到人都到齐了,威尔逊拿起一个橘子,像昨天那个员工一样,大口地咬下去。众人看了看,也跟着威尔逊一起吃起来。结果,大家发现这次的橘子和昨天的完全不同,是用其他食材做成的仿真橘子,味道又香又甜!大家正吃得高兴时,威尔逊忽然宣布:"从明天开始,安拉来当我的助理!"所有人都惊呆了,觉得老板的决定很突兀。

这时,威尔逊说:"昨天,大家看到有人误吃了橘子皮,安拉是唯一一个没有嘲笑他,反而送上一杯果汁的人。今天,看到我又在重复昨天的错误,他也是唯一没有跟着模仿的人。像这样对同事不落井下石,也不会盲目追随领导的人,不正是最好的助理人选吗?"

故事的哲理:

领导力关键体现在善于"识人"上,特别是在一些自然流露的细节中,能否细致观察每个人并发现真正的"人才"。

(二)人员选聘的工作程序

1. 编制招聘计划

人事部门应根据所要完成组织任务的需要,编制招聘计划。招聘计划包括招聘人数、条件要求(主要是文化水平、专业技术、实践经验、年龄、性别等)、招聘的人员组织、招聘工作的负责人、考核方式、经费预算、完成时间等。

2. 培训招聘人员

招聘人员自身的素质、能力、水平如何,决定着受聘者的质量。因为只有伯乐才能相出千里马。一般要求在招聘之前,对招聘人员进行政策、专业、招聘方法等方面的训练,使之能准确地掌握招聘标准和能力测试方法,正确地执行国家的劳动人事政策。

3. 确定招聘方式

常见的招聘方式有两种:一是定向招聘。即由招聘单位确定应聘对象,主动去招聘;二是社会公开招聘。公开招聘一般要发布招聘广告,做好宣传工作。定向招聘目标明确,但范围有限;公开招聘范围广,效果较好,但费用一般较高,费时较长。

4. 接待应聘者的来信、来访和报名

这是一项非常细致的工作。一要认真做好登记工作,二要尽可能地回答应聘者所询问的有关招聘方面的问题。

5. 测试

测试是保证招聘合格人员的重要工作。测试的方法可分为笔试和面试两种，无论招聘什么样的员工都应进行笔试和面试。从测试的内容来看，可分为能力测试、性格测试、水平测试、心理测试等。一般来说，管理人员的测试应以文化测试和能力测试的成绩为主，测试的方法应趋向科学。

6. 录取

在测试和其他方面考评的基础上，录取合格的人员，并签订聘用合同，确定聘用的期限、待遇、解聘的法律手续等。

7. 教育与培训

新员工加入组织后，应对他们进行专业或非专业的技术教育和培训，目的是使他们熟悉组织内部规章制度，尽快适应新的工作环境。

8. 试用与安置

试用的主要目的是检验新聘人员是否满足组织要求。安置是招聘过程的最后一项工作，应力求人适其职、人尽其才，使人与事的多种差异因素得到最佳配合。

9. 评估阶段

组织通过对招聘成本、录用人员的数量和质量、甄选测试方法的效果等进行评估，不断地改进招聘方式，使以后的招聘工作更为有效。

（三）人员选聘的途径

人员选聘的途径主要有组织外部招聘和组织内部提升两种。

1. 外部招聘

外部招聘是根据一定的标准和程序，从组织外部的众多候选人中选拔符合空缺职位工作要求的管理人员。

（1）外部招聘的优点：具备难得的外部竞争优势，所谓外部竞争优势是指被招聘者没有太多顾虑，可以放手工作；有利于平息并缓和内部竞争者之间的紧张关系；能够为组织输送新鲜血液——来自外部的候选人可以为组织带来新的管理方法和经验，他们没有太多的框框程序束缚，工作起来可以放开手脚，从而为组织带来更多的创新机会。

（2）外部招聘的缺点：外聘人员不熟悉组织的内部情况，同时也缺乏一定的人事基础，因此需要一段时期的适应才能进行有效的工作；组织对应聘者的情况不能深入了解；外聘人员的最大局限性莫过于对内部员工的打击。大多数员工都希望在组织中有不断发展的机会，都希望能够担任越来越重要的工作。如果组织经常从外部招聘人员，且形成制度和习惯，则会堵死内部员工的升迁之路，从而挫伤他们的工作积极性，影响士气。同时，有才华、有发展潜力的外部人才在了解到这种情况后也不敢应聘，因为一旦应聘，虽然在组织中工作的起点很高，但今后提升的希望却很小。由于这些局限性，许多成功的企业强调不应轻易地外聘人员，而主张采用内部培养和提升的方法。

2. 内部提升

内部提升是指组织成员的能力增强并得到充分的证实后，被委以需要承担更大责任的更高职务作为填补组织中由于发展或伤老病退而空缺的管理职务的主要方式。

（1）内部提升的优点：有利于调动员工的工作积极性，可以给每个员工带来希望和机会，同时也会带来示范效应；有利于被聘者迅速开展工作，所以可以了解组织运行特点，迅速地适应新的工作，工作起来要比外聘者显得更加得心应手，从而迅速打开局面。

（2）内部提升的缺点：可能会导致组织内部"近亲繁殖"现象的发生；可能会引起同事之间的矛盾，在若干个候选人中提升一名员工时，虽然可能提升士气，但也可能使其他旁落者产生不满情绪，这种情绪可能出于忌妒，也可能出于欠公平感觉，无论哪一种情况都不利于被提拔者展开工作及组织中人员的团结与合作。

3. 确定选聘途径的依据

确定从内部还是外部选聘管理者时，要考虑三方面因素。一是职务的性质。涉及对组织的发展具有重要意义的技术骨干与重要管理者应注意从组织外部招聘。而大部分一般性职务，则多从内部提升。二是企业经营状况。小型的、新建的及快速增长的企业，需要从外部招聘技术人员及有经验的管理者。而大型的、较成熟的企业因有经验、有才干的备选人才众多，则多半靠自己的力量。三是内部人员的素质。

4. 确定选聘途径应注意的几个问题

无论采用内升制还是实行外求制来选拔管理人员，都应注意以下几个问题：

（1）机会均等，公开、公平竞争。走上管理岗位是个人实现其价值的途径之一，组织在选任管理人员时，应机会均等，实行公平、公开的竞争。只有这样，才能将组织中最优秀的人才和组织外最理想的人选拔出来。如果带有偏见，教条地以资历、学历或其他标准来划线，就可能失去理想的人选。

（2）用人所长。俗话说，寸有所长、尺有所短，人无完人，可以说世界上没有一个全才。人的能力大小，是否全面都是相对的。组织对于备选对象，应同决策一样，以"满意"标准来衡量，要看到其长处，发挥其长处。否则，就永远难以选聘到理想的管理人员。

（3）大胆起用年轻人。在选任管理人员时，应大胆起用年轻人，即新陈代谢是自然规律，每一个人都会衰老、死亡，每一个管理职位上的人员都必然更替，及时地培养、起用年轻人是保证管理得以顺利进行、达到工作平衡要求的前提条件。

（4）帮助、指导，助其成长。

（四）人员选聘应注意的问题

（1）必须符合国家的人才流动政策。人员招聘必然引起劳动力流动，其流向是否合理直接关系着国家的经济建设，因此选聘的对象应符合国家的有关规定。

（2）选聘必须由熟悉人事工作，并懂专业技术的人员负责，选聘组织的高层管理人员时组织的最高领导人应出面面试。

（3）要充分利用市场条件和中介机构。通过市场中介机构招聘员工，相比较来说较节约费用。

（4）如果允许受聘人员来访，要做好受聘人员的接待工作。不希望受聘人员来访，应事先做出明确说明。

案例分析

太平洋集团董事长严介和的办公室处于公司大厦的10楼，他在每天上楼等电梯的时候，经常会碰到一些员工和他一起等电梯,就在这每天的等电梯时间里,他发现自己的员工一般分为三等。

第三等员工,他们往往是和老板一起上了电梯,自己按下自己要到达的楼层,比如 5 层,然后帮老总按下 10 层,等电梯先到达 5 层后,自己下去,电梯继续上行。

严介和认为,这种员工不知道老板的时间要比他重要,不会替老板着想,只顾自己,这样的人往往发展前途不乐观。

第二等员工,和老板一起上了电梯,自己明明要到达 5 层,但为了节省老板的时间,只按下 10 层,等到达 10 层后,看着老板下去,自己再按下 5 层。

严介和认为,这种员工知道为老板着想,但不会替自己考虑,不会表现自己,容易将自己埋没,因此,即使将来在事业上有所成就,也很难有大作为。

那么,看看第一等员工是怎么做的吧。他们和老板一起上了电梯后,自己明明要到达 5 层,但为了节省老总的时间,只按下 10 层,但当电梯过了 5 层,继续往 10 楼上行的时候,再按下 5 层,等到达 10 层,老总下去,自己随电梯往下走。

严介和认为,这种员工虽然比第二等员工仅多考虑了一点,但就是这一点就可以让自己脱颖而出,得到上司的赏识。这种员工既为老板考虑,也为自己着想,把自己的良苦用心及时地表现给自己的上司看,效果非常好,是他认为最有可能塑造为领导的人。

(http://www.chinahrd.net/article/2013/01-16/15711-1.html)

三、人员培训

(一) 人员培训及其意义

人员培训是指一定组织为开展业务及培育人才的需要,采用各种方式对员工进行有目的、有计划的培养和训练的管理活动。

培训是保持和提高组织职工队伍技术水平、思想水平的重要手段。人员培训是组织进行人力资源开发的主要途径。人力资源既是组织内最重要的资源,也是潜力最大的资源。能否把这部分资源的潜力挖掘出来,对完成组织的任务具有重要的意义。有计划、有组织地进行人才培养和员工培训,不仅可以保持他们的技术水平,而且有利于强化职工的归属感和认同感;使员工觉得组织看重他们,从而激发他们努力学习、积极工作的热情。当今社会,生产力不断发展,科学技术不断进步,文化知识飞速更新,无论什么组织,要想与时俱进,使自己的员工及时掌握新技术、新知识,必须切实抓好员工的培训工作。

(二) 人员培训的原则

1. 培训必须制度化

对员工的培训必须成为一种制度,不能凭头脑发热办事情。只有成为一种制度,培训才能自始至终。如在西方发达资本主义国家企业中,培训已成为一种制度,不经过上岗前培训,就不能上岗;对职工每隔一定时期(一般 2~3 年)都要进行一定时期的离职培训。培训制度化有利于培训的全员化和员工的严格考核。

2. 培训必须全员化

培训全员化是指对组织的全体成员进行培训。在有些组织领导人思想上存在着这样一种错误认识：似乎只有一般职工、下级管理人员才需要培训，高级管理人员是不需要培训的。其实不然，科学技术进步、知识更新对所有人的影响都是一样的。如在一个企业中，工程技术人员、管理人员要进行培训，而对厂长、经理、三总师的培训则更为重要。因为他们的水平如何，知识储备是否跟得上形势的发展，直接决定着企业的发展和存亡，所以，培训必须全员化。

3. 培训必须与实用相结合

组织的员工培训不是普通的教育，它是为组织的目标服务的。因此，培训必须紧密地联系组织的任务，不能让职工仅为文凭和学历去参加培训。培训的内容必须结合组织要完成的任务，如企业开展职工培训，必须结合企业的生产经营活动才是合理的。

4. 培训方式多样化

从实际出发，对有的员工企业可以送出去学习深造，有的则可在企业内部采用师傅带徒弟的办法开展。

（三）人员培训的方式及内容

1. 人员培训的方式

（1）企业内部培训方式。

①专题讲授。知识体系较系统，集中学习，信息量大，这是目前企业培训采用最多的一种培训方式，但这种培训方式类似于"填鸭式"教学，学员很难在短时间内全盘掌握学习内容，需要通过培训需求分析、培训管理、培训评估、培训效果落实等系统的工作来提升培训效果。

②角色情景演练。进入角色实施培训，身临其境，可亲身体验所处角色的特点，加深学习印象，提高培训主动性，有利于与实际工作进行很好的结合，但耗时较长，如果设计不合理，过程管理不当，培训效果也将大打折扣。此种培训方式可以独立进行，也可以与其他培训方式相结合。

③案例培训。通过案例讲解、分析，学习知识、方法等，增强分析问题解决问题的能力以及系统思考的能力。目前很多培训师在培训时，案例大多来源于企业外部，如能通过提炼企业内部典型案例进行的案例培训方式，这对于解决企业实际问题更具指导意义。通过案例培训，可达到统一企业理念、判断标准和行为流程，提升实战能力的效果。

④训练式培训。这种培训方式更适合一些技能方面的培训，如礼仪培训、公文写作、销售技巧等，学员亲身实践，印象深刻，在训练中掌握所学内容并有所提升。

⑤主题学习性工作会议。就企业某一阶段所关注的专题，召开专题学习会议，参会人员通过相互学习交流，得出学习成果或心得，统一认识，共同提升。

⑥工作现场即时性培训。即工作学习化，学习工作化，工作现场即培训现场，工作问题出现时或有提议时，在工作现场即时进行培训交流，集思广益、解决问题，是企业内部最有效的培训、学习方式，尤其对于解决问题、避免问题重复发生极为有效，目前不少企业普遍采用此种培训方式培训员工。

（2）企业外部培训方式。

①公开课。可开阔眼界，参训灵活性高，可增加与外界交流机会，适合不能在企业内进行集中培训的内容的学习。

②拓展训练。体验式培训,更适合于增强团队精神、锻炼个人意志、挑战自我等方面,学员参与度高。

③沙盘模拟。体验式培训,将实际的工作微观模拟在沙盘上,通过模拟,学习知识的同时,可系统锻炼工作中的思维方式和行为方式,对于解决实际工作中的相关问题有很好的效果,参与性强,弥补了成人学习的不足。

④脱产教育。通过阶段性的集中学习,可以更系统地掌握所学内容,在外界的学习环境中有利于缓解非短期的学习带来的压力。

（3）其他培训方式。

①e-learning。信息化带来的新型学习方式,可利用企业网络随时随地学习,灵活性大,时效性强,经济实惠。

②现场考察培训。参观优秀企业,借鉴优秀企业好的做法,"拿来主义"在某种程度上可使企业少走弯路,在感悟中学习,印象深刻。

③培训游戏。一般应用于其他培训方式中,通过游戏进行情景、感悟培训,寓教于乐,印象深刻。

④学员专题自修。对于企业内员工来说,根据业余时间安排自学,灵活性大,成本、投入少,可用于补充性学习、制度学习等方面。

2. 人员培训的内容

各级、各类人员的素质、能力要求不同,其培训的具体内容也是不同的。但培训的基本内容不外乎三个方面,即政治思想与职业道德教育;技术与业务知识;技术与业务能力。如果对管理者进行培训,那么技术与业务知识、技术与业务能力的培训中均应包括管理的理论与技能。

四、人员绩效考核

（一）人员考评的意义

1. 人员考评

所谓人员考核评价,是指按照一定的标准,采用科学的方法,衡量与评定人员完成岗位职责任务的能力与效果的管理活动。其目的是发掘与有效利用员工的能力,对员工给予公正的评价与待遇,包括奖惩与升迁等。

2. 人员考评的意义

考核有利于评价、监督和促进员工的工作,有明显的激励作用;为确定员工的劳动报酬与其他待遇提供科学依据;为个人认识自我、组织进行考核、促进员工的全面发展创造条件;有利于管理者了解下属,以便进行合理的岗位调整及职务晋升。

（二）人员考评的内容

对员工进行考核评价,主要从德、能、勤、绩和个性五个方面进行。

1. 德

即考核员工的思想政治表现与职业道德。特别是职业道德,对于企业的员工来说具有重要意义,其直接关系到员工的工作质量、为社会所做的贡献和对社会精神文明的影响等。

2. 能

即考核员工所从事的业务技术工作而相应具备的专业理论水平与实际能力。能力是做好工作的基本条件。在智力资本对组织贡献率越来越大的今天，对员工知识与能力的考核越来越重要。技能本身已成为员工价值与组织支付薪酬的重要依据。同时，技能考核也是员工胜任工作的重要依据。主要包括人员的基本业务能力、技术能力、管理能力与创新能力等。

3. 勤

即考核员工的工作积极性和工作态度，包括在工作中表现出来的热情与干劲。员工的工作态度对工作的成果与贡献也具有重要意义。

4. 绩

即考核员工在工作过程中的实际成绩和效果。对员工绩效的考核是确定其评价、奖酬、使用的最基本依据。主要包括员工所完成工作成果的数量、质量及实效等。

5. 个性

主要了解人员的性格、偏好、思维特点等。对员工个性的了解，有利于管理者更好地把握下属的特点，有针对性地、更富有成效地搞好管理。

（三）人员考评的基本要求

1. 必须坚持客观公正

考核最基本的目的是给予员工公正的评价与待遇。如果考核不能客观公正，也就失去了意义，不但起不到激励作用，反而可能起消极作用。所以，在考核过程中，最重要的是必须坚持客观公正的原则。

2. 要建立由正确的考核标准、科学的考核方法和公正的考核主体组成的考核体系

人员的考核是一项系统工程，必须建立科学的考核体系，这是实现有效考核的前提、基础和必要条件。

3. 要实行多层次、多渠道、全方位、制度化的考核

4. 要注意考核结果的正确运用

考核不是目的而是一种手段，考核的最大价值取决于考核结果的合理运用。考核的结果必须与被考核者见面，恰当地给予表扬与批评，以激励或鞭策被考核者。同时，考核结果必须同工资、工作安排与职务晋升等紧密挂钩。

（四）人员考评的程序

1. 制订考评计划

首先，必须制订周密的考评计划。要根据组织的基本要求和具体的考核目的，结合当时的实际情况，确定考核的目标、对象、程序、实施时间与日程、考核主体等，并明确相应的考核要求与事项。

2. 制定考评标准、设计考评方法、培训考评人员

应根据考评对象的工作性质与特点以及组织的实际情况科学地制定考评标准，灵活地选择与设计考评方法，积极全面地培训考评人员。

3. 收集信息、衡量工作

这是考评的具体实施阶段，是考评过程的主体。具体要求是：要深入实际，深入群众，获得真实准确的信息；要做好相关人员的思想工作，获得知情人的积极配合；要采用事先设计的科学考评方法客观公正地进行衡量；收集的信息要真实准确，并尽可能地实现量化。

4. 分析考核信息、做出综合评价

对收集到的信息要进行审核、提炼、科学分类、系统分析，正确地做出考评结论。

5. 考评结果的运用

考评结果要上报给上层管理者，并同被考核者见面。考评结果可以作为了解员工、激励工作、开发能力、奖酬发放、调整使用、晋职晋升等的依据。

（五）人员考评的方法

1. 等级评估法

等级评估法是绩效考核中常用的一种方法。根据工作分析，将被考核岗位的工作内容划分为相互独立的几个模块，在每个模块中用明确的语言描述完成该模块工作需要达到的工作标准。同时，将标准分为几个等级选项，如"优、良、合格、不合格"等，考核人根据被考核者的实际工作表现，对每个模块的完成情况进行评估。总成绩便为该员工的考核成绩。

2. 目标考核法

目标考核法是根据被考核者完成工作目标的情况进行考核的一种绩效考核方式。在开始工作之前，考核人和被考核者应该对需要完成的工作内容、时间期限、考核者标准达成一致。在时间期限结束时，考核人根据被考核者的工作状况及原先制定的考核标准来进行考核。目标考核法适合企业中试行目标管理的项目。

3. 序列比较法

序列比较法是对相同职务员工进行考核的一种方法。在考核之前，首先要确定考核的模块，但是不确定要达到的工作标准。将相同职务的所有员工在同一考核模块中进行比较，根据他们的工作状况排列顺序，工作较好的排名在前，工作较差的排名在后。最后，将每位员工的几个模块的排序数字相加，就是该员工的考核结果。总数越小，绩效考核成绩越好。

4. 相对比较法

相对比较法也是对相同职务员工进行考核的一种方法。它是对员工进行两两比较，任何两位员工都要进行一次比较。两名员工比较之后，工作较好的员工记"1"，工作较差的员工记"0"。所有的员工相互比较完后，将每个员工的成绩进行相加，总数越大，绩效考核的成绩越好。相对比较法每次比较的员工不宜过多，范围在5~10名即可。

5. 小组评价法

小组评价法是指由两名以上熟悉该员工工作的经理，组成评价小组进行绩效考核的方法。小组评价法的优点是操作简单，省时省力；缺点是容易使评价标准模糊，主观性强。为了提高小组评价的可靠性，在进行小组评价之前，应该向员工公布考核的内容、依据和标准。在评价结束后，要向员工讲明评价的结果。在使用小组评价法时，最好和员工个人评价相结合进行。当小组评价和个人评价结果差距较大时，为了防止考核偏差，评价小组成员应该首先了解员工的具体工作表现和工作业绩，然后再做出评价决定。

6. 重要事件法

考核人在平时注意收集被考核者的"重要事件"，这里的"重要事件"是指被考核者的优秀表现和不良表现，对这些表现要形成书面记录，但不包括普通的工作行为。根据这些书面记录进行整理和分析，最终形成考核结果。该考核方法一般不单独使用。

7. 评语法

评语法是指由考核人撰写一段评语来对被考核者进行评价的一种方法。评语的内容包括被考核者的工作业绩、工作表现、优缺点和需努力的方向。评语法在我国应用得非常广泛。由于该考核方法主观性强，最好不要单独使用。

8. 强制比例法

强制比例法可以有效地避免由于考核人的个人因素而产生的考核误差。根据正态分布原理，优秀的员工和不合格的员工的比例应该基本相同，大部分员工应该属于工作表现一般的员工。所以，在考核分布中，可以强制规定优秀人员的人数和不合格人员的人数。比如，优秀员工和不合格员工的比例均占20%，其他60%属于普通员工。强制比例法适合相同职务员工较多的情况。

9. 情境模拟法

情境模拟法是一种模拟工作考核方法。它要求员工在评价小组人员面前完成类似于实际工作中可能遇到的问题，评价小组根据完成的情况对被考核者的工作能力进行考核。它是一种针对工作潜力的一种考核方法。

10. 综合法

综合法，顾名思义就是将各类绩效考核的方法进行综合运用，以提高绩效考核结果的客观性和可信度。在实际工作中，很少有企业使用单独的一种考核方法来实施绩效考核工作。

11. 360度评价法

360度评价法是近年来人力资源管理常用的一种评价方法，也叫360度反馈法或多源评价法。其是指在一个组织中，通过所有了解和熟悉被评价者的人，即由同事、上级、下属、顾客以及其他部门人员作为评价者来评价员工绩效，然后对来自多方面的信息进行综合分析和判断，形成最终评价结果。

五、薪酬设计与管理

（一）薪酬及薪酬构成

薪酬是指雇员作为雇佣关系中的一方所得到的各种货币收入，以及各种具体的服务和福利之和。薪酬主要有四种形式，即基本工资、绩效工资、津贴和补贴、福利和服务。

1. 基本工资

基本工资是雇主支付给雇员完成工作的基本现金薪酬，反映工作或技能的价值，而不考虑员工之间的个体差异。在基本工资中，又具体分为基础工资、岗位工资、技能工资和工龄工资。基础工资是保障劳动者基本生活的部分，是平均水平的劳动力再生产的最低需要；岗位工资是员工履行了职务规定的基本职责后的酬金,担任什么职务,就确定什么工资标准,岗位工资的运行体现以岗定薪、岗变薪变的原则;技能工资是以员工掌握的技能为依据,根据员工在工作中使用知识的广度、深度和类型来确定的报酬;工龄工资也称为年功工资,其以工龄为主,结合考勤和工作业绩来确定,员工增加工龄一方面意味着积累了相应的工作经验,另一方面意味着对组织的忠诚。

2. 绩效工资(奖金)

绩效工资,是基本工资之外增加的薪酬,随着雇员业绩的变化而变化,是对过去工作行为和工作成绩的认可,亦为奖金。奖金的计算依据可以是员工"投入"工作的时间和精力,包括是否准时上下班、是否努力工作等;也可以是员工劳动的"产出"。一般而言,按员工劳动的最终成果发放奖金易于操作、激励性也更强。

3. 津贴和补贴

津贴是对在特殊劳动条件或环境中超额劳动的报酬。在我国,与工作相联系的称为津贴,与生活相联系的称为补贴。它与奖金的不同之处在于,津贴和补贴一般不与业绩挂钩,而是作为政策性的报酬。津贴的唯一依据是劳动者所处环境条件的优劣,而与劳动者的努力程度、技能、劳动成果无关。因此,它的主要功能在于"补偿"劳动者在特殊劳动条件下工作的不利特征。

4. 福利和服务

福利是除工资、奖金之外的一切物质待遇,它的涵盖范围一般是全体人员(少数福利除外),福利主要用来满足员工带有共同性或普遍性的消费需要,为解决员工个人或家庭难以解决的某些困难而设立的,良好的福利不仅能够提高员工的收入水平,更能增强组织的凝聚力。福利的内容包括:为减轻员工的家务劳动、方便生活并使其获得优惠服务而建立的福利设施,如食堂、托儿所、幼儿园、浴室、理发室、疗养院等;为满足员工的文化生活需要而建立的文化福利设施,如文化宫、俱乐部、图书馆、游艺厅、体育场、游泳池等;为满足员工的不同需要,减轻其生活负担而设立的福利补贴,如上下班交通费补贴、防暑降温费、洗理费、房租补贴、生活用品价格补贴、生活困难补助等;公费医疗和带薪休假等。

(二)薪酬设计的主要制约因素

1. 内部因素

(1)本单位的业务性质和内容。如果组织是传统型、劳动力密集型的,它的劳动力成本可能占总成本的比重很大;但若是高技术的、资本密集型的组织,劳动力成本占总成本的比重却不大。显然,这些组织的薪酬政策会有所不同。

(2)组织的经营状况和财政实力。一般来说,资金雄厚的大公司和赢利丰厚并且正处于发展上升期的企业,对员工付酬也较慷慨;反之,规模较小或不景气的企业,则不得不量入为出。

(3)组织的管理哲学和企业文化。企业文化是组织分配思想、价值观、目标追求、价值取向和制度的土壤。企业文化不同,必然导致观念和制度的不同,这些不同决定了组织的薪酬体系、分配机制的不同,进而间接地影响组织的薪酬水平。

2. 外部因素

(1)劳动力市场的供需关系与竞争状况。劳动力价格(薪酬)受供求关系影响,劳动力的供求关系失衡时,劳动力价格也会偏离其本身的价值:一般而言,供大于求时,劳动力价格会下降;供小于求时,劳动力价格会上升。

(2) 地区及行业的特点与惯例。这里的特点也包括基本观点、道德观与价值观,如受传统的"平均""稳定"至上观点的影响,使得拉开收入差距的措施不易被企业所接受。

(3) 当地生活水平。此因素从两层意义上影响组织的薪酬政策:一方面,生活水平高了,员工对个人生活期望也高了,无形中对组织造成一种偏高的薪酬标准的压力;另一方面,生活水平高也可能意味着物价指数持续上涨,为了保持员工生活水平不致恶化及购买力不致降低,组织也不得不定期向上适当调整薪酬水平。

(4) 国家的有关法令和法规。薪酬管理与法律法规和政策有着密切联系,法律、法规和政策是薪酬管理的依据,对组织的薪酬管理行为起着标准和准绳的作用,如最低工资制度、个人所得税制度等。

(三) 薪酬设计的基本原则

1. 对外具有竞争力原则

支付符合劳动力市场水平的薪酬,确保企业的薪酬水平与类似行业、企业的薪酬水平相当,虽然不一定完全相同,但是相差不宜太大,薪酬太低则使企业对人才失去吸引力。

2. 对内具有公正性原则

在企业内部,不同岗位的薪酬水平应当与这些岗位对企业的贡献相一致,否则会影响员工的工作积极性。薪酬设定应对岗不对人。

3. 对员工具有激励性原则

适当拉开员工之间的薪酬差距,这样一来,可以使业绩好的员工认为得到了鼓励,业绩差的员工认为值得去改进绩效,以获得更好的回报。

4. 对成本具有控制性原则

在实现前面三个基本原则的前提下,企业应当充分考虑自己的财务实力和实际的支付能力,根据企业的实际情况,对人工成本进行必要的控制。

(四) 薪酬设计的一般程序

薪酬设计一般经过以下几个程序,如图4-8所示。

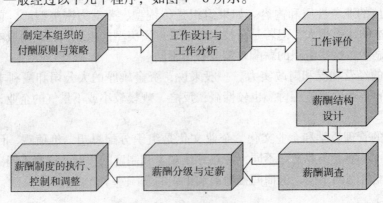

图4-8 薪酬设计的程序

1. 制定本组织的付酬原则与策略

这是由组织最高管理者的管理哲学及组织文化所决定的，包括对员工本性的认识，对员工总体价值的评价，对管理骨干及高级专业人才所起作用的估计等核心价值观；组织基本工资制度及分配原则；有关薪酬分配的政策和策略，如薪酬拉开差距的分寸、差距标准，薪酬、奖励、福利费用的分配比例等。

2. 工作设计与工作分析

工作设计是对工作进行周密的、有目的的计划安排，包括工作本身的结构设计、与工作有关的社会各方面因素的考虑以及对员工的影响。工作分析是全面收集工作信息的管理过程。工作设计和工作分析为明确工作分类、定岗定编，进而比较不同工作的相对价值大小奠定了基础。

3. 工作评价

这一阶段主要解决的是把组织内的不同岗位进行相对价值的排序，即内部公平性的解决，这也是薪酬设计的关键一环，有关工作评价的具体内容将在下文中详细说明。

4. 薪酬结构设计

薪酬结构是指一个组织机构中各项岗位的相对价值及其对应的实付薪酬之间保持着怎样的关系。这种关系和规律通常多以"薪酬结构线"来表示。

5. 薪酬调查

这一环节活动主要研究两个问题，即要调查什么；怎样去调查和做数据收集。

6. 薪酬分级和定薪

组织根据工作评价确定的薪酬结构线将众多类型的岗位薪酬归并合成若干等级，形成一个薪酬等级系列，从而确定组织内每一岗位具体的薪酬范围，保证员工个体的公平性。

7. 薪酬制度的执行、控制和调整

组织薪酬制度一经建立，如何投入正常运作并对之实行适当的控制与管理，使其发挥应有的功能，是一项长期而复杂的工作。

本章小结

组织是指人们为了达到共同目标，通过责权分配和层次结构所构成的一个完整的有机体。组织分为动态组织和静态组织。

组织设计是指设计清晰的组织机构，规划和设计组织中各部门的职责和职权，确定组织中各种职权的活动范围并编制职务说明书。组织结构的设计程序一般包括工作划分与工作专门化；工作归类与工作部门化；确定组织层次；实行授权，建立职权关系。设计内容包括横向结构设计和纵向结构设计。组织横向结构设计主要解决管理与业务部门的划分问题，反映了组织中分工与合作关系。组织纵向结构设计主要包括管理幅度与管理层次合理确定，主要解决的是管理层次划分与职权分配问题，反映了组织中的领导隶属关系。常见的组织结构形式主要有直线型组织结构、职能型组织结构、直线职能型组织结构、事业部制组织结构、矩阵制组织结构、事业部制组织结构以及网络型组织结构等。

人员的配置与管理是在组织结构建立后根据组织需要进行的一项工作，主要包括人力资源的规划、人员的选聘、人员的培训与适用、人员的考核以及薪酬设计等。

知识拓展一

中外商业银行组织结构

1. 花旗银行的组织结构模式

花旗银行的前身是纽约城市银行（City Bank of New York），成立于1812年。

历经两个世纪的潜心开拓后，花旗银行与旅行者集团在1998年合并成立了新公司"花旗集团"。目前，花旗集团已经成为全球最大的金融服务机构，为逾一百多个国家约二亿消费者、企业、政府及机构提供品种繁多的金融产品及服务，包括消费者银行和信贷、企业和投资银行、保险、证券经纪及资产管理服务。

（1）以客户为中心，采取纵横交叉的矩阵式组织结构。

2002年6月，花旗集团开始采用新的矩阵式结构进行重组，其中心内容是细分市场，进一步围绕客户寻求产品、地域之间的平衡；目标是向客户提供具有花旗特质的金融品牌，如具有全球影响力的"花旗银行"，确保在各区域市场上能够占据领先位置。从图1可以看到，花旗集团的全部业务被划分为三大板块：

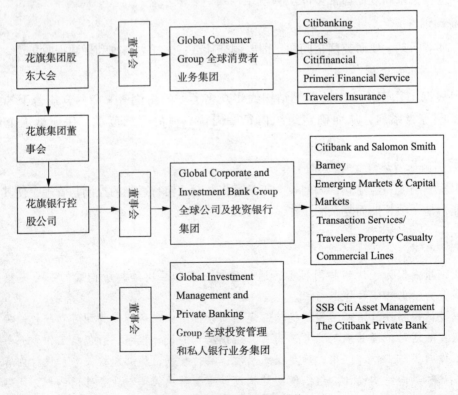

图1 "花旗银行"组织结构

花旗集团所有业务被进一步划分到全球几大区域：北美、亚太、拉美、中东、欧洲和非洲。以其全球消费者业务集团为例，其内部组织结构如图2所示，集团内部分设业务管理部门和职能管理部门,这种矩阵式结构由"纵轴"产品线和"横轴"职能部门组成,轴心是客户群。矩阵的"横轴"职能部门为团队提供有着不同从业背景的专业人员,"纵轴"上的品牌经理被赋予一定的权利,可以充分获取不同部门的全面信息,在避免了人力重叠、收集信息效率低下等问题后,能以较小的成本更加灵敏地对市场变化做出反应。通过这种线面结合的组织架构,既能保证在各地市场上品牌的理念得到较好的理解,从而全面推进具有统一"花旗品质"的产品;又能充分照顾到各区域市场的差异,形成其"国际化的本地银行"的优势。

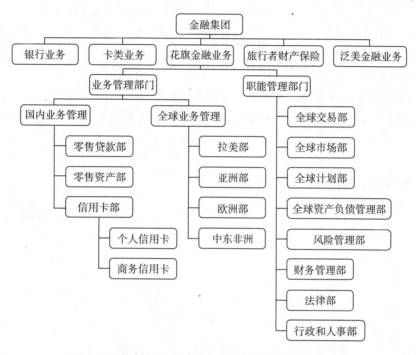

图2 "花旗银行"全球消费者业务集团内部组织结构

(2) 二维双重报告关系制。

地区分行的业务部门分管和职能部门分管必须同时向横向划分的集团区域国际主管和纵向划分的集团相应部门主管或业务线主管报告并负责,即将同一层面的专业化板块(各职能部门)和上下垂直领导关系(总分行)紧密结合,实行双重命令链,使员工同时接受双重领导,摒弃两者中任何一方可能存在的不足。

总行的业务部门在产品上拥有更多的话语权,区域主管则更多的是协调好产品进入该市场后的政策法规及文化差异等问题,以保证产品能很好地融入市场。

在以客户为中心的经营理念指导下"花旗银行"既强调垂直领导关系又十分重视横向的支持、协调、辅助和监督。一般而言,总行内部每一业务层面的负责人在重要业务或管理问题上须与首席执行官(CEO)直接沟通,及时汇报、听取指示;而后者也给予前者必要的支持和协助,有时甚至直接参与市场营销和公关协调各方面的关系。即使在分支机构,其主要负责人通常亦兼任主要业务板块的领导工作从而形成纵横之间的紧密结合,以增强团队的合力。此外,在业务发展过程中,有时客户会提出涉及不同业务线的产品或服务需求,这时银行根据需要,由不同板块的客户经理和产品经理临时组成客户关系经理小组共同为客户服务。这种团队作用的发挥一般也是通过纵横"双道命令系统"来实现的。其打破了条与条之间的阻隔，加强了各部门之间的协作配合，能在不增加机构和人员编制的前提下，将不同部门的专业人员集中在一起较好地解决急难问题，从而较好地解决业务创新中银行内部组织结构相对稳定和工作任务多变之间的矛盾。

2. 国有商业银行组织结构模式

历史的沿革

（1）1984—1994年的专业化改革阶段，组织结构带有很强的计划经济色彩。

总行、一级分行、二级分行是管理行，行使管理职能，在纵向机构上，按行政区域和级别设置机构，而不是依据市场、客户和效益划分。在横向上，按照业务、产品设置部门，一个部门只负责为客户提供一种服务或产品；经营体制上体现"三级管理、一级经营"；人力资源管理套用政府行政级别。

（2）1994—2003年的国有独资商业银行改革阶段。

在纵向结构上，国有商业银行组织结构研究实现了省级分行和所在市一级分行的"省市分行合并"，尝试进行省分行直接管理县级支行的直管模式，并撤销合并了大量网点。在横向结构安排上，业务部门的设置逐步向以客户为中心转变。

（3）2004年开始的国有银行股份制改造。

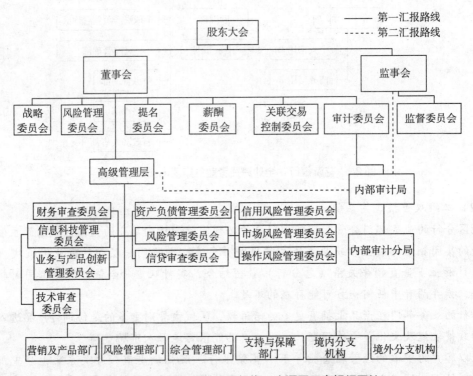

图3 中国工商银行股份治理机构（来源于工商银行网站）

知识拓展二

虚拟组织理论

孟席斯提出了一种虚拟的"新型组织模式"，用以"描述一个人或一家公司，通过数字链接——凭借一台计算机、一个调制解调器以及一个墙上或卫星接口上的插座，通过传送电子文件、联络专有软件公司以及电子汇款转账——在任何地点、任何时间建立一种虚拟存在的能力"。"远程工作"概念因"可以使人们能通过信息高速公路在世界任何地方办公"而著称（Menzies, 1998）。

所谓的虚拟公司被吹嘘成"21世纪占主导地位的世界工业秩序"，并且将组成"公司联盟，把正在开展研究、生产、开发以及在不同时段从事其他活动的各个不同公司的不同部分连结起来"。它们的"结合是通过电子实现的""创造出以项目为中心的合作，从而保证该项目的成功"。这样一家虚拟公司的人员构成"面向全球劳动力，因此，技术与人力资本可以自由组合，从而使公司能以最低的启动成本跃上信息高速公路"。这段描述似乎刚好体现了源自工业时代的概念："快速反应"能力和以"链接"为中心（Menzies, 1998）。这种新的组织结构似乎已把外购概念推向新的领域。

在全球化远程工作的基层，跨国公司在低工资国家招聘半熟练的数据录入人员和技术人员来编写计算机软件代码，并通过卫星数据传输与他们保持联系。这很容易被人称作"新殖民主义"。此外，服务中心、订购外包产品、顾客服务以及技术支持等功能也被重新安置到发达国家的低工资地区。

训练题

一、选择题

1. 动态组织的含义包括（　　）。
   A. 组织结构设计　　　　　　　B. 确定职权关系
   C. 人员配备　　　　　　　　　D. 组织创新

2. 组织结构的影响因素包括（　　）。
   A. 企业战略目标　　　　　　　B. 企业经营所处的环境
   C. 企业所采用的技术　　　　　D. 企业的人员和文化

3. 每一级部门，都只能有一个高级行政主管，统一负责本级的全部工作，每个职位都必须有人负责，每个人都知道他的直接上级是谁，直接下级是谁，并对直接上级负责，向下级传达行政命令。其反映了组织结构设计的（　　）原则。
   A. 目标一致原则　　　　　　　B. 合理管理幅度原则
   C. 统一指挥原则　　　　　　　D. 分工协作原则

4. 下列组织结构类型中，存在多头领导缺点的是（　　）。
   A. 职能制　　　B. 直线职能制　　　C. 矩阵制　　　D. 事业部制

5. 直线型组织结构的优点有（　　）。
   A. 结构比较简单　　　　　　　B. 责任和职权明确
   C. 做决定较容易和迅速　　　　D. 减轻了上层主管人员的负担

6. 事业部制组织结构适合于（　　）。
   A. 跨国公司　　　　　　　　　B. 跨地区的大公司
   C. 中型企业　　　　　　　　　D. 小型企业

7. 人力资源管理，实质上是对人的管理，是对组织中的人在生产活动中的管理。其通常涉及（　　）。
   A. 组织工作分析　　　　　　　B. 人力资源规划

C. 员工招聘与选拔 D. 绩效考评与激励等

8. 在招聘人才时，对报考人员从品德、知识、能力、智力、心理、工作经验和业绩等方面进行全面考察，反映了人员选聘的（   ）。
   A. 竞争原则 B. 公平原则
   C. 全面原则 D. 能级原则

9. 以下属于内部提升的缺点的是（   ）。
   A. 导致组织内部"近亲繁殖"现象
   B. 可能会引起同事之间的矛盾
   C. 进入工作状态慢
   D. 进入工作速度快

10. 人员考核的内容包括（   ）。
    A. 德 B. 能 C. 勤 D. 绩

11. 薪酬设计的基本原则有（   ）。
    A. 对外具有竞争力原则 B. 对内具有公正性原则
    C. 对员工具有激励性原则 D. 对成本具有控制性原则

12. 将各类绩效考核的方法进行综合运用，以提高绩效考核结果的客观性和可信性属于（   ）。
    A. 综合法 B. 评语法 C. 强制比例法 D. 目标考核法

二、简答题

1. 解释组织及组织结构的内涵。
2. 管理幅度和管理层次有何关系？影响管理幅度的因素有哪些？
3. 组织结构设计应遵循哪些原则？
4. 常见的组织结构的类型有哪些？其优缺点和适用范围是什么？
5. 人员选聘的渠道有哪些？各自的优缺点是什么？
6. 人员考核的主要内容有哪些？

三、案例分析

教授的建议

H市宇宙冰箱厂近年来有了很大的发展，该厂厂长周冰是个思维敏捷、有战略眼光的人，早在前几年"冰箱热"的风潮中，就已预见到今后几年中冰箱热会渐渐降温，变畅销为滞销，于是命该厂新产品开发部着手研制新产品，以保证企业能够长盛不衰。果然，不久冰箱市场急转直下，各大商场冰箱都存在着不同程度的积压。好在宇宙冰箱厂早已有所准备，立即将新研制生产出的小型冰柜投入市场，这种冰柜物美价廉且很实用，一问世便受到广大消费者的欢迎，宇宙冰箱厂不仅保住了原有的市场，而且又开拓了一些新市场。但是，近几个月来，该厂产品销售出现了一些问题，用户接二连三地退货，要求赔偿，严重影响了该厂产品的声誉。究其原因，原来主要出在生产上，主管生产的副厂长李英是半年前从H市二轻局调来的。她今年42岁，是个工作勤恳、兢兢业业的女同志，工作认真负责，口才好，有一定的社交能力，但对冰箱生产技术不太了解，组织生产能力欠缺，该厂生产常因所需零部件供应不上而停产，加之质量检验没有严格把关，尤其是外协件的质量常常不能保证，故产品接连出现问题，影响了宇宙冰箱厂的销售收入，原来较好的产品形象也有一定程度的破坏，这种状况如不及时改变，该厂几年来的努力将会付诸东流。周冰为此很伤脑筋，有心把李英撤换下去，但又觉为难，因为李英是市二轻局派来的干部，和上面联系密切，并且也没有犯什么错误，如硬要撤，搞不好会弄僵上下级之间的关系（因为该厂隶属于市二轻局主管）。不撤换吧，厂里的生产又抓不上去，长此以往，企业很可能会出现亏损局面。周冰想来想去不知如何是好，于是就去找该厂的咨询顾问某大学王教授商量，王教授听罢周冰的诉说，思忖一阵，对周冰说："你何不如此呢……"周冰听完，喜上眉梢，连声说："好办法、好办法"，于是便按王教授的意见回去组织实施。果然，不出两个月，宇宙冰箱厂又恢复了往日的生机。王教授到底如何给周冰出谋划策的呢？原来他建议该厂再设一生产指挥部，把李英升为副指挥长，另任命一懂生产、有能力的赵翔为生产指挥长主管生产，而让李英负责抓零部件、外协件的生产和供应，这样既没有得罪二轻局，又使企业对生产指挥的强化得到了保证，同时又充分利用了李、赵两位同志的特长，调动了二人的积极性，解决了一个两难的难题。

小刘是该厂新分来的大学生，他看到厂里近来的一系列变化，很是不解，于是就去问周冰："厂长，咱们厂已经有了生产科和技术科，为什么还要设置一个生产指挥部呢？这不是机构重复设置吗？我在学校里学过有关组织设置方面的知识，从理论上讲组织设置应该是因事设人，咱们厂怎么是因人设事，这是违背组织设置原则的呀！"周冰听完小刘一连串的提问后，拍拍他的肩膀说："小伙子，这你就不懂了，理论是理论，实践中并不见得都有效。"小刘听了，仍不明白，难道是书上讲错了吗？

根据以上资料分析以下问题：
1. 在企业中如何设置组织机构？到底应该"因事设人"还是"因人设事"？
2. 你认为王教授的建议是否合适？
3. 你认为应该如何看待小刘的提问？
4. 如果你是厂长，你将如何处理这个难题？

晓梅的困惑

春节期间，久未谋面的朋友晓梅找到记者，诉说了她的职场困惑。

研究生毕业后，她被一家外企录用。因文化背景的差异，让晓梅很不适应。看到在另一家企业工作的同学常常能够出国，几个月的时间就先后去了欧洲、美洲的多个国家，心里非常羡慕。实习期刚满晓梅就提出辞职，很快便更换了东家。

第一次辞职，晓梅还算是如意，新的单位也确实成全了她的出国梦想。但是很快，晓梅发现常常出国并没有想象得那么快乐。最为突出的是，本来就积蓄不多的钱袋空空如洗，国是出了，但只能是眼看着喜欢的商品却无力支付，心情很是郁闷。在每次的出国行程中，工作的时间与逛街的时间严重失调，有几次甚至是刚刚结束工作，就要赶往机场踏上返程。当时的心情真的是郁闷至极。

紧跟着，晓梅又换了东家，实现了自己比较高一些的收入的愿望，但是出国的机会没有了，工作环境也远远不如第一家企业。就这样，晓梅不断地换着工作，每次为了一个简单的目的，但往往是失去的更多。一路走下来，两年的时间里，晓梅竟然换了5次工作，"我现在都不知道自己为什么又要换工作了。每次熟悉了新的岗位我就想换工作,我不知道自己是不是得了什么病。"

根据以上资料回答下列问题:
1. 晓梅的病根在哪里?
2. 如果你是人力资源管理专家,你会给晓梅提些什么建议?

第五章

领导职能

导入案例

乔布斯的传奇，他是如何成就今天的苹果的？

14年前，苹果还处在破产的边缘，如今，它已成为全球最令人艳羡的科技公司。乔布斯在苹果起死回生再到腾飞的过程中起到了不可替代的作用。然而，人们更为关心的是，乔布斯究竟是如何做到这些的？

1. 与竞争对手合作

你能想象百事可乐与可口可乐合作的景象吗？当然不能。然而，苹果与微软这两个老冤家在1997年却建立了合作关系，这着实令人诧异。在苹果经历了12年的经营亏损后，乔布斯需要快速地为苹果注入新的资金。因此，他开始向比尔·盖茨寻求合作，盖茨最终向苹果投资了1.5亿美元。

2. 开发亮丽性感的产品

作为一名伟大的推销员，乔布斯深知产品外观美感的重要性，也意识到苹果产品已经过时。乔布斯在1998年苹果的一次会议中表示，"你知道公司现在的问题是什么吗？公司的产品外观非常糟糕，没有一点性感美学元素在里面"。如今，苹果开发的产品个个性感十足。

3. 变革原始的商业规划，树立新的发展蓝图

苹果最初只是一家生产计算机的公司，乔布斯知道如果公司要想取得真正的成功，就必须改变这种单一性。后来，苹果 MP3、iPhone、iPad 等相继问世，取得了巨大成功。乔布斯也于 2007 年将公司的名字从 Apple Computer Inc. 改为 Apple Inc.，这象征了公司更新、更广阔的发展蓝图。

4. 开创新的解决方案，逾越看似不可逾越的障碍

过去很长一段时间，很多销售商都没有足够重视苹果产品。那么，乔布斯是如果解决这个问题的呢？他开创了苹果商店。现在苹果商店已经遍布全球，成为该领域的佼佼者。

5. 主动告诉消费者他们需要什么，不能消极地等待消费者的信息回馈

乔布斯一向采用的方式是，在消费者知道自己需要什么之前告诉他们需要什么。苹果有能力使用户购买他们曾经认为不需要的产品。

6. 连点成面

苹果推出的产品不仅极具创新性，而且不同的产品之间还能够有机融合。iPad 和 iTune 是完美组合，iPad 和 iPhone 在应用店中也是彼此呼应。乔布斯曾经说过，"创新就是将不同的事物有机地连接起来，连点成面，形成合力。"

7. 员工雇用标准不能千篇一律

不是只有常春藤的毕业生才能经营公司。乔布斯曾经就说，"苹果曾经开发的 Macintosh 计算机之所以能取得巨大的成功，是因为计算机开发人员的多样性，有音乐家、诗人，也有艺术家和历史学家，他们最终成了世界上最出色的计算机专家。"

8. 鼓励他人以不同的方式思考

苹果在 20 世纪 90 年代末发起过一个以"Think Different"为主题的广告设计大赛，并取得了巨大成功，它激起了人们的创新发明意识，也正是这些造就了今天的苹果。

9. 使产品简单化

简单的用户体验才是王道。苹果的设计师 Jonathan Ives 曾说过，"无论我们开发什么产品，都会尽最大努力使产品变得简单易用，因为人们天生青睐简单易用的产品。"

10. 销售的是梦想，而不仅仅是产品

乔布斯总能给人这样一种感觉，用户购买的不是苹果产品本身，而是产品的象征意义。要记住，人们最关心的还是他们自己，所以要让产品与用户产品连接，这样的产品对用户就有不同的意义。

第一节 领　　导

一、领导概述

（一）领导的含义

领导是指管理者通过激励、沟通、指挥等手段，带领被领导者或追随者，实现组织目标的活动过程。其基本含义包括以下几方面。

1. 领导是影响并作用于下属的过程

领导者是指能够影响他人并拥有管理的职位权力、承担领导职责、开展领导工作的人。

领导是影响并作用下属的过程，因此，领导者一定要有领导的对象，如果没有被领导者，领导者将变成"光杆司令"，领导工作就失去意义，领导职能也就不复存在。在领导过程中，领导的基础是下属的追随与服从。

2. 领导实质是一种对他人的影响力

领导者拥有影响被领导者的能力或力量，既包括由组织赋予的职位权力，也包括领导者个人所具有的影响力。一个领导者如果一味地行使职权而忽视社会和情绪因素的影响力，就会使被领导者产生逃避或抵触行为。当一个领导者的权力不能使下属跟随领导者时，领导工作就是无效的。

3. 领导的手段主要有指挥、激励和沟通

（1）指挥是管理者凭借权力，直接命令或指导下属行事的行为。指挥的形式有部署、命令、指示、要求、指导、帮助等。指挥具有强制性、权威性、统一性等特点。指挥是管理者最常使用的领导手段，权力是其前提和条件。

（2）激励是指管理者通过作用于下属来激发其动机、推动其行为的过程。激励的具体形式包括能满足人的需要，特别是心理需要的种种手段。激励具有自觉自愿性、间接性和作用持久性等特点。激励是管理者调动下属积极性、增强群体凝聚力的基本手段。

（3）沟通是指管理者为有效开展工作而交换信息、交流感情、协调关系的过程。具体形式包括信息的传输、交换与反馈，人际交往与关系融通，说服与促进态度（行为）的改变等。这是管理者保证管理系统有效运转，提高整体效应的经常性手段。

4. 领导的目的是实现组织的目标

领导不能为了领导而领导，不能为了体现领导的权威而领导。领导的根本目的是影响下属为实现组织的目标而努力。

（二）领导与管理的联系及区别

1. 联系

从行为方式来看，两者都是一种在组织内部通过影响他人的协调活动，实现组织目标的过程。从权力的构成来看，两者都是组织层级的岗位设置的结果。

2. 区别

从本质上来看，管理是建立在合法的、有报酬的和强制性权力基础上的对下属命令的行为。而领导则既可以建立在合法的、有报酬的和强制权力基础上，也可以并且更多地建立在个人影响权和专长权以及模范作用的基础上。两者所担负的工作内容不同，具体区别见表5-1所示。

表5-1 管理和领导的区别

比较项目	领导	管理
确定目标的进程	指明方向、给出战略； 展现未来的远景与目标； 指出达到远景与目标的战略	编制计划与预算； 为达成目标，制订详细的步骤和计划进度； 为达到预期目标，进行资源分配

续表

比较项目	领导	管理
实现目标所需的人力和网络结构	指导人们同协作者沟通，指明方向、路线； 让人们更好地理解目标、战略及实现目标后的效益； 指引人们根据需要组建工作组、建立合作伙伴关系	组织和配备人员； 组建所需组织结构及配备人员； 规定权责关系； 制定具体政策和规程指导行动； 建立系统和方法监督完工状况
执行	鼓动和激励克服改革中的障碍； 鼓动在初具条件的情况下，努力克服人力与资源的不足，实现改革	控制和解决问题； 通过具体详细的计划监督进程和结果
结果	取得较大进展的改革； 具备进一步改革，如用户期望的新产品的潜力	具有一定程度的预见并建立良好的秩序； 得出各利益所有者如用户、股东期望的关键效果

知识拓展

将才与帅才的十二个差异

所谓将才，是指能够独当一面，为企业所重用，在自己的一亩三分地里能够做出不小成绩的人才。

所谓帅才，是指能够管理众多将才，管理一个企业或"系统"的方方面面，并经营得井井有条，最终做出大成绩的人才。

有的人向往做帅才，却只适合做将才；

有的人身在帅才之位，却不得志，回归将才则如鱼得水；

有的人不满足于做将才，身怀帅才之志不得施展而寡欢；

有的人不识将才与帅才之分，用人不当，谬误千里。

你是将才还是帅才？——将才与帅才之间存在十二个差异。

1. 执行力

将才肯吃苦耐劳，关键时候一个顶俩，毫不含糊；感兴趣的事情不遗余力地去做，甚至不计成本和个人得失；不感兴趣的事情则毫无成就感，工作起来不快乐。帅才善于分解任务，并留置余地以防止突发事件；帅才对于执行力的理解重点在于控制能力。

2. 管理水平

将才对于下属的管理颇有师傅带徒弟的味道，往往言传身教，希望下属严格按照自己的章法来操作；不善于处理管理中的矛盾。帅才崇尚现代管理理论的应用，倡导提升下属的学习能力，以提高企业整体的管理水平；善于处理管理中的矛盾。

3. 沟通能力

将才，酒逢知己千杯少，话不投机半句多。帅才，沟通能力强是帅才的基本功，见人说人话，见鬼说鬼话，适应能力强。

4. 性格

将才，要么内向，要么外向，为人处世直接洒脱，不拖泥带水。帅才，比内向人外向，比外向人内向，为人处世中庸之道，不温不火。

5. 理想

将才的理想在于把自己擅长的事情做到极致，追求NO.1。帅才的理想在于把擅长、不擅长的事情都做到圆满，追求更高、更快、更强。

6. 价值观

将才希望自己做的事情少而精，追求单项工作的完美，并善于享受其中的乐趣。帅才的价值观在于带领一个团队从一个成功走向另一个成功，并善于享受决胜千里之外的快感。

7. 亲和力

将才在接触初期感觉不到亲和力，时间长了会发现很好相处。帅才的亲和力无处不在，是形象的标志，时间长了却发现伴君如伴虎。

8. 家庭观

将才怕老婆的居多，无论在外面有多风光，到点必须老老实实回家。帅才的家庭时间非常有限，基本上不会是一个称职的家庭角色；不过一年也会给家庭一两次惊喜。

9. 学习力

将才对领域范围内的事情兴趣浓厚，研究颇深，不断学习，工作起来事半功倍。帅才涉猎范围广泛，讲究学习方法，注重管理和营销方面的综合学习，特别善于从网络中学习。

10. 左右脑

将才左脑居多，体现在语词思维、逻辑、理性、分析、数字；帅才右脑居多，体现在表象思维、形象、感性、描述、模拟。

11. 休闲娱乐

将才的休闲娱乐一般是卡拉OK、网络游戏、小发明创造、全家逛超市；帅才的休闲娱乐一般是咖啡厅、网球场、各类小型聚会、全家去度假。

12. 最后的忠告

将才，不要过于满足自己的生活，这往往是事业危险的信号；帅才，不要太过于思考明天、后天和大后天的变数，这往往是健康危险的信号。

二、领导的作用

1. 带领组织成员共同实现组织目标

领导工作的一个重要作用就在于引导组织中的全体人员有效地理解和领会组织目标，协调组织成员的关系和活动，使组织成员充满信心、步调一致地朝着共同的目标前进。

2. 指挥作用

在组织活动中，需要有高瞻远瞩、运筹帷幄的领导者，帮助组织成员认清所处的环境和形势，指明组织活动的目标和达到目标的途径。领导者通过激励、沟通、指挥指导活动，推动组织成员最大限度地实现组织的目标。在整个活动中,要求领导者作为带头人来引导组织成员前进,鼓舞组织成员去奋力实现组织的目标。只有这样,才能真正发挥指挥的作用。

3. 有利于调动组织成员的积极性

从事社会活动的人是具有不同的需求、欲望和态度的。人的身上蕴藏着任何一个组织所需要的生产力。领导就可以诱发这一力量,通过领导工作就能够调动组织中每个组织成员的积极性、主动性和创造性,使其以高昂的士气自觉、自动地为组织做出贡献。

4. 有利于个人目标与组织目标趋于统一

人们的个人目标有很多,并且也不统一,有的是为了获得高收入,有的是为了名望,有的是为了工作的挑战性,有的是为了得到上级领导的认可与肯定,还有的是为了实现自我价值等,不一而足。一旦他们加入某个组织工作时,就会想方设法地努力实现自己的个人目标。但是,个人目标与组织目标就不见得一致,长此以往,将不利于组织目标的实现。通过领导工作,就可以帮助他们认识个人对组织、对社会所承担的义务,让他们体察到个人与组织的密切关系,进而使他们主动地放弃一些不切实际的要求,自觉地服从于组织目标。所以,领导者也要创造一种环境,在实现组织目标的同时,在条件允许的情况下,满足个人的需求,使人们对组织产生自然的信赖和依赖的感情,从而为加速实现组织目标而做出努力。

管理故事

《后汉书》中有文记载刘邦和韩信的一次精彩的"论将":

刘邦问韩信:"像我这样的人,能领兵多少?"

韩信说:"陛下能领兵十万。"

"那您呢?"

"我是多多益善啊!"

"多多益善,那您为何被我所擒?"

"那是因为陛下虽不能领兵,却善用将的缘故。"

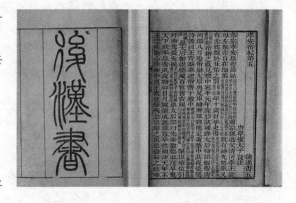

三、领导者的权力

(一) 影响权力的因素

领导影响并作用于下属的过程,如图5-1所示。

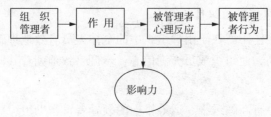

图5-1 领导的影响力

从图 5-1 可以看出管理者权力的形成及其大小，主要受以下因素影响。

1. 组织

组织的性质、领导者在组织中所占据的职位、组织授权的程度等。

2. 管理者

除组织因素以外，管理者自身的素质、风格及其领导行为也对权力产生很大的影响。

3. 被管理者

被管理者的素质、个性，特别是对领导的认可与服从程度，对管理者的权力也有很大的影响。

4. 其他因素

如工作的性质、环境等。

（二）组织授权分析

管理者的职权是组织为了实现组织目标，作为保证目标实现的必要条件授予占据一定职位的管理者的。因此，领导权力大小受到组织的影响，组织授权又受到以下因素影响。

1. 管理体制

组织实行不同的管理体制，对管理者授权会有很大差别。如企业管理体制规定了所有者对经营者的授权，高层管理者对中层管理者的授权等职权分配体系。

2. 职位

管理者由于占据职位的高低与责任的大小，获得的资格、授权和荣誉明显不同。

3. 组织授予的实际决定能力

即组织授予一个管理者在资源处置、活动决定、奖励等方面实际拥有的能力，这将更直接影响到被管理者的服从和追随。

（三）管理者权力构成分析

从管理者的角度进行分析，一个管理者究竟有没有权力，有多大权力，主要通过以下六种影响力（权力）进行分析，如图 5-2 所示。

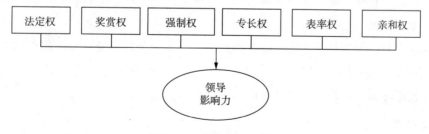

图 5-2 管理者权力构成

1. 法定权

法定权是指管理者由于占据职位，有了组织授权而拥有的影响力。被管理者会认为理所当然地要接受管理者的领导。

2. 奖赏权

奖赏权是指管理者由于能够决定对下属的奖赏而具有的影响力,其下级为了获得奖赏而追随或服从领导。

3. 强制权

强制权是指管理者由于能够决定对下属的惩罚而拥有的影响力。下级出于恐惧的心理而追随或服从领导。

4. 专长权

专长权是指管理者由于自身具有业务专长而拥有的影响力。下级会出于对管理者的信任与佩服而服从领导。

5. 表率权

表率权是指管理者率先垂范,由其表率作用而形成的影响力。下级会出于对管理者的敬佩而追随与服从领导。

6. 亲和权

亲和权是指管理者借助与部下的融洽和亲密关系而形成的影响力。下级愿意追随与服从和自己有密切关系的领导。

这六种影响力既是管理者权力的来源,又是管理者提高权威的途径。

(四) 被管理者追随与服从心理分析

管理者权力实现的过程是一个管理者将权力或影响力作用于被管理者的过程。管理者任何形式的作用效果——影响力,最终都是通过被管理者受到作用后的心理反应决定的。正是这种反应的性质和程度决定了管理者实质影响力的大小。

被管理者受到领导者的作用时,出现追随与服从的反应主要基于以下几种心理。

1. 对正统观念的认同

在长期社会生活实践中形成的正统观念,认可组织与组织的权威性,对上级服从。

2. 对利益的追随

如果对上级的追随与服从有利于被管理者获得奖酬等利益,下级就会追随与服从上级。

3. 基于恐惧心理

由于被管理者担心不服从上级可能受到处罚,处于趋利避害的心理,就会服从上级。

4. 理性服从

出于对管理者业务专长与决策的正确性的信任而服从与追随管理者。

5. 感情因素

当被管理者与管理者之间建立起融洽亲密的感情时,被管理者就会发自内心地愿意追随与服从上级。

6. 自我实现

如果管理者有利于被管理者自我需要的实现,被管理者会为了追求自我实现需要的满足而追随与服从管理者,如图 5-3 所示。

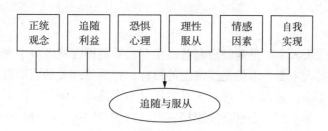

图5-3 被管理者的追随与服从心理

（五）管理者的权力形成机制模型

基于以上分析，将管理者的权力形成机制概括为一个模型。

（1）由于管理者占据组织中的一定职位或承担一定的任务，由其所在的组织授予其一定的人、财、物等资源的支配权与工作的决定权。这是管理者权力的基础与主体，是最主要的权力。

（2）除上述组织性影响力外，管理者的权力还来自于管理者自身。管理者的素质、水平、能力以及领导行为的公正性、决策的正确性等，都直接决定着管理者影响力的大小。其性质属于个人影响力，不受组织职位的影响。

（3）管理者的权力与权威，是以被管理者的追随与服从为前提的。一个管理者，获得了组织的正式授权，其自身拥有很高的职业素质，并获得其下属的认可、追随与服从，他就拥有权力与权威，如图5-4所示。

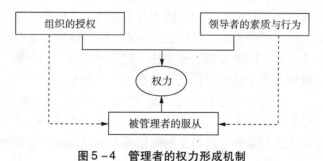

图5-4 管理者的权力形成机制

第二节 领导理论

一、人性假设理论

人是管理的主要对象，被领导者是影响领导效果的重要因素。因此，关于人性问题的研究从来都是领导者注意的中心问题之一。所谓人性假设理论，是指从分析人的表面行为和潜在的需要入手，概括出在一定时期适合大多数人情况的一般性模式，进而统一对人的看法和认识并以此作为管理理论研究的出发点和选择领导方式的指导思想。

在中国古代就已出现了人性观，如"人之初，性本善"。西方学者对人性假设也做了诸多研究。其中美国的心理学家和行为学家埃得加·谢恩把自管理理论产生以来出现的人性假设归纳为四种模式，即"经济人""社会人""自我实现人"和"复杂人"四种假设。

（一）经济人

经济人假设，认为人主要是为经济利益而生存的。英国古典经济学家亚当·斯密最早提出了这一假设，指出人主要追求的是经济上的目标，作为管理者的资本家，其本性是追求最大利润的经济人，而作为被管理者的工人其本性是追求最高工资的经济人，因而可通过经济刺激促使人们努力工作。社会心理学家麦格雷戈（D. M. McGregor）在1960年出版的《企业的人性方面》一书中将经济人假设归纳为X理论。

（1）人生来就厌恶工作，只要有可能就逃避工作。

（2）人生来就习惯于明哲保身，反对变革，把安全看得高于一切。

（3）人缺乏理性，容易受外界和他人的影响，并做出一些不合时宜的举动。

（4）人生来就以自我为中心，无组织的需要，所以对大多数人必须使用强迫、惩罚的办法，驱使他们工作，方可达到组织目标。

基于上述假设，管理者必须采取"命令与统一""权威与服从"的管理方式，把被管理者看成物件一样，忽视人的自身特征和精神需要，只满足他们的生理需要和安全需要，把金钱作为重要的激励手段，把惩罚作为有效的管理方式，采用软硬兼施的管理办法。传统的管理理论和方式之所以对人的管理不当，其根本原因就是对人的看法不正确，把人当作消极因素来对待，对人的本性做了片面的假设。

（二）社会人

社会人假设是人际关系理论的倡导者梅奥等人依据霍桑试验的材料提出来的。他们认为，古典经济学和古典管理学只把人看成经济人并不正确，工作条件和工资报酬等并不是影响劳动生产率的首要原因。影响人生产积极性的因素，除了物质、金钱外，还有社会、心理方面的需求，即追求人与人之间的友情、安全感、归属感和受人尊重等。

根据这一理论，管理人员不能仅把目光局限在完成任务上，而应当注意对被管理者的关心、体贴、爱护和尊重，建立互相了解、团结融洽的人际关系和友好的感情；在进行奖励时，应当注意集体奖励，而不是单纯采取个人奖励；管理员的角色应从计划、组织、指引、监督变成上下级的中间人，经常要了解员工的感情并听取他们的意见和呼声。

（三）自我实现人

自我实现人假设，是以马斯洛的"需要层次理论"和阿吉瑞斯（Chris Argyris）的"不成熟—成熟理论"为基础提出的，麦格雷戈又提出了"Y理论"，其要点主要有以下几方面。

（1）人生来并不一定厌恶工作，要求工作是人的本能，在适当的条件下，人们能够承担责任，而且多数人愿意对工作负责任，并有创造才能和主动精神。

（2）人的需要有从低到高的各种层次，其最终目的是达到自我实现的需要，并寻求工作本身的意义。

（3）人们能够自我激励和自我控制，实现自治和独立，发展自己的能力和技术，以求在工作上有所成就。

（4）人所追求的需要与组织的需要并不矛盾，并非对组织的目标产生消极和抵触心理，在适当的条件下，个人会自动地调整自己的目标，使之与组织的目标相一致。

这种理论要求管理者重视被管理者的自身特点，把责任最大限度地交给下属，相信他们能自觉地完成任务。外部控制、操作、说服、奖罚，不是促使人们努力工作的唯一办法，应该采用启发、诱导、信任的方式对待每一位工作人员。Y理论强调人的主观因素，注意发挥人的主观能动性，适应于工业化社会经济发展的需要。

（四）复杂人

谢恩等人认为，经济人假设、社会人假设以及自我实现人假设各有自己的时代性，并适合于某些人和某种场合。但是，人有着复杂的动机，不能简单地进行归类，而且也不宜把所有的人都归为同一类型。因此，他们提出了复杂人假设。复杂人假设体现着一种权变思想，其基本要点有以下几方面：

（1）人的需要是多种多样的，而且会根据不同时期、不同生活条件和环境而改变。

（2）人在同一时间内会有多种需要和动机，这些需要和动机相互作用、相互结合，形成了一种错综复杂的动机模式。

（3）人在组织中生活可以产生新的需要和动机，在人生活的某一特定阶段和时期，其动机是由内部的需要和外部环境相互作用而形成的。

（4）一个人在不同的组织或同一组织的不同部门工作时会形成不同的动机。如个人在正式组织中郁郁寡欢，而在非正式组织中则有可能非常活跃。

（5）一个人是否感到满足或是表现出献身精神，取决于自身的动机及其与组织的关系。

（6）人的需要和能力是有差异的，对于不同的管理方式反映是不一样的，没有一套适合任何情况、任何人的普遍的管理方法。

根据这种假设，对不同的人和不同的情况应采取不同的管理方式。因此，一个成功的管理者必须是个好的诊断师，其必须对不同的人具有敏感的洞察力，针对个人的不同特点，对症下药。

二、领导理论

领导理论是研究领导本质与行为规律的科学，其发展经历了三个阶段。

第一阶段：性格理论阶段（20世纪初至30年代）。主要侧重于研究领导者的性格、素质等方面的特征。

第二阶段：行为理论阶段（20世纪40—60年代）。主要从领导者的领导行为风格和领导者应起的作用入手，将领导者分为不同的领导类型，分析各种类型的领导行为的特点、优缺点并进行相互比较。

第三阶段：权变理论阶段（20世纪70年代至今）。权变理论是一种对领导理论的动态研究，其主要特点是：认为领导的行为效果好不好，不仅取决于领导者本人的素质和能力，而且取决于被领导者以及环境等客观因素的影响。

（一）领导特性理论

1. 基本观点

领导特性理论是最古老的领导观点。该理论研究杰出的领导者的性格、能力和素质等特征，并试图确定能够造就伟大管理者的共同特性。

2. 研究成果

尽管一些杰出的领导者特性差异较大，很难确定出完全统一的、公认的共同特性，但理论研究仍然提出了一些反映有效领导者的特性：努力进取，成功领导者具有对成功的强烈欲望，勇于进取，奋斗不息；领导欲望，有强烈的权力欲望，在领导他人取得成功的过程中获得满足和自我激励；正直，领导者必须胸怀正义，言行一致，诚实可信；自信，面对挑战和困境，领导者必须充满信心，并能坚定其下属的信心；业务知识，高水平的领导者必须有很高的业务素质；能感知他人的需要和目标，这样才能更好地了解和掌控下属的心理需要，有针对性地满足下属需要，从而激励下属的积极性。

管理知识

唐僧凭什么是领导？

读《西游记》时总有一个疑问——唐僧那么无能，为什么孙悟空非要带着他去取经呢？如果孙悟空自己去取经，不就麻烦少多了吗？

那么，唐僧究竟有什么东西，是孙悟空所没有的呢？究竟是什么原因让唐僧成为领导，而孙悟空只是一个打工者呢？

这里主要从以下几方面进行分析。

1. "崇高信念"

第一个东西，唐僧有，而孙悟空没有的是"崇高信念"。唐僧在自己的崇高信念面前，丢掉性命都不会眨眼，而孙悟空就不会了，他能力很强，但是他没有坚定不移的信念，多次打退堂鼓。没有信念的人，就不能给别人以信心，就不能给别人以动力，遇到困难容易退缩。领导者都胆怯、退缩了，团队就会散掉。而信念不够崇高也不行，自私自利的信念，小富即安的信念，都会让别人离你而去。我们再对比一下水浒里的宋江，一个没有崇高信念的人，最后被招安了，他的最高理想就是这样，所以他就葬送了他的团队。

2. "仁德"

第二个东西，唐僧有，而孙悟空没有的是"仁德"。唐僧的仁德之心对妖怪都会怜悯性命，自然不会恶意算计自己的下属。唐僧虽然利用三个徒弟保护自己，但是又绝对没有恶意剥削他们的意思，而是带领他们一同努力，共同成长，一起成功。最后，唐僧的三个徒弟也都有了自己的成就。对比孙悟空，他的这种意识就差远了，他后来成了斗战胜佛，而他花果山的猴子们呢？还是一群猴子罢了。

日本有一家企业，把员工的父亲请到公司来和管理者座谈，企业老板对所有管理者说，当你们不知道该怎么对待自己的下属的时候，就回想一下今天，这些员工的父亲把孩子托付给你们，是希望你们可以教他们成长，带领他们成功。你们要想一想自己是否对得起这样的托付。

3. "人际关系"

第三个东西，唐僧有，而孙悟空没有的是"人际关系"。唐僧的前生就是释迦牟尼佛的弟子了，而孙悟空是天生地造的一个没有任何关系网络的石猴子，虽然也拜了一个师父，但是和师兄弟关系都不好，还被师父赶走了；和牛魔王拜把子，后来又闹翻了；和东海龙王是邻居，却抢了人家的东西；和二郎神等一些天官天将是同事，可是不给人家面子，后来还大闹天官踢了很多人的屁股。总之，孙悟空的人际关系处得不太好。

而唐僧就不同了。他见到神仙就磕头，没有任何仇家。他不仅是如来佛的弟子，还是唐王李世民的拜把兄弟。人神两界的高层关系他都有了，这样的人做老板，自然顺风顺水。

社会是由人构成的，这个地球如果没有了人，一切财富、物质就都没有任何意义了。人是这个世界上最本质的资源，是所有财富的创造者。一个老板，如果懂得对外创造人际关系资源，对内创造优质人才资源，那他一定是一个成功的老板。

（二）领导行为理论

在特性理论的研究过程中，人们逐渐认识到按照成功的领导的特性培养出来的人才不一定都能成为优秀的领导，于是从 20 世纪 50 年代起，有些学者转向研究领导者的个人行为。他们认为，领导的有效性主要取决于领导的行为方式和作风。他们注重考察成功的领导者做些什么、怎样做的，优秀领导者的行为与较差领导者的行为有无区别等，以试图找出获得有效性的行为模式。

1. 勒温（P. Lewin）的三种领导方式

德国社会学家勒温以权力定位为基本变量，通过各种试验，把领导者在领导过程中表现出来的极端的工作作风分为三种类型。

（1）专制型领导——权力定位于领导者个人手中。专制型的领导人实行独裁领导，把权力完全集中在自己手中。所有决策均由领导者做出，下级没有决策权，只能接受命令，领导者和下级进行接触和沟通。

（2）民主型领导——权力定位于群体。民主作风的领导人实行参与领导，权力交给群体，组织群体成员共同讨论工作计划、工作目标、工作内容和工作方法，鼓励他们积极表达自己的意见。民主型领导关心他人、尊重他人，把自己看作群体中的一员。

（3）放任型领导——权力定位于每个职工手中。放任型的领导人实行无政府管理，把权力放手交给每个群体成员。他既不想评价或参与管理活动，也不关心群体成员的需要和态度，一切尽可能放任群体自理。

放任型领导工作效率最低。他所领导的群体在工作中只达到了社交目标，而达不到工作目标。专制型的领导，虽然通过严格的管理，使群体达到了工作目标，但群体成员的消极态度和对抗情绪也在不断增长。民主型领导工作效率最高，他所领导的群体不仅达到了工作目标，而且达到了社交目标。

2. 领导行为连续统一体理论

该理论由美国管理学家坦南鲍姆和施密特于 1958 年提出，认为领导行为是包含了各种领导方式的连续统一体，是多种多样的，如表 5-2 所示。在专制型和民主型中间还有多种领导方式，究竟选择哪种无法定论，需领导者根据具体情况，考虑各种因素后而定。

表5-2 领导行为连续统一体图示

独裁：工作为重							关系为重：民主
领导者工作职权							下级享有的自由度
领导者自行决策并予以公布	领导者对下属"推销"其决策	领导者发表他的意见并征求有无疑问	领导者提出临时决策，接受修改意见	领导者提出问题，接受下属建议，再做决策	领导者提出限制条件，要求集体共同决策	领导者允许下属在允许的范围内自由活动

3. 领导行为四分图理论

1945年，美国俄亥俄州立大学进行了研究，试图找出领导的有效性与哪些行为因素有关。他们把领导行为进行了分类，概括为"抓组织"和"关心人"两种基本倾向。

"抓组织"以工作为中心，领导者注重其与工作群体的关系，既规定了他们自己的任务，也规定了下级的任务，包括进行组织设计、制订计划和程序、明确职责和关系、建立信息途径、确立工作目标等。而"关心人"则以人际关系为中心，注重建立领导者与被领导者之间的友谊、尊重和信任的关系，包括建立互相信任的气氛、尊重下级的意见、注意下属的感情、满足下属的需要等问题。研究者认为，"抓组织"和"关心人"这两种领导方式不应是相互矛盾、相互排斥的，而应是相互联系的。领导者的行为可以用两度空间的"四分图"来表示，如图5-5所示。

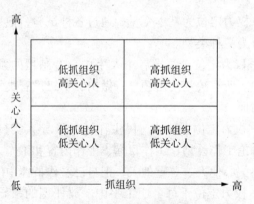

图5-5 四分图理论

（1）高抓组织、低关心人——最关心的是岗位工作，如计划作业、信息沟通等。

（2）低抓组织、高关心人——不大关心工作进展，只关心员工间的人际关系，对处世方面多能保持一种互尊互信的气氛。

（3）低抓组织、低关心人——既不关心工作也不关心人。

（4）高抓组织、高关心人——既关心工作也关心人。

该理论认为，一位"抓组织""关心人"两方面都高的领导人，其工作效率与领导有效性必然较高。

4. 管理方格理论

在俄亥俄州立大学领导行为"四分图"的基础上，布莱克（R·Blake）和莫顿（J·F·Mouton）于1964年就企业中的领导方式提出了管理方格图。图5-6所示是一张九等分的方格图，横坐标表示管理者对生产的关心程度，纵坐标表示管理者对人的关心程度。两条坐标轴各划分为从 1~9 的九个小格作为标尺。整个方格图共有 81 个小方格，每个小方格表示"关心生产"和"关心人"这两个基本倾向相结合的一个领导方式。

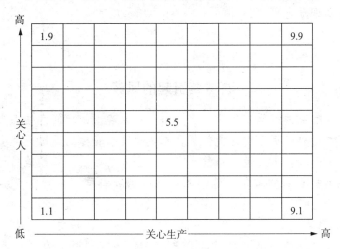

图 5-6　管理方格

布莱克和莫顿在管理方格中列出了五种典型的领导方式。

（1·1）型：贫乏型管理。对职工和生产几乎都不关心，他只以最小的努力来完成必须要做的工作。这种管理方式将导致失败，这是很少见的极端情况。

（9·1）型：任务型管理。领导集中注意于生产和作业的效率要求，注重计划、指导和控制职工的工作活动，以完成组织的生产目标。但不关心人的因素，很少注意职工们的发展和士气。

（1·9）型：俱乐部型管理。领导集中注意对职工的支持和体谅，注重职工的需要，努力创造一种舒适和睦的组织气氛和工作节奏，认为只要职工心情舒畅，生产就一定能好，但对规章制度、指挥监督和任务效率等很少关心。

（5·5）型：中间道路型管理。这种领导对人的关心程度和对生产的关心程度虽然都不高，但能保持平衡。一方面，比较注意管理者在计划、指挥和控制上的职责；另一方面，也比较重视对职工的引导鼓励，设法使他们的士气保持在必需的满意的水平上。但是，这种领导方式缺乏创新精神，只追求正常的效率和较满意的士气。

（9·9）型：团队型管理。对职工、对生产都极为关心，努力使职工个人的需要和组织的目标最有效地结合起来，注意使职工了解组织的目标，关心工作的成果，建立"命运共同体"的关系，利害与共。因此，职工关系协调，士气旺盛，会进行自我控制，生产任务完成得极好。

布莱克和莫顿认为，（9·9）型的领导方式是最有效的领导方式。组织的领导者应该客观地分析组织内外的各种情况，分析自己的领导方式，将自己的领导方式转化为（9·9）型，以求得最高的效率。

管理者在实际管理中应用管理方格理论，应特别注意以下几点：既要关心人，又要关心工作，两者均不可偏废，一般至少应该维持在基本满意的水平，即均要达到 5 以上；应根据不同的工作时期或阶段，针对不同的目标、任务，结合各种主客观条件，适当地强调某一因素，如将精力集中于工作或集中于人，在关心工作与关心人上保持一种动态并重或平衡，例如，在面临紧急任务时，管理者必须集中精力于工作；而在紧急任务完成后，可将主要精力转到做人的工作上；完全理想的（9·9）型在现实中很难达到，管理者只能以（5·5）为下限，各有侧重地实现动态平衡，并向（9·9）型努力。

管理故事

看球赛引起的风波

金工车间是该厂唯一进行倒班的车间。一个星期六晚上，车间主任去查岗。发现上二班的年轻人几乎都不在岗位。据了解，他们都去看电视现场直播的足球比赛去了。车间主任气坏了，在星期一的车间大会上，他一口气点了十几个人的名。没想到他的话音刚落，人群中不约而同地站起几个被点名的青年，他们不服气地、异口同声地说："主任，你调查了没有，我们并没有影响生产任务，而且……"主任没等几个青年把话说完，就严厉地警告说："我不管你们有什么理由，如果下次再发现谁脱岗去看电视，扣发当月的奖金。"

谁知，就在宣布"禁令"当周的晚上，车间主任去查岗时又发现，上二班的竟有6名不在岗。主任气得直跺脚，质问班长是怎么回事。班长无可奈何地掏出三张病假条和三张调休条，说："昨天都好好的，今天一上班都送来了。"说着，凑到主任身边劝道："主任，说真格的，其实我也是身在曹营心在汉，那球赛太精彩了，您只要灵活一下，看完了电视大家再补上时间，不是两全其美吗？上个星期的二班，为了看电视，星期五就把活提前干完了，您也不……"车间主任没等班长把话说完，扔掉还燃着的半截香烟，一声不吭地向车间对面还亮着灯的厂长办公室走去……

三、领导权变理论

权变领导理论认为，领导行为的有效性不单纯是领导者个人行为，某种领导方式在实际工作中是否有效主要取决于具体的情景和场合，因此，没有最好的领导模式，只有最合适的领导模式。菲德勒模型、情境理论、路径—目标理论和领导者—参与模型是权变领导理论的主要代表。

（一）菲德勒模型

弗雷德·菲德勒模型是第一个综合的领导权变模型。它认为良好的群体绩效只能通过以下两种途径取得：一是使管理者与管理环境相匹配；二是使工作环境与管理者相匹配。菲德勒模型将确定领导者风格的评估与情境分类联系起来，并将领导效果作为两者的函数进行预测。

1. 确定领导者风格

菲德勒认为，影响领导成功的关键因素之一是领导者的基本领导风格。为检测领导者的基本领导风格，他设计了最难共事者（LPC）问卷，通过问卷询问领导者对最不愿与自己合作的同事（LPC）的评价。如果回答者评价这位最难共事者大多用含敌意的词句（即在LPC问卷表上打"低分"），说明该领导者没有将同事的工作表现与人品好坏区分开来，因此，做出"低LPC分"型评价的领导者是趋向于任务导向型的领导方式。同样对自己认定的与之共事必带来不良绩效的最难共事者,如果对这个人的评价多使用善意的词句(即在 LPC 问卷表上打"高分"),则反映出该人的领导方式是趋向于关系导向型的,因为该领导人心中已清晰地认识到工作表现差的同事并不见得人品就不好。

2. 确定情境

在 LPC 问卷的基础上,菲德勒列出三个评价领导有效性的关键要素,即职位权力、任务结构和领导与成员的关系。

职位权力是指领导者所拥有的权力变量的影响程度。职位权力越大,群体成员遵从指导的程度越高,领导的环境也就越好;反之,则越差。

任务结构是指任务的明确程度和部下对这些任务的负责程度。如果这些任务越明确,而且部下责任心越强,则领导环境越好;反之,当任务是非结构性时,群体的角色越模糊,则领导环境就越差。

领导与成员的关系是指领导对于下属信任、信赖和尊重的程度。如果管理者与群体成员之间能够相互尊重、支持、信任、密切合作,则关系是好的。这种关系对于领导者的权力和工作有效性的影响最大,领导者可以通过非正式的方式来影响下属;相反,不被员工喜欢或信任的领导者,只能依靠命令才能完成群体任务。

3. 领导者与情境的匹配

菲德勒根据领导情境中的三个变量组合成八种不同的环境条件。

根据领导情境的八种分类和领导类型的两种分类(高 LPC 值的领导和低 LPC 值的领导),菲德勒对 1 200 个团体进行了抽样调查,得出了以下结论:领导环境决定了领导的方式。在环境较好的 1、2、3 和环境较差的 7、8 情形下,采用低 LPC 领导方式,即工作任务型的领导方式比较有效;在环境中等的 4、5、6 情形下,采用高 LPC 领导方式比较有效,即人际关系型的领导方式比较有效,如图 5-7 所示。

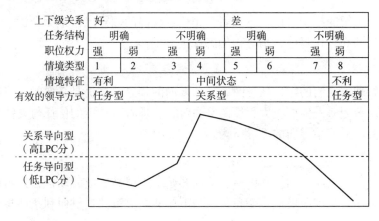

图 5-7 菲德勒领导权变模型

4. 菲德勒模型的发展

菲德勒和乔·葛西亚在原来的模型基础上进一步提出了认知资源理论。这一理论基于两个假设:第一,睿智而有才干的领导者相比德才平庸的领导者能制订更有效的计划、决策和活动策略;第二,领导者通过指导行为传达了他们的计划、决策和策略。在此基础上,菲德勒和葛西亚阐述了压力和认知资源(如经验、奖励、智力活动)对领导者有效性的重要影响。新理论包括三项发展：第一，在支持性、无压力的领导环境下，指导型行为只有与高智力相结合，才会导致高绩效水平；第二，在高压力环境下，工作经验与工作绩效之间呈正相关；第三，在领导者感到无压力的情况下，领导者的智力水平与群体绩效呈正相关。

（二）情境理论

另一个被广泛推崇的领导权变模型是保罗·赫塞和肯尼思·布兰查德开发的情境领导理论。该模型重视下属的权变因素，认为最有效的领导风格应随员工"成熟度"的变化而变化。根据情境理论模型，随着员工的成长，领导者与员工之间的关系要经历四个阶段。领导者要因此不断改变自己的领导风格，领导生命也随之呈现出周期性的变化，所以情境模型也被称为领导生命周期模型，如图5-8所示。

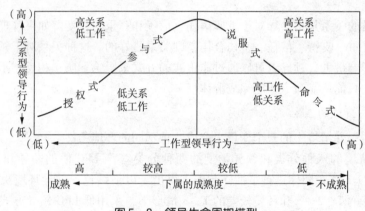

图5-8　领导生命周期模型

1. 命令式阶段

在员工进入组织的最初阶段，管理者采用任务导向的领导风格最为合适。管理者向员工讲明组织中的规则和运作程序，指导他们怎样进行工作。

2. 说服式阶段

在下属开始理解他们的工作任务时，任务导向的领导风格仍是必要的。当管理者对员工熟悉和信任后，希望激发他们更大程度的努力时，管理者对员工的信任与支持也在增加。这时，管理者需要加强关系导向的领导行为。

3. 参与式阶段

当员工的工作成熟度得到提高以后，他们开始产生更高的成就动机，开始积极寻求承担更大的责任。领导者应当积极地转变角色，与下属共同决策并提供便利条件与沟通。

4. 授权式阶段

当下属在心理和工作上的成熟度都得到极大提高时，领导者的任务就是授权，而不需要做太多事情。情境领导模型提供了一种动态的领导风格模型。事实上，今天的环境就是处于弹性、变化之中的，管理者只有不断地评估下属的工作和心理的成熟度，才能确定哪种领导风格的组合是最为适当的。

（三）路径—目标理论

路径—目标理论是由罗伯特·豪斯、马丁·伊文斯建立的领导权变模型。它是在俄亥俄州立大学的领导研究与激励的期望理论的基础上提出来的。路径—目标理论的基本观点是，领导者的工作实质是帮助下属达到他们的组织目标，并提供必要的指导和支持，以确保他们各自的目标与组织总目标相一致。

路径—目标理论假设存在四种有关的领导行为：指示型领导、支持型领导、参与型领导和成就导向型领导。

路径—目标理论还假设存在两类情境作为领导行为与结果之间的中间变量：第一，下属的权变因素，包括下属的控制点、拜权主义倾向、经验和感知的能力。第二，环境的权变因素，包括任务结构、正式权力系统和工作群体。

在考虑下属的权变因素决定各种领导方式的恰当性上，路径—目标理论提出以下建议：指示型领导方式对拜权主义者更合适，因为拜权主义者尊重权威；参与型领导方式对"内在控制点"类型的人更合适，因为这些个人更愿意对自己的生活施加更多的影响；支持型领导方式在下属能力较低时更合适，因为它可以帮助下属理解应当做什么。在考虑环境权变因素的影响上，路径—目标理诈模型也引申出一些结论。

（1）相比具有高度结构化和安排完好的任务来说，当任务不明或压力过大时，指示型领导导致了更高的满意度。

（2）当下属执行结构化任务时，支持型领导导致了员工高绩效和高满意度。

（3）对经验丰富的下属，指示型的领导可能累赘多余。

（4）组织中正式权力关系越明确，领导者越应表现出支持型行为，降低指示型行为。

（5）当任务结构不清时，成就导向型领导将会提高下属的努力水平，从而达到高绩效的预期。

（四）领导者—参与模型

与豪斯、伊文斯的路径—目标理论相同，领导者—参与模型同样反对把领导者的行为看作是固定不变的，他们认为，领导者可以根据不同的情境调整他的领导风格。

领导者—参与模型由弗洛姆—叶顿模型和弗洛姆—亚戈模型组成。

1. 弗洛姆—叶顿模型

1973年由弗洛姆和叶顿共同提出。该模型用一系列权变因素的问题来分析领导的情境，以此来决定领导合适的风格。此模型分离出五种领导风格和七项权变因素，它们构成了一个从集权型（AI、AII）到咨询型（CI、CII）再到充分参与型（GII）领导方式的连续统一体。

2. 弗洛姆—亚戈模型

弗洛姆—亚戈模型继承了弗洛姆—叶顿模型的基本思想。在此基础上提出决策的有效性取决于决策的质量、对决策承诺的程度、决策所耗用的时间等因素，并将权变的因素扩张为12项，其中10项是按5级量表评定的（只有TC、CP是按照"是与否"两级量表评定的）：

★ QR（质量要求）：此项决策的技术质量有多重要？
★ CR（承诺要求）：下属对此项决策的承诺有多重要？
★ LI（领导者的信息）：是否拥有充分的信息做出高质量的决策？

★ ST（问题结构）：问题是否结构清楚？
★ CP（承诺的可能性）：自己做决策，下属是否一定会对该决策做出承诺？
★ GC（目标一致性）：解决此问题后所达成的组织目标是否为下属所认可？
★ CO（下属的冲突）：下属之间对于优选的决策是否会发生冲突？
★ SI（下属的信息）：下属是否拥有充分的信息进行高质量的决策？
★ TC（时间限制）：是否有相当紧迫的时间约束、限制下属的能力？
★ CP（地质的分散）：把地域上分散的下属召集到一起的代价是否太高了？
★ MT（激励—时间）：在最短的时间内做出决策有多重要？
★ MD（激励—发展）：为下属的发展提供最大的机会有多重要？

弗洛姆和亚戈认为，领导的效用是决策收益、决策成本和决策者能力的函数。领导的有效性等于决策的有效性减去决策成本，再加上参与决策人的能力的开发而实现的价值。因此，考虑领导的有效性应当全方面地来看，不能只看决策的收益，即使领导者做出的决策是高度有效的，但是，如果这些决策对发展其他人的能力没有作用或者作用极小，或者决策过程成本是昂贵的，这些决策仍然会降低组织的整体人力资本水平。

第三节 激 励

一、激励概述

（一）激励的含义及作用

1. 激励的含义

所谓激励，是指人类的一种心理状态，它具有加强和激发动机，推动并引导行为指向目标的作用。通常认为，一切内心所要争取的条件，即欲望、需要、动力等，都构成对人的激励。

激励作为一种内在的心理活动的过程和状态，不具有可以观察到的外部状态。但是，由于激励对人的行为具有驱动和导向作用，因此，可以通过人的行为表现及效果对激励的程度加以推断和测定。

2. 激励在管理中的作用

（1）有助于激发和调动员工的工作积极性。
（2）有助于将员工的个人目标导向实现组织目标的轨道。
（3）有助于增强组织的凝聚力，促进组织内部各组成部分的协调统一。

（二）激励的心理机制

心理学研究表明，人的行为具有目的性，而目的源于一定的动机，动机又产生于需要。由需要引发动机，动机支配行为并指向预定目标，是人类行为的一般模式，也是激励得以发挥作用的心理机制，如图5-9所示。

1. 需要

需要，是指人类或有机体缺乏某种东西时的状态，管理中的"需要"特指人对某种事物的渴求和欲望。它是一切行为的最初原动力。

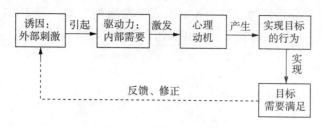

图 5-9 人类行为模式

2. 动机

推动人们从事某种活动并指引这些活动去满足一定需要的心理准备状态。动机在激励行为的过程中，具有以下功能：

（1）始动功能。始动功能是指动机唤起和驱动人们采取某种行动。

（2）导向和选择功能。导向和选择功能是指动机总是指向一定目标，具有选择行动方向和行为方式的作用。

（3）维持与强化功能。长久稳定的动机可以维持某种行为，并使之持续进行。

（三）激励的原则

为了取得良好的激励效果，激励必须遵循以下几个原则。

1. 物质利益原则

马克思主义认为，人具有自然属性，是自然界的产物，又主宰自然界，人的需求是以物质需求为基础的。激励应给予激励对象合理的物质报酬。

2. 公平原则

公平原则要求组织在实施激励时，首先应做到组织内部公平，即个人所得与付出相匹配，与组织内其他成员比较相协调；同时，组织还尽可能地从更广泛的领域和范围，追求激励中的社会公平。

3. 差异化原则

激励中的公平性并非要求对所有的激励对象一视同仁，而是针对具体的人和事，按贡献大小、重要性强弱和其他因素的综合标准，共同决定实施何种激励方案，体现出因人、因事而异的多样性和灵活性。

4. 经济性原则

经济性原则是指实施有效的激励，要将激励的成本和有可能取得的激励收效结合起来，要有利于成本节约、组织效能和活动效率的提高。

二、激励理论

激励理论包括三方面内容，即内容型激励理论、过程型激励理论和行为改造型理论。

（一）内容型激励理论

1. 需要层次理论

需要层次理论是由美国心理学家亚伯拉罕·马斯洛于1954年提出的。这一理论揭示了人的需要与动机的规律，受到管理学界的普遍重视。

（1）基本内容。马斯洛认为，每个人都有五个层次的需要，即生理的需要、安全的需要、社会情感的需要、尊重的需要、自我实现的需要，如图5-10所示。

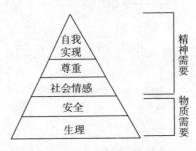

图5-10 人的需求层次

①生理的需要：任何动物都有需要，只是不同的动物需要的表现形式不同而已。对人类来说，这是最基本的需要，如衣、食、住、行等。所以，在经济欠发达的社会，必须首先研究并满足这方面的需要。

②安全的需要：保护自己免受身体和情感伤害的需要。其又可以分为两类：一是现在的安全需要，即要求自己现在的社会生活的各个方面均能有所保证；二是对未来的安全需要，即希望未来生活能有所保障。

③社会情感的需要：包括友谊、爱情、归属及接纳方面的需要，其主要产生于人的社会性。马斯洛认为，人是一种社会动物，人类的生活和工作都不是孤立地进行的，这已由20世纪30年代的行为科学研究所证明。这说明，人们希望在一种被接受或有归属的情况下工作，而不希望在社会中成为离群的"孤岛"。

④尊重的需要：又可分为内部尊重和外部尊重。内部尊重因素包括自尊、自主和成就感；外部尊重因素包括地位、认可和关注或者是受人尊重。自尊是指在自己取得成功时有一种自豪感，它是驱使人们奋发向上的推动力。受人尊重，是指当自己做出贡献时能得到他人的承认。

⑤自我实现的需要：包括成长与发展、发挥自身潜能、实现理想的需要。这是一种追求个人能力极限的内趋力。这种需要一般表现在两个方面：一是胜任感方面，有这种需要的人力图控制事物或环境，而不是等待事物被动地发生或发展；二是成就感方面，对有这种需要的人来说，工作的乐趣在于效果和成功，他们需要知道自己工作的结果，成功后的喜悦要远比其他任何报酬都重要。

（2）主要理论要点。

①不同层次的需要可以同时并存，但只有低层次的需要得到满足后，较高层次的需要才发挥对人行为的推动作用。

②在同一时期内同时存在的几种需要中，总有一种需要占据主导地位，人的行为主要受优势需要所驱使。

③任何一种满足了的需要并不会因为得到了满足高层次需要的发展而消失，只是不再成为主要的激励力量。

（3）管理实践的启示。

①正确认识被管理者的需求层次，进行科学分析，区别对待。

②努力将本组织的管理手段、管理条件同被管理者各层次需要联系起来，不失时机地、最大限度地满足被管理者需要。

③在科学分析的基础上，找出受时代、环境及个人条件差异影响的优势需要，有针对性地进行激励，收到"一把钥匙开一把锁"的预期激励效果。

2. 双因素理论

双因素理论是由美国心理学家赫兹伯格于20世纪50年代后期提出的。他将影响人的积极性的因素归结为激励因素和保健因素两大类，故称为双因素理论。

（1）基本内容。

①保健因素。其属于和工作环境或条件相关的因素，包括管理政策与制度、监督体系、工作条件、人际关系、薪金、福利待遇、工作安全等。当这些方面得不到满足时，人们就会产生不满意，从而影响工作；当这些方面得到满足时，只是消除了不满意，却不会调动人们的工作积极性，即起不到激励作用。因此，这类因素称为"保健因素"。

②激励因素。其属于与工作本身相关的因素，包括工作成就感、工作挑战性、工作中得到的认可与赞美、工作发展前途、个人成才与晋升机会等。当这些方面得不到满足时，工作缺乏积极性，但不会产生明显的不满情绪；当这些方面人们得到满足时，会对工作产生浓厚的兴趣，产生很大的工作积极性，起到明显的激励作用。因此，这类因素称为"激励因素"。

（2）管理实践的启示。

①善于区分管理实践中存在的激励因素和保健因素，对于保健因素要给予基本的满足，消除下级的不满。

②要抓住激励因素，有针对性地进行激励，管理者应采用各种手段来增加员工对工作的兴趣，千方百计地使员工满意自己的工作，起到对员工最有效的激励作用。

③正确识别与挑选激励因素，因为能够对员工积极性产生重要影响作用的激励因素在管理实践中不是绝对的，它受到社会阶层及个人经济状况、社会身份、文化层次、价值观念、个性、心理等诸多因素的影响。因此，必须在分析上述因素的基础上，灵活地加以确定。

（二）过程型激励理论

1. 期望理论

这一理论是由美国心理学家弗鲁姆于1964年提出的。该理论通过人们的努力行为与预期奖酬之间的因果关系来研究激励的过程。

（1）基本内容。该理论认为，人们对某项工作积极性的高低，取决于他对这种工作能满足其需要程度及实现可能性大小的评价。即

$$激励力(M) = 效价(V) \times 期望值(E)$$

其中，激励力：激励作用的大小。

效价：指目标对于满足个人需要的价值。

期望值（期望概率）：指采取某种行动实现目标可能性的大小。

由上式可见，激励作用大小，与效价和期望值成正比，即效价和期望值越高，激励作用越大；反之，则越小。如果其中一项为零，则激励力量自然也为零。

(2) 管理实践启发。

①选择激励手段，一定要选择员工感兴趣、评价高，即效价大的项目或手段。

②确定目标的标准不宜过高。凡是起激励作用的工作，都应是大多数人能通过努力实现的，否则目标过高，实现的可能性变小，随之激励作用也变小。

③从实际出发，考虑员工的实际需要，选择员工感兴趣、能实现的项目，才能起到良好的激励作用。

2. 公平理论

公平理论是由美国心理学家、管理学家亚当斯于 1965 年提出来的。这一理论重点研究个人做出的贡献与所得到的报酬之间的比较对激励的影响。

(1) 主要理论观点。公平理论认为，当一个人做出成绩并取得报酬以后，他不仅关心自己所得报酬的绝对量，而且关心自己所得报酬的相对量。也就是说，每个人都会自觉不自觉地把自己所获的报酬与投入的比率同他人的收支比率或本人过去的收支比率相比较：

$$(O/I)A \longrightarrow (O/I)B$$

其中，O（Outcome）代表报酬，如工资、奖金、提升、赏识、受人尊敬等，包括物质方面和精神方面的所得；

I（Input）代表投入，如工作的数量和质量、技术水平、努力程度、能力、精力、时间等；

A 代表当事人；B 代表参照对象。

这种比较又分为横向比较和纵向比较：

横向比较即与他人进行比较，结果分三种情况：

如果 $(O/I)A = (O/I)B$，当事人会觉得报酬是公平的，他可能会因此而保持工作的积极性和努力程度；

如果 $(O/I)A < (O/I)B$，这时当事人就会感到不公平，此时他可能会要求增加报酬，或自动地减少投入以便达到心理上的平衡；

如果 $(O/I)A > (O/I)B$，说明当事人得到了过高的报酬或投入较少。在这种情况下，一般来讲，当事人不会要求减少报酬，而有可能会自觉地增加工作投入量。但过一段时间后就会因重新过高估计自己的投入而对高报酬心安理得，于是其投入又会恢复到原来的水平。

纵向比较即与自己过去相比较，结果分三种情况：

如果 $(O/I)A = (O/I)B$，当事人就会认为基本公平，积极性和努力程度保持不变；

如果 $(O/I)A < (O/I)B$，当事人会感到不公平，其工作积极性会下降（减少投入），除非给他增加报酬；

如果 $(O/I)A > (O/I)B$，一般来讲，当事人不会觉得所获报酬过高，因为他可能会认为自己的能力和经验有了进一步的提高，其工作积极性不会因此而提高多少。

(2) 管理实践的启发。

①在管理中高度重视相对报酬问题。员工对自己的报酬进行横向、纵向对比是必然现象，主管人员要加以重视，运用各种方法和手段，使下属员工处于拥有公平感的心理状态。

②尽可能地实现相对报酬的公平性。实施"多劳多得，少劳少得"。

③当出现不公平现象时，要做好员工工作，积极引导，防止负面作用发生。

(三) 行为改造型理论

1. 强化理论

"强化理论"实际上也叫"行为修正理论",是美国心理学家斯金纳提出的"以学习的强化原则为基础"的"关于理解和修正人的行为"的一种基础管理理论。

(1) 基本观点。斯金纳认为,人或动物为了达到某种目的,会采取一定的行为作用于环境,当这种行为的后果对他有利时,这种行为就会在以后重复出现;不利时,这种行为就会减弱或消失。所以,人们可以用这种"正强化"或"负强化"的办法来影响行为的后果,从而修正其行为。所谓强化,从其最基本的形式来讲,指的是对一种行为的肯定或否定的后果(奖励或惩罚),它在一定程度上会决定人的这种行为在今后是否会重复发生。

根据强化的性质和目的又分为"正强化"和"负强化"两种。在管理上,"正强化"指的是奖励那些组织上需要的行为,从而加强这种行为,让这种行为延续或扩大;"负强化"就是惩罚那些与组织利益不相容或相悖的行为,从而削弱或减少这种行为。"正强化"的方法包括奖金、对成绩的认可、表扬、改善工作条件和人际关系、提升、安排担任挑战性的工作、给予学习和成长的机会等。"负强化"的方法包括批评、处分、降级等,有时不给予奖励或少给奖励也是一种负强化。

(2) 管理实践的启示。

①经过"强化"的行为会趋向于重复发生。例如,当人的某种行为后果受人称赞时,就增加了这种行为重复发生的可能性。所以,奖励就是组织管理的必然手段。

②要依照强化对象的不同采用不同的强化措施。人们的年龄、性别、职业、学历、经历不同,需求就不同,强化方式也应不一样。如有的人更重视物质奖励,有的人更重视精神奖励,就应区分情况,采用不同的强化措施。

③小步子前进,分阶段设立目标,并对目标予以明确规定和表述。对于人的激励,首先要设立一个明确的、鼓舞人心而又切实可行的目标,只有目标明确、具体时,才能进行衡量和采取适当的强化措施。同时,还要将目标分解成许多小目标,当下属完成每个小目标时都要及时给予强化,这样不仅有利于目标的实现,而且可以通过不断的激励增强信心。

④及时反馈,就是通过某种形式和途径,及时将工作结果通知下属。要想取得最好的激励效果,就要在行为发生以后尽快采取适当的强化方法。一个人在实施某种行为以后,即使是领导者表示"已注意到这种行为"这样简单的反馈,也能起到"正强化"的作用,如果领导者对这种行为不予注意或注意不及时,这种行为重复发生的可能性就会减小甚至消失。

⑤"正强化"比"负强化"更有效。在强化手段的运用上,应以"正强化"为主,也就是我们常说的"奖一定要重于罚"。同时,必要时也要对负面行为予以惩罚,做到奖惩结合。

"强化理论"有助于对人们行为的理解和引导,让下属认识组织的目标和要求,从而自觉地保持与组织的一致,因此,强化理论已被广泛地应用在激励和人的行为的改造上。

2. 归因论

归因论也称为认知论,是由美国心理学家凯利等人提出来的。它是对人们行为活动的因果关系进行分析的理论,即通过改变人们的自我感觉和自我认识来改变和调整人的行为的理论。

（1）归因理论研究的主要内容。

①人们心理活动发生的因素关系。包括内部原因与外部原因、直接原因和间接原因。

②社会推论问题。其研究的是根据人们的行为及其结果对行为者的各种稳定的心理特征和素质或个性差异做出的合理的推论。

③期望与预测。其主要研究根据过去的典型行为及其结果推断在某种条件下将会产生什么样的可能行为，以指导我们的工作。

（2）管理实践启发。

归因理论对人事激励与人事管理都有重要的指导意义。根据归因论，一个人对过去的工作中的成功与失败、得与失、兴与衰是归因于内部原因还是外部原因，是归因于稳定性因素还是不稳定性因素，这是影响今后工作成功与否和坚持动力行为的关键之一。也就是说，如果工作中的失败和挫折，被归因于智力差、能力低、任务难等内外原因中的稳定因素，就必然会造成人们对今后工作成功的期望失去信心，也就难以产生坚定的努力行为；相反，如果工作中的失败和挫折，被归因于个人努力不够、粗心、大意等不稳定的偶然因素，就会使行为者在今后的工作中，容易接受教训，改正不稳定性因素造成的影响，增强成功的信心，坚持努力行为。所以，领导者要注意树立通过改变人的思想认识来改变人的行为的工作方针，注意对成功者和失败者今后行为的引导，尽可能地把成功与失败的原因归因于不稳定性因素。

管理故事

1976年，美国《纽约邮报》刚被报业大亨默多克收购。新老板上任，小记者艾伦很怕自己被炒鱿鱼。可就在这时，艾伦的妻子就要临产分娩，在这个节骨眼儿上，他不知该不该请假去照顾妻子。那天上午，艾伦接到通知，新老板默多克要给大家开会。

会议开始了，默多克站在台上，讲起自己的报业经历和对未来的展望。艾伦看起来听得很认真，但其实如坐针毡，只想快点知道妻子的情况。这时，会议室响起急促的电话铃声，大家齐刷刷地盯着墙角的应急电话。默多克无奈地停下来，示意旁边的人去接电话。

"医院打来的，说是找艾伦有急事！"那人说完，艾伦紧张地起身，对着台上的默多克解释道："怕是我妻子要生了，实在对不起。"默多克微笑着点点头，示意艾伦立即去接，然后又压低嗓门对其他人说："既然是他家里的事，我们还是暂时回避吧。"说完便带头往外走。

意想不到的一幕发生了，一百多位同事依次退出了会议室，直到艾伦接完电话才回来。默多克重新站上讲台，对艾伦说："谢谢你为我创造了更多的时间，让我可以把报纸的未来想得更清楚。"他用最简短的话结束了会议，然后走近艾伦说："现在你可以去照顾你的妻子了。"30年后，艾伦成了这家报社的总编辑，这件看似不经意的小事却一直珍藏在他的心里。

故事的哲理：

优秀的领导者都善于凝聚人，并在获得人才之后，能够引导并激发他们的潜能，而要完成这一切的基础首先在于要能获得人心。要做到这一点，首先要发自内心、诚心地尊重你的"人才"。你由衷信什么，才能拥有什么。

三、激励方式与手段

有效的激励，必须通过适当的激励方式与手段来实现。按照激励中诱因的内容和性质，可将激励的方式与手段划分为三类：物质利益激励、社会心理激励和工作激励。

（一）物质利益激励

物质利益激励，是指以物质利益为诱因，通过调节被管理者物质利益来刺激其物质需要，以激发其动机的方式与手段，主要包括以下具体形式。

1. 奖酬激励

包括工资、奖金、各种形式的津贴及实物奖励等。在利用奖酬激励时应注意以下几点：

（1）设计奖酬机制与体系要为实现工作目标而服务。也就是说，奖酬要与贡献挂钩。一旦脱离了贡献和目标来发放奖酬，就不会产生激励作用，甚至南辕北辙，起到副作用。

（2）要确定适当的刺激量。奖酬刺激量的大小必然影响激励的效果，其主要表现为奖酬的绝对量和相对量，激励效果主要取决于相对刺激量，即同一时期不同人之间的奖酬差别以及个人不同时期奖酬的变化幅度。这体现了公平理论的要求。因此，在实际工作中，既要有选择地实行重奖，以期引起轰动和奖励效应；又要防止不恰当地扩大奖酬刺激量，引起员工的不满而产生新的不公平心理。

（3）奖酬要同思想政治工作有机结合。奖酬的作用是重要的，但也不是万能的，必须注意辅以必要的思想工作以及其他激励形式，尽可能地限制物质刺激的副作用。

2. 关心照顾

管理者对下属在生活上给予关心照顾，是激励的有效形式。它不但使下属获得物质上的利益和帮助，而且能获得受尊重和归属感上的满足，从而产生巨大的激励作用。

3. 处罚

在经济上对员工进行处罚，是一种管理上的负强化，属于特殊的激励。运用这种方式时要注意：必须有可靠的事实依据和政策依据；处罚方式与刺激量要适当；要同深入细致的思想工作相结合。

（二）社会心理激励

社会心理激励，是指管理者运用各种社会心理学方法，刺激被管理者的社会心理需要，以激发其动机的方式与手段。这类激励方式是以人的社会心理因素作为激励的诱因的，主要包括以下具体形式。

1. 目标激励

即以目标为诱因，通过设置适当的目标，激发动机，调动积极性的方式。可用以激励的目标主要有三类，即工作目标、个人成长目标和个人生活目标。管理者可以通过以上三类目标的恰当选择与合理设置有效调动员工的积极性，操作时应注意以下几点：

（1）尽可能增大目标的效价。根据弗鲁姆的期望理论，激励力量取决于效价及可能实现概率。因此，管理者在设置目标时，一是要选择下级感兴趣、高度重视的内容，使所选择的目标尽可能多地满足下级的需要。二是要使目标的实现与奖酬或名誉、晋升挂钩，加大目标实现的效价。三是要做好说明、宣传工作，使下级能真正认识到目标的社会心理价值及其实现所带来的各种利益。

(2) 增加目标的可行性。只有通过努力能够实现的目标，才能真正起激励作用。管理者在设置目标时，目标水平要先进合理、要具备可实施条件和可操作性，并做好必要的说明和解释工作，使下级充分意识到实现目标的可能性。

2. 教育激励

教育激励是指通过教育方式或手段，激发动机、调动下属工作积极性的形式。具体包括：第一，政治教育。如通过世界观教育、爱国主义教育、敬业爱岗教育等，提高员工的思想觉悟，激发他们的政治热情和工作积极性。第二，思想工作。通过沟通、谈心等多种形式，深入细致的思想工作，以收到预期的激励效果。

3. 表扬与批评

表扬与批评是管理者经常运用的激励手段。在运用批评与表扬激励时要讲究艺术，主要体现在以下几个方面：坚持以表扬为主，批评为辅；必须以事实为依据；要讲究表扬和批评的方式、时机、地点，注重实际效果；批评对事不对人；要限制批评的频次，尽量减少批评的次数，否则，会冲淡教育的效果；批评和表扬适当结合。

4. 感情激励

感情激励即以感情作为激励的诱因，调动人的积极性。主要包括：在上下级之间建立融洽和谐的关系；促进下级之间关系的协调和融洽；营造健康、愉悦的团体氛围，满足组织成员的归属感。

5. 尊重激励

管理者应利用各种机会信任、鼓励、支持下级，努力满足其尊重的需要，以激励其工作积极性，主要包括：要尊重下级的人格；要尽量满足下级的成就感；支持下级自我管理，自我控制。

6. 参与激励

参与激励以让下级参与管理为诱因，调动下级的积极性和创造性。应用参与激励时主要注意：

增强民主管理意识，建立参与机制；真正授权给下级，使下级实实在在地参与决策和管理过程；有效利用多种参与形式，鼓励全员参与。

7. 榜样激励

"榜样的力量是无穷的"，管理者应注意用典型的榜样来激发下属的积极性。榜样激励主要体现在以下两个方面。第一，先进典型的榜样激励。管理者注意发现和总结先进事迹和先进人物，以他们的感人事迹来激励下属。应用中，注意事迹的真实性、与下级人员工作的可比性、科学性等，真正令下级心悦诚服，并产生激励作用。第二，管理者自身的模范作用。即管理者号召和要求下级做到的，自己先做到，身先士卒，率先垂范，以影响、带动下级。

8. 竞赛（竞争）激励

人们普遍存在着争强好胜的心理，这是由人谋求实现自我价值、重视自我实现需要所决定的。管理者可以结合工作任务，组织各种形式的竞赛，鼓励各种形式的竞争，就会极大地激发员工的工作热情、工作兴趣和克服困难的勇气与力量。在组织竞赛、鼓励竞争的过程中应注意以下几方面：要有明确的目标和要求，并加以正确的引导；竞争必须是公平的；竞赛和竞争的结果要有明确的评价和相应的奖励，并尽可能地增加竞争结果评价或奖励的效价，以加大激励作用。

（三）工作激励

按照赫兹伯格的双因素论，对人最有效的激励因素来自于工作本身，因此，管理者必须善于调整和调动各种工作因素，搞好工作设计，千方百计地使下级满意于自己的工作，以实现最有效的激励。在管理实践中，包括以下几方面的内容。

1. 工作分配做到人尽其才

每个人都有自己的特长和爱好，都希望在组织中最大限度地发挥自己的聪明才智，而组织任务的完成往往也需要具有不同专业特长、不同能力的人来承担。领导者应根据工作的要求和职工个人的特长，把工作与职工的能力有机地结合起来，这不仅能使组织的任务很好地完成，同时还满足了职工自我实现的需要，从而极大地激发职工的工作积极性。日本松下电器公司的创始人，世界著名企业家松下幸之助曾说过："从长远来看，一个企业应兼有各种性格特长的人才好。"他把管理者分为三种类型，即较有头脑、善于处理问题的"文人型"；性格豪放、做事光明磊落、富有进取精神的"武士型"；工作敢打敢拼、脚踏实地的"运动员型"，他认为在企业总体录用上，以上三种类型的人应各占 1/3。

领导者在分配工作时不仅要考虑到职工的特长，还要在条件允许的情况下，把分配工作与职工的兴趣尽量结合起来。心理学认为兴趣是最好的老师，当一个人对某项工作真正感兴趣、爱上这项工作时，他就会全身心地投入到工作中，克服一切困难，千方百计地去做好这项工作。

2. 工作目标具有挑战性

关于人性理论研究的 Y 理论认为，人们是愿意承担工作，并愿意迎接工作的挑战的。每经过一次挑战，人们就会获得一次提高，获得一次成就感的满足。因此，领导者在分配工作时，要使工作的要求和目标富有一定的挑战性，这样就能够激发职工奋发向上的精神。但怎样才能使工作的分配具有挑战性呢？我们认为，应使工作对能力的要求略高于职工的实际能力，或者使职工的实际能力略低于工作的要求。

职工的工作能力只能是略低于工作的要求，而不能是远低于或高于工作的要求，其原因是：如果职工的工作能力远低于工作的要求，一方面，会造成工作任务的无法完成，给组织带来损失；另一方面，职工由于工作能力差，不论其怎样努力都无法完成工作任务，就会对自己失去信心，不愿做新的尝试，甚至会一蹶不振。如果职工的工作能力高于工作的要求，虽然工作任务能保证完成，但职工会感到自己的潜能没有得到发挥，随着时间的推移，就可能对工作越来越不感兴趣，对组织越来越不满意，最终也会影响工作质量和工作积极性。

3. 参与决策和管理

领导者要让职工在不同程度上参与组织决策及各级管理工作的研究和讨论。我国是社会主义国家，职工是国家的主人，领导者要把职工摆在主人的地位上，尊重、信任他们，让职工在不同层次和不同深度上参与决策，虚心采纳他们的正确意见和建议。通过参与管理，能够进一步满足职工的自尊和自我实现的需要，形成职工对企业的归属感和认同感，从而焕发出强烈的工作积极性。

在我国，职工参与班组民主管理，职工通过职工代表大会、企业管理委员会中的代表参与企业重大决策，这些是我国职工参与企业决策和企业管理的主要渠道。在国外，企业则普遍采用"奖励职工合理化建议"制度。

4. 工作丰富化

即提高其工作的层次，使员工获得一种成就感，使其渴望得到尊重和自我实现的需要，从而激发员工的工作积极性。具体包括：将部分管理工作交给员工，使员工也成为管理者；吸收员工参与决策和计划，提升其工作层次；对员工进行业务培训，全面提高其技能；让员工承担一些较高技术的工作，提高其工作的技术含量等。

第四节 沟 通

一、沟通概述

沟通是实现组织的目标，满足人们的需要，实现人们的抱负的重要工具之一，也是组织有效经营管理的活动统一起来的重要手段之一，因此，管理过程中，要高度重视沟通活动。

(一) 沟通及其重要性

1. 沟通的含义

约瑟夫·M·普蒂认为，沟通就是把信息、观念和想法传递给他人的过程。要达到有效的沟通，信息的传递必须能达到互相理解。

《美国主管人员训练协会》把沟通解释为：它是人们进行的思想或情况交流，以此取得彼此的了解、信任及良好的人际关系。

纽曼（Newman）和萨默（Summer）则把沟通解释为：在两个或更多的人之间进行的在事实、思想、意见和情感等方面的交流。

沟通还被解释为用语言、书信、信号、电话进行的交往，是在组织成员之间取得共同的理解和认识的一种方法。

综上所述，我们认为，沟通是信息传递和理解的过程，是指将某一信息（或意思）传递给客体或对象，以期取得客体或对象做出相应反应的过程。

2. 沟通的重要性

沟通在今天的组织管理中变得非常重要。首先，有效的沟通可以降低管理的模糊性，提高管理的效能。组织内外存在大量的、模糊的不确定信息。沟通可以澄清事实、交流思想、倾诉情感，从而降低信息的模糊性，为科学决策奠定基础。其次，沟通是组织的凝聚剂、催化剂和润滑剂，沟通可以了解员工的愿望，满足员工的需要，从而改善组织内的工作关系，充分调动下属工作的积极性。最后，沟通是组织与外部环境之间建立联系的桥梁。组织间的沟通可以降低交易成本，实现资源有效配置，提高组织的竞争能力。

(二) 沟通过程

完整的沟通过程包括七个环节。

(1) 沟通的主体，即信息的发出者或来源。

(2) 编码，指主体采取某种形式来传递信息的内容。
(3) 媒体，或称沟通渠道。
(4) 沟通的客体，即信息的接收者。
(5) 译码，指客体对接收到的信息所做出的解释和理解。
(6) 做出反应，也即体现出沟通效果。
(7) 反馈。

沟通过程如图5-11所示。

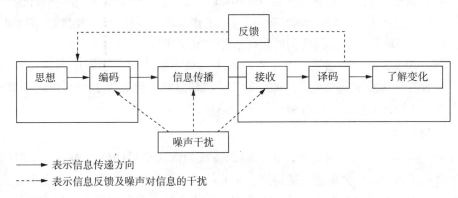

⎯⎯→ 表示信息传递方向
----→ 表示信息反馈及噪声对信息的干扰

图5-11 信息沟通过程的一般模式

编码是发送者将信息转换成可以传输的信号的过程。这些信号或符号可以是文字、数字、图画、声音或身体语言。译码是接收者将获得的信号翻译、还原为原来的含义。它可以是将信息由一种语言翻译为另一种语言，也可以是理解他人点点头或眨眨眼的意思。编码、译码和沟通渠道是沟通成败的关键。最理想的沟通，应该经过编码和译码两个过程后，接收者形成的信息与发送者发送的信息完全吻合。

（三）沟通的种类

沟通可以按不同的标志分成不同的种类。

1. 按沟通所使用语言的方式划分

（1）口头沟通。口头沟通是指采用口头语言进行的信息传递。口头沟通是最常用的沟通方式。其优点是：沟通过程中，信息发送者与信息接收者当面接触，有亲切感，并且可以运用一定的体语、手势、表情和语气、语调等增强沟通的效果，使信息接收者能更好地理解、接受所沟通的信息。其不足之处是：沟通范围有限；沟通过程受时间限制；沟通完成后缺乏反复性，同时对信息传递者的口头表达能力要求比较高。

（2）书面沟通。书面沟通是指采用书面文字形式进行的沟通，如各种文件、报告等。其优点是：严肃、准确，具有权威性，不易被歪曲；信息接收者可反复阅读以增强理解，信息传递者对要传递的信息所采用的语言可以认真推敲，以便用最好的方式表达出来。其不足之处是：应变性较差，只能适应单向沟通。

（3）肢体语言沟通。肢体语言沟通是指在沟通过程中，在进行口头语言沟通时，为了达到更好的沟通效果，配合一些体态语言，如眼神、表情、手势等，其可以使沟通双方更容易理解所沟通的信息。

2. 按沟通中信息流动的方向划分

（1）上行沟通。上行沟通是指下级向上级进行的信息传递。如下级向上级请示汇报工作、反映意见等。上行沟通是领导了解实际情况的重要途径。

（2）下行沟通。下行沟通是指上级向下级进行的信息传递。如一个组织的上级管理者将工作计划、任务、规章制度向下级传达。下行沟通是组织中最重要的沟通方式。通过下行沟通可以使下级明确组织的计划、任务、工作方针程序和步骤。

（3）平行沟通。平行沟通是指正式组织中同级部门之间的信息传递。平行沟通是在分工基础上产生的，是协作的前提。做好平行沟通工作，在规模较大、层次较多的组织中尤为重要，其有利于及时协调各部门之间的工作步调，减少矛盾。

（4）斜向沟通。斜向沟通是指发生在组织内部既不属于同一隶属序列，又不属于同一等级层次之间的信息沟通，这样做有时是为了加快信息的交流，谋求相互之间必要的通报、合作和支持。这种沟通往往更带有协商性和主动性。

3. 按沟通的组织系统划分

（1）正式沟通。正式沟通是指以正式组织系统为沟通渠道的信息沟通。如组织中各层次之间的联系，横向协作关系进行的沟通。正式沟通是组织内部信息传递的主要方式，大量的信息都是通过正式沟通渠道传递的。正式沟通的优点是：沟通效果好、严肃可靠、约束力强、易于保密、沟通信息量大，并且具有权威性。其缺点是：沟通速度一般较慢。

（2）非正式沟通。非正式沟通是指以组织中的非正式组织系统或个人为渠道的信息沟通。非正式沟通的优点是：传递信息的速度快，形式不拘一格，并能提供一些正式沟通所不能传递的内幕消息。缺点是：传递的信息容易失真，容易在组织内引起矛盾，且较难控制。

4. 按沟通过程中信息发送者与信息接收者的地位划分

（1）单向沟通。单向沟通是指信息的发送者与接收者的地位不改变的沟通。在这种沟通中，不存在信息反馈。其优点是：沟通比较有秩序，速度较快。缺点是：接收者不能进行信息反馈，容易降低沟通效果。

（2）双向沟通。双向沟通是指在沟通过程中信息的传递者与接收者经常换位的沟通。在这种沟通中，存在着信息反馈，发送信息者可以及时知道信息接收者对所传递的信息的态度、理解程度，有助于加强协商和讨论，提高沟通效果。但双向沟通一般费时较多，速度慢，易受干扰。

知识拓展

从墨子思想浅谈团队管理沟通技巧

有一次，当墨子正对耕柱发火时，耕柱实在无法忍受了，便对墨子说："老师，你总是经常对我发火，难道我真的就一无是处吗？"墨子没有直接回答他的问题，而是举了一个例子，他问耕柱："假设我要去太行山，用良马来驾车好还是用羊来驾车好？"耕柱回答："当然是用良马来驾车啊？"墨子问其故，耕柱回答："良马可以担当这样的重任，值得驱遣。"墨子微微一笑："我之所以一直地责骂匡正你，就是因为你是一个值得担当重任的人啊！"

关于墨子的这个故事可以给管理者提供关于团队管理沟通技巧的如下思考。

1. 下属与领导的沟通是相互的

当耕柱主动找到墨子寻求沟通时，如果墨子以"工作很忙，要出差，去找某个副总谈"等理由推托时，那么沟通是不良的；而如果假设墨子主动去找耕柱沟通，而耕柱却予以回避或者不痛痛快快说出自己的真实想法，那么双方的误解会更深。因此，在企业内部，团队管理沟通技巧需要沟通一定是相互和双向的。同时，企业首先应该建立沟通的渠道，这点我们应该向微软学习，微软几十年如一日地建立了企业内部沟通机制，早期是信箱制，后期是邮箱制，让所有微软人可以畅所欲言，企业同时及早发现问题并防患于未然。

2. 下属应该主动找领导沟通

很多下属往往害怕与领导沟通，这是不好的。首先要丢掉害怕的思想！我们可以试想一下，墨子作为"墨家学派"这么大一个公司的 CEO，手下管着好几千人的队伍，一来他可能没时间，二来他也可能根本就没觉察到耕柱有什么情绪，三来墨子是一个命令的下达者，至于在执行中究竟发生了什么，他不一定有耕柱清楚。这样一来，问题就被掩盖了，导致的结果可想而知。因此，团队管理沟通技巧需要作为一个下属，应该主动寻求和自己的领导沟通的机会。

3. 领导者应该积极地和下属沟通

领导者区别于下属的一个显著标志就是：领导者主要是决策者和管理者，而下属主要是执行者和完成者。因此，对于任何管理目标实现过程中发现的问题，具体执行的人最有发言权。所以，为什么我们要提倡"走动式管理"？因为，走动可以发现问题！但走动一定会发现问题吗？非也！走动不能发现全部的问题！或者说，走动只能发现表面的问题，而只有与下属进行积极的沟通，才能发现深层次的问题和关键性的问题。

因此，管理者不应当是下达命令后就"高枕无忧"了，团队管理沟通技巧需要的是管理者应该积极地与下属沟通交流。

试想：在上面的故事中，如果耕柱不找墨子沟通，而墨子也不积极地去和耕柱沟通的话，那么，两人的误解最终或许会导致隔阂！如果耕柱离开墨子，则是人才的流失！如果耕柱"自立山头"，那么"墨家"这个大企业则会增加一个可怕的竞争对手！

二、沟通的障碍及沟通艺术

（一）沟通的障碍

一般来讲，沟通中的障碍主要是主观障碍、客观障碍和沟通方式的障碍三个方面。

1. 主观障碍

如个人的性格、气质、态度、情绪、见解等的差别；双方在经验水平和知识结构上的差距；对不同信息的不同关注态度；沟通双方相互不信任；下级人员的心理畏惧感等都会造成障碍。

2. 客观障碍

如信息的发送者和接收者如果空间距离太远、接触机会少，就会造成沟通障碍；社会文化背景不同，种族不同而形成的社会距离也会影响信息沟通；组织机构过于庞大，中间层次较多，信息从最高决策层到下级基层单位，会产生失真，而且还会浪费时间，影响其及时性。这是由于组织机构所造成的障碍。

3. 沟通方式的障碍

包括语言系统所造成的障碍，如误解、歪曲、信息表达方式不当等，这些都会增加沟通双方的心理负担，影响沟通的进行；另外，沟通方式选择不当，原则、方法使用不活所造成的障碍，也影响沟通畅通进行。

在管理工作实践中，存在信息的沟通，也就必然存在沟通障碍。主管人员的任务在于正视这些障碍，采取一切可能的方法消除这些障碍，为有效的信息沟通创造条件。

（二）沟通艺术

1. 有效沟通的原则

（1）明确沟通的目标。管理沟通作为一种有意识的自觉行为，必须在沟通之前，规定明确的目标，沟通过程涉及的内容、沟通渠道、方式方法都应按沟通目的的要求来设定。

（2）具备科学的思维。思维是沟通的基础。只有正确的思维，才会有有效的沟通。科学思维，一要正确处理信息，能认识事物的本质，抓住问题的关键；二要形成清晰的沟通思路，构思出周密的沟通方案。

（3）管理好相关信息。在沟通过程中，信息不足和信息过多都会影响沟通。要对所沟通的信息进行科学处理，提高信息质量，特别是真实性和准确性。同时，要对信息进行必要的过滤，去伪存真，以确保传递的信息质量高，数量适当。

（4）选择恰当的沟通渠道和方式方法。要根据沟通目标、沟通内容和沟通对象等方面的需要正确地选择沟通渠道、媒介和相应的方式方法，以确保信息传递的效率和质量。

（5）讲究语言艺术。语言是管理沟通的最基本手段，能否正确、有效地适用语言，对沟通效果影响极大。管理者要讲究语言艺术，提高沟通语言的简练性、准确性、针对性和趣味性，以提高沟通的有效性。

（6）了解沟通对象，增强沟通的针对性。沟通对象的需要、心理、知识、个性等因素对沟通效果影响很大。如果不了解沟通对象的情况，沟通时就如"盲人骑瞎马，夜半临深潭"，必然导致沟通失败。因此，管理者在沟通时，尽可能做到"知彼知己"，方能取得成功。

（7）及时地运用反馈。反馈可以排除噪声和信息失真，增强沟通的有效性。特别是面对面的直接沟通中，更应注意及时反馈，随时把握沟通对象的反应、心态和沟通效果，及时地调整沟通策略和方法，以实现更为有效的沟通。

2. 常用的沟通技巧

（1）倾听的技巧。一个善于沟通的人，首先必须善于倾听，倾听是有效沟通的关键性环节。美国公关大师卡耐基曾给予倾听极高的评价：倾听是"我们对任何人一种最高的恭维"。管理者要特别注意运用好倾听的技巧。

①倾听是多重沟通的过程。倾听的过程首先是以听觉为媒介接收对方声音，获得显性信息的过程，从而了解其所要表达的基本信息；同时，又是通过视觉器官接收其体态语言的过程，以进一步了解其表情、心境、情绪、态度等方面的隐性信息；倾听还是倾听者对对方谈话做出反应，让对方了解其谈话信息反馈的沟通过程。所以，在沟通中必须高度重视倾听。

②以真诚的态度倾听，并运用体态语言去"恭听"。在与对方沟通时，要以真诚的态度

认真地倾听对方的讲话；保持目光接触，绝不能目光游荡或旁视；表情认真，听到精彩之处甚至入神，表明受到吸引。

③要适时进行必要的提问或回应，引导对方讲下去。倾听者不但洗耳恭听，而且还要做出回应，会使谈话者感到他说话的价值和吸引力已被承认，渴望得到尊重的需要和寻求"知音"的心理得到满足。谈话者不但从交谈中获得满足与愉悦，而且还会给讲话者以相应的感情回报。

（2）会话的技巧。会话是沟通中应用最多、最基本的语言形式。会话的技巧是管理者必备的素质和基本功。

①要言之有理，并有足够信息量。所说内容可以是新知识、新信息、新办法，至少是新见解。这样，可以以内容吸引人。进行信息沟通时，一定要搜集足够的信息，做科学的处理，抓住中心，准确表述。

②选择对方感兴趣或擅长的话题谈。在感情沟通中，沟通主体不能只按自己感兴趣和擅长的话题谈，那样会令对方尴尬或完全失去兴趣，不会收到好的效果。而选择对方感兴趣或擅长的话题谈，就会使其受到激励与鼓舞，在兴趣极浓的畅谈中，其自我表现的欲望得到满足；使其感到见解为别人所接受，长处与优势得到表现，受人尊重的心理得到满足。这样的谈话将非常投机，沟通双方的感情也自然会进一步融洽。

③尊重与赞美。在交往与会话的过程中，要注意发现、寻找对方的长处与优点，并出于真诚，实事求是地赞美对方的长处。会话中在所使用的语言、语气以及体态语言的运用上，应处处表示对会话对方的尊重，这些将使其尊重心理获得满足，会明显地有助于感情的融通。

④回避忌讳的话题。在沟通中，要保守他人的秘密，不揭露他人的隐私，特别是不可涉及国家、民族、宗教等方面的禁忌。在重要会话前，要了解交谈对方的需求与基本情况，特别是对方的文化背景。

⑤传递信息的语言要准确、简明、生动。既要保证信息准确、迅速地传输，又要增强语言的感染力，以获得尽可能好的沟通效果。

⑥善于运用体态语言。由于体态语言具有其自身的优势，可以发挥其特殊的作用，因此，在交谈的过程中，要注意辅以各种体态语言，如表情、手势等。

⑦运用幽默。幽默对于调解谈话气氛、迅速消除隔阂、拉近双方心理距离、排除尴尬局面都具有明显作用。管理者在沟通中，要巧用幽默，以期获得更好的沟通效果。

⑧要注意说话的数量、速度与声调控制。在交谈的过程中，还应注意说话的数量不宜过多，因为按照边际效用递减的原理，说多了就会降低说话的价值，甚至引起对方的反感；讲话的速度不宜过快，并巧用停顿，既要显现热情，又要适度；讲话的声调不宜过高，尽可能用较低的、和缓的声调说话，并运用抑扬顿挫的声调说话，使谈话有节奏感。

（3）人际交往的技巧。人际交往的技巧是指调整和处理及维持人与人之间相互关系的一种能力。它是由自我意识控制情绪，自我激励和认知他人的情绪这两种特征构成的。

①自我意识。在处理他人的情感之前，重要的是通过自己的感觉来认识自己的情感，使自己摆脱一种情绪不应该是对它的否定；相反，它是一种明确表达自己感受的方式，这样你就能对它做出恰当的反应。例如：与人即将发生争吵，显得很气愤，如果你能认识到自己处在气头上，你可以说："让我再考虑一下这个问题，以后再谈"。

②控制情绪。控制情绪意味着用一种针对具体情况的恰当方式来表达它们。这可能不容易做到,因为情感经常来自于潜意识。情绪失控的表现是焦虑。控制情绪不是说我们感觉气愤、担心或焦虑,这些情绪是人的意识构成部分,如果不能找到表达它们的方式,就可能导致情绪低落或反社会行为,重要的是我们控制它们而不是让它们控制我们。

③自我激励。自我激励是树立目标并努力实现它。不管你是运动员还是作家,天赋不能让你赢得比赛或者让你的小说出版。作家和运动员将告诉你在他们成功之前,他们所做的很多事情都是乏味的。使用激励的因素有积极思考和乐观主义。那些有强烈自我感觉的人在受到挫折后,能迅速地从挫折中走出来,他们不是思考失败,而是考虑能够改进的方式。

④认知他人情绪。认知他人情绪又称情感移入,即了解和分享他人情感的能力。它对人与人之间的相互关系是非常必要的。它来自于倾听人们的真正意思,并且很多是通过理解如手势和面部表情这样的形体语言,以及由一种特定的音调所意味的内容来感知的。情感移入具有一种强烈的道德含义,能够认知和分享他人的痛苦,意味着你不会去伤害他人。例如:打扰和干涉孩子的人就是缺乏情感移入的人,与他人相互之间进行情感移入也意味着你能伸出手来帮助他们,因为你能感知他们所感受的感觉,他们不再孤单。

(4)冲突管理的技巧。有时冲突能使组织运行效率下降或停滞。当冲突出现时,组织领导必须介入,并且设法帮助成员解决,常用的方法有四种,即避免、通融、协作和妥协。

①避免。有时组织者对不值得花费时间的问题进行争论,领导应及时选择一个较早的时间并转移到下一个内容上会更有意义。解决简单问题的另一种方式是抛硬币。

②通融。当对问题持有一种立场的人让步于另一种立场的人时,就出现了通融。如果领导者认为存在通融的可能性时,就应该去尝试确定人们对自己所持的立场感到过于强烈。如果问题对一方不是特别重要,领导者就可以建议他们放弃。

③协作。在冲突中,领导者应以大局考虑,寻求冲突各方通过共同努力以满足对方的需要,冲突各方就会停止攻击;相反,他们试图理解对方的观点,并且努力避免做出任何可能伤害相互关系的事情。

④妥协。在妥协中,双方都必须放弃某些东西,以便得到自己想要的,这就涉及讨价还价,在这种讨价还价的过程中,每一方都提出各自将牺牲什么,只有每一方都认为所得到的是公平的,并且获得了部分胜利,妥协便实现了。

第五节 领导艺术

一、领导艺术的含义

领导艺术是指领导者在实施领导行为过程中具有创造性的领导才能、技巧、艺术和方法。主要包括:决策的艺术、创新的艺术、应变的艺术、指挥的艺术、抓总的艺术、统筹的艺术、协调的艺术、授权的艺术、用人的艺术、激励的艺术等。在履行领导职能时,恰当分工、协调管理、提高工作有效性、拓展联系等弹性(可塑性)较大的方面能够体现得很明显。

领导是一门艺术。虽然可以学习其中的一些原则和基本方法,但是这就如同有了砖石,未必能够盖得好大楼一样,更不用说辉煌、雄伟或雅致的建筑。因此,作为领导者必须掌握一定的领导艺术，才能更好地发挥领导职能。

二、领导艺术

领导者在掌握激励艺术和沟通艺术的基础上，还要掌握以下几个方面的领导艺术。

（一）决策的艺术

正确的决策，可以决胜千里；错误的决策，可以导致"南辕北辙"。领导者处于组织中较高层次的管理，其决策的正确与否更是对组织发展起着重大的影响，因此，组织领导者必须具备良好的决策能力和决策艺术。

领导者决策时应注意以下几方面：

（1）慢条斯理和雷厉风行。制定决策时慢条斯理，认真调查，详细比较，摸清真谛，搞明关键，为下决心创造条件；实行决策雷厉风行，勇往直前，不达目的不罢休。

（2）弄清实质，抓住要害。

（3）多谋善断，集思广益。

（4）以变应变，抓住时机。

（5）抓好信息，增强预见。

美国决策理论学派创始人西蒙认为，决策的关键是时机和信息。孙子兵法说，"知己知彼，百战不殆"。对于决策，毛泽东同志也说，要"情况明，决心大，方法对"。

（二）创新的艺术

创新能力是指管理者对管理决策、管理方案、管理方法等方面提出新见解、新主意、新办法的能力。

按照行为科学的观点，创新过程大致分为五个阶段。

1. 浸润阶段

以彻底了解某一个问题为出发点，对存在问题的背景、现状及有关联系作充分的了解。

2. 审思阶段

对研究的课题认真进行分析，抓住主要矛盾，找到相关的联系，从不同角度思索、分析，多种方案反复安排，比较利弊。

3. 潜化阶段

经过冥思苦想仍找不到答案，出现暂停现象时，应该让潜意识接班，在其他领域内得到启发。

4. 实现阶段

经过其他联想，好想法可能突然出现。应该立即抛弃许多无价值的想法，把新方法过滤出来。新方法可能粗糙，但是很有希望。

5. 适应阶段

对新办法、新主意加以修改调整，使之完善。

个人创新能力的培养有两个前提，即自信和须经艰苦的脑力劳动。

创新的途径和方法有：

（1）学习科技，发现问题。如学习价值工程，从功能分析和成本分析中发现问题。

(2) 类比追踪，开拓思路。具体方法有：a. 追踪式。先提出一个问题，从中捕捉一个或几个疑点，以此为线索进行追踪，直到成功。如从发现产品质量问题，追踪到基础工作薄弱，缺乏管理制度。b. 类比式。从已知的问题或事件中找出基本点，类推比较，进行联想。如从清宫的八卦系列食品，发现产品系列化思想，联想生产系列小包装月饼、系列化妆用品、系列医药用品等。c. 辐射式。以一个问题为中心，向外辐射。d. 归谬式。对已有结论的事物，对其思维方式和过程重新回顾，发现谬误，加以改进。e. 归纳式。把几种特点、用途加以叠加和归结，形成新产品。如带橡皮擦的铅笔。f. 相反式。从问题相反的角度或相反的方面去考虑问题。

(3) 多方触角，提高敏感。见空子就钻，绝不放过，如资产重组。主动拓展新业务，摒弃老业务等。

(4) 运用资料、分析情报。搜集信息，从中发现问题，采取各种分析方法，如数量分析、图表分析、趋势分析等启发思想。

(5) 多种方式，集思广益。通过展销会、订货会、市场观察、参观展览、开诸葛会、消费者座谈等多种形式均能提高创新能力。此外，采取非常规手段有时也能激发灵感。

（三）应变的艺术

在当今世界经济竞争激烈的信息化时代，领导者作为组织较高层次的管理者，必须具备良好的心理素质，应对组织突如其来的变化。在运用应变艺术时需要注意以下几方面：

1. 敢于应变，承担风险

在企业外部条件的千变万化中，变是必然的，要有应变的思想准备，及时采取相应的合理措施。

2. 几套方案，适应变化

面对激烈的竞争，在制订计划、采取行动时，要设计多套方案，采取多种措施来适应变化。一开始就力图周全，以后还需结合反馈回的信息，对几套方案同时修正。

3. 提高素质，善于应变

企业素质高，成员素质高就能适应多种需要，以内部条件适应外部变化。

4. 加强储备，搞好开发

有技术储备、人才储备、可融性资金储备等。

5. 不怕受挫，百折不挠

在适应变化的过程中，失败是经常难免的，要不怕挫折，总结经验教训，在失败中前进。

（四）指挥的艺术

指挥艺术是指指导和影响群体或组织成员实现群体或组织目标而做出努力和贡献的过程或艺术。主要包括：

1. 健全责任制，实行目标管理

在大中型企业，建立健全企业内部经济责任制，层层分解指标，完成企业目标，是搞好指挥的重要艺术。

2. 建立健全以生产调度指挥系统为主干线的生产指挥系统

建立健全生产调度制度,是搞好指挥极为重要的方面。

3. 慎重决策,灵活指挥

企业的决策过程是比较复杂的过程,要经过上下多次讨论。但是企业的生产指挥要灵活、有效、快速,不耽误时机,保证生产的顺利进行。指挥员要根据实际情况,灵活处置。

4. 抓住信息,抓住反馈

指挥中要及时掌握信息,抓住反馈资料,及时发现问题,采取措施。

5. 亲自动手,亲临现场

指挥人员要亲临现场,掌握第一手材料,才能根据实际情况进行指挥。

(五)抓总的领导艺术

领导工作,要统抓全局,促进整体发展,注意以下几点:

(1) 实行例外原则。制度规定的事和各级负责之事,由各级去办,按规定去办。

(2) 下放权力,搞活基层。

(3) 大事抓决策。领导的主要责任是掌握政策,用好干部。作为企业领导者要集中力量抓好大事,抓好决策,抓好开发。

(4) 实行管理幅度原理,分工负责。领导的人员不宜过多,要适当减少横向协调工作量,缩小管理跨度,集中精力抓重大问题。

(5) 实行事业部制,从组织结构上保证领导集中精力干大事。

此外,实行领导负责制是为了集中指挥,加强个人决策权力,防止推卸责任,从而有利于抓总。

(六)统筹、协调的艺术

在谋划、指导和推进组织目标实现的管理过程中,领导者必须把组织管理工作看作一项系统工程,运用统筹协调艺术,妥善处理组织构成要素之间的关系,保证组织全面、协调、健康地发展。统筹协调艺术包括:

1. 设置智囊团、参谋部,帮助领导统筹决策

如美国的兰德公司是美国国务院的高级参谋部,为领导出谋划策、提供方案。

2. 掌握情报,分析资料

情报是运筹的前提,运筹是决胜的前提。运筹于帷幄之中,决胜于千里之外。

3. 事先告知,充分酝酿

提前出安民告示,预先告知,反复酝酿,充分讨论,然后加以集中。抓典型、抓标兵,典型开路,带动全局。

4. 互通情报,沟通语言

领导干部之间互通情报,加深了解,培养感情,沟通语言以求意见一致。

5. 言而有信,抓好开头

开头做好,就容易建立威信,可以设计出一些事件以增加威信。

（七）授权的艺术

授权，就是领导者把一部分权力授予下属，为其提供完成任务所必需的一种手段。授权的同时，就意味着赋予了相应的责任。合理授权的核心是各司其职，各负其责，把责任与权力统一于同一工作任务中。这样做的优点是：一是领导者可以摆脱烦琐的事务，专心致力于大局决策；二是可以调动下属的积极性，使其能够在其位，谋其政，敢于负责，努力工作，发挥作用。只有把职、权、责相结合，才能使下属倾全力而为之，充分施展其才华。因此，领导授权亦应做到：

（1）大权独揽，小权分散，办中有决，不离原则。领导者要把小权授予大家，从事务中摆脱出来。

（2）分工明确，权责相称，有职有权。良好的命令要具备完整、明确、可行三个要素。

（3）合理分工、责任落实。能分派给一个人完成的工作和任务，绝不分派给两个人去完成；分给集体的工作要明确负责人，坚持抓负责人，由负责人抓工作。

（4）工作的难度应该比承担工作的人平时表现的能力大些，使其有紧迫感，完成后有成就感。

（5）工作内容要合理调配。单调的工作由大家分担，或经常加以调换，或搭配成复杂工作；事务性工作要与技术性工作适当搭配，使人知道甜中有苦，并学到技术；孤独性工作要经常调换，避免把个人从人群中分开，要满足工作中的社交欲望。

（6）利用头衔和身份。如重要工作由负责人挂帅；直接听取下属的汇报；鼓励下属克服工作中的困难等。

（八）用人的艺术

一个单位、一个地区有没有人才，很大程度上取决于领导者会不会发现人才和使用人才；会不会识人和用人取决于一个领导者的素质、学识和能力。邓小平同志说过，善于发现、团结和使用人才是领导者成熟的主要标准之一。作为一种义不容辞的责任，每位领导者都必须练就一双识人的慧眼，善于沙里淘金，洞察人才、发现人才、团结人才、使用人才。

1. 善于识人，善于知人

识人要有伯乐之眼、霸王之胆，敢于开拓、善于发掘。要用在逆境中临危不惧的人；勇于创新、敢于改革的人；冲锋在前、不怕艰苦、不畏困难的人；努力本职工作、刻苦钻研的人；善思索、有智谋的人；善于出主意，想办法改变局面的人；善于团结他人，有协作风格的人；具有折服他人能力的人。要提倡互相推荐、自我推荐、荐才有功、让贤有奖。

2. 各得其所，各扬其志

人尽其才，才尽其用。工作和才能要适应，专业对口、特长对口，尽量照顾个人的兴趣和爱好。工作和性格相适应；社交能力强的人，适宜于推销采购部门；表达能力强的人，适合于宣传教育部门；创新能力强的人，适合于研究开发部门；稳定负责的人，适合于财会部门；独立见解强，不易受人笼络的人，适合于检查监督部门；指挥能力强的人，适合于生产调度部门等。

3. 知识互补，性格互补

搭配人员时可将深思熟虑的干部和敢想敢干的搭配，急性格和慢性格互补，设计和工艺知识互补，机械和电气知识互补，取长补短，共同提高。

4. 用人不疑，疑人不用，言过其实，不可大用

用人的关键是放手，不疑的关键是放权，言行不一的人，不能委以重任。

5. 用人之道讲究信、赏、罚

信即信任，信得过被用之人。赏罚要分明，该奖则奖，该罚则罚。

6. 重视人才的培养教育

育人要长期规划，肯下本钱。重视能力提高、能力保持和能力活用。

总之，用人要做到任人唯贤、选贤任能、不计恩怨、不拘一格，量才使用，充分信任，大胆放手，因人适用。制度要改革，人员要流动。

管理故事

英国大英图书馆，是世界上著名的图书馆，里面的藏书非常丰富。有一次，图书馆要搬家，也就是说，从旧馆要搬到新馆去，结果一算，搬运费要几百万英镑，而图书馆根本就没有这么多钱。怎么办？有人给馆长出了个注意。

图书馆在报上登了一则广告：从即日始，每个市民可以免费从大英图书馆借10本书。结果，许多市民蜂拥而至，没几天，就把图书馆的书借光了。书借出去了，怎么还呢？大家给我还到新馆来。就这样，图书馆借用大家的力量搬了一次家。

本章小结

领导是指管理者通过激励、沟通、指挥等手段，带领被领导者或追随者，实现组织目标的活动过程。领导实质是以对他人的影响力，对人们施加影响的艺术或过程，使人们情愿、热心地为实现组织或群体的目标而努力的活动和艺术。领导者要对下属施加影响必须拥有相应的权力，领导权力形成需要组织授权以及个人素质和行为所赢得的权力，主要包括合法权力、奖赏权力、强制权力、专家的权力、感召权力等的影响；同时也受到下属追随和服从的影响。领导者有多种类型，领导集体班子的构成要合理。

领导理论已经成为一个完善的、成熟的理论系统。本章介绍了人性假设及相应的理论、领导特质理论、领导行为理论、领导权变理论等领导的基本理论，分析了各种领导理论的贡献及局限性。

其实现的手段包括指挥、激励和沟通。本章还介绍了激励理论包括需要层次理论、双因素理论、期望理论、公平理论、归因理论等以及激励的方法。同时，讲述了沟通的含义、类型以及沟通的艺术等知识。

领导者需要具备高超的领导艺术。领导者应着重掌握五方面的艺术，即用人的艺术、授

权的艺术、协调人际关系的艺术、理事的艺术、管理时间的方法和艺术。

知识拓展

丰田公司的"内幕"

丰田汽车工业公司虽然地处弹丸之地的日本，却是名副其实的"世界第二位"的大汽车公司。短短十几年的时间，丰田就从一个名不见经传的小企业成长为世界汽车行业的一大霸主，税后利润也高达几千亿日元。

那么，丰田的秘密是什么呢？它具有被他人形容为"把干毛巾再拧出一把水来"的企业精神。丰田公司的每位员工，都把企业当作自己的家，在呕心沥血的生产工作之中，他们还注意珍惜一分一毫的公司财产，千方百计地为企业节约时间和金钱。

而恰恰是这种全身心的投入，让许多人很不理解，把丰田人看成是只知工作不会享乐的机器，是没有生命活力的生产线。那么，事实是如何的呢？

或许你不相信，丰田人的生活确实要比一般公司的职工更加丰富多彩，在这一方面，他们同样是世界一流的。

有人说："丰田在两年内天天开运动会都不成问题。""单是体育设施，就足够供召开全国性的运动会之用"，其规模之大，让人羡慕！单以这一点，就可以看出丰田傲视群雄的实力。

在无论是下雨、刮风、还是黑夜，所有运动都可以搞起来的丰田"全天候型"体育中心里，有田径运动场、体育馆、橄榄球场、足球场、网球场（6个）、室外摔跤场、射箭场、室内游泳池、射箭比赛场、垒球场（2个）、硬式棒球场、软式棒球场，供训练用的集体宿舍等，应有尽有。另外，总公司、工厂和研究所还附设有体育馆（2个）、柔道场、剑道场、田径赛场、棒球场（2个）、女子垒球场、网球场（7个）、排球场（5个）、游泳池（2个）、摔跤场、工厂运动场7个（各厂附有1个）。职工宿舍还附设有体育馆（3个）、游泳池（3个）、运动场（4个）、网球场（9个）和排球场（9个）。

丰田公司积极号召职工参加运动部、会（25个部、8个同一爱好者会）和文化教育部、会（13个部、32个同一爱好者会），使职工在体育运动和文化娱乐的世界中，寻求自己的另一种快乐。除活跃在日本联赛中的足球部外，橄榄球、排球、垒球、游泳、滑雪等部约有1 000名会员；围棋、日本象棋、纸牌、吹奏乐团、日本式古筝、吟诗和占卜学等文化教育部约有1 800名会员。

所有这一切，都在不知不觉中提高了员工的素质，增进了职工对领导、对公司的感情。在金钱关系充斥社会的今天，丰田这种家庭化的、不拘形式的活动就像一股清新的风格，它带来的绝不仅仅是温馨，更重要的，是一种动力。

> 训练题

一、选择题

1. 领导的实质是（　　）。
   A. 对他人的影响力　　　B. 激励　　　　　C. 沟通　　　　　D. 指挥
2. 领导的手段包括（　　）。
   A. 命令　　　　　　　　B. 激励　　　　　C. 沟通　　　　　D. 指挥
3. 领导权力的影响因素包括（　　）。
   A. 组织　　　　　　　　B. 管理者　　　　C. 被管理者　　　D. 其他因素
4. 德国社会学家勒温以权力定位为基本变量，通过各种试验，把领导者在领导过程中表现出来的极端的工作作风分为（　　）。
   A. 专制型　　　　　　　B. 放任型　　　　C. 民主型　　　　D. 中间道路型
5. 根据管理方格理论，（9·9）型属于（　　）。
   A. 任务型管理　　　　　　　　　　　　　B. 俱乐部型管理
   C. 中间道路型管理　　　　　　　　　　　D. 团队型管理
6. 领导权变理论包括（　　）。
   A. 菲德勒模型　　　　　　　　　　　　　B. 情景理论
   C. 路径—目标理论　　　　　　　　　　　D. 特性理论
7. 为了取得良好的激励效果，激励必须遵循（　　）。
   A. 物质利益原则　　　　　　　　　　　　B. 公平原则
   C. 差异化原则　　　　　　　　　　　　　D. 经济性原则
8. 下列属于内容型激励理论的是（　　）。
   A. 需要层次理论　　　　　　　　　　　　B. 双因素理论
   C. 期望理论　　　　　　　　　　　　　　D. 公平理论
9. 人或动物为了达到某种目的，会采取一定的行为作用于环境，当这种行为的后果对其自身有利时，这种行为就会在以后重复出现；不利时，这种行为就会减弱或消失。这属于（　　）。
   A. 需要层次理论　　　　　　　　　　　　B. 双因素理论
   C. 期望理论　　　　　　　　　　　　　　D. 强化理论
10. 按照激励中诱因的内容和性质，可将激励的方式与手段划分为（　　）。
    A. 物质利益激励　　　　　　　　　　　　B. 社会心理激励
    C. 工作激励　　　　　　　　　　　　　　D. 竞争激励
11. 处罚属于（　　）。
    A. 物质利益激励　　　　　　　　　　　　B. 社会心理激励
    C. 工作激励　　　　　　　　　　　　　　D. 竞争激励
12. 按沟通所使用语言的方式可分为（　　）。
    A. 口头语言沟通　　　　　　　　　　　　B. 书面语言沟通
    C. 肢体语言沟通　　　　　　　　　　　　D. 其他语言沟通
13. 沟通障碍包括（　　）。
    A. 主观障碍　　　　　　　　　　　　　　B. 客观障碍

C. 沟通方式障碍 D. 心理障碍
14. 冲突管理的技巧包括（ ）。
 A. 避免 B. 通融 C. 协作 D. 妥协
15. 在谋划、指导和推进组织目标实现的管理过程中，领导者必须把组织管理工作看作一项系统工程，运用统筹协调艺术，妥善处理组织构成要素之间的关系，保证组织全面、协调、健康地发展，反映出了领导的（ ）。
 A. 决策的艺术 B. 创新的艺术
 C. 应变的艺术 D. 统筹的艺术、协调的艺术

二、简答题
1. 解释领导及其含义。
2. 领导都有哪些权力？
3. 根据领导特性理论的研究，成功领导者的特性主要包括哪些？
4. 马斯洛的需要层次理论的主要内容和启示有哪些？
5. 赫兹伯格的双因素理论的主要内容和启示有哪些？
6. 沟通的主要障碍以及沟通艺术有哪些？
7. 会话的技巧有哪些？
8. 结合实际谈谈领导者的领导艺术有哪些？

三、案例分析

管理风格

某市建筑工程公司是一个大型施工企业，下设一个工程设计研究所，三个建筑施工队。研究所由 50 名高中级职称的专业人员组成，施工队有 400 名正式职工，除少数领导骨干外，多数职工文化程度不高，未受过专业训练。在施工旺季还要从各地招收 400 名左右农民工以补充劳动力的不足。

张总经理把研究所的工作交给唐副总经理直接领导、全权负责。唐副总经理是位高级工程师，知识渊博，作风民主，在工作中，总能认真听取不同意见，从不自作主张，硬性规定。公司下达的施工设计任务和研究所的科研课题，都要在全所人员共同讨论、出谋献策取得共识的基础上，做出具体的安排。他注意发挥每个人的专长，尊重个人兴趣、爱好，鼓励大家取长补短、相互协作、克服困难。在他的领导下，科技人员积极性很高，聪明才智得到了充分发挥，年年超额完成创收计划，科研方面也取得了显著成绩。

公司的施工任务，由张总经理亲自负责。张总是工程兵出身的复员转业军人，作风强硬，对工作要求严格认真，工作计划严密、有部署、有检查，要求下级必须绝对服从，不允许自作主张、走样变形。不符合工程质量要求的，要坚决返工、罚款；不按期完成任务的扣发奖金；在工作中相互打闹、损坏工具、浪费工料、出工不出力、偷懒耍滑等破坏劳动纪律的都要受到严厉的批评、处罚。一些人对张总的这种不讲情面、近似独裁的领导方式很不满意，背地骂他"张军阀"。张总深深地懂得，若不迅速改变职工素质低、自由散漫的习气，企业将难以长期发展下去，于是他亲自抓职工文化水平和专业技能的提高。在张总的严格管教下，这支自由散漫的施工队逐步走上了正轨，劳动效率和工程质量迅速提高，第三年还创造了全市优质样板工程，受到市政府的嘉奖。

张总经理和唐副总经理这两种完全不同的领导方式在公司中引起了人们的议论。

根据以上资料回答以下问题：
1. 你认为这两种领导方式谁优谁劣？
2. 为什么他们都能在工作中取得好成绩？

林肯电气公司的激励制度

林肯电气公司总部设在克利夫，年销售额为44亿美元，拥有2 400名员工，并且形成了一套独特的激励员工的方法。该公司90%的销售额来自于弧焊设备和辅助材料。

林肯电气公司的生产工人按件计酬，他们没有最低小时工资。员工为公司工作两年后，便可以分享年终奖金。该公司的奖金制度有一整套计算公式，全面考虑了公司的毛利润及员工的生产率与业绩，可以说是美国制造业中对工人最有利的奖金制度。在过去的56年中，平均奖金额是基本工资的95.5%，该公司中相当一部分员工的年收入超过10万美元。近几年经济发展迅速，员工年均收入为44 000美元左右，远远超出制造业员工年收入17 000美元的平均水平，在不景气的年头里，如1982年的经济萧条时期，林肯电气公司员工收入降为27 000美元，这虽然相比其他公司还不算太坏，可与经济发展时期相比就相差甚远。

公司自1958年开始一直推行职业保障政策，从那时起，他们没有辞退过一名员工。当然，作为对此政策的回报，员工也相应要做到以下几点：在经济萧条时他们必须接受减少工作时间的决定；要接受工作调换的决定；有时甚至为了维持每周30小时的最低工作量，而不得不调整到一个报酬更低的岗位上。

林肯电气公司极具成本和生产率意识，如果工人生产出一个不符合标准的部件，那么除非该部件修改至符合标准，否则该件产品就不能计入该工人的工资中。严格的计件工资制度和高度竞争性的绩效评估系统，形成了一种饶有压力的氛围，有些工人还因此产生了一定的焦虑感，但这种压力有利于生产率的提高。据该公司的一位管理者估计，与国内竞争对手相比，林肯电气公司的总体生产率是他们的两倍。自30年代经济大萧条以后，公司年年获利丰厚，没有缺过一次分红。该公司还是美国工业界中工人流动率最低的公司之一。前不久，该公司的两个分厂被《财富》杂志评为全美十佳管理企业。

根据以上资料回答以下问题：
1. 你认为林肯电气公司使用了何种激励理论来调动员工的工作积极性？
2. 为什么林肯电气公司的方法能够有效地激励员工的工作？
3. 你认为这种激励制度可能给公司管理带来什么问题？

经理与下属失败的沟通

小刘刚办完一单业务回到公司，就被主管马林叫到了他的办公室。

"小刘哇，今天业务办得顺利吗？"

"非常顺利，马主管，"小刘兴奋地说，"我花了很多时间向客户解释我们公司产品的性能，让他们了解到我们的产品是最适合他们使用的，并且在别家再也拿不到这么合理的价钱了，因此很顺利地就把公司的机器，推销出去一百台。"

"不错，"马林赞许地说，"但是，你完全了解了客户的情况了吗，会不会出现反复的情况呢？你知道我们部的业绩是和推销出去的产品数量密切相关的，如果他们再把货退回来，对于我们士气的打击会很大，你对于那家公司的情况真的完全调查清楚了吗？"

"调查清楚了呀，"小刘兴奋的表情消失了，取而代之的是失望的表情，"我是先在网上了解到他们需要供货的消息，又向朋友了解了他们公司的情况，然后才打电话到他们公司去联系的，而且我是通过您批准才出去的呀！"

"别激动嘛，小刘，"马林讪讪地说，"我只是出于对你的关心才多问几句的。"

"关心？"小刘不满道，"你是对我不放心才对吧！"

根据以上资料回答以下问题：
1. 分析案例中沟通双方存在的问题。
2. 如果你是经理或小刘，你如何进行沟通？请进行角色模拟。

第六章

控制职能

> **导入案例**
>
> ### 麦当劳公司的控制系统

麦当劳公司以经营快餐闻名于世。自 1955 年,克洛克在美国创办了第一家麦当劳餐厅起,如今公司旗下最知名的麦当劳品牌拥有已超过 32 000 家快餐厅,分布在全球一百多个国家和地区。

麦当劳金色的拱门允诺:每个餐厅的菜单基本相同,而且"质量超群,服务优良,清洁卫生,货真价实"。它的产品、加工和烹制程序乃至厨房布置,都是标准化,经过严格控制的。

麦当劳公司通过详细的程序、规则和条例规定,使分布在世界各地的所有麦当劳分店的经营者和员工们都遵循一种标准化、规范化的作业。公司对制作汉堡包、炸土豆条、招待顾客和清理餐桌等工作都事先进行翔实的动作研究,确定各项工作开展的最佳方式,然后再编成书面的规定,用以指导各分店管理人员和一般员工的行为。公司在芝加哥开办了专门的培训中心——汉堡包大学,要求所有的特许经营者在开业之前都接受为期一个月的强化培训。回去之后,他们还要对所有的工作人员进行培训,确保公司的规章条例得到准确的理解和贯彻执行。

为了确保所有特许经营分店都能按照统一的要求开展活动,麦当劳公司总部的管理人员还经常走访、巡视世界各地的经营店,进行直接的监督和控制。有一次巡视中发现某家分店自行主张,在店厅里摆放电视机和其他物品以吸引顾客,这种做法因与麦当劳的风格不一致,立即得到了纠正。除了直接控制外,麦当劳公司还定期对各分店的经营业绩进行考评。为此,各分店要及时提供营业额和经营成本、利润等方面的信息,使总部能够把握各分店的经营动态和出现的问题,以便商讨和采取改进的对策。

麦当劳公司的另一个控制手段,是在所有经营分店中塑造公司独特的组织文化,这就是大家熟知的"质量超群,服务优良,清洁卫生,货真价实"口号所体现的文化价值观。麦当劳公司的共享价值观建设,不仅在世界各地的分店,在上上下下的员工中进行,而且还将公司的一个主要利益团体——顾客也包括到这支建设队伍中。麦当劳的顾客虽然被要求自我服务,但公司特别重视满足顾客的要求,如为他们的孩子们开设游戏场所,提供快乐餐和组织生日聚会等,以形成家庭式的氛围,这样既吸引了孩子们,也增强了成年人对公司的忠诚感。

第一节 控制概述

一、控制的含义

"控制"一词最初来源于希腊语"掌舵术",意指领航者通过发号施令将偏离航线的船只拉到正常的轨道上来。由此说明,维持朝向目的地的航向,或者维持达到目标的正确行动的路线,是控制概念的核心含义。所谓控制,就是"纠偏",也即按照计划标准衡量所取得的成果,并纠正所产生的偏差,以确保计划目标的实现。以上是从狭义角度理解控制的概念,从广义的角度来说,控制工作实际上应该包括纠正偏差和修改标准两个方面的内容。控制工作应该能促使管理者在适当的时候对原定的控制标准和目标做出适当的修改,以便把不符合客观需要的活动拉到正确的轨道上来。就像在大海中行驶的船只,出现巨大的风暴和故障时,船只也有可能需要改变航向,驶向新的目的地。

在管理工作中,作为管理职能之一的控制,是指由管理人员对组织实际运行是否符合预定的目标进行测定,并采取措施确保组织目标实现的过程。

控制工作是每名主管人员的职能,主管人员常常忽视这一点,似乎控制工作是上层主管部门和中层主管部门的事。实际上,无论哪一层次的主管人员,不仅要对自己的工作负责,而且都还必须对整个计划的实施和目标的实现负责,因为他们本人的工作是计划的一部分,他们下级的工作也是计划的一部分。相对而言,越是基层管理者,控制的时效性要求越强,定量化程度越高;越是高层管理者,控制的时效性要求越弱,控制的综合性越强。因此,各级的主管人员,包括基层主管人员都必须承担实施控制这一重要职能的责任。

二、控制的目标

在现代化管理中,管理控制的目标主要有以下两个。

(一)限制偏差的积累

一般来说,任何工作的开展都不可避免会出现一些偏差。虽然有的偏差和失误不会立即给组织带来比较严重的损害,但在组织运行一段时间后,随着小差错的不断积累和放大,最后将对计划目标的实现造成威胁,甚至带来灾难性的后果。及早地发现潜存的错误和问题并进行处理,有助于确保组织按照预定的轨迹运行。有效的管理控制系统应该能够及时获取相关的偏差信息,及时采取矫正偏差的措施,以防偏差的积累影响到组织目标的实现。

(二)适应环境的变化

计划与目标总是要在实施一段时间后才能实现。在实施的过程中,组织内部和外部的环境可能会发生一些变化,如组织内部人员结构的变化、政府可能出台新的政策和法规等,这些变化会影响计划的实施过程，甚至可能影响计划本身的科学性和现实性。因此，任何组织都需要构建有效的控制系统，帮助管理人员预测和把握内外部环境的变化，并对这些变化可能带来的机会和威胁做出正确的、有力的反应。

三、控制的特点

管理控制的主要特点介绍如下。

（一）管理控制具有整体性

管理控制需要把整个组织的活动作为一个整体来看待，使各方面的控制协调一致，达到整体优化。管理控制的整体性包括多重含义：第一，管理控制是组织全体成员的职责，完成计划是组织全体成员的共同责任，参与管理控制是全体成员的共同任务；第二，控制的对象是组织的各个方面，包括各层次、各部门、各单位的工作以及组织生产经营的各个不同阶段等。组织各个方面的协调平衡需要对组织各个方面进行有效的控制。

（二）管理控制具有动态性

管理控制是动态演化的控制，它不同于机器设备系统中的自动控制，这种控制是高度程序化的，具有固定的特征。管理控制是在有机的社会组织中进行的，外部环境和内部条件都在不断地发生变化，从而决定了管理控制的动态性，以提高管理控制的适应性和有效性。

（三）管理控制具有目的性和反馈性

管理控制的意义就在于使组织活动朝着计划目标前进，因此管理控制具有明确的目的性。管理控制无论是着眼于纠正执行中的偏差还是适应环境的变化，都紧紧地围绕组织的目标进行，受到一定目标的指引，服务于达成组织特定目标的需要。而管理控制的这种目的性要得以实现，离不开信息反馈。没有信息反馈，就没有了赖以判断对错的对象和依据。管理控制系统中的信息是通过管理信息系统来实现的。

（四）管理控制具有人本性

管理控制不可忽略其中人性方面的因素。人是组织各项活动的执行者，组织中的各项活动都要由人来完成。归根结底，管理控制是对人的控制，同时本身又必须由人来执行。这就要求我们充分注意到人才是管理控制的关键，既要使人遵守控制的准则，又要努力使控制符合人的特征。控制不仅仅是监督，更为重要的是指导和帮助，使人在被动接受控制的同时，还能充分理解控制的必要性与方法，从而端正自身的态度，提高工作与自控能力。

（五）管理控制具有创新性

控制不等于管、卡、压。控制不仅要保证计划完成，并且要保证管理创新。实施过程要通过控制活动调动受控者的积极性，这是现代控制的特点。如在预算控制中实行弹性预算就是这种控制思想的体现，特别是在具有良好反馈机制的控制系统中，施控者通过接收受控者的反馈，不仅可以及时了解计划的执行状况，纠正计划执行中出现的偏差，而且还可以从反馈中得到启发，激发创新意识。

管理故事

有位客人到某人家里做客，看见主人家灶上的烟囱是直的，旁边又有很多木材。客人告诉主人说，烟囱要改曲，木材须移去，否则将来可能会有火灾，主人听了没有做任何表示。

不久主人家里果然失火，四周的邻居立即跑来救火，最后火被扑灭了，于是主人烹羊宰牛，宴请四邻，以酬谢他们救火的功劳，但并没有请当初建议他将木材移走、烟囱改曲的人。

有人对主人说："如果当初听了那位先生的话，今天也不用准备筵席，而且没有火灾的损失，现在论功行赏，原来给你建议的人没有被感恩，而救火的人却是座上客，真是很奇怪的事呢！"主人顿时省悟，连忙邀请当初给予建议的那位客人来吃酒。

管理心得：一般人认为，足以摆平或解决企业经营过程中的各种棘手问题的人，就是优秀的管理者，其实这是有待商榷的。俗话说："预防重于治疗"，能防患于未然之前，更胜于治乱于已成之后，由此观之，企业问题的预防者，其实是优于企业问题的解决者。

四、控制的内容

美国管理学家斯蒂芬·P·罗宾斯将控制的内容按照控制的对象，归纳为对人员、财务、作业、信息和组织绩效五个方面的控制。

（一）对人员的控制

管理者是通过对他人的工作来实现其目标的，为了实现组织的目标，管理者必须依靠其下属员工。因此，保证员工按照管理者制定的工作方式和预定的计划去做非常重要。为了做到这一点，就必须对人员进行控制。直接巡视是对人员控制最常用的方法，它是指在日常工作中，管理者通过观察员工的工作，发现问题并马上进行纠正。另一种有效的方法是对员工进行系统化的评估，这是一种正规的控制方法，通过评估，对绩效好的予以奖励，使其维持或加强良好的表现，对绩效差的管理者就采取相应的措施，纠正出现的行为偏差。

（二）对财务的控制

为保证企业获取利润，维持企业的正常运作，必须进行财务控制。这主要包括审核各期的财务报表，以保证一定的现金存量，保证债务的负担不致过重，保证各项资产都得到有效的利用等。预算是最常用的财务控制衡量标准，也是一种有效的控制工具。

（三）对作业的控制

一个组织的成功，在很大程度上取决于它在生产产品或提供服务的能力上的效率和效果。组织提供的产品或服务质量在很大程度上是由组织中的作业质量决定的。所谓作业，就是指从劳动力、原材料等资源到最终产品和服务的转换过程。而作业控制就是通过对作业过程的控制，来评价并提高作业效率和效果，从而提高组织提供的产品或服务的质量。

（四）对信息的控制

在信息社会，信息在组织运行中的地位越来越高，不精确的、不完整的、不及时的信息则会大大降低组织的效率。因此，在现代组织中对信息的控制显得尤为重要。对信息的控制就是要建立一个管理信息系统，使它能在正确的时间，以正确的数量，为正确的人提供正确的数据信息。管理信息系统是一个由人、计算机结合的对管理信息进行收集、传递、存储、加工、维护和使用的系统。它以大容量数据库为支撑,以数据处理为基础,从系统的观点出发,把分散的信息组织成比较完整的信息系统,大大提高了信息处理的效率,也提高了管理水平。

(五) 对组织绩效的控制

组织绩效是组织上层管理者的控制对象,组织目标的达到与否都能从这里反映出来。无论是组织内部的人员,还是组织外部的人员和组织都十分关注组织的绩效。因此,为了维持或改进一个组织的整体效果,管理者应该关心控制。但一个组织的效果是很难用一个单一的指标来衡量的,生产率、产量、市场占有率、员工福利、组织的成长性等都可能成为衡量指标,关键是看组织的目标取向,即要根据组织完成目标的情况并按照目标所设置的标准来衡量组织绩效。

五、控制的类型

控制的类型是多种多样的,从不同角度可以对控制做出不同分类。本书主要介绍下面几种分类。

(一) 按照控制活动发生时间的不同分类

1. 事前控制

事前控制也称为预先控制、前馈控制,是工作开始之前就提前做出应对准备,就开始进行的控制。这种控制在问题出现之前就可以预先告知管理人员,促使他们从一开始就采取各种预先防范措施,预防或尽可能地减少偏差和失误,从而把偏差和失误可能带来的损失降到最低限度。事前控制实际上就是"未雨绸缪",其目的是"防患于未然"。关于事前控制的实例有很多,如企业编制财务预算、制定规章制度及相关实施细则,对员工进行岗前培训等,这些都属于事前控制。

事前控制的效果取决于对情况的观察、规律的掌握、信息的获得、趋势的分析和可能发生的问题的预计。事前控制的优点有:由于在工作开始之前进行,避免了事后控制对已铸成差错无能为力的弊端,避免了失误带来的不良后果,节省了修正错误的成本。同时,由于事前控制是在工作开始之前针对某项计划行动所依赖的条件进行控制,不针对具体人员,不易造成对立性的冲突,易被职工接受并付诸实施。而且,这一控制手段执行起来较为容易,容易赢得员工的支持和配合。

2. 事中控制

事中控制也被称为现场控制、即时控制、过程控制,是在工作过程中进行的同步控制。它是指管理人员在计划执行过程中通过深入现场,亲自监督检查、指导和控制下属人员的活动的行为。其包括的内容简要介绍如下。

(1) 向下级指示恰当的工作方法和工作过程。
(2) 监督下级的工作以保证计划目标的实现。
(3) 发现不合标准的偏差时,立即采取纠正措施。

事中控制的优点有:兼有监督和指导两项职能,可以确保工作能够按照预期计划进行,确保工作过程中出现的错误能够得到及时纠正,可以提高员工的工作能力及自我控制能力。

事中控制的缺点有：容易受到管理者自身时间、精力、业务水平的制约。如果管理者无法保证充足的时间投入，无法对现场出现的问题及时发现并及时提出正确的解决方法，那么，事中控制就不会得到很好的贯彻执行。此外，事中控制的应用范围也相对有限，由于受到控制执行人员的数量、时间、精力的限制，事中控制大规模推行的成本过高，并且由于事中控制需要现场对出现的问题直接予以指明并马上责令改正，这容易激起员工的对立和不满情绪。从这个意义上来说，事中控制很难成为日常性的控制办法，它只能是其他控制方法的一种补充。

3. 事后控制

事后控制，也可称为反馈控制，是一种在工作结束、工作成果已经形成后进行的控制。这种控制方法是把注意力集中在最终取得的工作结果上，它通过对前一阶段取得的工作成果进行测量、比较、分析和评价，找出工作中的不足，发现其中存在的问题，以此作为下一次工作改进的依据，为下一次工作提高提供经验，吸取教训。比如，企业发现不合格产品后追究当事人的责任，并且制定防范再次出现质量事故的新规章，发现产品销路不畅而相应做出减产、转产或加强促销的决定，以及学校对违纪学生进行处罚等，这些都属于事后控制。

事后控制的优点：在某些特定情况下，往往难以做到事前控制与事中控制，此时，事后控制常常是唯一能够采取的控制手段，这是因为很多事件只有在发生后才能看清结果，才可能认识到事情发生的规律和教训。因此，事后控制尽管有某些不尽如人意的地方，但事后控制却往往是最为常见、最为实用的控制手段。此外，由于事物的发展往往是循环往复的，呈现一定的规律性，因此，事后控制能为后面的工作提供信息和借鉴，为以后类似事件提供经验，吸取教训，以改进工作，更好地完成组织目标。这就好比亡羊补牢，为时未晚一样，如果能够吸取前面事例的教训，就可以更好地做好后面的工作，这正体现了"前事不忘，后事之师""吃一堑，长一智"的道理。

事后控制的致命缺点是滞后性。对事后控制来说，往往是"事后诸葛亮"，不管怎样，事后控制对已经形成的损失往往是无济于事的。另外，在事后控制中，从结果的衡量、比较、分析到纠偏措施的制定和实施，都需要时间，而这容易贻误时机，增加控制的难度，导致惨重的损失。

管理故事

魏文王问名医扁鹊说："你们家兄弟三人，都精于医术，到底哪一位最好呢？"

扁鹊答："长兄最好，中兄次之，我最差。"

文王再问："那么为什么你最出名呢？"

扁鹊答："长兄治病，是治病于病情发作之前，由于一般人不知道他事先能铲除病因，所以他的名气无法传出去；中兄治病，是治病于病情初起时，一般人以为他只能治轻微的小病，所以他的名气只及本乡里；而我是治病于病情严重之时，一般人都看到我在经脉上穿针管放血、在皮肤上敷药等大手术，所以以为我的医术高明，名气因此响遍全国。"

管理心得：事后控制不如事中控制，事中控制不如事前控制，可惜大多数的事业经营者未能体会到这一点，等到错误的决策造成了重大损失才寻求弥补。而往往是即使请来了名气很大的"空降兵"，结果也于事无补。

（二）按控制者与控制对象的关系分类

1. 间接控制

间接控制是指控制者与受控者之间不接触，而是通过建立控制系统，对被控制对象进行控制的一种方法，其控制的主体根据控制的计划和标准，检查实际的工作结果，发现工作中的偏差，分析偏差产生的原因，并采取适当的纠正措施。

2. 直接控制

直接控制是控制者与受控者通过直接接触进行控制的方式。直接控制往往通过行政命令和手段对被控制对象直接进行控制。它主要通过培养更优秀的管理人员，让管理人员熟练应用管理的概念、技术和原理来直接控制和改善他们的管理工作，从而防止出现因管理不善而造成的不良后果。

直接控制着眼于赋予管理人员控制的能力和意识，让他们在管理过程中直接发挥自己的才能，对自己的管理行为做出科学而正确的设计和安排，这样无形之中就避免了可能出现的偏差和失误，从而做到"未雨绸缪"，起到了良好的预防控制的效果。

（三）按照整个组织控制活动的实施主体不同分类

1. 正式组织控制

正式组织控制是由组织中特定的机构或人员实施的一种控制。组织可以通过设计特定的组织机构对组织的各项活动进行控制，并提出具体更正措施和建议。

2. 群体控制

群体控制是基于非正式组织中群体成员的价值观念和行为准则进行的一种控制，它往往是由非正式组织自发组织和维持的，是基于非正式组织的群体成员态度来进行控制的。非正式组织的行为规范，虽然没有明文规定，但它的每一位成员都十分清楚那些能够起到控制作用的内容和规范，并能够自觉遵循这些规范，从而得到群体组织的奖励，获得群体成员的认可。群体控制可能有利于组织目标的实现，也可能给组织带来危害，所以要对其加以正确引导，不要对群体控制放任自流，这样会对组织目标的实现带来不利影响。

3. 自我控制

自我控制指的是组织成员个人有意识地按某一行为规范进行的一种控制。这种控制具有自动自发的性质，成本低、效果好，并且能够提高控制的主动性、积极性和反应速度。实施这种控制：一方面需要上级给下级充分的信任和授权；另一方面需要把个人活动与工作奖惩联系起来。自我控制的能力则取决于个人本身的素质和组织文化对自我控制的引导。

管理故事

合格率的检查制度

"二战"期间,美国空军降落伞的合格率为99.9%,这就意味着从概率上来说,每一千个跳伞的士兵中会有一个因为降落伞不合格而丧命。军方要求厂家必须让合格率达到100%才可以。厂家负责人说他们已竭尽全力了,99.9%已是极限,除非出现奇迹。军方(也有人说是巴顿将军)就改变了检查制度,每次交货前从降落伞中随机挑出几个,让厂家负责人亲自跳伞检测。从此,奇迹出现了,降落伞的合格率达到了百分之百。

(四)按控制的业务范围不同分类

1. 财务控制

组织财务是组织运行状态的综合反映,也是组织控制的重要手段。财务控制包括财务预算、会计、审计和财务报表分析控制。

预算主要是一种计划方法,但是它也履行相应的控制职能,预算是用财务数字或非财务数字来表明预期的结果,以此为标准来控制执行工作中偏差的一种计划和控制手段。预算有许多种,包括销售预算、生产预算、投资预算等。

会计技术控制包括责任会计、成本会计、标准成本会计等。例如,成本会计的方法主要是对成本进行详细分析,并显示为提供某一产品或运营某一部门所耗费的成本。

审计是对组织中的经营活动和财务记录的准确性和有效性进行检查、监测和审核的一种控制工具。审计的内容很多,财务审计就是其中最重要的部分。

2. 质量控制

质量是由产品使用目的所提出的各项适用特性的总称。对产品质量特性按一定尺度、技术参数或技术经济指标规定必须达到的水平就形成了质量标准。它是检验产品是否合格的技术依据。质量控制就是以这些技术依据为衡量标准来检验产品质量的。为保证产品质量符合规定标准和满足用户的使用目的,企业需在产品设计试制、生产制造直至使用的全过程中,实施全员参加的、事后检验和预先控制有机结合的、从最终产品的质量到产品赖以形成的工作质量的全方位的质量管理活动。

3. 生产控制

生产控制是生产系统的主要组成部分。生产控制的目标是以最低成本及时生产出数量和质量都符合要求的产品。生产控制中一项最基本的活动就是生产过程中的监督和指导工作。生产控制包括根据订单计划生产的批量,安排产品的生产顺序,进行生产监控直到产品生产完成。

4. 存货控制

存货控制是企业运作中一个必不可少的环节。存货过量会积压大量的资金,带来大量的利息支出。但是若不保持充足的存货,生产过程就可能中断或拖延,从而造成产品不能及时进入市场，将导致销售损失。为了使生产系统的运行有效率并保持高效，必须在这两种情况之间保持一种平衡。存货控制技术就是用来达到这种平衡的。

5. 人事管理控制

人事管理控制主要集中在对组织内人力资源的管理上，具体包括两大方面。一是主要人事比率的控制。即分析组织内各种人员的比率，如分析管理人员与职工的比率、后勤服务人员与生产工人的比率以及人员流动率和旷工缺勤率等是否维持在合理的水平上，以便采取调整和控制措施。二是人事管理控制要对管理人员和一般员工在工作中的成绩、能力和态度进行系统的、周期性的客观公正的考核、评价和分析鉴定，即进行业绩评估。这既有利于激励原来表现好的员工继续保持和发扬下去，也有利于原来表现差的员工向着好的方向转化和发展。

六、控制的原则

任何一个负责任的主管人员都希望有一个适宜的、有效的控制系统来帮助他们确保各项活动都符合计划要求。但是，主管人员却往往认识不到他们所进行的控制工作，是必须针对计划要求、组织结构、关键环节和下级主管人员的特点来设计的。他们往往不能全面地了解设计控制系统的原理。因此，要使控制工作发挥有效的作用，在建立控制系统时必须遵循一些基本的原则。

（一）反映计划要求原则

每一项计划每一种工作都各有其特点，所以，为实现每一项计划和完成每一种工作所设计的控制系统和所进行的控制工作，尽管基本过程是相同的，但在确定什么标准、控制哪些关键点和重要参数、收集什么信息、如何收集信息、采用何种方法评定成效以及由谁来控制和采取纠正措施等方面，都必须按不同计划的特殊要求和具体情况来设计。比如，人力资源控制系统和产品质量控制系统虽然处于同一组织系统，但二者的控制要求、控制关键点、控制方式是截然不同的。所以，在设计控制系统时，每个管理者都必须围绕计划进行。

（二）组织适宜性原则

控制必须反映组织结构的类型。一方面，组织结构既然是对组织内各个成员担任什么职务的一种规定，因而，它也就成为明确执行计划和纠正偏差职责的依据。另一方面，控制系统必须切合每个主管人员的特点。也就是说，在设计控制系统时，不仅要考虑具体的职务要求，还应考虑担当该项职务的主管人员的个性。在设计控制信息的格式时，这一点尤其重要。

送给每位主管人员的信息所采用的形式，必须分别设计。

（三）控制关键点原则

控制关键点原则是控制工作的一条重要原则。对一个主管人员来说，随时注意计划执行情况的每一个细节，通常是浪费时间也没有必要的。他们应当也只能把注意力集中于计划执行中的一些主要影响因素上。事实上，控制住了关键点，也就控制住了全局。在控制过程中，管理人员只有抓住关键的控制点，才能真正把握控制的关键，起到"牵一发而动全身"的良好功效。比如啤酒酿造企业中，啤酒质量是控制的一个重点对象。尽管影响啤酒质量的因素有很多，但只要抓住了水的质量、酿造温度和酿造时间，就能保证啤酒的质量。因此，企业就要对这些关键控制点制定出明确的控制标准，实施严格控制。

（四）控制趋势原则

控制变化的趋势比仅仅改善现状重要得多，也困难得多。一般来说，趋势是多种复杂因素综合作用的结果，是在一段较长的时期内逐渐形成的，并对管理工作成效起着长期的制约作用。趋势往往容易被现象所掩盖，它不易觉察，也不易控制和扭转。控制趋势的关键在于从现状中揭示倾向，特别是在趋势刚显露苗头时就敏锐地觉察到。这也是一种管理艺术。例如，有一个计算机生产企业，连续两年的销售收入增长率在20%左右，而同期国内同类企业的销售收入增长率在30%以上，相比之下，该企业的销售收入增长率不但不值得乐观，相反预示着企业在国内的竞争力正处于下降的不利态势，如果不采取及时有效的控制措施，扼制这种不良趋势，后果将会非常严重。

（五）例外原则

主管人员越是只注意一些重要的例外偏差，也就是说，越是把控制的主要注意力集中在那些超出一般情况的特别好或特别坏的情况，控制工作的效能和效率就越高。在偏高标准的各种情况中，有一些是无关紧要的，而另一些则不然，某些微小的偏差可能比某些较大的偏差影响更大。因此，在实际运用当中，例外原则必须与控制关键点原则相结合。仅仅立足于寻找例外情况是远远不够的，我们应把注意力集中在关键点的例外情况的控制上。这两条原则有些共同之处。但是，我们应当注意到它们的区别在于，控制关键点原则强调选择控制点，而例外原则则强调观察在这些点上所发生的异常偏差。比如质量控制中就广泛运用了例外原则。工序质量是反映生产过程是否稳定的指标，如果影响产品质量的主要因素如原材料、工具、设备、操作工人没有明显变化，那么产品质量也就不会发生太大差异，这时我们可以认为生产过程是稳定的，或者说工序质量处于控制状态。反之，如果生产过程中出现了违反规律性的异常状态时，则表明有些因素有问题，应立即查明原因，及时采取相应措施，使之稳定。

（六）直接控制原则

直接控制是相对于间接控制而言的。间接控制往往是通过管理控制标准及衡量纠偏等措施进行的，它的依据是有关控制的过程必须是及时有效的，即控制标准是合适的，衡量业绩是客观准确的，偏差的发现是及时的，纠正措施是坚决有力的，等等。但是如果其中有一项不符合要求，控制的效果就很难保证。直接控制认为，任何控制工作都是由人来做的，人的素质关系到控制的成效，控制的过程有时是难以把握的，而有了良好的管理，控制人员就可以克服制度或管理上的一些缺陷。

直接控制就是控制有关管理控制人员和执行人员的素质，通过提高有关人员的工作能力和业务水平，使出现偏差的概率下降；同时由于有关人员的素质提高了，其自觉控制的能力将大大增强，能够在出现偏差时自觉地迅速采取行动，使总损失降到最低。

第二节　控制过程

控制工作作为管理工作中相对独立的一个环节，它也是由若干活动步骤组成的。医生看病要以健康人作为标准来对比病人,找到病人和健康人的差别后要设法把病因找到,才能对症下药。在控制工作中,为强化和优化控制职能,控制工作一般划分为三个具有内在联系的基本步骤:第一步为完成的任务制定标准;第二步为衡量实际绩效来对照这些标准;第三步如果绩效与标准不符,则应采取纠偏行动。这三个步骤必须按上述顺序去实施,否则很难取得良好的控制效果。

一、建立控制标准

(一) 标准的含义

所谓标准,是一种作为模式或规范而建立起来的测量单位或具体尺度,是从整个计划方案中选出的对工作成效进行评价的关键指标。标准的设立应当具有权威性。最理想的标准是可考核的目标直接作为标准,但更多的情况则是需要某个计划目标分解为一系列的标准,如将利润率目标分解为产量、销售额、制造成本、销售费用等。

(二) 建立控制标准的步骤

1. 确立控制对象

控制对象、控制标准是控制工作得以开展的前提,是检查和衡量实际工作的依据和尺度。如果没有控制目标,没有控制标准,就无法衡量实际工作,控制工作也就失去了自己的目标和依据。控制对象,就是体现目标特性、影响目标实现的要素。只有明确了对象,才能有的放矢地制定标准。

然而,对活动成果的考核评价仅是一种事后控制,为了有效地保障组织实现预期的活动成果,管理者必须对所有影响组织实现目标成果的因素进行控制。但这种全面控制往往是不现实的,也是不经济的。从组织有限资源的经济合理使用以及管理人员的工作精力和能力等现实情况出发,管理控制中通常的做法是:选择那些对实现目标成果有重大影响的因素进行重点控制,这样,为了确保管理控制取得预期的成效,管理者在选择控制对象时就必须对影响组织目标成果实现的各种要素进行科学的分析研究,然后从中选择重点的要素作为控制对象。

2. 选择关键控制点

重点对象确定下来后,还必须具体选定控制的关键点,才能制定控制标准。从计划中选择关键控制点的能力是一门管理艺术,良好的控制来源于关键点的准确选择,因而这种选择或决策的能力也就成为判断管理者控制工作水平的一个重要标志。如美国通用公司为下列八个领域建立了标准:获利性;市场地位;生产率;产品领导地位;人员发展;员工态度;公共责任;短期目标与长期目标之间的量。

企业控制了关键点,也就控制了全局。对于关键点的选择,一般应考虑以下三个方面因素。

(1) 影响整个工作运行过程的重要操作与事项,是管理者应该予以关注的领域。

(2) 能在重大损失出现之前显示出差异的事项。并不是所有的重要问题都作为控制的关键点,通常情况下,管理者应该选择那些易于检测出偏差的环节进行控制,这样才能对问题做出及时、灵敏的反应。

(3) 若干能反映组织主要绩效水平的时间与空间分布均衡的控制点。因为关键控制点数的选择应足以使管理者对组织总体状况有比较全面的把握。

(三) 控制标准的分类

在实际工作中，按照不同的依据，可把标准分成不同的类型。

1. 实物标准

实物标准是一类非货币标准，普遍适用于使用原材料、雇用劳动力、提供服务和生产产品等的基层单位。实物标准可以反映数量，也可以反映质量，如货运吨千米数、轴承的硬度、纺织品的耐久性等。实物标准是计划工作的基石，也是控制的基本标准。

2. 费用标准

费用标准是一类货币标准，它同实物标准一样，普遍适用于基层单位。这些标准把货币价值加到各种经营费用之中，用来说明费用标准中有这样一些广泛运用的指标：单位产品的直接费用和间接费用、单位产品或工时的人工费用等。

3. 资金标准

资金标准是费用标准的变种，是用货币来计量实物。这些标准与投资于公司的资本有关，而与经营成本无关，所以它们主要是同资产负债表有关，而同损益表无关，对于一笔新的投资或总体控制而言，使用最为广泛的标准是投资报酬率。

4. 收入标准

收入标准是把货币与销售额相联系而产生的，即以货币衡量的销售额。

5. 计划标准

计划标准就是以管理者编制的计划指标作为衡量标准。

6. 无形标准

无形标准是一类既不能用实物也不能用货币形式来计量的标准。在任何一个组织中，都存着许多无形的标准，这是因为对所有工作的预期还缺乏彻底研究的缘故。或者，一个更重要的原因是，在工作成果涉及人们相互关系的地方，特别在基层以上的各级机构中，很难衡量什么是"好的""有效的"或"有效能"的。虽然心理学家和社会学家所提出的试验、调查和抽样方法使得判断人们的行为和动机已有可能，但是对于人们相互关系的许多管理控制仍要以无形的标准、主观的判断、反复的试验，有时甚至是纯粹的预感等为依据。

7. 把目标作为标准

把目标作为标准是一类比较理想的控制标准，即在各级管理机构中建立一个可考核的完整的目标网络，这样可以使无形的标准的作用逐渐减小。可考核的目标可分为定量的目标和定性的目标两种。定量的目标多半是采取上面所概括的各种标准形式，它是可以准确地考核的，而定性目标虽然也可以考核，却不可能和定量目标一样考核得那么准确。

(四) 建立控制标准的方法

常用的拟定标准的方法有以下三种。

(1) 统计方法，相应的标准称为统计标准。它是根据企业的历史数据记录或是对比同类企业的水平，运用统计学方法确定的。最常用的有统计平均值、极大（或极小）值和指数等。统计方法常用于拟定与企业的经营活动和经济效益有关的标准。

（2）经验估计法，相应的标准称为经验标准。它是由有经验的管理人员凭经验确定的，一般是作为统计方法和工程方法的补充。

（3）工程方法，相应的标准称为工程标准。它是以准确的技术参数和实测的数据为基础的。例如，确定机器的产出标准，就是根据设计的生产能力确定的。工程方法的重要应用就是测量生产者个人或群体的产出定额标准。这种测量又称为时间研究和动作研究，它是由F·W·泰勒首创的。经过几十年乃至上百年的实践和完善，形成今天所谓的"标准时间数据系统"（Standard Data System，SDS）。这是一种计算机化的工时分析软件，使用者只要把一项作业所规定的加工方法分解成相应的动作元素，输入计算机，就可以立刻得出完成该项作业所需要的工时。SDS的特殊之处在于，它可以在待定工时的作业进行之前，就将整个作业的工时预先确定下来。SDS的这一特点，决定了它可以用于成本预算、决定一个特定零部件是自制还是外购以及决定一项业务是否应当承揽等工作。

管理故事

英国将澳洲变成殖民地之后，因为那里地广人稀，尚未开发，英国政府就鼓励国民移民到澳洲，可是当时澳洲非常落后，没有人愿意去。英国政府就想出一个办法，把罪犯送到澳洲去。这样一方面解决了英国本土监狱人满为患的问题，另一方面也解决了澳洲的劳动力问题，还有一条，他们以为把坏家伙们都送走了，英国就会变得更美好了。

英国政府雇用私人船只运送犯人，按照装船的人数付费，多运多赚钱。很快政府发现这样做有很大的弊端，就是罪犯的死亡率非常高，平均超过了百分之十，最严重的一艘船死亡率达到了惊人的百分之三十七。政府官员绞尽脑汁想降低罪犯运输过程中的死亡率，包括派官员上船监督、限制装船数量等，却都实施不下去。

最后，他们终于找到了一劳永逸的办法，就是将付款方式变换了一下：由根据上船的人数付费改为根据下船的人数付费。船东只有将人活着送达澳洲，才能赚到运送费用。

新政策一出炉，罪犯死亡率立竿见影地降到了百分之一左右。后来船东为了提高生存率，还在船上配备了医生。

二、衡量实际绩效

在制定衡量的标准后，接下来就需要对照标准来衡量实际工作，衡量实际工作的目的是取得控制对象的有关偏差信息。只有了解和掌握偏差信息，才能针对出现的偏差，采取相应的纠正措施，实施有效的控制。

管理者可通过以下几种方法来获得实际工作绩效方面的资料和信息。

（一）观察

通过个人的亲自观察，管理者可亲眼看到工作现场的实际情况，也可以与工作人员现场交谈来了解工作进展及存在的问题，进而获得真实而全面的信息。采取这种方法来获得相关信息，尽管相对来说会更加深刻、更有说服力，但由于时间和精力的限制，管理者不可能对所有工作活动都进行亲自观察。

（二）利用报表和报告

这是经由书面资料了解工作情况的常用方法。这种方法可节省管理者的时间，但所获取的信息是否全面、准确则取决于这些报表和报告的质量。

（三）抽样调查

抽样调查即从整批调查对象中抽取部分样本进行调查，并把结果看成整批调查对象的近似代表，此法可节省调查的成本及时间。

（四）召开会议

召开会议即让各部门主管汇报各自的工作近况及遇到的问题，这既有助于管理者了解各部门工作的情况，又有助于加强部门间的沟通和协作。

以上几种方法各有利弊，在衡量实际工作成绩过程中必须将多种方法结合起来，综合考虑。

三、分析偏差并采取纠正措施

依据衡量的标准，采用科学方法，对工作绩效进行衡量之后，就可以将衡量的结果与标准进行比较，发现实际工作绩效与标准之间的偏差。发现偏差以后更重要的是分析偏差产生的原因，针对引发偏差的原因采取有效的纠正措施。

（一）分析偏差产生的原因

偏差产生的原因主要表现为以下三个方面。

1. 外部环境的重大变化

由于外部环境的变化，使得组织原定目标和计划无法实现。对于这类因素管理者一般无法控制，只能调整组织的目标和计划，并在认真分析的基础上采取一些补救措施，以消除不良影响。如由于政府紧缩银根，贷款利率提高，使资金成本提高，财务费用增加，影响组织的利润等。

2. 计划执行不力

计划执行不力是指由于计划执行过程中的原因导致的偏差。计划执行不力主要是由于工作责任心不强、工作能力不足、缺乏相应的监督控制而造成的。

3. 计划本身制定不合理

在计划制定过程中，由于决策者的想法与实际不符，或盲目乐观，把目标定得太高，如新中国成立初期我国制定的短时间内"超英赶美"；或盲目悲观，制订出过于保守的计划。这时，就需要对计划做出调整，以适应现实情况，确保组织的根本目标得到真正实现。

（二）采取适当纠正措施

具体来说，针对导致偏差发生的三个主要原因，在实际控制中所要采取的处理措施主要有三种。第一，若是组织的外部环境发生了重大变化，致使计划失去客观的依据，那么相应的控制措施应是对组织的策略方针做出调节，以适应外部环境的变化，趋利避害。

这时,可以通过启动备用计划或重新制订新的计划来协调组织行动,适应环境。第二,对由于计划执行不力造成的问题,控制的办法主要是"纠偏",即通过加强管理和监督,确保工作与目标接近或吻合。此时,应该加强计划执行人员的责任心,提高计划执行人员的工作能力,对计划执行人员的工作进行适当监控,以确保计划执行落到实处,组织目标得以实现。第三,若计划目标不切合实际,控制工作则主要是按实际情况修改计划目标,对过高的目标,要适当调低,以确保目标切合实际,能够最终得以实现;对过于保守的目标,则应该适当调高,以确保组织能够发挥出应有的潜力,确保组织资源不会遭到无谓的浪费。

第三节 控制方法

控制工作的方法和技术有很多,在这里我们根据管理对象的不同,重点介绍最常用的预算控制、非预算控制和行为控制。

一、预算控制法

在管理控制中,使用最广泛的一种控制方法就是预算控制。预算控制清晰地表明了计划与控制的紧密联系。

(一)预算的定义及作用

预算也是一种计划,它是用数字编制反映组织在未来某一个时期的综合计划。预算控制是通过编制预算,然后以编制的预算为基础,来执行和控制组织的各项活动,并比较预算与实际的差异,分析差异产生的原因,然后对差异进行处理的过程。通过这个过程,组织可以根据预算规定的各个标准来检查和监督各个部门的生产经营活动,以确保各个部门或各项活动在达成既定目标、实现利润的过程中对经营资源实现合理、有效利用,同时实现对费用支出的严格有效控制。

预算的作用可以概括为以下三个方面。

(1)预算是保证计划顺利完成的有效控制手段。预算通过财务形式把计划数字化,并把这些计划分解落实到组织的各层次和各部门中去,使各级管理者能清晰地了解到,计划所涉及的部门和人员的范围,资金的使用权限及数量,各部门的资金、收入、费用以及用实物计量的投入量和产出量额度等,从而使管理者以预算标准检查和监督各项活动,发现偏差并及时采取纠正措施,保证组织能在预算的限度内完成计划。

(2)预算有助于改进管理者的工作态度和工作作风。通过预算可能使管理者了解组织内外环境的现状和未来,有助于他们确立自己的工作重点,改善组织内的意见和信息沟通,改进对下属的指导和领导方式,并设法激发下属的工作热情。同时,在执行预算时,有可能使他们预先发现可能出现的问题并及时采取纠正措施,可使他们向更高的目标奋斗,以编制出更好的预算。

(3)预算可以帮助组织的各个部门和组织成员了解自己未来的工作任务和职责,明确工作内容和权限,并增进部门和成员间的相互了解,形成意见沟通网络,以更好地协调组织内部的活动。

（二）预算的种类

预算在形式上是一整套预计的财务报表和其他附表。按照不同的内容，可以把预算分为经营预算、投资预算和财务预算三大类。

1. 经营预算

经营预算是指企业日常发生的各项基本活动的预算。它主要包括销售预算、生产预算、直接材料采购预算、直接人工预算、制造费用预算、单位生产成本预算、推销及管理费用预算等。其中最基本和最关键的是销售预算，它是销售预测正式的、详细的说明。由于销售预测是计划的基础，加之企业主要是靠销售产品和劳务所提供的收入来维持经营费用的支出并获利的，因而销售预算也就成为预算控制的基础。生产预算是根据销售预算中的预计销售量，按产品品种、数量分别编制的。在生产预算编好后，还应根据分季度的预计销售量，经过对生产能力的平衡，排出分季度的生产进度日程表，或称为生产计划大纲，在生产预算和生产进度日程表的基础上，可以编制直接材料采购预算、直接人工预算和制造费用预算。这三项预算构成对企业生产成本的统计。而推销及管理费用预算，包括制造业务范围以外预计发生的各种费用明细项目，例如销售费用、广告费、运输费等。对于实行标准成本控制的企业，还需要编制单位生产成本预算。

2. 投资预算

投资预算是对企业固定资产的购置、扩建、改造、更新等，在可行性研究的基础上编制的预算。它具体反映何时进行投资、投资多少、资金从何处取得、何时可获得收益、每年的现金净流量为多少、需要多长时间回收全部投资等。由于投资的资金来源往往是任何企业的限定因素之一，而对厂房和设备等固定资产的投资又往往需要很长时间才能回收，因此，投资预算应当力求和企业的战略以及长期计划紧密联系在一起。

3. 财务预算

财务预算是指企业在计划期内反映有关预计现金收支、经营成果和财务状况的预算。它主要包括"现金预算""预计收益表"和"预计资产负债表"。必须指出的是，前述的各种经营预算和投资预算中的资料，都可以折算成金额，反映在财务预算内。这样，财务预算就成为各项经营业务和投资的整体计划，故亦称"总预算"。

（1）现金预算主要反映计划期间预计的现金收支的详细情况。在完成初步的现金预算后，就可以明确企业在计划期间需要多少资金，财务主管人员就可以预先安排和筹措，以满足资金的需求。为了有计划地安排和筹措资金，现金预算的编制期应越短越好。西方国家有不少企业以周为单位，逐周编制预算，甚至还有按天编制的。我国最常见的是按季和按月进行编制。

（2）预计收益表（或称为预计利润表）。它是用来综合反映企业在计划期间生产经营的财务情况，并作为预计企业经营活动最终成果的重要依据，是企业财务预算中主要的预算表之一。

（3）预计资产负债表主要用来反映企业在计划期末那一天预计的财务状况。它的编制需以计划期间开始日的资产负债表为基础，然后根据计划期间各项预算的有关资料进行必要的调整。

（三）预算的步骤

预算的编制是一个有科学程序的系统性工作，一般经过自上而下和自下而上的循环过程，主要有以下步骤。

（1）由组织的高层管理人员提出组织在一定时期内的发展战略、计划与目标。这是制定预算的基本依据。

（2）主管预算编制的部门根据组织发展战略、计划与目标，向组织各部门的主管人员提出有关编制预算的建议和要求，并提供必要的资料。

（3）各部门的主管人员依据组织计划与目标的要求，结合本部门的实际情况，编制本部门的预算，并与其他部门相互协调。在此基础上，将本部门预算上报主管部门。

（4）主管编制预算的部门将各部门上报的预算进行汇总，在认真协调的基础上，编制出组织的各类预算和总预算草案。

（5）组织的各类预算和总预算草案上报组织的高级管理层进行审核批准，然后颁布实施。

（四）预算的局限性

预算使管理控制目标明确，让人们清晰地了解所拥有的资源和开支范围，使工作更加有效，但过分依赖预算也会在一定程度上给组织带来危害，主要表现在以下几方面。

1. 让预算目标取代组织目标

有些管理者过于热衷使所辖部门的各项工作符合预算的要求，甚至忘记了自己的首要职责是保证组织目标的实现，如有时一些部门会因为没有预算而拒绝实施某些为达到目标而采取的特殊手段。

2. 预算过于详细，抑制了人的创造力

过于详细的预算，容易抑制人的创造力，甚至使人产生不满或放弃积极的努力，还会为逃避责任提供借口。

3. 预算带来一种惯性，它会保护既得利益者

因为预算往往是根据基期的预算数据加以调整的，这样，不合理的惯例或以前合理现在不合理的惯例继续延用，保护了一些人的既得利益。

4. 预算缺乏灵活性

在计划执行过程中，有时一些因素发生了变化，如果仍然根据预算数字来苛求项目计划，无疑会导致控制的不灵活。

（五）预算的改进方法

由于预算的结果常被用来作为控制标准，故预算方法的选定非常重要。一般预算采用固定预算，并且多根据基期数据调整，从而存在一定的危害。下面介绍三种预算方法，可对这种情况有所改善。

1. 弹性预算

为使预算适应将来可能出现的环境变化，在编制预算过程中必须注意预算的弹性问题。实行弹性预算的方法主要有两种，一种是变动预算，另一种滚动预算。a. 变动预算。其基本思

想是按固定费用和变动费用分别编制固定预算和可变预算，以确保预算的灵活性。这种控制方法主要用于制造、销售等与产量直接有关的成本系统。b. 滚动预算。这是指先确定一定时期的预算，然后每隔一定时间，就要定期修改以使其符合新的情况，从而形成时间向后推移一段的新预算。变动预算与滚动预算都保持了较大的灵活性，能较好地适应各种变化。

2. 零基预算

在传统的预算方法中，人们确定某项职能的成本费用，往往是以过去的实际支出为基础，然后，再根据新情况的变化，做适当增加、减少或维持不变。但很可能是这笔费用支出的调整不适应实际情况的变化，甚至可能是原有费用支出本来就不合理。因此，那种以原来费用支出为准线上下调整的办法存在很多弊端。零基预算就是在制定某项职能预算时从零起点开始其预算过程，即每次都是重新由零开始编制预算。这样可以打破原有的框子，避免不合理资源分配的延续，使预算更符合实际，更能适应情况的变化。

零基预算主要适用于营销、研究开发、人事、教务等部门。它们的支出一般无硬性规定，主要根据目标要求来灵活制定。

3. 预算松控制

预算松控制是近年来国外企业逐渐兴起的一种预算控制模式，其典型代表就是在欧洲一些大公司实施的"超越预算"模式。所谓"超越预算"，确切地说应该是超越预算紧控制，在该模式中预算主要用作沟通和计划的工具，每年管理人员会照样编制、复查、修订、批准预算，每年或每季会将实际业绩与预算比较，分析和解释其中的差异，但是预算并不被视为对预算执行者约束和评价的标准。随着经营环境和预测前提条件的改变，初始的预测和预算可以修改，预算目标没有达到并不意味着业绩不佳。

管理知识

新预算法实现五大突破

2014年8月31日，十二届全国人大常委会第十次会议通过了《全国人民代表大会常务委员会关于修改〈中华人民共和国预算法〉的决定》（以下简称《决定》），并重新颁布修订后的预算法，《决定》自2015年1月1日起施行。新预算法在预算管理制度、预算控制方式、地方债务风险、转移支付制度、预算支出约束五个方面实现了重大突破。

1. 新预算法完善了政府预算体系，有利于健全透明的预算制度

原预算法涉及的，基本上是公共财政预算的内容。新预算法明确规定"政府的全部收入和支出都应当纳入预算"，实行全口径预算管理。新预算法明确预算包括一般公共预算、政府性基金预算、国有资本经营预算、社会保险基金预算。新预算法增加规定，

除涉及国家秘密的事项外，经本级人大或其常委会批准，预算、预算调整、决算、预算执行情况的报告及报表，应当在批准后20日内由政府财政部门向社会公开，并对本级政府财政转移支付的安排、执行情况以及举借债务的情况等重要事项做出说明。

2. 新预算法改进了预算控制方式，建立跨年度预算平衡机制

原预算法规定预算审查的重点是收支平衡，同时要求预算收入征收部门完成上缴任务。新预算法明确规定"各级政府应当建立跨年度预算平衡机制"，各级一般公共预算按照国务院的规定可以设置预算稳定调节基金，用于弥补以后年度预算资金的不足，作为实现跨年度预算平衡、调节年度资金丰歉的重要工具。也就是说，一个预算年度内财政收入短收了，要通过预算稳定调节基金来弥补；超收了也不能"突击花钱"，只能用于冲减赤字或者补充预算稳定调节基金。

3. 新预算法规范了地方政府债务管理，严控债务风险

原预算法规定，"地方各级预算按照量入为出、收支平衡的原则编制，不列赤字"。新预算法从五个方面对地方政府举借债务做出限制性规定：一是限制主体，经国务院批准的省级政府可以举借债务；二是限制用途，举借债务只能用于公益性资本支出；三是限制规模，举借债务的规模，由国务院报全国人大或者全国人大常委会批准，省级政府在国务院下达的限额内举借的债务，报本级人大常委会批准；四是限制方式，举借债务只能采取发行地方政府债券的方式，不得采取其他方式筹措；五是控制风险，举借债务应当有偿还计划和稳定的偿还资金来源，国务院建立地方政府债务风险评估和预警机制、应急处置机制以及责任追究制度。

4. 新预算法完善了转移支付制度，推进基本公共服务均等化

为进一步规范和完善转移支付制度，新预算法增加规定：财政转移支付以均衡地区间基本财力、由下级政府统筹安排使用的一般性转移支付为主体。建立健全专项转移支付定期评估和退出机制。市场竞争机制能够有效调节的事项不得设立专项转移支付。除按照国务院规定应当由上下级政府共同承担的事项外，上级政府在安排专项转移支付时不得要求下级政府承担配套资金。上级政府应当提前下达转移支付预计数，地方各级政府应当将上级提前下达的预计数编入本级预算。

这些规定有利于优化转移支付结构，提高转移支付资金分配的科学性、公平性和公开性，有利于减少"跑部钱进"现象和中央部门对地方事权的不适当干预。

5. 新预算法坚持厉行节约，硬化预算支出约束

针对现实中存在的奢侈浪费问题，新预算法坚持贯彻勤俭节约的原则，严格控制各部门、各单位的机关运行经费和楼堂馆所等基本建设支出。对各级政府、各部门、各单位在预算之外或者超预算标准建设楼堂馆所的，责令改正，并对负有直接责任的主管人员和其他直接责任人员给予撤职、开除处分。

现代预算管理的灵魂，是硬化预算对政府支出的约束，而硬化预算支出约束的关键在于不能随意开财政收支的口子。为此，新预算法增加规定：在预算执行中，各级政府一般不制定新的增加财政收入或者支出的政策和措施，也不制定减少财政收入的政策和措施。

（资料来源：湖南日报）

二、非预算控制法

预算主要体现为一种预先控制的手段。在系统的运行中，还需要采用其他管理手段来加强控制。管理者用来加强控制的非预算方法大致分为行政控制、经济分析方法两类。

（一）行政控制

行政控制是泛指借用行政手段监测、控制受控系统的方法，主要包括实地观察、报告、审计等方法。

1. 实地观察

实地观察即管理者亲自到工作现场，对受控系统的运营进行直接的巡视、察看，了解运行情况，直接衡量工作绩效，如发现偏差，则予以及时纠正。管理者亲临现场的这种控制方式有其特定的功能，如可以直接掌握第一手资料、能亲自辨别情报真伪，及时把握变化情况，并有利于缩短管理者与被管理者的心理距离。因此，它是其他控制手段所不能代替的。

2. 资料统计分析法

资料统计分析法是指管理者借助各种数据资料，掌握受控系统运行情况，从而进行控制的方法。如果能够有连续反映受控系统运行情况的原始记录，就便于实施有效的控制。同时，坚持对有关统计资料的分析与积累，就能为控制系统运行、监测偏差并及时采取纠正行动提供有力的依据。

3. 报告

报告是指管理者搜集与阅读关于受控系统运行信息的各种报告，了解情况，以控制系统运行的方法。这些报告较为详尽地提供有关信息并进行偏差分析，为纠正偏差的行动提供依据和指南。这些报告往往是带有专题性的，可以集中阐述某一子系统的情况，对于管理者深入了解系统状态，及时采取有力的纠正措施是非常有效的。

4. 审计

审计控制是对反映组织资金运动过程及其结果的会计记录及财务报表进行审核、鉴定，以判断组织有关的经济活动的真实、合法和效益，从而为控制和管理组织活动提供依据。根据审查的内容和主体不同，可将审计划分为：由外部机构进行的外部审计；由内部专职人员对组织财务控制系统进行全面评估的内部审计；由外部和内部审计人员共同对管理政策及其绩效进行评估的管理审计。

（1）外部审计。外部审计是指由外部机构（国家审计机关或社会审计机构）选派的审计人员对组织的财务报表及其反映的财务状况进行独立的评估。

外部审计人员通过抽查组织的基本财务记录，来检查财务报表及其反映的资产与负债的账面情况是否与组织的真实情况相符。它是对组织内部弄虚作假、欺骗行为的一个重要而系统的检查，从而迫使组织自觉控制自己的行为。外部审计的优点是：由独立于被审计单位以外的审计机构进行，可以不受任何干涉地独立地行使审计监督权，因而能够比较客观公正地对被审计单位或案件做出正确评价，得到社会的信任。但外部审计人员由于不了解组织内部的结构、业务活动特点以及组织内部人员的不配合，因而增加了审计工作的难度。

（2）内部审计。内部审计是由组织内部的机构或由财务部门的专职人员来独立进行的审计。

内部审计是组织管理控制的一个重要手段，它提供了检查现有控制程序和方法能否有效地保证达成既定目标和执行既定政策的手段。根据对现有控制系统有效性的检查，内部审计可以提供有关改进组织政策、工作程序和方法的对策建议，促进组织目标的实现。当然，它也有自身的缺陷，因为内部审计不仅要搜集信息，而且要解释信息，并指出事实与计划的偏差之所在，所以要完美地完成这一工作，必须对审计人员加强充分的技能训练。

（3）管理审计。管理审计是以组织的管理活动为审计检查的内容，对其组织机构、计划、决策的科学性、可行性、效益性等进行审核检查，从而评价其管理素质的审计行为。

相对于外部审计和内部审计，管理审计的对象和范围更广，它是一种对组织所有管理工作及其绩效进行全面系统评价和鉴定的方法。管理审计虽然也可以由组织内部的有关部门进行，但为了保证某些敏感领域得到客观评价，组织通常聘请外部专家来进行。

5. 制度规范与培训

即由管理部门对一些例行工作的运作程序、工作标准及一些人员的行为规范、责任制等制定制度规范，靠制度体系进行控制。同时，对人员进行培训，使他们掌握组织规范并全面提高其素质，也是有效控制的一种根本性举措。

6. 质量控制

质量控制是为达到质量要求所采取的质量作业技术和活动的总称，或者说，质量控制是为了通过监视质量形成过程，消除质量环节中所有阶段引起不合格或不满意效果的因素，以达到质量要求，获取经济效益而采用的各种质量作业技术和活动。在企业里，质量控制活动主要是企业内部的生产现场管理，是指为达到和保持质量而进行控制的技术措施和管理措施方面的活动。20 世纪 80 年代，随着国际竞争的加剧和顾客期望值的提升，许多企业采用全面质量管理的方法来控制质量，把质量观念渗透到企业的每一项活动中，以实现持续的改进。全面质量管理具有以下基本特征。

（1）全过程的质量管理。即质量管理不仅在生产过程，而且应"始于市场，终于市场"，从产品设计开始，直至产品进入市场以及售后服务等，质量管理都应贯穿其中。

（2）全企业的质量管理。质量管理不仅仅是质量管理部门的事情，它和全企业各个部门都密切相关，因为产品质量是做出来的，不是检验出来的，故每项工作都与质量相关。

（3）全员的质量管理。每个部门的工作质量，取决于每个职工的工作质量，所以每名职工都要保证工作质量，为此，由职工成立很多质量小组，专门研究在部门或工段的质量问题。

（4）全面科学的质量管理方法。全面质量管理一般分为四个阶段：第一个阶段称为计划阶段，又叫 P 阶段（Plan）。这个阶段的主要内容是通过市场调查、用户访问、国家计划指示等，摸清用户对产品质量的要求，确定质量政策、质量目标和质量计划等。第二个阶段为执行阶段，又称 D 阶段（Do）。这个阶段是实施 P 阶段所规定的内容，如根据质量标准进行产品设计、试制、试验，其中包括计划执行前的人员培训。第三个阶段为检查阶段，又称 C 阶段（Check）。这个阶段主要是在计划执行过程中或执行之后，检查执行情况，是否符合计划的预期结果。最后一个阶段为处理阶段，又称 A 阶段（Action），主要是根据检查结果，采取相应的措施。

（二）经济分析

利用管理经济学和管理会计所提供的一些专门方法，对实际系统进行经济分析，是管理控制的重要手段。比率分析和盈亏平衡分析是常用的两类经济分析方法。

1. 比率分析

比率表示两个变量之间的对比关系。它对反映受控系统状态、做出正确评价,是很有效用的。反映系统某方面数量特征的绝对数,有时不能提供所需的信息。如利润额较高,并不能直接反映出企业经营效益如何,而资金利润率则较好地反映了该企业相对本行业的经济效益的大小。因此,比率分析是一种必需的控制技术,一般可以把这些比率分为财务比率和经营比率两大类。

(1) 财务比率分析。财务比率分析可以帮助我们了解企业的偿债能力和盈利能力等财务状况。财务比率包括流动比率、负债比率、盈利比率。例如,通过投资利润率分析,可以掌握投资的经济效益;通过销售利润率分析,可以一般地考察企业的盈利能力。

(2) 经营比率分析。经营比率也称活力比率,是与资源利用有关的比例关系。它们反映了企业经营效率的高低和各种资源是否得到了充分利用。常用的经营比率有库存周转率、固定资产周转率、销售收入与销售费用的比率。例如,用平均库存价值去除销售净额,即得库存周转率,它反映了商品周转的速度及库存的合理性;再有用销售费用去除比净销售额,可以用来测定销售工作的效率。

2. 盈亏平衡分析

盈亏平衡分析是进行经济分析的一种重要工具。盈亏平衡分析模型既是决策工具,又是控制工具。盈亏平衡分析在控制工作中的应用主要有以下几个方面。

(1) 运用盈亏平衡点公式可以进行生产量或销售量控制。当生产量或销售量为盈亏平衡点时,企业既不亏损也不盈利,低于这个数量就要亏损,高于这个数量就能获得盈利。这一数量界限成为控制产量、销量以及相应盈亏状况的重要手段。

(2) 分析各种因素变动对利润的影响。如可以用经营杠杆率反映利润对销售量变化的反应敏感度,其公式是:

$$经营杠杆率 = \frac{利润变动百分数}{销售量变动百分数} \qquad (式6-1)$$

(3) 进行成本控制。这一模型将固定成本与变动成本分列,容易发现实际费用与预算的背离,可将注意力集中于可能采取纠正行动的领域,从而更方便地控制成本。

(4) 判断经营安全率。

三、行为控制法

管理控制中最主要的方面就是对人员的行为进行控制,这是因为任何组织当中最关键的资源都是人,任何高效的组织都配备着有能力高效地完成指派任务的优秀人才,这可以从周围许多组织的情况中得到证明。怎样选择人员、怎样使职工的行为更有效地趋向组织目标,这就涉及了人员行为的控制问题。常用的绩效评定方法有以下几种:鉴定式评价方法、强选择列等方法、成队列等比较法和偶然事件评价法。

(一) 鉴定式评价方法

这种方法是最简单、最常用的绩效评价办法。具体做法是,评价人写一篇针对被评价者长处和短处的鉴定,管理者根据这篇鉴定给予被评价者一个初步的估计,这种方法的基本假设是评价人确切地了解被评价者的优缺点,对其有充分的了解,并且能够客观地撰写鉴定。

然而，在实际工作之中，上述基本假设有时并不能完全成立。况且，由于鉴定的内容不同，标准也不一致，所以用此种方法只能给人一种初步的估计，完全依赖这种办法往往会造成评价的失误。这种方法适用于调换或任免等人事方面的决策工作。

（二）强选择列等方法

这种方法是为了克服偏见和主观意念，建立比较客观的评价标准。具体做法是，管理者列出一系列有关被评价者的可能情况，然后让评价者在其中选择最适合被评价者的条目，并且做上标记。管理者据此加权评分，得分高者就是优秀的，得分低者就是差的。这种方法比较准确，但它只限于应用在性质类似或标准的工作上，超出这个范围其准确性将大为降低。

（三）成队列等比较法

这种方法的基点是把要评价的人员两两进行比较，即每个人都同所有的人比较一次，然后按照某种评价标准进行选择。例如，被评价的人员一年来对企业的贡献，或在工作中的开拓和进取精神等。在两两比较时，选择较好的一个做上标记。当全部比较完毕，标记最多者就是根据所定标准最出色的一人，而无标记者则是最差的一人。但是，这种方法有一个缺陷，就是比较标准只是单一项。如果有多种标准进行综合衡量，只能对每种标准都进行一次比较，然后每个标准给出一个权数，再进行加权比较来确定次序。这样就使工作量进一步加大，特别是在要被评价的人数较多时更是如此。此外，这种方法由于是依据主观的判断进行的，有时能产生较大误差，这时最好有几个人同时单独进行评价工作，最好取平均值以减少这种误差。这种方法同强选择列等方法都适用于评定工资、奖金等方面。

（四）偶然事件评价法

采用此种方法时，管理人员要持有一份记录表，随时记录职工积极或消极的偶然事件，根据这种记录以便定期对职工的工作绩效进行评价。根据这种偶然事件进行评价比较客观，但关键是能否把职工的所有偶发事项全部记录下来。另外，对职工来说都有各种责任制，如果责任制所规定的工作标准得到职工的赞同，这种方法就能有效地调动职工的积极性，否则职工还会有不公平感。这种方法和目标管理配合起来使用，可以有效地监督控制职工的工作。

上述方法的基本原则都是要尽量客观、准确地对人员绩效进行评价，以满足组织各方面工作对人的要求。然而，由于人的行为是由人的思想、性格、经验、社会背景等多种因素综合作用的结果。而这些因素本身又很难用精确的方法加以描述，这就使对人员的行为控制成为管理控制中相当复杂和困难的一部分，在这部分控制过程中，对人的行为和绩效进行评价则最为困难。

对人员的行为和绩效进行评价之所以如此困难，主要是因为对许多人员来说很难既客观又简明地建立起绩效判断的标准。对于生产物质产品的人，如装配工人、机械加工工人可以按照他们所生产的产品数量和质量来衡量他们的绩效。但对于生产精神产品的人，如企业的管理人员、大学教师、政府工作人员等有时候就无法对他们的工作规定得十分清楚，因而，相当大的一部分评定过程几乎完全根据评定者的主观判断，这种判断极易产生评定偏差，最后导致人员行为的失控。

对绩效评定的另一个困难，是多数工作都需要有两个或两个以上的标准来衡量。例如，一个工人生产的产品数量可能超过了标准，但有些产品质量不合格；大学教师要做三方面的工作：教学、科研和育人；某人在某些方面可能相当出色，而在其他方面又逊色较多，而且他的成绩随时间变化，这一段时间好些，那一段时间有可能差些。因此，对人员的控制，应考虑多方面的因素，综合运用多种方法。

本章小结

管理是在特定的组织内外部环境约束下，对组织所拥有的资源进行有效的计划、组织、领导和控制，通过组织资源的优化配置，以期高效率地实现组织目标的过程。

在管理工作中，作为管理职能之一的控制：是指为了确保组织的目标以及为此而拟订的计划能够得以实现，各级主管人员根据事先确定的标准或因发展的需要而重新拟定的标准，对下级的工作进行衡量、测量和评价，并在出现偏差时进行纠正，以防止偏差继续发展或今后再度发生；或者，根据组织内外环境的变化和组织的发展需要，在计划的执行过程中，对原计划进行修订或制订新的计划，并调整整个管理工作过程。

按照不同的标准，控制可以划分为不同类型。为了进行有效控制，必须遵循一定的控制原则和要求。管理控制的基本过程都可划分为三个步骤：确立标准、衡量绩效、纠正偏差。最常用的控制方法是预算控制和非预算控制，还有一种行为控制法。预算控制是通过编制预算来进行控制的一种控制方法。非预算控制主要有比率分析、审计控制、质量控制等。

知识拓展一

我国企业内部控制基本规范

为了加强和规范企业内部控制，提高企业经营管理水平和风险防范能力，促进企业可持续发展，维护社会主义市场经济秩序和社会公众利益，根据国家有关法律法规，财政部会同证监会、审计署、银监会、保监会于2008年联合制定了《企业内部控制基本规范》，并在2010年先后发布了《企业内部控制应用指引》《企业内部控制评价指引》《企业内部控制审计指引》等。

内部控制是由企业董事会、监事会、经理层和全体员工共同实施的、旨在实现控制目标的过程。它具有以下几个主要特点。

(1) 内部控制是一个不断发展、变化、完善的过程，它持续地流动于企业之中，并随着企业经营管理的新情况、新要求适时改进。

(2) 内部控制由企业中各个层级的人员共同实施，从企业负责人到各个业务分部、职能部门的负责人，直至企业每一个普通员工，都对实施内部控制负有责任。

(3) 内部控制在形式上表现为一整套相互监督、相互制约、彼此联结的控制方法、措施和程序，这些方法、措施和程序有助于及时识别和处理风险，促进企业实现发展目标，提高经营管理水平、信息报告质量、资产管理水平和法律遵循能力。

(4) 内部控制能够向企业管理层实现前述目标提供合理保证，但由于内部控制的固有局限、管理层的逾越和串通舞弊等原因，难以确保每一家企业必定成功。

内部控制的目标是合理保证企业经营管理合法合规、资产安全、财务报告及相关信息真实完整，提高经营效率和效果，促进企业实现发展战略。

内部控制原则是企业建立与实施内部控制应当遵循的基本指针。企业建立与实施内部控制应当遵循下列五项原则，即全面性、重要性、制衡性、适应性和成本效益原则。

内部控制理论的发展经历了内部牵制、内部控制制度、内部控制结构（三要素）、内部控制整体框架（五要素）和主体风险管理整体框架（八要素）五个阶段。财政部等五部委在制定内部控制基本规范过程中，在形式上借鉴了以美国 COSO 报告（Committee of Sponsoring Organizations of the Treadway Commission，全美反欺诈财务报告委员会下属的发起人委员会，该委员会于1992年颁布了《内部控制整体框架》，简称 COSO 报告。由于 COSO 报告提出的内部控制理论和体系集内部控制理论和实践发展之大成，成为现代内部控制最具权威性的框架，因此在业内备受推崇，在美国及全球得到广泛推广和应用）为代表的内部控制整体框架（五要素框架），同时在内容上体现了风险管理整体框架的实质。之所以采用五要素框架，是因为五要素框架相对成熟、稳定，得到世界公认，美国证券交易委员会等推荐、参照的框架仍是五要素框架，其可用下图表示。

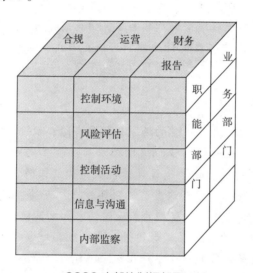

COSO 内部控制框架图

其中，控制环境、风险评估、控制活动、信息与沟通、内部监察五个方面为内部控制的五要素，其由职能部门、业务部门共同贯彻执行，并要求合规运营，进而影响财务报告，这种模型的结构即上图的 5×3×2 结构，其中五要素释义见下表。

要素	要素释义
控制环境	规定主体纪律与架构，影响经营管理目标的制定，塑造主体文化氛围并影响员工的控制意识，是主体建立与实施内部控制的基础
风险评估	风险评估是及时识别、科学分析经营活动中与实现控制目标相关的风险，合理确定风险应对策略，是实施内部控制的重要环节
控制活动	控制活动，是指根据风险应对策略，采用相应的控制措施，将风险控制在可承受度之内，是实施内部控制的具体方式。高职院校应当结合风险评估结果，通过手工控制与自动控制、预防性控制与检查性控制相结合的方法，运用相应的控制措施，将风险控制在可承受范围之内

续表

要素	要素释义
信息与沟通	信息与沟通是主体及时、准确地收集、传递与内部控制相关的信息，确保信息在主体内部、主体与外部之间进行有效沟通，是实施内部控制的重要条件。主体应当建立信息与沟通制度，明确内部控制相关信息的收集、处理和传递程序，确保信息及时沟通，促进内部控制有效运行
内部监察	是主体对内部控制建立与实施情况监督检查，评价内部控制的有效性，对于发现的内部控制缺陷及时加以改进，是实施内部控制的重要保证

知识拓展二

当前控制的新问题

管理者在设计一个高效和有效的控制系统时会产生一系列问题。例如，随着计算机硬件和软件技术的进步使控制的过程变得更加容易了，但是这种进步也带来一些难题，即管理者对雇员有权知道些什么和在控制雇员行为方面可以走多远。在这里将介绍四个当代控制问题：工作场所隐私、员工偷窃、工作场所暴力及电子商务中的控制问题。

一、工作场所隐私

如果你工作，你是否想过在你工作的场所你还具有隐私权？你和你的工作员工可以知道些什么？答案可能会让你大吃一惊！除个别情况以外，员工们可以读你的电子邮件（即便标有"私人或秘密"），听你的电话，通过计算机监视你的工作，存储和检查计算机文件以及在员工澡堂或更衣室监视你。所有这些行为并不少见。如今，所有公司中的45%和《财富》1 000强公司中的17%使用某种类型的监视软件。加之其他形式的监视手段的使用，如摄像机，使总数达到67%。为什么管理者觉得他们必须监视员工在做些什么，一个重要的原因就是员工被雇用来就是工作的，而不是在网上浏览股票价格、在线赌博或为家庭或者朋友购买礼物。据说每年由于工作时间在网上浏览休闲可造成10亿美元的计算机资源损失和数十亿美元的生产损失。这是一项巨大的成本。

二、员工偷窃

最终发现所有组织中的偷窃和欺诈行为中有85%是雇员而不是外人所为的事实会让你吃惊吗？而且这是一个代价高昂的问题。所谓员工偷窃，就是指任何未经允许将公司财产拿出作为员工个人使用的行为，其范围从贪污到填写虚假报销单，到从公司办公室搬走设备、零部件、软件及办公用品。虽然零售商业长期以来面临严重的员工偷窃潜在损失，但在初创公司和小公司松懈的财务控制及唾手可得的信息技术使员工偷窃问题逐步上升，且无论公司类型及规模如何。这是一个管理者需要进行自我教育的控制问题，是他们必须准备处理的问题。

为什么员工会偷窃？不同领域的专家有不同的看法。例如产业保安人员认为员工偷窃的原因是因为松懈的控制和有利的环境造就了偷窃的机会。犯罪学专家说是因为财务方面的原因或恶习造成的压力。而心理专家则认为，员工偷窃是因为他们自己认为所做的一切事都是正确和合理的,每个人都这么做,这点东西对公司算不了什么等。虽然上述专家对员工偷窃行为提出了令人信服的深刻见解,而且在设计组织偷窃的程序中起到了作用,但不幸的是员工偷窃行为仍在继续。因此管理者可以做些什么呢?让我们来看一些关于处理员工偷窃行为的建议。

我们可以利用前馈、同期和反馈控制的概念来鉴定阻止或减少员工偷窃的方法。前馈控制的方法有:仔细进行雇用前的审查;建立专门关于偷窃和欺诈的规章和纪律;让员工参与规章的制定;对员工进行规章的教育和培训;让专家检查内部安全控制措施。同期控制的方法有:尊重员工的尊严;开诚布公地交流偷窃的代价;定期让员工知道他们防止偷窃和欺诈的成功;如果条件允许使用摄像监视器;在计算机、电话、电子邮件上安装"锁定"选项;使用公司热线报告事故;树立良好典范。反馈控制方法有:当偷窃或欺诈发生后确保员工都知道但不点名,但让人们知道这是不能接受的;让专业调查人员进行调查;重新设计控制方法;评价组织的文化和管理者与员工的关系等。

三、工作场所暴力

工作场所暴力引起的因素有哪些?员工一定会强调的原因是工作时间过长、信息超载、日常工作中断、不切实际的最后期限及漠不关心的管理者等。分割成小立方体的办公区域使雇员包围在周围人群的噪声与混乱之中被认为是主要的原因。而一些专家则认为,丧失功能的危险工作环境是主要原因,这种工作环境的主要特征如下。

(1) 员工是由时间、数字、危机来驱使工作的。
(2) 快速和不可预测的变化引起的不稳定性和不确定性折磨着员工。
(3) 管理者沟通时采用过分放肆、恩赐、暴躁、过分消极等有害的交流方式;工作场所过度的取笑、戏弄或找替罪羊;独裁领导。
(4) 独裁领导以严厉的方式对待员工,不允许员工提出问题,参与决策或建立工作团队。
(5) 很少采取或根本没有绩效反馈的顽固态度;只管数量;以咆哮、恐吓和回避的态度处理冲突。
(6) 由于缺乏机制或者只有敌对方来解决问题而造成悬而未决的冤情。由于长时期存在的规章、以前的工会条约或不愿意解决问题而使一些失职的个人受到保护或忽视。
(7) 灾难性的工作环境,如温度、空气质量、重复动作、过度拥挤的空间、噪声水平、加班时间过长等。
(8) 由于个人暴力或谩骂的历史使组织有暴力文化;有暴力或爆发典型存在;容忍工作时间饮酒或滥用毒品。

管理者可以做些什么来阻止或减少工作场所发生暴力的可能性呢?可以再一次利用前馈、同期、反馈控制的概念来寻求管理者可以采取的方式。

前馈控制方法包括:管理层为实现高效的工作环境而承担责任而不是失职;利用员工支持计划来解决员工出现的严重工作问题;利用组织措施杜绝工作场所的狂怒、侵害或暴力行为;仔细进行雇用前审查;从不忽略威胁;训练员工遇到情况时如何避免危险;明确同员工交流的有关规章。

同期控制方法包括:利用走动管理来识别潜在的问题,观察员工如何相处;在组织重大变动期间，允许员工或工作小组表达不满；使用公司热线或其他机制报告和调查事故；进行果断干预；发生暴力事件时让专家提供专业帮助；提供必要的设备或程序来处理暴力事件。

反馈控制的方法有：公开交流所发生的事件及处理方式；调查事件并采取适当的行动；如果有必要，检查公司规章并做出调整。

四、电子商务中的控制问题

电子商务时代，管理者必须应对何种类型的控制问题？最重要的两项内容是控制工作时的精神涣散和控制潜在的骚扰、偏见及其他有害行为。

由于计算机是所有电子商务的血液，所以员工必须拥有计算机并且接受在线信息。这样在员工为工作而上网时就不可避免地会有网上冲浪、玩在线游戏或其他类型的在线娱乐之类的分散精力行为。另外，这种特殊控制议题还包括电子商务企业的员工根本就不在现场办公的问题。许多电子商务企业的员工是虚拟员工，他们在城市的各个地方，甚至在地球的另一端。他们与经理或公司仅仅通过计算机进行联系。管理者根本没有机会进行走动式管理。假定这种挑战是真实的，电子商务企业的管理者如何能够控制员工的工作绩效？

想利用前馈、同期和反馈的机制来控制潜在的工作涣散问题是有帮助的。在前馈控制方面，电子商务企业中最有效率的员工是那些独自工作很有效率、能够很好地进行自我控制的员工，因此管理者应该雇用这种类型的个人，制定灵活的工作政策并明确要求工作必须有效和高效地完成。在同期控制方面，保持公开和持续的沟通，尤其在员工与他们的管理者几周甚至几个月都不能面对面接触的虚拟环境下。沟通方式不能总是以电子邮件的形式，尽管这也是一种不错的选择。即使在隔绝电子商务环境下的员工有时也需要语言上的接触，偶尔也需要有选择性地利用监视软件对个别员工的工作进行监督。员工需要意识到他们的工作是可能受到监督的。最后，反馈控制应该包括员工定期地递交报告说明其完成的工作的类型和数量。

电子商务企业管理者的另一项主要控制议题是与可能通过滥用互联网和电子邮件引起的骚扰、偏见、歧视和性侵犯行为做斗争。越来越多的证据表明，许多员工采用电子通信时并不能像传统工作方式时那样保持克制。员工可能会认为工作时通过电子邮件传递关于种族和性别歧视的玩笑或下载色情图片是可接受的。轻松单击"发送"和"下载"按钮看起来确实会丧失他们适当的和合法行为的意识。管理者应该如何来解决这类特殊的控制问题呢？

所有的组织，尤其电子商务企业，需要一项政策来说明不合适的电子沟通方式。这项政策需要反复说明管理者有权监督员工对互联网和电子邮件的使用。如果骚扰和歧视行为确实发生了，电子记录可以帮助确定发生了什么事情并有助于管理者迅速采取行动。最后，这项政策应该明确说明违反或违背后的纪律处罚。管理者监视员工电子邮件和计算机使用情况的另一个原因是，由于在同事的计算机屏幕上出现冒犯的信息或不适当的画面造成的一种带有敌意的工作环境，他们不愿意冒这样的风险。

最后，管理者希望确保公司机密不被泄露。尽管知识产权对所有行业来说都是很重要的，但对于高技术产业来说更为突出。管理者希望确认雇员没有，即使无意地将公司信息传送给那些可以利用这些信息来伤害公司的人。

由于潜在的巨大成本以及当今许多工作都涉及计算机的使用的事实，许多公司开始实行工作场所监视政策。这样做的责任落到了管理者的身上。找出一些可行的工作场所监视方法是非常重要的。管理者应该做些什么才能保持这种控制同时又不失员工的身份？他们应该制定清晰明确的计算机使用规定,并且确保每位雇员都明了。预先告诉他们使用的计算机随时会受到监视,并且提供明确具体的原则,说明什么是可以接受的网站和电子邮件系统使用方法。

训练题

一、选择题

1. 某国有企业的管理部门每月均对工程师们的工作进行分等考评,并将考评结果与报酬挂钩。这样做最有可能产生的后果是（   ）。
   A. 获得高等级的优秀工程师们会再接再厉,而等级低的则会努力改进工作以求提高
   B. 优秀工程师由于意识到了自己的价值而产生跳槽思想,差一些的则仍会留在企业
   C. 对这种严格控制,工程师们很有意见,致使今后的工作难以分配
   D. 差一些的工程师,由于面子过不去而另谋职业出走,结果只留下优秀的工程师

2. 控制工作得以开展的前提条件是（   ）。
   A. 建立控制标准   B. 分析偏差原因
   C. 采取矫正措施   D. 明确问题性质

3. 根据"治病不如防病"这一说法,以下几种控制方式中,哪一种方式最重要?（   ）。
   A. 事中控制   B. 实时控制   C. 反馈控制   D. 事前控制

4. 管理控制工作的一般程序是（   ）。
   A. 建立控制标准→分析差异产生原因→采取矫正措施
   B. 采取矫正措施→分析差异产生原因→建立控制标准
   C. 建立控制标准→采取矫正措施→分析差异产生原因
   D. 分析差异产生原因→采取矫正措施→建立控制标准

5. 下面哪一项不属于控制应具备的特点?（   ）。
   A. 主动性   B. 明确的成果导向
   C. 动态性   D. 充分依靠人

6. 为了保证企业管理控制系统的有效运行,管理者应该长期关注的主要是对有关人员（   ）。
   A. 严加管制   B. 奖惩得当
   C. 友好相处   D. 通过教育培训提高素质

7. "容易在控制者与被控制者之间形成对立情绪,伤害被控制者工作积极性"的是哪一种控制?（   ）。
   A. 事前控制   B. 同步控制   C. 反馈控制   D. 事后控制

8. 预算控制可能的危害不包括（   ）。
   A. 过于死板   B. 使不合理的惯例延续
   C. 抑制创造力   D. 约束力不强

二、简答题

1. 管理控制的特点有哪些?
2. 简述管理控制工作的程序。

3. 事前控制、事中控制、事后控制各有什么优缺点？
4. 按内容可以把预算分为哪几种？
5. 常用的行政控制方法包括哪几种？

三、案例分析

邯钢的成本控制模式

邯钢在企业内部推行"模拟市场核算，成本否决"的经营机制，这一经营机制的基本模式是：市场—倒推—否决—全员。

市场：企业主动走向市场，内部实行模拟市场机制，把市场机制引入企业内部经营管理，内部核算的计划价格一律改成市场价，根据市场上产品售价和采购原料的市场价来计算目标成本和利润。

倒推：将过去从前向后逐道工序核定成本的传统做法，改为"倒推"的办法，即从产品在市场上被承认能接受的价格开始，一个工序、一个工序地剖析其潜在效益，从后向前核定，直到原材料采购。

否决：完不成成本指标，别的工作做得再好，也要否决全部奖金；连续完不成，否决内部升级。

全员：降低成本是企业上至厂长下至每个职工的事情，每一个人都要分担成本指标或费用指标，实行全员、全过程的成本管理。

在推行这个机制中，他们着重抓四项工作。

（1）"效"。反复进行测算，确定合理先进、效益最佳的单位产品目标成本，核定出全厂53个主要产品、品种、规格的内部成本和内部利润。

（2）"责"。层层分解指标，形成责任共同体。为把指标落到实处，在总厂下达成本指标后，各单位进一步将构成产品成本的各项指标层层分解落实到有关科室、工段、班组和职工个人，层层签订承包协议，使每个单位和职工都与市场挂钩，经受市场考验。

（3）"严"。严格奖金考核，强化对新的经营机制的操作和管理。

（4）"优"。优化机构设置，促进新机制的高效运转。

根据以上内容回答下列问题：
1. 邯钢实行的成本控制是预算控制还是行为控制？
2. 邯钢在实行成本控制中采用了哪些控制方法？

拓/展/篇

第七章

企业文化

导入案例

中兴文化的制胜之道

中兴通讯是中国拥有自主知识产权的通信设备制造业的开拓者，国家重点高科技企业。拥有移动、数据、光通信以及交换、接入、视讯等全系列通信产品，具备通信网建设、改造与优化"一揽子"方案的解决能力。自1985年中兴通讯成立以来，公司即面临着客户需求日益增长、市场变化多端的状况，中兴人不断利用先进技术、优质产品和系统解决方案来满足并努力超出客户的要求。

中兴通讯的成功之道是如何走出来的？这应归功于中兴独特的企业文化。

（1）诚信文化：诚信是中兴通讯的立身之本，中兴人行动的第一准则。

（2）顾客文化：顾客之上，始终如一地为顾客的成功而努力。

（3）学习文化：不学习的人，实际上是在选择落后。

另外，中兴认为优秀的企业文化应成为员工的一种待遇。

从中兴的实践来看，解决人才激励问题，优秀的企业文化可以也应该成为员工待遇的一部分。

（1）企业社会美誉度是员工得到的文化待遇。

（2）企业的经营管理经验和技术积累是宝贵的个人竞争资本。

（3）企业提供学习培训的机会，这是企业给员工的最大福利。中兴一直强调要建立学习型组织，学习文化是员工的一种隐性收入。每年投入给员工的培训经费几千万元，员工的知识得到不断更新，始终具有很强的时代竞争力。

（资料来源：中兴通讯）

第一节　企业文化概述

一、企业文化的含义

(一) 企业文化的概念

现代社会，从一定意义上讲是企业推动着人类的发展。企业运营情况的好坏，对国家经济发挥着非常直接的作用。目前，全球经济发展的基础是企业。企业是整个社会科技进步的一大主体。有关人员在对全球的许多大公司进行考察和分析后发现，现代企业有许多有别于传统企业的地方，正是这些差异性的东西在推动着企业的发展。

望文生义，企业文化是发生在企业中的文化。但在实际中，对什么是企业文化，无论国内还是国外，则众说纷纭，莫衷一是。

(1) 威廉·大内认为："传统和气氛构成了一个公司的文化。同时，文化意味着一家公司的价值观，诸如进取、守成或是灵活——这些价值观构成了公司员工活动、意见和行为的规范。管理人员身体力行，把这些规范灌输给员工，并代代相传。"

(2) 沃特曼和彼得斯在《成功之路》中认为："企业将其基本信念、基本价值观灌输给它的员工，形成上下一致的企业文化，促使广大员工为自己的信仰而工作，也就是产生强烈的使命感，激发最大的想象力和创造力。"他们把企业文化概括为"汲取传统文化精华，结合当代先进的管理思想与策略，为企业员工构建一套明确的价值观念和行为规范，创设一个优良的环境气氛，以便整体地、静悄悄地进行经营管理活动。"

(3) 迪尔和肯尼迪认为，企业文化由五个方面的要素组成。

①企业环境，这是对企业文化的形成和发展具有关键影响的因素。

②价值观，是企业文化构成的核心因素。

③英雄人物，他们将企业价值观人格化，为员工提供具体的楷模。

④礼节和仪式，即企业的日常惯例和常规，向员工们表明了所期望他们的行为模式。

⑤文化网络，即企业内部主要的"非正式"的联系手段，是企业价值观和英雄人物传奇的"运载媒介"。

总的来说，西方学者们比较统一的看法是：企业文化的主要内涵是价值观，一个企业组织内部所形成的独特的文化观念、价值观念、信念、历史传统、价值准则、行为规范等，并且，依赖于这些文化，企业内部各种力量统一于共同的指导思想和经营哲学之下。

笔者认为，企业文化是企业在长期的经营活动中，不断总结成功的经验和失败教训后逐渐形成和发展起来的，其核心内容是企业精神和企业价值观。

企业作为一种以盈利为目的的经济组织，它作为经济存在，同时也作为文化存在。在企业发展过程中，企业管理人员：一方面要重视如何合理安排和配置资金、技术、设备和组织结构等经济要素，另一方面还要重视如何应用和发挥企业中经济要素的作用。这些非经济要素（即软件要素）对企业的生存与发展起着更为重要的决定性作用，可以在员工的内心建立自觉性。

因此，企业文化就是企业作为一个社会群体特殊存在的样式，是企业的生存和发展方式。企业文化具体表现为企业整体的思想、心理和行为方式，通过企业的生产、经营、组织和生活的运营而表现出来。由企业内部全体成员共同认可和遵守的价值观念、道德标准、企业哲学、行为规范、经营理念、管理方式、规章制度等的总和，以人的全面发展为最终目标。

（二）企业文化理论的产生

企业文化无论在中国还是在国外早已存在，但作为概念和理论，则是美国管理学界在研究比较了东西方成功企业的主要特征，特别是对美日企业作了比较研究后提出的。因此，人们常说的企业文化是"源于美国，根在日本"。企业文化是管理实践的沉积，是管理科学发展到一定阶段的产物，是管理理论的又一次革命。企业文化理论的出现，将管理科学带入了一个崭新的阶段。

第二次世界大战后，美国企业在行为科学和管理科学理论的指导下迅猛发展，劳动生产率得到了极大提升。利润的大量汇集，使企业界一片兴旺，企业的规模也迅速扩大。很快，美国就成了经济强国。但是 20 世纪 70 年代初爆发的石油危机，使美国许多企业因此受到沉重打击，竞争力大大削弱，劳动生产率在持续增长 20 多年后戛然而止。然而，作为战败国的日本，不仅令人惊奇地在很短的时间内治愈了战争的创伤，在战后的 30 年里，以每年 10% 的增长速度赶上并超过了
一个个西方发达国家。值得注意的是，70 年代工业发达国家由于石油危机而普遍发生通货膨胀时，日本经济却依然保持快速增长的势头，这种巨大的反差引起了管理学家的思考。研究发现，支撑日本企业迅速发展免受石油冲击的是以下三大法宝：终身雇佣制、年功序列工资制、团队精神。日本企业在管理上推行以人为中心的管理思想，注重职工工作热情的激发，强调全体员工共有价值观念的树立，重视培养员工对企业的忠诚，从而使企业充满了活力、凝聚力和竞争力。这些管理理论和做法促进了日本企业和经济的发展。1970 年，美国波士顿大学教授戴维斯在《比较管理——组织文化的展望》中，率先提出了组织文化的概念。1971年，彼得·德鲁克也明确提出"管理也是文化，它不是'无价值观'的科学"。由此，把管理作为一种文化探讨的观念开始初露端倪。

美国管理界对照日本的经济发展，发现两国在企业管理上的一些差异可能是导致两国企业发展出现如此不同的重要原因。美国人崇尚独立和自主，注重个人发展，强调个人作用，缺乏将个体放在一个群体中思考的习惯。事实上，当个体处于群体中之后，他的行为规律与独处时是不同的，会发生巨大的变化，过分强调个人奋斗的精神而忽视其与整体及整体目标的融合，会导致企业整体力量的削弱。而日本企业的成功，可以归因于他们对群体中人的行为规律的把握和对群体意识、企业价值观念的重视。由此，管理理论从注重对个体行为研究的传统做法，转而开始走向把人放在群体中考虑的做法，开始注重群体中人的行为规律的特点。

知识拓展

企业文化的发展历程

企业文化的产生和发展过程是企业管理由传统走向现代的过程，正如美国学者菲利普·巴格比所说的，"文化很可能开始于微弱的没有把握的摸索，而这种摸索到后来取得了很大的明确性和肯定性"。企业文化开始孕育、发生也是一种微弱的没有把握的东西，只是到了以后才开始明确和肯定起来。

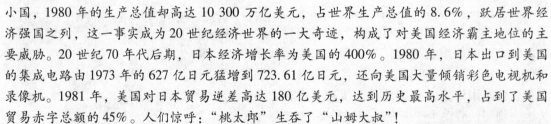

可以说，企业文化的兴起是现代企业管理发展的一个新里程，是管理思想的一次革命。但追根溯源，关于企业文化的形成，必须从日本经济的崛起和美国的反思谈起。

过去，在世人眼里，日本只是一个国土陆地面积占世界陆地总面积的0.25%，人口占世界总人口2.7%的弹丸小国。但是，就是这个小国，1980年的生产总值却高达10 300万亿美元，占世界生产总值的8.6%，跃居世界经济强国之列，这一事实成为20世纪经济世界的一大奇迹，构成了对美国经济霸主地位的主要威胁。20世纪70年代后期，日本经济增长率为美国的400%。1980年，日本出口到美国的集成电路由1973年的627亿日元猛增到723.61亿日元，还向美国大量倾销彩色电视机和录像机。1981年，美国对日本贸易逆差高达180亿美元，达到历史最高水平，占到了美国贸易赤字总额的45%。人们惊呼："桃太郎"生吞了"山姆大叔"！

1965年，美国国际商用机器公司（IBM）以转让IBM计算机制造技术为条件，打开了日本市场，但很快就被富士、三菱、日本电器赶出了日本。在富士抢走IBM在香港的市场后，IBM又相继失去了菲律宾、新加坡、泰国等东南亚市场。

非但如此，日本还巧妙地用资本出口代替了产品出口，在美国及其欧洲伙伴的土地上开工厂、办公司。日本对美国经济的渗入，不断冲击着美国经济。美国人发现"美国的时代已经结束了"。

面对日本咄咄逼人的气势，震惊之余，美国人不得不开始考虑是什么力量促使了日本经济的持续、高速增长，日本人凭借什么来实现经济的崛起？

日本是个岛国，国土面积狭小，国内资源缺乏，作为第二次世界大战的战败国，政治、经济、文化都受到严重打击。就是这样一个经济基础几乎为零的国家，20世纪60年代经济起飞，70年代安然渡过石油危机，80年代成为经济强国。在不足20年的时间内，日本不但赶上了西方发达国家，而且一跃成为经济超级大国。其变化之快，令人不禁想寻出背后的究竟。

受冲击最大的当然要数美国，因此美国更要研究日本成功的奥秘，寻找自己失败的原因。在20世纪70年代末80年代初，美国派出了由几十位社会学、心理学、文化学、管理学方面的专家组成的考察团，前往日本进行考察研究。

结果表明，美国经济增长速度低于日本的原因，不是科学技术不发达，也不是财力、物力缺乏，而是因为美国的管理没有日本好。在进一步进行管理学方面的比较研究之后，专家们发现，美国倾向于战略计划、组织机构、规章制度等方面的硬件管理，缺乏对人的重视，因而管理僵化，阻碍了企业活力的发挥。管理原因也还只是表象，背后的真正原因是文化差异。日本经济的崛起，是因为在日本企业内部有一种巨大的精神因素在起作用，这就是日本的企业文化、企业精神。

美国人在研究日本之后，把目光放回到本国的企业文化身上，发起了追求卓越、重塑美国的热潮。以日本企业文化为基础，结合自身文化背景、经济体制等因素来致力于调整本国的企业文化。

正是在这样的情形下，善于标新立异的美国人，将日本人的这种管理方式起了一个响亮的赋予时代感的名词，即"企业文化"。于是，企业文化这个名词响彻了全世界。

二、企业文化的内涵

企业文化的基本内涵应包括以下五个基本点。

1. 文化背景

企业文化是特定的大文化背景下的产物。企业作为国民经济细胞，它不能脱离民族的、时代的文化背景。企业文化是社会文化在一定程度上的缩影。充满人情味的日本企业文化，人情关系淡漠的美国企业文化等，都是它们民族文化的某种程度的浓缩反映。

2. 文化积淀

企业文化是在长期的生产经营实践过程中逐步形成的。企业家及其广大员工群众在进行物质生产的同时，不断地产生种种观念、作风、思想、观点等。它们在最初只是一些偶然的感受，如讲究卫生、饭菜色香味俱佳的餐馆顾客多，反之则少；花样新而质量好的布卖价高、销货快等，经过足够的反复之后，便变成了一种定式和信念，形成了质量意识、优质服务等企业文化观念。因此，它是正在稳定下来的文化积淀。

3. 实体内容

静态、平面地看，企业文化的核心是企业价值观、企业精神（其方法论基础是企业哲学），以此为主导的企业行为规范、道德准则、生活信念和企业风俗、习惯、传统等。在此基础上生成的企业经营意识、经营指导思想、经营战略等。这里应当特别强调的是，我们列举的这三个层次的内容就是企业文化（作为一种信息）的实体——这是一种文化的实体——实际状态，不能把它与某种载体结合在一起形成的特殊形态混为一谈。

4. 复合形态

应当明确,企业文化同一般文化相同,是一种信息。无论是思维模式,还是价值取向,无论是企业行为,还是企业形象,无论是质量意识,还是企业信誉,一切企业文化要素都必须有一个载体,才能被人所把握,由此便决定了企业文化生成、存在和发展的三种基本形态:以人脑或书刊等为载体的观念(或心理)形态文化;以生产资料、生产产品等为载体的物质(或物理)形态文化;以人的行为、人际关系和制度等为载体的制度(行为)形态文化,从总体来看,它便是一个三层次的复合形态。

至于所谓"外显文化""内隐文化",或"表层文化""深层文化",或"物质财富""精神成果"(财富)等范畴对企业文化形态的表述,都不无道理,但又总令人感到不很精确。

5. 功用特点

企业文化的功能、作用赖以发挥的关键在于:企业生产经营中生成的社会群体文化氛围和心理环境。从企业管理工作视点来看,即企业家、管理人员正是从培育和调控企业的社会群体文化心理的角度来影响、指导和调节企业行为及日常经营的。成功企业的企业家从培育、调控企业社会群体文化氛围和心理环境入手,来调控、转化、制约人们"对知识的态度",关于"利润的心理""处世为人的哲学""参与俱乐部的动机"和"奖牌折射出来的荣誉观"等,即价值取向、行为准则等,推动企业发展。

知识拓展

南方大厦的企业文化

南方大厦以其开拓经营、周到的服务而誉传遐迩。其成功的秘诀正源于大厦确认"员工是企业的主人",并通过实际措施来激发和培育员工的主人翁精神。一是建立沟通日制度,认真倾听员工意见。每月10日、25日为干部沟通日,由总经理和党委书记直接倾听员工意见,从而增强了员工的主人翁意识,促进了员工爱厦如家的责任感。二是理解尊重员工,与员工共享物质和精神快乐,这主要表现在总经理对大厦4 000多名员工的理解、尊重和体贴上。总经理用企业福利基金,按每人每月

一定的标准,让每个员工利用工间15分钟小憩,轮流到店内自设的休息室喝一杯饮料,润润嗓子,提提精神。营业员们喝在嘴里,暖在心里,无比欣慰,当他(她)们重返三尺柜台时,为顾客服务的热情更加饱满了。为员工举行生日晚会,也是尊重、理解、体贴员工的表现。要为4 000名员工过生日,谈何容易,而他们却想出了一个万全之策,按月份划档,把当月过生日的员工召集在一起,每月为他们举行一次集体祝寿文娱晚会。这天晚上,商店管理人员全都到场祝贺。此外,南方大厦还让员工们每年轮流到别墅休养四天,休假一周,所有这些都使员工充分感到自己正是大厦的主人,进而培育出真诚、团结、效率、奋进的"南大人"精神。员工参加企业管理,领导则尊重、体贴、理解员工,这本身就是企业民主的体现,因为员工是企业的主人。

三、企业文化的功能

企业文化是由企业中占支配地位的领导集团经过多年研究,发现并加以培育和确立的。它来自于企业,但一旦形成某种独立的企业文化,就将反过来对企业发生巨大的能动作用。概言之,企业文化有下列功能。

1. 指导功能

指导功能是指企业文化能为企业活动确立正确的指导思想、决策方向和良好的精神气氛。在既定的社会环境和社会条件下,企业领导者确定怎样的经营方针、做出怎样的经营决策,是至关重要的头等大事。然而在确定经营方针、做出经营决策时,会受到来自各方面的思想影响,会受到社会的、传统的、企业精神面貌和文化气氛的影响和制约,任何一个企业的经营目标、经营决策,都是在一定的企业文化指导下进行的。

2. 导向功能

导向功能也叫作定向功能。导向功能能把企业及其成员的思想和行为引导到企业所确定的目标上来,同心协力,自觉地为实现企业目标团结奋斗。企业文化不仅对企业成员的心理、性格、行为起导向作用,而且对企业整体的价值取向和行为起导向作用,引导企业成员树立改革开放的意识。

3. 凝聚功能

企业文化的凝聚功能,在于企业文化能对员工的思想、性格、兴趣起潜移默化的作用,使员工自觉不自觉地接受组织的共同信念和价值观。它通过共同价值观、企业精神和思想信念,把企业全体成员团结成一个有机体,共同为企业目标的实现协力拼搏,具有一种无可比拟的黏合剂和强磁场作用。企业文化的凝聚功能,有利于增强员工的主人翁意识,增强以企业为家的归属感,增强企业群体的统一、团结协作意识,一致对外展开竞争。

4. 激励功能

这是企业文化功能中最重要的核心功能。企业文化中健康积极的价值观、奋发向上的企业精神、明确坚定的信念、高尚的道德规范和行为准则都将激发员工巨大的工作热情,激励员工形成强烈的使命感和持久的行为动力,为实现自我价值和企业目标而不断进取,提高企业的整体绩效。

5. 控制功能

控制功能又称为规范功能、约束功能。企业作为一个组织,常常不得不制定许多规章制度来保证企业活动的正常进行,这当然是完全必要的。企业文化则是用一种无形的思想上的约束力量,形成一种软规范,制约员工的行为,以此来弥补规章制度的不足,并诱导多数员工认同和自觉遵守规章制度。因此,企业文化是能帮助企业实现员工自我控制的管理方式。

6. 协调功能

企业的职工队伍来自四面八方,由具有不同技能和不同知识水平的人构成,员工们在从事不同种类的工作时,往往带有各种各样的个人动机和需求。企业文化能在员工中间起到沟通协调作用。在融洽的企业文化氛围中通过各种正式、非正式交往，管理人员和职工加强了联系，传递了信息，沟通了感情，不仅能改变人们头脑中的等级观念，而且能使人们协调地融合于集体之中。

7. 创新功能

企业要生存和发展，要在与其他组织的竞争中获胜，就要树立自己的风格和特色，就要与其他组织加以区别，就要创新。建立具有鲜明特色的企业文化，是企业激发员工超越和创新的动机，是提高创新素质的源泉和动力。

8. 辐射功能

企业文化塑造着企业的形象，企业形象的树立，除对本企业发挥作用外，还会通过各种渠道对社会公众、对本地区乃至国内外组织产生一定影响，在提高企业知名度的同时，构成社会文化的一部分，企业良好的精神面貌会对社会起示范效应，带动其他企业竞相仿效，因此企业文化具有巨大的辐射功能。

总之，企业文化在企业管理中发挥着极为重要的作用。从某种意义上讲，企业文化是提高企业生产力、推动企业发展的根本动力；是深化企业内部改革，使企业走向现代管理的原动力；在发展企业、增强企业活力、提高经济效益上，具有强大的精神激励作用；对企业员工同心同德、齐心协力实现企业目标，增强企业竞争力具有强大的凝聚作用；企业文化还具有增强企业优势、提高企业竞争力的作用。

第二节　企业文化构成与特征

一、企业文化的构成

企业文化的结构划分有多种：一种是将其分为两个层次，如有形文化和无形文化，表层文化与深层文化等；另一种是分为四个层次，即物质文化、行为文化、制度文化和精神文化。这些不同的结构划分都有其各自的合理性，使用不同的结构划分对认识企业文化并无大碍，通常把企业文化划分为三个层次，即精神层、制度层和物质层。精神层是企业文化的内核和灵魂，制度层起着精神层和物质层的连接作用，物质层是企业文化的外在表现。企业文化的三个层面相互依赖、相互连接，构成了具有企业个性的企业文化。

1. 精神层

精神层是企业文化的核心和灵魂部分，指企业领导和员工共同遵守的基本信条，是形成物质层和制度层的基础和原因。企业文化中有无精神层是衡量一家企业是否形成了自己的企业文化的标识和标准。企业文化精神层包括以下六个方面。

企业核心价值观：责任　信心　诚信　和谐
企业精神：团结　拼搏　开拓　创新
经营方针：诚信为本　信誉为重　质量第一　用户至上

（1）企业最高目标。它是企业全体员工共同追寻的最高目标，是全体员工共同价值观念的集中体现，是企业文化的出发点和归宿。企业目标是企业员工凝聚在一起的根本原因，优秀的企业目标能在实现企业利润最大化的同时，把企业的命运同国家、民族的命运联系在一起，形成崇高的企业追求。

（2）企业哲学。它是企业领导者为实现企业目标对企业发展战略和策略、经营及生产方针的哲学思考和抽象概括。正确的企业经营哲学，能调节好企业与市场、资源、社会、自然的关系，使企业合理地利用内部环境和外部环境的合力，做到人与资源的最优组合，使人类安全地、高效地获取资源所能带来的效益。

（3）企业精神。它是企业在发展过程中形成稳固下来的一种集体意识，是企业中大多数乃至全体成员自觉遵循的基本信念，是对企业观念意识、传统习惯、行为方式的积极因素的提炼和倡导的结果。企业精神是企业文化的灵魂，优秀的企业精神必然反映了社会风貌和符合社会需要的价值，能促使全体员工以高涨的热情投入企业的发展之中，以道德的职业行为服务于社会。

（4）企业风气。它是指企业及其员工在生产经营活动中逐步形成的一种带有普遍性的、重复出现且相对稳定的行为心理状态，是影响整个企业生活的重要因素。企业风气是企业文化的外在表现，而企业文化又是企业风气的本质内涵，人们总是通过企业全体员工的言谈举止感受到企业风气的存在，并通过它体会出企业全体成员所共同遵守的价值观念，从而深刻地感受到该企业的文化。企业风气一般包括两层含义：一是指许多企业共有的良好风气，如团结友爱之风；二是指一个企业区别于其他企业的独特风气，即在一个企业的诸多风气中最具特色、最突出和最典型的某些作用，它体现在企业活动的方方面面，形成全体成员特有的活动方式，构成该企业的个性特点。

（5）企业道德。道德是指人们共同生活及其行为的准则和规范，企业道德是指企业内部调整人与人、单位与单位、个人与集体、个人与社会、企业与企业之间关系的行为准则。企业道德在影响社会道德的同时，也影响其在社会上的形象。良好的企业道德是对社会的负责也是对自己的负责。企业不道德行为最终会导致自食恶果，于己、于消费者、于社会风气都是有害的。

（6）企业宗旨。它是指企业作为经济单位存在的价值和对社会的承诺，它反映了企业领袖与全体员工的境界。企业宗旨应该在相当程度上使社会、个人和企业都得到充分满足。

知识拓展

企业精神

企业精神是企业文化中起决定性作用的要素，它决定其他企业文化要素的性质。如它可以使企业价值观、企业信念、企业经营哲学等是上进、乐观、积极、开拓的，也可以使它们是退缩、悲观、消极、封闭的。因此，它影响企业文化的性质，使企业文化表现为双重性。

企业精神的另一个重要特点是：表现形式简明扼要，语言精练、恰当，富有动员性。有时候可用一句口号表示，如"顽强进取、争创一流"

端平"诚信"这碗水！

"开拓服务、争先创优""顾客第一、人为中心""开拓文明、求实创新",等等。一个企业创建自己的企业精神必须从实际出发,要使员工经过努力可以做到,任何假、大、空的口号和提法,虽然提得高、喊起来响亮,但对员工和企业没有实际意义,都等于没提。

2. 制度层

(1) 一般制度。这是指企业中存在的一些带有普遍意义的工作制度和管理制度,以及各种责任制度。这些成文的制度与约定及不成文的企业规范和习惯,对企业员工的行为起着约束作用,保证整个企业能够分工协作、井然有序、高效地运转,如计划制度、人事管理制度、生产管理制度、服务管理制度、技术管理制度等。

(2) 特殊制度。特殊制度主要是指企业的非程序化、该企业所特有的、代表企业个性的一系列制度,如职工评议干部制度、总结表彰制度、公示制度、财务会计制度、培训制度、干部与职工谈心制度以及职工有重大事情(如员工生日、结婚、生病、死亡等)时的关怀制度等。特殊制度更能反映一个企业的管理特点和文化特色,有良好企业文化的企业,必须有多种特殊制度。而企业文化贫乏的企业,则往往忽视特殊制度的建设。

(3) 企业风俗。企业风俗是在企业的长期发展过程中,逐渐形成的典礼、仪式、行为习惯、节日、活动等,企业风俗与一般制度、特殊制度不同,它不是表现为准确的文字形式,不需要强制执行,而完全依靠习惯、偏好的势力维持。企业风俗由精神层所主导,又反作用于精神层。企业风俗可以自然形成,又可以人为开发,一种活动、一种习俗,一旦被全体员工所共同接受并沿袭下来,就成为其中的一种,企业可以通过宣传倡导等手段加快良好企业风气的形成。

3. 物质层

(1) 企业标志、标准字、标准色。这是企业物质文化的外在体现。

(2) 企业外貌、自然环境、建筑风格、办公室和车间的设计与布置方式、绿化美化情况等是人们对企业的第一印象,无一不是企业文化的反映。

(3) 产品的特色、式样、品质、外观和包装,产品的这些要素是企业文化的具体反映。

(4) 企业的技术、工艺和设备的特性。

(5) 企业的厂徽、厂旗、厂歌、厂服、厂花。这些因素中包含了强烈的企业文化内容,是企业文化较为形象化的反映。

(6) 企业的文化体育生活设施。

(7) 企业造型和纪念性建筑。包括厂区雕塑、纪念碑、英雄模范塑像等。

(8) 企业纪念品。

(9) 企业文化传播网络。包括企业自办的报纸、刊物、有线广播、宣传栏、企业网站、宣传册、广告牌、招贴画等。

综上所述,企业文化的三个层次是紧密联系的,它们相互依存、互为依靠。物质层是企业文化的载体,也是企业文

化作用的结果,从许多方面反映了企业文化的特点;制度层是连接物质层与精神层的桥梁,是企业文化的重要部分。而精神层是企业文化的灵魂,反映了企业文化的境界。企业文化在建设过程中,这三个层面是缺一不可的。

二、企业文化的特征

企业文化是人类文化的一种,可以称之为亚文化现象,它是区别一家企业与另一家企业的明显标志,具有标志性;企业文化的形成受到社会和企业发展历史的影响,具有历史性;企业文化是企业一系列观念、行为的集中表  现,具有系统性;企业文化在不同时间和不同地点,要与当地的民俗习惯和人的心理背景相融合,具有可塑性。

1. 企业文化的标志性

不同的企业,它们的经营理念、价值体系、服务体系、经营作风、行为规范、识别标志等的不同,便形成了能够区别于其他企业的、个性化的企业文化。企业文化的这种标志性,会促使企业的员工以服务于这样的企业而备感自豪,从而提高企业的凝聚力和战斗力。同时,企业文化的标志性会让消费者明显感到这种企业与其他企业的不同之处,很容易地从众多的商品和服务中挑选、牢记和识别出自己喜欢的企业,养成接受这些企业的服务是一种明智和安全选择的信念。因此,这种标志性对企业稳定自己的市场占有率与顾客群的关系发挥着不容忽视的作用。

2. 企业文化的历史性

企业文化不是自发形成的,不是一朝一夕形成的,而是在实践中长期渗透的结果,因此,企业文化具有一定的历史性。企业文化的建立是对企业积极的观念、行为等进行有意识保留和发扬的过程。企业在经营过程中会出现各种各样的经营理念和价值系统,有的具有积极意义,有的具有消极意义,因此,作为企业经营者,必须懂得如何去总结和发挥有利于企业发展的积极企业精神,同时要努力减少和消除消极观念的侵扰和沉淀,让历史的精华成为企业文化的一部分。

3. 企业文化的系统性

企业文化的建设是一种系统工程。企业文化本身也是一个系统,它是由企业内互相联系、互相依赖、互相作用的不同层次和各个部分组成的有机整体。如一个企业的总体意识可能是"开拓、进取、创新",但在不同的部门可能有不同的追求,行政部门可能追求的是"服务意识",这样能缓和与被监督者、管理与被管理者之间的对立,有利于企业的各部门运行时减少摩擦;设计部门可能追求的是"卓越意识",他们最大的心愿是提供最佳的产品和寻求最好的技术;销售部门则可能追求的是"顾客意识",他们会十分小心地处理企业与顾客的关系,通过对顾客一些细致的需要的满足来培养顾客的忠诚,等等。而这些企业文化就是整个企业文化的子系统,正是这些子系统的相互促进和有机联系,便形成了这家企业独特的企业文化,促进着目标的实现和企业的不断发展。而如果将企业各个子系统的企业文化相互割裂,那么,不但不会给企业的发展带来便利,反而会给企业经营带来许多摩擦,进而影响企业的正常运转。

4. 企业文化的可塑性

企业文化一旦形成，就会延续相当长的时期，不会轻易改变，呈现一定的稳定性。如果对企业文化进行变革，会受到许多传统势力的阻挠。但这并不是说企业文化是不可变革的。企业文化具有历史性，本身就说明了它具有渐变的特点。企业文化会在社会环境的影响和压力下发生变革，更多的则是在企业领袖人物的设计和诱导下发生变化。优秀的企业文化，必须依靠企业领袖人物和全体成员的共同努力来实现。必要的灵活性是企业文化的活力所在，任何封闭的、僵化的企业文化形态最终会导致企业在日益激烈的竞争中失败。因此，企业文化具有可塑性，保持灵活性，不断更新已有的企业文化，已成为成功企业的秘诀之一。

第三节 企业文化建设

一、企业文化建设的原则

企业文化反映一定历史时期社会经济形态中企业活动的需要，企业文化建设是一项创新的复杂系统工程。由于环境和民族文化的不同，建立和维系企业文化就有其不同的途径。但是，各国企业文化的建立也存在共性，通常应遵循以下指导原则。

1. 目标原则

企业行为是有目标的活动。企业文化必须明确反映组织的目标或宗旨，反映代表企业长远发展方向的战略性目标和为社会、顾客以及为企业员工服务的最高目标和宗旨。企业文化的导向功能使企业中的个体目标与整体目标一致，并且每个员工都因此感到自己的工作意义重大。企业全体员工有了明确的共同目标和方向，就会产生自觉的行动，为实现企业目标而努力奋斗。

2. 价值原则

企业的价值观是企业文化的核心。企业文化要体现企业的共同价值观，体现全体员工的信仰、行为准则和道德规范，它不但为全体员工提供了共同的价值准则和日常行为准则，同时也是企业团结员工、联系员工的纽带，是企业管理的必要条件。每一名员工都应将自己与这些准则和规范联系起来，自觉地为达成企业目标努力。

3. 卓越原则

企业文化包括锐意进取、开拓创新、追求优势、永不自满等精神。企业文化应设计一种和谐、民主、鼓励变革和超越自我的环境，从主观和客观方面为企业员工的创造性工作提供条件，并将求新、求发展作为企业行为的一项持续性要求。企业必须根据变化的情况对自己的产品不断做出相应的调整，才能立于不败之地。追求卓越、开拓创新才能使企业具有自己的风格和特色，这

是企业充满活力的重要标志。

4. 激励原则

企业和企业领导应该对员工的每一项成就都给予充分的肯定和鼓励，并将其报酬与工作绩效联系起来，激励全体成员自信自强、团结奋斗。成功的企业文化不但要创造出一种人人受尊重、个个受重视的文化氛围，而且要产生一种激励机制。每个员工所做出的成绩和贡献都能很快得到企业的赞赏和奖励，并得到同事的支持和承认，从而激励企业员工为实现自我价值和企业目标而不断进取，提高企业的效能。

5. 个性原则

企业文化是共性和个性的统一。任何企业都应遵循企业管理的共同客观规律，这构成了企业文化的共性部分。但由于民族文化环境、社会环境、行业、企业历史、企业目标和领导行为的不同，因而形成了企业文化的个性。中国企业应借鉴外来企业文化的经验，但必须坚持中国特色企业文化和坚持社会主义企业文化这两条原则。正是企业文化的鲜明个性，使企业形成了本企业的独特风格和风貌。

6. 民主原则

现代企业文化的建立需要适宜的民主的环境。民主的企业内部环境使每个员工都能把企业当作自己的家，自发而慎重地参与企业的决策和管理，积极进取和创新，这样就有利于发挥个人的潜能。在这样的环境中工作，不但有利于提高工作绩效，而且会使企业员工产生精神上的满足感。因此，企业文化应设法创造出一种和谐、民主、有序的企业内部环境。

7. 相对稳定原则

企业文化是企业在长期发展过程中提炼出来的精华，它是由一些相对稳定的要素组成的，并在企业员工的思想上具有根深蒂固的影响。企业文化的建立应具有一定稳定性和连续性，具有远大的目标和坚定的理念，不会因为微小的环境变化或个别成员的去留而发生变动。不过，在保持企业文化相对稳定性的同时也要注意灵活性，企业只有在内外环境变化的情况下及时更新、充实企业文化，才能保持企业的活力。

8. 典型原则

每个企业的发展，都是通过群体的力量推动的，但是不能忽视群体中出色卓越的典型事例和英雄模范人物的鼓舞、带头作用。"榜样的力量是无穷的"，在企业文化建设中，要充分注重先进典型的培养。只有那些敢于开拓、敢于创新、敢于献身、不畏艰险、积极从事发明创造的英雄模范人物，才能带领和影响整个企业，创造出惊人的业绩。

二、企业文化建设的内容

根据企业文化的结构及其构成要素，企业文化建设的主要内容包括以下三个方面。

1. 物质文化建设

物质文化建设是企业文化的表层建设，其目的在于树立良好的企业形象，企业文化建设的主要内容有以下几点。

（1）产品文化价值的创造。要运用各种文化艺术和技术美学手段，作用于产品的设计和促销活动，使产品的物质功能与精神功能达到统一，使顾客得到满意的产品和服务，从而加强企业的竞争能力。

（2）厂容厂貌的美化、优化。要能体现企业的个性化，要有好的厂名、厂徽，有合理的企业空间结构布局，有与人的劳动心理相适应的工作环境，从而促进员工的归属感和自豪感，有效提高工作效率。

（3）企业物质技术基础的优化。要注重智力投资和对企业物质技术基础的改造，以使企业技术水平不断提高。

2. 制度文化建设

制度文化建设是企业文化的中间层建设，目的是使物质文化更好地体现精神文化的要求，其内容主要包括以下几点。

（1）确立合理的领导体制。要明确企业的领导方式、领导结构和领导制度，理顺企业中党、政、工、团等各类组织的关系，以做到领导体制的统一、协调和通畅。

（2）建立和健全合理的组织结构。要明确企业作为一个正式组织，其内部各组成部分及其相互关系，以及组织内部人与人之间的相互协调和配合的关系，建立高效精干的结构，以利于企业目标的实现。

（3）建立和健全开展企业活动所必需的规章制度。要以明确合理的规章制度，规范员工的行为，使员工的个人行动服从企业目标的要求，以提高组织系统运行的协调性和管理的有效性。

3. 精神文化建设

精神文化建设是企业文化核心层的建设。它决定着企业物质文化和制度文化的建设，其内容主要包括以下几点。

（1）明确企业所奉行和追求的价值观念，使之形成企业生存的思想基础和企业发展的精神指南。

（2）塑造企业精神。在借鉴中外古代文化成果、总结历史、展望组织未来的基础上，精练概括企业精神，并利用各种手段，使之渗透到企业的各个方面，成为企业生存和发展的主体意识。

（3）促进企业道德的形成和优化。形成良好的道德风气和习俗，以规范企业及其成员的行为。

三、企业文化建设的步骤

1. 选择价值标准

由于企业价值观是整个企业文化的核心和灵魂，因此选择正确的企业价值观是塑造企业文化的首要战略问题。

选择企业价值观有两个前提：一是要立足于本企业的具体特点，不同的企业有不同的目的、环境、习惯和组成方式，从而构成千差万别的企业类型，因此必须准确地把握本企业的特点，选择适合自身发展的企业文化模式，否则就不会得到广大员工和社会公众的认同与理解；二是要把握住企业价值观与企业文化各要素之间的相互协调，因为各要素只有经过科学的组合与匹配才能实现系统整体优化。

2. 强化员工认同

一旦选择和确立企业价值观和企业文化模式之后，就应把基本认可的方案通过一定的强化灌输方法使其深入人心，具体做法包括以下几点。

（1）充分利用一切宣传工具和手段，大张旗鼓地宣传企业文化的内容和要求，使之家喻户晓，以创造浓厚的环境氛围。

（2）树立英雄人物。典型榜样和英雄人物是企业精神和企业文化的人格化身与形象缩影，能够以其特有的感染力、影响力和号召力为企业成员提供可以效仿的具体榜样，而企业成员也正是从英雄人物和典型榜样的精神风貌、价值追求、工作态度和言行表现之中深刻理解到企业文化的实质和意义的。例如，华为公司总裁任正非的榜样效应。

（3）培训教育。有目的地组织培训与教育，能够使企业成员系统接受和强化认同企业所倡导的企业精神和企业文化。

3. 提炼定格

（1）精心分析。在经过群众性的初步认同实践后，应当将反馈回来的意见加以剖析和评价，详细分析和仔细比较实践结果与规划方案之间的差距，必要时可吸收有关专家和员工的合理化意见。

（2）全面归纳。在系统分析的基础上，进行综合的整理、归纳、总结和反思，采取去粗取精、去伪存真、由此及彼、由表及里的方法，删除那些落后的、不为员工所认可的内容与形式，保留那些进步的、卓有成效的、为广大员工所接受的形式与内容。

（3）精练定格。把经过科学论证和实践检验的组织精神、企业价值观、企业文化，予以条理化、完善化、格式化，再加以必要的理论加工和文字处理，用精练的语言表述出来。

建构完善的企业文化需要经过一定的时间过程。如我国的东风汽车公司经过近30年的时间才形成"拼搏、创新、竞争、主人翁"的企业精神。因此，充分的时间、广泛的发动、认真的提炼、严肃的定格是创建优秀企业文化所不可或缺的。

4. 丰富发展

任何一种企业文化都是特定历史的产物，当企业的内外条件发生变化时，不失时机地调整、更新、丰富和发展企业文化的内容和形式总会经常摆上议事日程。这既是一个不断淘汰旧文化性质和不断生成新文化特质的过程，也是一个认识与实践不断深化的过程，企业文化由此经过循环往复，达到更高的层次。

企业文化的形成是一个复杂的过程，往往会受到社会的、人文的和自然环境等诸多因素的影响。因此，它的形成和塑造不是一蹴而就的，必须经过长期的耐心倡导和精心培育以及不断的实践、总结、提炼、修改、充实、提高和升华。

本章小结

企业文化，是指组织在长期实践的活动中所形成的并且为组织成员普遍认可和遵循的具有本组织特色的价值观、团体意识、行为规范和思维模式的总和。

企业文化的功能有指导功能、导向功能、凝聚功能、激励功能、控制功能、协调功能、创新功能和辐射功能。

企业文化划分为三个层次，即精神层、制度层和物质层。精神层是企业文化的内核和灵魂，制度层起着精神层和物质层的连接作用，物质层是企业文化的外在表现。企业文化的三个层面相互依赖、相互连接，构成了具有个性的企业文化。

企业文化建设的原则有目标原则、价值原则、激励原则、个性原则、民主原则、相对稳定原则和典型原则。

企业文化建设的步骤分为选择价值标准、强化员工认同、提炼定格和丰富发展四步。

知识拓展一

企业文化根在日本、开花美国

20世纪80年代初，罗杰·史密斯接任通用汽车公司董事长兼总经理之后，对日本采取"特洛伊木马"战术，在加利福尼亚州的韦里蒙特花1.5亿美元与日本丰田合资兴办了"新联合汽车制造公司"，生产新型汽车。借此机会，通用汽车公司学习和掌握丰田公司的生产方式、管理方式，"学习注重人性和需要"，并活学活用，形成了自己的新型管理方式。

实践使史密斯认识到，美国汽车工业最强劲的对手是日本。日本公司企业文化由于历史和民族的原因，员工们志同道合，而美国国民富于创新、勇于竞争、倾向个性自由的价值观和民族文化的多元化，使得企业内部由于意见不易趋于一致而导致了浪费，员工和管理层之间隔阂很深，合作不力。要想应对全球性的激烈竞争，通用汽车公司需要将日本人的合作精神与美国人富于想象、富于创新的能力结合起来，才能形成最佳的公司文化。

现实也使美国学者和企业家认识到，美国要重振经济雄风，必须对美国传统的经济文化和传统管理方式进行深刻认真的调整，建立起真正具有美国精神的企业文化。

可以说，企业文化的实践开始于日本。日本运用企业文化指导企业经营管理，并取得了成功经验。美国学者对日本的企业文化实践经验进行调查、总结、研究，并进行理论上的概括，将其上升到理论高度，使之成为可以指导美国企业管理改革的管理理论。其后，日本学者又从美国学者的研究出发，致力于企业文化研究，试图从本国的企业文化实践中提取理论，西欧各国也纷纷致力于企业文化研究，全世界范围内的企业文化研究得以兴起和发展。

知识拓展二

21世纪企业文化发展的六大趋势

21世纪企业文化出现以下六种发展趋势。

1. 企业文化要适应"结盟取胜、双赢模式"新战略发展的要求

"协作竞争、结盟取胜、双赢模式"是美国著名的麦肯锡咨询公司提出的21世纪企业发展的新战略。这是一种适应新经济需要的网络型战略,其特点是优势企业抱成一团,目的是把竞争对手挤垮,或者使对手实力受创。虽然其责权关系是宽约束,但从本质来讲,它是企业界组织制度和经营机制的一种创新。自20世纪80年代以来,这种战略从形式到内容,都发生了巨大变化,结盟、兼并、接管的事例层出不穷。近三年,世界上有3.2万家公司进行联盟。这是经济发展及经济全球化的必然结果。这给企业文化发展提出了新的要求,即企业重组后企业文化怎样融合的问题。因为企业在联合、兼并的过程中,不能只从经济和财力方面考虑问题,更重要的是注重文化方面的差异。一般来说,各个企业都有各自的文化特征,创业历史、发展目标、经营理念、所处环境、队伍素质等等各有不同,所形成的企业文化也必然各具特色。如果没有企业文化的融合,就会出现"貌合神离,形连心不连"的现象。所以,只有做到取长补短、扬优避劣、达成共识,形成"结盟取胜、双赢模式"型的企业文化,企业才更具生命力、凝聚力和竞争力。要做到这一点,必须注意以下两方面:首先,要遵循从实际出发的原则,根据联合兼并企业的不同情况区别对待。其次,双方都应注意克服排斥对方的自大心理,加强相互的了解与交流,吸纳对方文化的精华,发展成为经过融合后更为优秀的企业文化。

2. 注意学习氛围的培养

20世纪末最成功的企业是学习型组织,它不仅仅被视为业绩最佳、竞争力最强、生命力最强、最具活力,更重要的是使人们在学习的过程中,逐渐在心灵上有潜移默化、升华生命的意义。随着知识经济的到来,企业组织形式向扁平式的灵活方向发展,随着其管理的核心为发挥人的主观能动性,实现从线性思维到系统思维和创造性思维的转变,对个人及企业的知识水平提出了更高的要求。著名的管理学者彼得·圣吉在《第五项修炼》中强调"系统思维和创造性思维根源于知识及知识的灵活运用和潜能及智慧的开发"。可见,学习对组织的持续发展至关重要,新经济环境下最成功的企业仍然会是学习型组织,学习型组织在企业文化建设中将进一步受到关注。但是要注意学习过程中的个人和团体的搭配问题,搭配的状况不同就会对企业产生不同的结果:个人及团体都不断学习及搭配良好,会对企业产生一股强大的发展动力,从而推动企业的迅猛发展;个人及团体都不断学习但是搭配不好,"个性"太强,反而不利于企业的发展。

3. 与生态文化的有机结合

生态文化是一种新型的管理理论,它包括生态环境、生态伦理和生态道德,是人对解决人与自然关系问题的思想观点和心理的总和。生态文化属于生态科学,主要研究人与自然的关系,体现的是生态精神。而企业文化则属于管理科学,主要研究人与人的关系,体现的是人文精神,但是本质上二者都属于一种发展观,运用系统观点和系统思维方法,从整体出发进行研究;都强调科学精神,即实事求是,努力认真地探索;从狭义角度来看,都是观念形态文化、心理文化,而且都以文化为引导手段,以持续发展为目标,并且企业文化发展的诸多方面,需要生态文化来与之相结合。因为,第一,大部分企业在企业文化建设过程中,重视了人的价值,却忽视了对周边环境的影响,为环境的恶化及末端治理付出了沉重的代价;

第二,现代消费群更青睐于绿色产品,企业也想通过"绿色浪潮"提高产品的生态含量;第三,企业要实现可持续发展,"生态化"是其必由之路,生态文化融入企业文化后不仅可扩大企业文化的外延,而且有利于企业树立良好形象。

4. 将更注重于树立良好的企业形象

企业形象直接与企业的兴衰、优劣相联系,企业的知名度与美誉度有机结合构成了企业在公众中的形象。良好的知名度与美誉度,是企业一笔巨大的无形资产。如果声誉卓著,企业就能招揽到更多的优秀人才和顾客,吸引到更多的投资,得到周围邻里的支持和帮助。经济全球化使得竞争更为激烈,企业要脱颖而出,形象战略尤为重要,它是企业在市场经济中运作的实力、地位的体现。21世纪,企业竞争除了人才与科技的竞争外,还有比较重要的一点就是,谁最先发现消费空档,并以良好的形象占据消费市场,谁就能占据市场,不断扩大经营效益。

5. 更注重企业精神与企业价值观的人格化

价值观是企业文化的核心。企业要努力培育"生死与共"的价值观,使企业全体员工增强主人翁意识,能与企业同呼吸、同成长、同发展、共生死,做到企业精神与企业价值观的人格化,实现"人企合一"。海尔的文化建设是中国企业文化建设的典范。海尔集团极具远见,公司对职工的工作给予不断鼓励,使他们对工作经常保持新鲜度,责任感在无形中得到加强。

6. 企业文化将从商业氛围升华出来,更重视人的作用

商业化管理的本质特征是以物为中心,以全面追求利润最大化为目标,忽视人的因素,在管理上着迷于铁的纪律、绝对服从和至高无上的权威。这里,劳资之间变成了纯粹的雇佣与被雇佣关系。著名学者杨振宁说:21世纪企业的竞争是人才与科技的竞争,是中国超越发达国家的主战场。企业文化绝对不是片面地发掘职工体力,更重要的是发掘职工的智力资源,更注重人的因素。况且,企业文化理论的本质特征是倡导以人为中心的人本管理哲学,反对"见物不见人"的理性管理思想,主张将培育进步的企业文化和发挥人的主体作用作为企业管理的主导环节。所以,企业不能再受商业化的束缚,在企业文化建设中,要把精力投向人,大力加强"人"的建设。

(资料来源:《中外企业文化》)

知识拓展三

惠普公司的企业文化

在美国,惠普公司是一个比较典型的例证。1939年,在加利福尼亚州帕罗奥托城的一个车库中,美国斯坦福大学的比尔·惠利特与戴维·普卡德决定开创自己的事业,由他们两人的姓联合命名的惠普公司,初期生产的产品是比同类产品价格低、性能好的声波振荡器。惠普公司在长达半个多世纪的经营中,雄厚强大的企业文化系统在促进企业业绩增长方面起到了关键作用。

公司创立之初,公司的创立者们就明确了其经营宗旨:瞄准科学技术与工程技术市场,生产出高品质的创新性电子仪器。在这一经营宗旨上,惠利特与普卡德建立起共同的价值观和经营理论。由于他们聘用与选拔员工也按这一价值观标准进行,并对公司员工大力灌输这一思想,从而使这一价值观成为惠普公司的核心价值观。

惠普公司的核心价值观就是:企业发展资金以自筹为主,提倡改革与创新,强调集体协作精神。在这一核心价值观的基础上,公司逐渐形成具有自己鲜明特色的企业文化。这种被称为"惠普模式"的企业文化是一种更加注重顾客、股东、公司员工的利益要求,重视领导才能及其他各种惠普激发创造因素的文化系统。

在这一文化系统中,惠普模式注重以真诚、公正的态度服务于公司的每一位权力人;提倡人人尊重与人人平等,注重对员工业绩的肯定,对员工表示出信任和尊敬;倡导顾客服务导向的经营观,以向顾客提供优质且技术含量高的产品为宗旨,有效地解决顾客的实际困难;极力为公司股东服务,以追求利润最大化为目的,承诺不搞无利可图的业务,并逐渐形成一套企业员工默认的准则,如家庭观准则、为人处世简朴准则等。

在经营管理策略上,实行"走动式管理"和"目标管理"相结合的方式,从而形成了植根于公司企业文化之上的独特经营管理方式:提倡管理者"下基层走动",随时了解一线情况,增进与员工的交流与沟通;普遍采取目标管理形式,在实际工作中,提倡自我管理、自我控制与成果管理,提倡温和变革,不轻易解雇员工,也不盲目扩大规模;坚持宽松自由的办公环境,努力培育公开、透明、民主的工作风格。

惠普的企业文化及其在此之上所采用的经营管理方式极大地刺激了公司的发展,有力地促进了公司经营业绩的增长。公司在20世纪五六十年代的纯收入就增加了107倍,仅从1957年到1967年,公司的股票市场价格就增加了5.6倍。投资回报率高达15%。进入20世纪90年代,惠普公司重点发展计算机产品,时至今日,它已成为全球最大的计算机打印机制造商。

事实上,惠普公司的核心价值观一直被视为公司成功哲学的精髓,这种以创新精神与团队精神为价值取向的经营理念,对公司多年经营过程中保持较强的市场竞争力发挥了相当重要的作用。同时,融于每位员工思想之中的为顾客服务的价值观也大大提高了惠普公司对市场经营环境的适应程度。

同时,惠普的文化体系并不是一个僵化的体系,而是一个能适应变化、做出反应的开放的、动态的体系。惠普的决策者们认为,他们有必要将惠普企业文化中那些核心成分,那些较为稳定的成分与另一些不重要的、容易变化的成分加以区分。从公司发展的全部过程来看,多年来,公司中基本的核心价值观念是基本稳定的,植根于核心价值观基础之上的经营理念变化并不很大。变化最大、最明显的是具体的经营策略和某些经营方式。这些变化虽不是随意的、轻而易举的,却是必需的。

值得注意的是,惠普公司这种开放而动态的文化体系以及其拥有的随机制宜的机制与公司相对稳定的核心价值观并不矛盾,相反,核心价值观还是这种体系与机制赖以生存和发挥作用的保证与基石。惠普的高层经理们普遍认为,为保持与市场环境相适应而所作的变革产生的根本原因,正是公司企业文化的核心价值。"这种价值观念、行为方式的内核促使人们重视公司构成的主要要素成分,关注引起改革的那些新观点和领导才能"。当各个构成企业的要素发生变化时,核心价值观所倡导的尊重领导才能和创新思想就会做出反应,这是一种内在的、自愿的反应，这一反应要求企业改进经营策略或经营方式，以使企业与外部环境保持协调一致。

在这种"更高更好"的企业文化推动下，惠普公司在20世纪90年代又得到了空前发展。1992年年收入达16亿美元，1993年为20亿美元，1994年达到25亿美元，1995年后，收入增长进一步加快，年收入从31亿美元迅速增长到1997年的428亿美元。惠普公司的发展历程与骄人业绩从实践上证明：强有力的企业文化是企业取得成功的新的"金科玉律"。

在惠普公司案例的分析中，我们发现这样一个问题，那就是惠普公司的企业文化系统何以能在长达半个多世纪的公司经营中持续地发挥促进公司业绩增长的作用，而同样具有雄厚企业文化力量的许多其他著名公司，如花旗银行、通用汽车公司、J·C·彭尼公司等，其企业文化系统却没能持续有力地促进公司的业绩增长呢？约翰·科特认为："惠普公司成功的根本原因在于建立了一整套强有力且策略适应的文化体系。这一体系使得公司长期经营业绩一直保持良好，它的短期经营业绩虽有波折，但也令人较为乐观。"可见，要使企业业绩持续增长，建立这样一种文化体系则是必需的，即在这一体系中，核心价值观必须是先进而有效的，这一体系应是一个开放而动态的体系，拥有能根据市场环境变化而适时调整的机制，这也许是惠普案例给我们的最大启示。

训练题

一、选择题

1. 企业文化根在（　　　）。
   A. 美国　　　　B. 日本　　　　C. 英国　　　　D. 法国
2. 企业的厂徽、厂服、厂旗等属于企业文化的（　　　）。
   A. 物质层　　　B. 制度层　　　C. 精神层　　　D. 行为层
3. 企业文化源于（　　　）。
   A. 美国　　　　B. 日本　　　　C. 英国　　　　D. 法国
4. 企业宗旨属于企业文化（　　　）。
   A. 物质层　　　B. 制度层　　　C. 精神层　　　D. 行为层

二、简答题

1. 什么是企业文化？企业文化的功能是什么？
2. 企业文化构成及特征是什么？
3. 企业文化建设的原则是什么？
4. 简述企业文化建设的步骤。

三、案例分析

生生不息的华为文化

华为成立于1988年，经过10年的艰苦创业，华为建立了良好的组织体系和技术网络，市场覆盖全国，并延伸到香港地区、欧洲、中亚。公司现有员工3 000余人，其中研究开发人员1 200余人。在发展过程中，华为一直坚持以"爱祖国、爱人民、爱公司"为主导的企业文化，发展民族通信产业，连续3年获得深圳市高科技企业综合排序第一，1995年获得中国电子百强第26名。1996年产值达26亿元，1997

年已超过 50 亿元，到 1999 年已达 120 亿元左右，21 世纪以来，华为更是借助自身的科研和营销优势快速成长。

一、民族文化、政治文化企业化

华为人认为，企业文化离不开民族文化与政治文化，中国的政治文化就是社会主义文化，华为把共产党的最低纲领分解为可操作的标准，来约束和发展企业高中层管理者，以高中层管理者的行为带动全体员工的进步。华为管理层在号召员工向雷锋、焦裕禄学习的同时，又奉行绝不让"雷锋"吃亏的原则，坚持以物质文明巩固精神文明，以精神文明促进物质文明来形成千百个"雷锋"成长且源远流长的政策。华为把实现先辈的繁荣梦想，民族振兴的希望，时代的革新精神，作为华为人义不容辞的责任，铸造华为人的品格。坚持宏伟抱负的牵引原则、实事求是的科学原则和艰苦奋斗的工作原则，使政治文化、经济文化、民族文化与企业文化融为一体。

二、双重利益驱动

华为人坚持为祖国昌盛、为民族振兴、为家庭幸福而努力奋斗的双重利益驱动原则。这是因为，没有为国家的个人奉献精神，就会变成自私自利的小人。随着现代高科技的发展，决定了必须坚持集体奋斗不自私的人，才能结成一个团结的集体。同样，没有促成自己体面生活的物质欲望，没有以劳动来实现欲望的理想，就会因循守旧，故步自封，进而滋生懒惰。因此，华为提倡欲望驱动，正派手段，使群体形成蓬勃向上、励精图治的风尚。

三、同甘共苦，荣辱与共

团结协作、集体奋斗是华为的企业文化之魂。成功是集体努力的结果，失败是集体的责任，不将成绩归于个人，也不把失败视为个人的责任，一切都由集体来共担，"官兵"一律同甘苦，除了工作上的差异外，华为人的高层领导不设专车，吃饭、看病一样排队，付同样的费用。在工作和生活中，上下平等，不平等的部分已用工资形式体现了。华为无人享受特权，大家同甘共苦，人人平等，集体奋斗，任何个人的利益都必须服从集体的利益，将个人努力融入集体奋斗之中。自强不息，荣辱与共，胜则举杯同庆，败则拼死相救的团结协作精神，在华为得到了充分体现。

四、"华为基本法"

从 1996 年年初开始，公司开展了"华为基本法"的起草活动。"华为基本法"总结、提升了公司成功的管理经验，确定华为二次创业的观念、战略、方针和基本政策，构筑公司未来发展的宏伟架构。华为人依照国际标准建设公司管理系统，不遗余力地进行人力资源的开发与利用，强化内部管理，致力于制度创新，优化公司形象，极力拓展市场，建立具有华为特色的企业文化。

（代凯军编著：摘自《管理案例博士评点》，中华工商联合出版社）

以小组为单位，根据所学知识，对上面的案例进行讨论分析。
华为的企业文化现象说明了什么？

第八章

管理道德与企业社会责任

导入案例

企业社会责任带来的思考

2008年6月28日,兰州市的解放军第一医院收治了首宗患"肾结石"病症的婴幼儿。家长反映,孩子自出生起,就一直食用河北石家庄三鹿集团所产的三鹿婴幼儿奶粉。7月中旬,甘肃省卫生厅接到医院婴儿泌尿结石病例报告后,随即展开调查,并报告卫生部。随后短短两个多月,该医院收治的患婴人数,迅速扩大到14名。省委、省政府领导和各相关部门对"肾结石事件"也高度重视。省长徐守盛等于9月10日批示,要求卫生部门及各监管部门做好患儿救治的工作,迅速予以调查。9月11日,除甘肃省外,中国其他省区都有类似的案例发生。

当晚卫生部指出,近期甘肃等地报告多例婴幼儿泌尿系统结石病例,调查发现,患儿多有食用三鹿牌婴幼儿配方奶粉的历史。经相关部门调查,高度怀疑石家庄三鹿集团的产品受到三聚氰胺污染。三聚氰胺是一种化工原料,可导致人体泌尿系统产生结石。同日晚上,三鹿集团发布产品召回声明称,为对消费者负责,该公司决定立即从市场召回约700吨奶粉产品。9月13日,卫生部证实,三鹿牌奶粉中含有的三聚氰胺,是不法分子为增加原料奶或奶粉的蛋白含量,而人为加入的。三鹿毒奶案从2008年12月27日开始在河北开庭研审,2009年1月22日宣判,总共有6个婴孩因喝了毒奶而死亡,逾30万儿童患病,三鹿停产后已宣告破产。

(摘自《南洋商报》,笔者有改动)

管理道德作为一种特殊的职业道德,是从事管理工作的管理者的行为准则与规范的总和。对管理者自身而言,道德是管理者的立身之本、行为之基、发展之源;对企业而言,是对企业进行管理价值导向,是企业健康持续发展所需的一种重要资源,是企业提高经济效益、提升综合竞争力的源泉，可以说管理道德是管理者与企业的精神财富。近年来，道德与社会责任作为管理学中的重要范畴引起了人们强烈的关注。尤其是在道德沦丧的事件屡屡被媒体曝光以后，在组织中加强道德建设、承担社会责任的重要性得到了越来越多人的认同。

第一节 管理道德概述

一、管理道德

道德通常是指那些用来明辨是非的原则、规则和价值观，它以善和恶、荣誉和耻辱、正义和非正义、诚实和虚伪等概念，通过社会舆论及人们内心信念的力量来评价和影响人们的各种行为。

管理道德，是指在管理领域内所涉及的是非规则或准则。这些规则或原则旨在帮助有关主体判断某种行为是正确的或错误的，或这种行为是否为组织所接受。不同组织的道德标准可能不同，即使是同一组织，也可能在不同的时期有不同的道德标准。此外，组织的道德标准要与社会的道德标准兼容，否则这个组织很难为社会所容纳。

二、管理道德的特点

1. 管理道德具有普遍性

管理道德是人们在参与管理活动中依据一定社会的道德原则和基本规范为指导而提升、概括出来的管理行为的规范，它适用于各个领域的管理。无论是行政管理、经济管理、企业管理、文化管理，还是单位、部门、家庭和邻里的人际关系管理，都应当遵守管理道德的原则和要求。

2. 管理道德具有特殊的非强制性

人类最初的管理，属于公权的、人人都可以平等参加的管理，没有强制性。与之相应的调整管理行为的规范，即管理道德也没有强制性。正如恩格斯所指出的："酋长在氏族内部的权力，是父亲般的、纯粹道德性质的，他手里没有强制的手段。"人类社会进入阶级社会以后，管理被打上阶级的烙印，具有阶级的性质和内容。它依靠国家或组织的权力实行管理活动，具有强制的性质。但是，与此相适应的管理道德并没有改变其非强制的性质。不过，管理道德在内容上侧重于调整和约束组织管理者的管理行为，在社会作用上则侧重于依靠被管理者的舆论影响管理者的行为，从而调整管理者与被管理者之间的关系，使其具有特殊性。

3. 管理道德具有变动性

人类的管理活动是随着人类社会实践的发展而不断变化的，作为调整管理行为和管理关系的管理道德规范，也必然随着管理的变化和发展而不断改变自己的内容和形式。原始社会的公共事务管理性质单纯、形式单一、内容简单、发展极其缓慢，与之相应的管理道德的内容也简单，规范也少，发展也缓慢。到了近代，随着管理内容的复杂化、管理方式的制度化和管理目标的多样化，与此相应的管理道德的内容也随之增加和丰富，形式也多样化。特别是当代科学管理的迅速发展，进一步推动了管理道德的变化和发展。因此，如何在这种变动性中适时调整道德的结构和层次，概括出反映新的时代特点和当代科学管理水平的新的管理道德规范，以满足具有中国特色的社会主义管理发展的需要，这是摆在我们面前的一项新任务。

4. 管理道德具有社会教化性

道德教化是一个古老的概念，重视教化是中国传统文化的一个优良传统。中国古代的思想家大都重视德治，所以特别强调道德教化的作用。孔子主张用"仁爱"的道德原则教化人，认为人只要做到"仁"，就能自爱，就能"爱人"，对人宽容、忠恕。孟子发展了孔子的仁爱思想，提出"亲而仁民，仁民而爱物"的思想，认为"仁"就是"爱之理，心之德"。此外，儒家还把公正、廉洁、重行、修养、举贤仁能等，都看作"仁爱"教化的结果，要求管理者都应具备这些道德品质。当代中国的社会主义管理道德，应当吸收中国传统文化中合理的道德教化思想，高度重视管理道德的教化作用。尤其应当强调组织管理者的道德示范和引导作用，使管理道德的意识、信念、意志、情感更加深入人心，并转化为人们的自觉行为，这对于有效地促进社会主义管理目标的实现具有非常重要的作用。

三、五种道德观念

1. 道德的功利观

这种观点认为，决策要完全依据其后果或结果做出。功利主义的目标是利润最大化，即让尽可能多的人谋求尽可能多的利益这种量化的方法来制定道德决策。按照这种观点，管理者可能认为解雇工厂中的20%（因为这将增强工厂的盈利能力），使余下的80%的工人工作更有保障，并且符合股东的利益。这种道德观：一方面对效率和生产率有促进作用，并符合利润最大化的目标。另一方面，它会造成资源配置的扭曲，尤其是在那些受决策影响的人没有参与决策的情况下，此外还会导致一些利益相关者的权利被忽视。

白酒添加工业酒精（主要成分甲醇）饮用后使人晕眩、失明，严重者极易造成死亡。因此在白酒中严禁添加工业酒精。如有发现，请广大消费者及时拨打12365向质监部门举报，举报有奖。

2. 道德的权利观

道德的权利观认为，决策要在尊重和保护组织成员的基本权利（如隐私权、言论自由、生命与安全及法律规定的各种权利）的前提下做出。例如，当雇员揭发雇主违反法律时，应当对他们的言论自由权加以保护。权利观：一方面，有利于保护个人的自由和隐私；另一方面，会使接受这种观点的管理者把对个人权利的保护看得比工作完成更为重要，从而在组织中产生对生产率和效率有不利影响的工作氛围。

3. 公平理论道德观

这种观点要求管理者公平和公正地实施规则，没有歧视行为。例如，某民办学校规定民工子女不得入学，这就是一种不道德的行为。公平理论道德观会使成员和顾客感受到公平对待，但不利于培养职工的风险意识和创新精神。

4. 综合社会契约道德观

这种观点主张，把实证（是什么）和规范（应该是什么）的两种方法并入企业道德中，即要求决策者在决策时综合考虑实证和规范两方面的因素。这种道德观综合了两种"契约"：一种是经济参与人当中的一般社会契约，这种契约规定了做生意的程序；另一种是一个社区中特定数量的人当中较特定的契约，这种契约规定了哪些行为方式是可接受的（具体），也就是将一般道德标准和组织现有道德标准结合起来，以决定什么是对的，什么是错的。例如，决定某个地区新建工厂的工资时，遵循社会契约的管理者可能根据该地区当前的工资水平制定决策。这种道德观与其他三种的区别在于它要求管理者考察各行业和各公司中的现有道德准则，以决定什么是对的，什么是错的。

5. 推己及人道德观

中国儒家道德观的高度概括："己所不欲，勿施于人""在邦无怨，在家无怨""仁、义、礼、智、信"。

第二节　改善组织道德行为的途径

一、影响管理者道德的因素

由于管理者在组织中的地位特殊，管理者的道德对组织道德发挥着深刻的影响作用。作为一名管理者，不仅要有普通人的道德标准，还要有高于普通人的良好道德风范。

美国学者斯蒂芬·P·罗宾斯（Stephen P. Robbins）在《管理学》一书中详细列举了影响管理道德的各种因素。他认为："一个管理者的行为合乎道德与否，是管理者道德发展阶段与个人特征、组织结构设计、组织文化和道德问题强度的调节之间复杂地相互作用的结果。"因此，管理者道德发展的阶段、个人行为的特征、组织结构设计、组织文化、道德问题的强度等都是影响管理者道德行为的重要因素。它们决定了管理者在面对道德困境时，到底选择道德行为还是非道德行为。

1. 管理者的道德发展阶段

国外心理学家通过研究发现，人们的道德发展存在三个层次，每个层次包含两个阶段。随着阶段的持续上升，个人道德判断会变得越来越不依赖外界的影响，这三个层次和六个阶段如表 8-1 所示。

表 8-1　道德发展阶段

水平	阶段描述
前惯例水平道德 仅受个人利益的影响。按怎样对自己有利制定决策，并按照什么行为方式会导致奖赏或惩罚来确定自己的利益	1. 严格遵守规则以避免物质惩罚 2. 仅当符合其直接利益时方遵守规则
惯例水平道德 受他人期望的影响。包括遵守法律，对重要人物的期望做出反应，并保持对人们的期望的一般感觉	3. 做你周围的人所期望的事 4. 通过履行你所赞同的准则的义务来维持传统秩序
原则规范水平道德 受自己认为是正确的个人原则的影响，他们可以与社会的准则和法律一致，也可以不一致	5. 尊重他人的权利，支持不相关的价值观和权利，不管其是否符合大多数人的意见 6. 遵循自己选择的道德原则，即使他们违背了法律

（资料来源：斯蒂芬·P·罗宾斯，《管理学》，中国人民大学出版社，2000年版，第105页）

（1）前惯例层次。处于前惯例水平的人们，其道德选择只受个人利益的影响，个人仅当物质惩罚、报酬或互相帮助等个人后果卷入时，才对正确或错误的概念做出反应，其行为特征是：为避免物质惩罚，谨遵规则，或只在符合直接利益时才遵守规则，即"事不关己，高高挂起"。

（2）惯例层次。处于惯例阶段的人们，其道德选择受他人期望的影响，道德价值存在于维护传统秩序和他人的期望中，其行为特征是：做自己周围人所期望做的事，或通过履行他人所认同的准则、义务来维护传统的秩序和标准。

（3）原则层次。处于原则阶段的人们，其道德选择具有自主性，受自己认为是正确的个人行为准则的影响，个人做出明确的努力，摆脱他们所属的团体或一般社会的权威，确定自己的道德原则，其行为特征表现为：遵循自己长期所形成的道德准则，而不受外界影响。

通过对道德发展阶段的研究，可以得出以下结论：首先，人们以前后衔接的方式一步一步依次通过这六个阶段，而不能跨越；其次，不存在道德水平持续发展的保障，道德发展可能中断，停留在任何一个阶段上；再次，大部分成年人处于第四阶段（第二个层次）上，他们被约束必须遵守社会准则和法律。最后，一个管理者达到的阶段越高，他就越倾向于采取符合道德的行为。

2. 管理者的个人特征

一个成熟的人一般都有相对稳定的个人价值准则，即关于正确与错误、善与恶、勤奋与懒惰、公平与偏倚、诚信与虚假等基本信条的认识。由于管理者的地位特殊，这些个人特征很可能会转化为组织的道德理念与道德准则。

研究表明，影响管理者的道德因素主要包括管理者自身的意志、能力、信念、责任感等个性因素。

（1）个人意志、能力和信念因素的影响。个人意志坚强、个人能力较强、个人信念坚定的管理者对事情判断比较准确，无论身处顺境还是逆境，无论外部诱惑如何，其大多数会在道德准则判断与道德行为之间保持较强的一致性，不会因一时之事、一念之差而做出不正确的选择；反之则会在道德准则判断与道德行为之间做出不正确的选择。

（2）个人责任感因素的影响。责任感是每个人对工作、企业、社会等所做出的行为的负责态度，有较强责任感的人是一个能自觉承担社会责任、积极履行职责和正确行使职权的管理者，敢于并勇于对自己行为负责，很少出现违背道德准则的情况；反之，缺乏责任感的人，对自己行为的后果不愿承担责任，甚至认为事不关己，推卸责任，则缺乏基本的道德素质。

3. 管理组织结构的设计

合理的管理组织结构可以对组织中的个体道德行为起到明确的指导、评价、奖惩的作用，因而也就对管理者的道德行为有约束作用，从而有助于形成管理者的道德行为。例如：很多官员的腐败都是由于权力过大又缺乏制约机制造成的。另外，正式的规章制度、职务说明书、明文规定的道德准则也对管理者道德行为产生重要影响。

（1）要做到减少组织结构设计中的模糊性，因为"模糊性"最小的设计有助于促进管理者的道德行为。而减少模糊性的最重要的方法，就是制定严格的、正式的规则和制度。比如：清晰的职务说明、规范的规章制度、明文规定的各种道德准则等，都能对管理者、员工的行为产生正面、积极的影响。

图8-1为组织架构图。

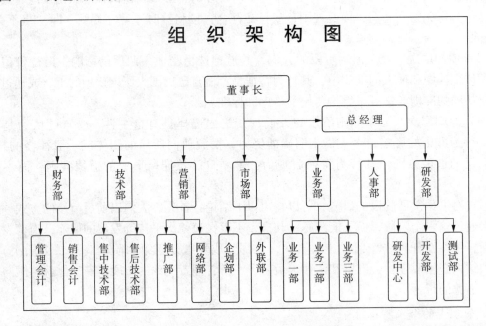

（2）组织要根据内外环境和条件的变化适时调整自身的组织结构。其管理层次设计要有助于各级、各部门管理者的分工与协作，这样才能在组织管理层形成和谐、有效的人际关系，也才能够协调、激励管理者的道德行为和道德信念，进而为成员确定出可接受的和期望的行为标准，因为"上级行为对个人道德或不道德行为具有最强有力的影响"。

（3）组织要有一个合理的绩效评估系统，其合理性表现在，要用科学的方法制定出切实可行的评估指标和评估程序。要从客观、全面的角度评价每一位员工。如果仅以成果作为唯一的评价标准，则会使人们在指标的压力面前"不择手段"，从而加大违反道德的可能性。

（4）激励的强度和频率，尤其是报酬的分配方式、赏罚的标准是否合理，也是影响管理道德行为的重要方面。因为它直接与道德的一个重要标准——公正相联系，组织收入分配中的公正程度关系着人们的道德选择，也关系着人们对道德的信念和坚持。

4. 组织的文化建设

组织文化的内容和强度也会影响道德行为。组织的文化建设对管理道德的影响主要表现为以下两个方面。

一是组织文化的内容和性质。一个组织若拥有健康的和较高的道德标准文化，这种文化的向心力和凝聚力必然对其中的每个人的行为具有很强的控制力。

二是组织文化的力度。组织文化的力度对管理道德也有很大的影响。强文化比弱文化对管理者的影响更大。如果组织文化的力量很强并且支持高道德标准，那么，它会对管理者的道德行为产生强烈和积极的影响；相反，在一个较弱的组织文化中，即使人们具有正确的道德标准，在遇到矛盾和冲突时也难以坚持原有的道德标准，从而导致管理者的非道德行为。比如说，现代组织中的承诺制之所以难以得到长期和始终的坚持，组织文化的强度不够应该是一个重要原因。缺乏强烈道德感的人，如果他受到规则、政策或组织文化理念的约束和熏陶，他做错事的可能性就会很小；相反，非常有道德的人，如果长期在一个允许或鼓励非道德行为的文化环境下也可能会被腐蚀。

> **知识拓展**

道德标准的文化

具有较高道德标准的文化是一种高风险承受力，高度控制以及对冲突高度宽容的文化。这种文化对人的道德行为具有敏锐的分辨能力和较强的控制力。处在这种文化中的管理者，将被鼓励不断创新、进取，对道德与不道德行为有清晰的认识。当不道德行为发生时，管理者会自由地进行公开挑战。此外，组织文化的强或弱对管理者的影响更大。如果文化的力量很强并且支持高道德标准，则它会对管理者的道德行为产生非常强烈和积极的影响。例如，强生公司有一种长期承诺为顾客、雇员、社会和股东履行义务的强文化。当1982年和1986年，有毒的泰诺胶囊在商店货架上被发现时，美国各地强生公司的雇员，甚至在强生公司还未发表有关中毒事件的声明之前，就自动将这些产品从商店撤走了，并没有人告诉这些雇员在道德上什么是对的，但他们知道，强生公司希望他们怎样做。而在一种弱文化环境中，管理者更可能以亚文化规范作为行为的指南，工作群体和部门准则将强烈地影响弱文化组织中的道德行为。

5. 道德问题的重要性程度

影响管理者道德行为的最后一个因素是道德问题本身的强度，它关于道德对管理者来说的重要性程度，主要取决于以下六个因素：a. 危害的严重性：管理者对其道德行为的受害者或受益者受到多大程度的伤害或多大程度的利益；b. 危害的可能性：管理者对其道德行为产生的危害或受益的可能性的认识；c. 邪恶的议论：管理者对社会舆论的在意程度和内心反应；d. 与受害者的接近程度：管理者与其道德行为的受害者、受益者的关系接近程度；e. 效果的集中程度：在行为和预期后果之间的时间间隔有多长；f. 后果的直接性：管理者的道德行为对有关人员的影响和集中度的大小。

综上所述，受伤害的人数越多，越多的人认为一种行为是邪恶的，行为发生并造成实际伤害的可能性越大，行为的后果出现越早，管理者感到行为的受害者与自己挨得越近，问题强度就越大。这六个因素决定了道德问题的重要性，道德问题越重要，管理者越有可能采取符合道德标准的行为。

> **知识拓展**

道德问题的强度

道德问题的强度实际上是道德对于管理者重要性的程度。斯蒂芬认为，关于道德问题的强度受到以下六大因素的影响。

（1）某种道德行为的受害者（或受益者）受到多大程度的伤害（或利益）？例如，使

1 000人失业的行动比仅使10人失业的行动损害更大。

（2）多少舆论认为这种行为是邪恶的（或善良的）？例如，认为对一位得克萨斯州的海关官员行贿是一种罪恶的美国人，比认为对一位墨西哥的海关官员行贿是一种罪恶的墨西哥人多。

（3）行为实际发生和将会引起可预见的危害（或利益）的可能性有多大？例如，将一支枪卖给一位会使用武器的强盗，比卖给一位守法的公民具有更大的危害性。

（4）在该行为和它所期望的结果之间，持续的时间是多久？例如，减少现有退休人员的退休利益，比减少现有年龄在40~50岁的雇员的退休利益具有更为直接的后果。

（5）你觉得（在社会、心理或物质上）你与该种邪恶（或有益）行为的受害者（或受益者）有多接近？例如，自己工作单位的人被解雇比远方城市的人被解雇对你的伤害更深。这些例子表明了影响一个管理者道德行为的最后一个因素——道德问题本身的特征。

（6）道德行为对有关人员的集中作用有多大？例如，担保政策拒绝10个要求得到1万美元担保金的人这一改变，比拒绝1万个要求得到10美元担保金的人的改变影响更为集中。

总的来说，这六个要素决定了道德问题的重要性。当一个道德问题对管理者很重要时，我们有理由期望管理者采取更道德的行为。

二、提高组织员工道德的途径

1. 挑选高道德素质的员工

由于不同的个体可能处于不同的道德发展阶段，并具有不同的价值观念和道德品质，组织在员工特别是管理者的选择过程中，就必须进行特别的道德考察，剔除道德上不符合要求的求职者和候选人，做到德才兼备。因为，在某些情况下，"能人"创造业绩，但如果缺少德行，创造罪恶的可能性也较大。同时，挑选过程的另一作用是有助于管理者了解个人道德发展阶段、个人价值观、自我强度和控制中心。

2. 提炼、规范道德守则

道德守则是表明组织的基本价值观和组织期望员工遵守的伦理规则的正式文件，是减少道德问题、改善道德行为的有效办法。在一些组织中，员工对"道德是什么"认识不清，这显然对组织不利。建立道德守则可以缓解这一问题。一方面，道德准则应尽量具体，可以向员工表明他们应以什么精神从事工作，使员工自觉对照道德守则，时刻检查自己、规范自己的行为，将道德守则内化成管理道德认识，从而培养成良好的管理道德行为习惯；另一方面，道德准则应当足够宽松，从而允许员工有判断的自由。

管理者对道德守则的态度（是支持还是反对）以及对违反者的处理办法对道德守则的效果有重要影响。如果管理者认为这些守则很重要，经常宣讲其内容，并当众训斥违反者，那么道德守则就能为道德计划实施奠定坚实的基础。

劳拉·纳什（Nash，1981）提出了使用正式文件来指导行为的另一种方法。她提出了12个问题，这些问题作为决策规则，在管理者处理决策中的道德问题时，可以指导他们。

（1）你准确地确定问题了吗？
（2）如果你站在对方的立场上，你将如何确定问题？
（3）这种情况首次发生时会怎样？
（4）作为一个人和作为公司的一员，你对谁和对什么事表现忠诚？
（5）在制定决策时，你的意图是什么？
（6）这一意图和可能的结果相比如何？
（7）你的决策或行动可能伤害谁？
（8）在你做决策前，你能和受影响的当事人讨论问题吗？
（9）你能自信你的观点在长时间内将和现在一样有效吗？
（10）你的决策或行动能问心无愧地透露给你的上司、首席执行官、董事会、家庭或整个社会吗？
（11）如果你的行动为人所了解，那么它的象征性潜力是什么？如果被误解了，又该如何？
（12）在什么情况下，你将允许发生意外？

3. 在道德方面引领员工

管理者要以身作则，通过自己的言行和奖惩对员工起到示范和导向作用，主要体现在以下两方面。

（1）注重发挥高层管理者在言行方面做员工的表率。高层管理者是组织的精英，其模范、表率行为对其他管理者管理道德的形成具有更直接的效果。因此，高层管理者应树立良好的管理道德，以身作则，讲真话、办实事、"言必信、行必果"，这对推动整个层面管理道德的形成起着举足轻重的作用。如果管理者把公司资源据为己有、虚报支出项目或优待好友，那么这无疑向员工暗示，这些行为都是可以接受的。

（2）高层管理者通过奖惩机制来影响员工的道德行为。选择什么人和什么事作为提薪和晋升的对象，会向员工传递强有力的信息。管理者通过不符合道德的手段让人感到其成果惊人，从而获得晋升。这种行为本身向所有人表明，采取不符合道德的手段是可接受的。有鉴于此，管理者在发现错误行为时，不仅要严惩当事人，而且要把事实公之于众，让组织中的所有人都认清后果。这就传递了这样的信息："做错事要付出代价，行为不符合道德不是你的利益所在。"

4. 设定工作目标

员工应该有明确和现实的目标。如果目标对员工的要求不切实际，即使目标是明确的，也会产生道德问题。在不现实的目标的压力下，即使道德素质较高的员工也会感到迷惑，很难在道德和目标之间做出选择，有时为了达到目标而不得不牺牲道德。而明确现实的目标可以减少员工的迷惑，并能激励员工而不是惩罚他们。

5. 对员工进行道德教育

越来越多的组织意识到对员工进行适当的道德教育的重要性，它们积极采取各种方式（如开设研修班、组织专题讨论会等）来提高员工对管理道德的认识，提高员工的道德素质，以此在思想上重视，行动上实施，发展中提升。员工进行道德教育的作用体现在以下三点。

（1）通过向员工讲授解决道德问题的方案，可以显著改变其道德行为。
（2）这种教育提升了个人的道德发展阶段。
（3）道德教育可以增强有关员工对企业道德问题的认识。

6. 对绩效进行全面评价

如果仅以经济成果来衡量绩效，人们为了取得结果，就会不择手段，从而有可能产生不符合道德的行为。因此，企业应将管理道德建设纳入管理者岗位考核内容之一，加强检查、考核、奖惩，使每一个管理者不断自我对照准则进行检查，不断地修正自己的行为方向，最终养成良好的管理道德。

7. 进行独立的社会审计

根据组织的道德守则来对决策和管理行为进行评价的独立审计，会使不符合道德的行为被发现的可能性大大提高，从而对不符合管理道德的行为进行纠正，减少这种行为的可能性。

审计可以是例行的，如同财务审计；也可以是随机的，并不事先通知。有效的道德计划应该同时包括这两种形式的审计。审计员应该对公司的董事会负责，并把审计结果直接交给董事会，这样做是为了确保客观、公正。

8. 提供正式的保护机制

正式的保护机制可以使那些面临道德困境的员工在不用担心受到斥责的情况下自主行事。例如，组织可以任命道德顾问，当员工面临道德困境时，可以从这些道德顾问那里得到指导。道德顾问首先要成为那些遇到道德问题的人的诉说对象，倾听他们陈述道德问题本身、产生这一问题的原因以及自己的解决方法。在各种解决方法变得明晰后，道德顾问应该积极引导员工选择正确的方法。另外，组织也可以建立专门的渠道，使员工能放心地举报道德问题或告发践踏道德守则的人。

管理者可以采取多种措施来提高员工的道德素质，在这些措施中，单项措施的作用是极其有限的，但若把它们中的多数或全部结合起来，就很可能收到预期的效果。

第三节 企业社会责任

20世纪60年代以前，企业的社会责任问题很少引起人们的注意，当社会将关注的焦点转向诸如公平机会、控制污染、节约资源、保护环境、维护消费者利益等问题时，社会责任便引起了人们的普遍关注。那么何为社会责任？

食品安全　　　　　　　朱慧卿 作

一、企业社会责任的内涵

1. 企业社会责任的历史发展

企业社会责任的具体内容，在不同时代的法律和道德环境中是不同的，它随着时代的变化而"发展"。这一发展过程大体包括以下四个阶段。

第一个阶段：18世纪，企业高效率地使用资源，为社会提供所需的产品和服务，并遵循市场原则，在法律允许的范围内追求利润最大化，这就能被认为履行社会责任了。一些富有的企业家如果还能为社区提供捐助和做慈善事业，则会受到颂扬。

第二个阶段：19世纪中后期，西方国家工业化完成，公司制日趋成熟。但面对工伤事故频发，劳工缺少安全保障和生活保障等问题，于是遵守经营伦理，改善劳动条件和劳工地位，就成了社会对企业的普遍要求。

第三个阶段：20世纪初期，公司的公共性加强，企业的社会责任开始向"对外"和"对内"两个方向发展。对外，更强调企业在国民经济中的责任，强调企业为公共福利、慈善以及科学与教育进行捐助；对内，则从公司治理的角度，进一步强调对全体股东负责。

第四个阶段：20世纪中后期，则有"企业社会责任运动"的孕育和兴起，它包括环保、劳工和人权等方面的内容，由此导致消费者的关注点由单一关心产品质量，转向关心产品质量、环境、职业健康和劳动保障等多个方面。一些涉及绿色和平、环保、社会责任和人权等的非政府组织以及舆论也不断呼吁，要求社会责任与贸易挂钩。迫于日益增大的压力和自身的发展需要，很多欧美跨国公司纷纷制定对社会做出必要承诺的责任守则（包括社会责任），或通过环境、职业健康、社会责任认证应对不同利益团体的需要。

知识链接

企业是否应承担社会责任

关于企业是否应承担社会责任，有两个极端的观点：一种是古典的或是纯粹经济学的观点，另一种是社会经济学的观点。

（1）古典经济学的观点认为，管理者的主要责任就是从股东的最佳利益出发来从事经营活动。此处的最佳利益便是财务方面的回报。该种观点认为，当管理者将组织资源用于"社会利益"时都是在增加经营成本。这些成本要么通过高价转嫁给消费者，要么降低股息回报由股东所吸收。为此，管理当局唯一的社会责任就是利润的最大化。

（2）社会经济学观点认为，社会对组织的期望已经发生变化，其不仅仅是通过各种法律法规认可组织的建立，通过购买产品和服务对其提供支持，社会接受甚至鼓励企业参与社会的、政治的和法律的事务。从这个角度来说，组织并非只是对股东负责的独立实体，其还应承担其更为广泛的社会责任。因此，管理当局的社会责任远不仅是创造利润，而且包括保护和增进社会福利。

毋庸置疑，虽然至今为止，支持和反对社会责任的争论仍未停止，但组织对社会负责已经是一个不可逆转的社会潮流。因为所有的利益相关者都与组织之间存在着一定形式的交换关系，都为组织提供某种形式的资源或是贡献，相应的就要求组织满足他们的某种期望。各个利益相关者群体做出的贡献不同，期望也有所差异。顾客为组织带来收入和利润，他们希望得到高质量、可靠的产品，希望物有所值；股东提供了资本，期望得到适当的投资回报；员工贡献了劳动和技能，期望得到适宜的收入、工作满意感、安全和良好的

工作环境；供应商为组织提供输入，期望得到可靠的买主并获得合理的收入，从而获得继续经营的机会；社会为组织的生存和发展提供了环境和空间，如基础设施、公平竞争的环境等。相应地，它期望能获得可信赖的社会服务，并要求组织在环境保护和资源合理利用方面承担责任。

2. 企业社会责任的含义

企业社会责任有广义和狭义之分，广义上的社会责任包括含有社会利益内容的法定责任和含有社会利益内容的道德责任。法定的社会责任，是指由法律、行政法规明文规定的企业应当承担的对社会的责任。如果企业违反法定的社会责任，则应当承担相应的法律后果。道德的社会责任是指虽然没有法律的直接规定，但道德伦理要求企业承担的对社会的责任。由于法律规定不能包罗万象，面面俱到，道德的社会责任便成为法定社会责任的必要补充，二者相互依存、相互促进，共同构成整个企业的社会责任。

狭义的企业社会责任仅仅指企业根据伦理道德对社会承担的责任，也就是道德责任。这一定义显示以下几点。

（1）企业社会责任是多元化的，具体可分为以下五个主要方面：企业对员工的责任（如员工安全健康、培训等）；企业对顾客的责任（如质量、诚信等）；企业对投资者的责任（如赚取利润、保证企业成长发展等）；企业的政府责任（如纳税、履行政府经济政策等）；企业对社会

的责任（如慈善捐赠、环境保护等）。
（2）企业社会责任是更高层次的企业责任。
（3）社会责任的承担与企业行为所造成的后果存在因果关系。判断企业是否承担了社会责任不能只根据"说"，必须根据其行为和后果下结论，既要听其言，更要观其行。那些只喊漂亮口号而不落实行动的企业，很难让人相信其社会责任意识的真诚。

二、企业社会责任的具体体现

企业的社会责任要求企业必须超越把利润作为唯一目标的传统理念，强调要在生产过程中对人的价值的关注，强调对消费者、对环境、对社会的贡献。企业社会责任的内涵非常广泛，除法律规定的企业行为规范以外，所有可能影响社会福利的企业行为都应纳入企业社会责任内，大体上可以体现在以下五个方面。

1. 企业对顾客的责任

企业对顾客的责任就是对顾客履行在产品或服务质量方面的承诺，具体表现为：保证提供优质、安全的产品；提供售后服务和给消费者正确的必要的产品信息；不得欺诈消费者而牟取暴利；给予其自主选择的权利。

2. 企业对员工的责任

企业对员工的责任就是要求企业自觉遵守劳动法规，承担员工安全、福利、教育等方面的义务，促进员工的全面发展。具体表现为：不歧视员工、公平尊重员工；定期或不定期地培训员工，不仅要根据员工的综合素质安排其在合适的岗位上，做到人尽其才、才尽其用，而且要根据实际情况对其进行培训；营造良好的工作环境；善待员工的其他举措。

3. 企业对投资者的责任

企业对投资者的责任就是要按照债务合同的要求，按期还本付息，为投资者提供借贷安全。企业要为投资者带来有吸引力的投资报酬，要将其对财务状况及时、准确的报告给予自主选择的权利。

4. 企业对社会的责任

企业对社会的责任主要是指企业对社会慈善事业、公益事业、环保事业以及社会可持续发展等方面所承担的责任。具体表现为：企业要在保护环境方面发挥主导作用，特别要在推动环保技术的应用方面发挥示范作用；企业要以"绿色产品"为研究和开发的主要对象；积极参与社区公益活动，济困求助、扶贫助学等慈善事业。

5. 企业对政府的责任

企业应该遵守政府有关法律、法规的要求，照章纳税和承担政府规定的其他责任义务，并依法接受政府的监督，其具体表现为：对政府号召和政策的支持；遵守法律和规定纳税、履行政府经济政策等。

社会对上述活动一般不用法律的形式来规范企业的行为，因而是由企业的管理者根据企业的价值观、道德观以及企业内部治理的规章制度自愿做出抉择。企业主管应十分敏感地关注消费者和社会舆论对本企业产品或行为的反应和法律可能变更的趋势，并迅速做出必要的、合理的响应。任何过度的澄清、辩解、否认或抗拒都可能进一步扩大事态，使企业遭受不必要的损失，甚至引发一场危机。如果处理得当，企业所尽的社会责任，不仅能赢得社会公众的尊敬，更重要的是由此所激发起员工的道德力量将成为企业最宝贵的财富。

三、企业承担社会责任的必要性

1. 有助于树立企业形象，增强企业竞争力

企业竞争力既来自产品竞争力，同时也来自于社会影响力。产品竞争力提升依赖的是企业生产力，社会影响力的提升则是通过履行企业社会责任获得的。越来越多的企业家开始或已经认识到企业社会责任价值既有付出价值，更有收益价值。企业承担一定的社会责任，虽会在短期内增加经营成本，但无疑有利于企业自身良好形象的树立，形成企业的无形资产，进而形成企业的竞争优势，最终给企业带来长期的、潜在的利益。例如，当中国众多私营纺织企业受困于贸易摩擦时，浙江一些实行了质量、环保和SA8000标准的私营企业

却气定神闲，企业内部安稳、出口业务正常。据浙江省工会的介绍，有的私营企业还因为实行企业社会责任拿到了出口的美元大单，在竞争中将更有名气的大企业比了下去。"富而有德，德富财茂"正是企业承担社会责任、提升企业竞争力的真实写照。

2. 有利于促进企业创新

对社会责任的关注将促使企业转向对产品、设计、流程、管理和制度等环节进行创新，促进其盈利方式和增长方式的转变，提高生产效率，降低能源的消耗。改变生产方式，从粗放型经营模式积极向集约型经营模式转变，进一步拓宽创新领域，改善经营环境，减少资源的占用和浪费，节省生产成本，发展循环经济，提高环境保护的能力，获得更多的利润。

3. 为企业的可持续发展赢得良好的人文环境

任何企业都是在一定环境中从事活动的，企业主动承担社会责任可以为自身创造更为广阔的生存空间。在正确的道德观的指导下，能够建立一个竞争有度、互助合作、积极进取的工作环境，使个人的生活、工作、事业、理想等和整个组织统一起来。任何企业都是社会的组成部分，为了使企业的发展和社会的发展相一致，管理者往往会使企业利益和社会利益相统一。这样一来，企业承担社会责任的行为，则是维护企业长远利益，符合社会发展要求的一种"互利"行为，从而促使企业可持续发展。

4. 成为企业依法经营的守护神

任何企业和个人都必须在法律许可的范围内行为。如果违反法律规定，将受到法律制裁。企业的社会责任要求企业必须依法经营、按章纳税和承担政府规定的其他义务，企业在履行社会责任的同时，自觉地遵守各项法律法规，自觉地在法律规定的范围内从事正当、合法的生产经营活动，并接受政府的管理和监督。

四、社会道德与企业业绩

企业作为一个经济系统，无论如何都是应该盈利的，千方百计地提高经济效益是管理者

的中心任务。然而，盈利或利润是作为直接目的来追求，还是当成一种过程产物来看待，这一问题确实值得管理者考虑，尤其是那些经营较好，正在谋求进一步发展的企业更应慎重考虑这一关系。以下为企业与社会矩阵图（如图8-2所示）。

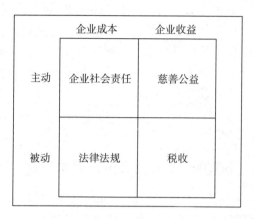

图8-2 企业与社会矩阵图

有的观点认为，企业承担社会责任将带来经营成本的增加，从而影响其经营业绩，因此企业的社会责任与绩效是一种负相关关系。在短期财务核算下，这一观点是成立的。但事实上，这只是企业短期财务绩效与社会责任的矛盾冲突，长远分析未必如此。

企业的社会责任支出虽然增加了当前的经营成本，但正是这些社会支付为企业创造了更多的利润回报。

（1）可以提高企业融资吸引力。在全球媒体和消费者越来越关注劳工问题时，有效地实施社会责任管理有利于保护和提升公司品牌价值，避免公司品牌因劳工标准等问题而有所损害。社会责任管理在很大程度上有助于企业社会声誉的建立和完善，有助于企业树立良好的形象。

（2）提高人力资源的回报。人力资源状况对企业获得竞争优势起着决定性的作用。企业全面而富有针对性的人力资源管理实践能够比仅仅依靠经营者个人的努力在提高企业绩效方面取得更好的效果。如沃尔玛公司将员工视为合伙人，于1971年实行了"利润共享"的政策。这一政策促使员工们不折不扣地以管理层对待他们的态度来对待顾客。员工善待顾客，顾客感到满意，从而经常光顾本店，这正是利润的真正源泉。

（3）提高顾客的满意度。长期与一个供应商保持稳定合作关系的企业将比那些同时拥有很多供应商的企业具有更高的绩效水平。

（4）获得政府政策支持。政府在市场经济的发展中担负着重要的角色，企业对政府的责任主要集中于按照法律法规办事，依法纳税，如果企业对政府负责能为自己争取更好的政策促进企业发展，那么该社会责任与企业绩效正相关。此外，较好的社会声誉对于求职者也具有更大的亲和力，更容易得到劳动者的认同，它会直接影响人才的流向。对于外向型企业来说，是消除贸易壁垒的利器。推行社会责任管理可以帮助企业及其商业伙伴更好地遵守法规，避免因社会责任管理不善而丢失国际订单。

本章小结

管理道德，是指在管理领域内所涉及的是非规则或准则；对管理道德的认识有五种观点，分别是道德的功利观、道德的权利观、公平理论道德观、综合社会契约道德观、推己及人道德观；管理者可通过挑选高道德素质的员工，提炼、规范道德守则，对员工进行道德教育，在道德方面引领员工，设定工作目标，对绩效进行全面评价，提供正式的保护机制，进行独立的社会审计八个途径来提高员工的道德素养；企业社会责任的主要内容包括：企业对顾客的责任、对员工的责任、对投资者的责任、对社会的责任、对政府的责任。

知识拓展一

SA8000 企业社会责任九项标准

SA8000 即"社会责任标准"，是 Social Accountability 8000 International Standard 的英文简称，是全球首个道德规范国际标准，其宗旨是确保供应商所供应的产品，皆符合社会责任标准的要求。SA8000 标准适用于世界各地，任何行业，不同规模的公司，其依据与 ISO9000 质量管理体系及 ISO14000 环境管理体系一样，皆为一套可被第三方认证机构审核之国际标准。自 2004 年 5 月 1 日起，该认证在欧美一些国家强制推行。

SA8000 标准主要内容介绍如下。

1. 有关核心劳工标准

（1）童工。公司不应使用或者支持使用童工，应与其他人员或利益团体采取必要的措施，确保儿童和应受当地义务教育的青少年的教育，不得将其置于不安全或不健康的工作环境和条件下。

（2）强迫性劳动。公司不得使用或支持使用强迫性劳动，也不得要求员工在受雇起始时交纳"押金"或寄存身份证件。

（3）自由权。公司应尊重所有员工的结社自由和集体谈判权。

（4）歧视。公司不得因种族、社会阶层、国籍、宗教、残疾、性别、性取向、工会会员或政治归属等而对员工在聘用、报酬、训练、升职、退休等方面有歧视行为；公司不能允许强迫性、虐待性或剥削性的性侵扰行为，包括姿势、语言和身体的接触。

（5）惩戒性措施。公司不得从事或支持体罚、精神或肉体胁迫以及言语侮辱。

2. 工时与工资

（1）公司应在任何情况下都不能经常要求员工一周工作超过 48 小时，并且每 7 天至少应有一天休假；每周加班时间不超过 12 小时，除非在特殊情况下及短期业务需要时不得要求加班，且应保证加班能获得额外津贴。

（2）公司支付给员工的工资不应低于法律或行业的最低标准，并且必须足以满足员工的基本需求，并以员工方便的形式，如现金或支票支付；对工资的扣除不能是惩罚性的；应保证不采取纯劳务性质的合约安排或虚假的学徒工制度以规避有关法律所规定的对员工应尽的义务。

3. 健康与安全

公司应具备避免各种工业与特定危害的知识，为员工提供安全健康的工作环境，采取足够的措施，以降低工作中的危险因素，尽量防止意外或健康伤害的发生；为所有员工提供安全卫生的生活环境，包括干净的浴室、洁净安全的宿舍、卫生的食品存储设备等。

4. 管理系统

公司高管层应根据本标准制定符合社会责任与劳工条件的公司政策，并对此定期审核；委派专职的资深管理代表具体负责，同时让非管理阶层自选一名代表与其沟通；建立适当的程序，证明所选择的供应商与分包商符合本标准的规定。

知识拓展二

社会责任与社会义务、社会回应之比较

社会责任和社会义务不同，社会义务指的是一个企业承担其经济和法律责任的义务，这是法律所要求的最低限度。若只是以社会义务作为对自己的要求，那么企业在追求社会目标时将仅从事有利于其经济目标的活动。社会责任超越了只是符合基本的经济和法律标准的限度，加入了一种道德的要求，促使人们从事使社会变得更为美好的事情，而不做那些有损于社会的事情。

一个具有社会责任感的组织会主动从事有助于改善社会的事情，而不限于法律要求或经济上有利的事情。之所以如此，是因为这些事情是应该做的、正确的或是合乎道德的。社会责任要求企业明辨是非，决策合乎道德标准，经营活动合乎道德规范。一个具有社会责任感的组织只做正确的事情，因为它觉得有责任这样做。

正如上文所说，企业在法律的规范下，满足其经济责任时，便称得上是尽社会责任。不过它还没做到社会回应，社会回应和社会责任都认为企业在达到经济目标后，应该去追求社会目标，而不应仅是符合经济与法律标准而已。

社会回应与社会责任的差别主要是在消极与积极上。社会回应是指组织消极地顺应外在社会要求所作的一种调适；而社会责任则是要求组织应预先判定是非、对错，并且积极努力地去追求基本的道德真理。比如20世纪90年代，杜邦公司为雇员提供了照顾小孩的设施；宝洁公司（P&G）宣布，汰渍（Tide）洗衣粉"是用100%再循环利用纸包装的"；世界最大的金枪鱼罐头厂的主管说："斯塔吉斯特（Starkist）公司不会购买、加工或出售任何与海豚科动物有关的鱼"。这些公司当时之所以这样做，是因为他们迫于职业压力或是环境保护者的压力，并不是积极主动，而是消极被动的。所以他们的做法叫作社会回应。当然，如果上述公司早在20世纪70年代就已经采取上述措施，那就可以准确地称为一种社会责任了（见下表）。

社会义务、社会回应及社会责任的比较

项目	社会义务	社会回应	社会责任
行为因素	法律要求	社会偏好	道德真理
行为目的	组织本身	组织与社会	组织与社会
行为态度	被动	消极	积极
行为时间幅度	短期	中短期	长期
行为价值	落后于社会要求	和社会要求同步	领先于社会要求

训练题

一、选择题

1. 某烟厂连年亏损，原因之一是 80% 以上的职工有偷取成品烟的现象。新任厂长开会研究解决偷烟问题的办法，大家提出了四种方案，请你选择效果最好的一种方案（　　　　）。

    A. 严格治厂，规定凡偷成品烟者，一律下岗

    B. 加大惩罚力度，规定偷一罚十

    C. 先大造舆论，抨击偷烟行为，提倡"敬业爱厂"的精神，党员、干部带头"不取厂里一支烟"，随着偷烟人数的减少，逐步加大对偷烟者的惩罚力度

    D. 建立举报箱，对举办者给予重奖，将偷烟者罚款的大部分奖给举报者

2. 你发现目前在聘用的单位中似乎很有才能的员工的求职申请中有伪造的地方，他声称自己有大学学历，事实上他根本没有，你会（　　　　）。

    A. 不采取任何措施，因为你对他的工作满意，学历并不是工作首要必备的条件

    B. 告诉他由于撒谎被解聘

    C. 指出他的谎言，并告诉他处于留用观察期

    D. 将这个问题移交给人力资源部处理

3. 目前企业组织中主流的四种道德观中，以下（　　　　）行为最能体现其中的权利观。

    A. 企业管理规章制度中没有充分考虑个体的创新精神

    B. 企业日常管理活动中完全按照集体利益大于个人利益的原则行事

    C. 面对管理活动中的问题，广泛征求不同层面的意见，充分考虑各种利益集团的想法

    D. 非常重视对相关企业商业道德考察、学习和借鉴

4. 以下（　　　　）企业管理行为不属于社会责任所涉及的内容。

    A. 公开披露的企业财务信息，准确可靠

    B. 重视对企业员工的精神和物质奖励

    C. 面临自然灾害带来的破坏，倡导企业所有人员参与支援

    D. 加强企业产品研发，提高产品市场占有率

5. 以下（　　　　）行为属于企业追求社会责任的路径。

    A. 提供更多的就业机会，给予更多的职业培训机会

    B. 提供科学的安保产品，维护员工的身心健康

    C. 执行行业规范、行业标准和行业道德准则

    D. 维护企业所有者对企业管理效益的监督

二、简答题

1. 谈谈你对管理道德的认识。
2. 企业社会责任的内涵及具体表现形式分别是什么？
3. 企业经营业绩与企业社会责任有哪些关系？

三、案例分析

（一）调查问卷

尽量坦率地回答以下涉及潜在商业冲突的自我评估。在适当的数字上画圈，描述您对每

个陈述的赞同程度。

　　　　　　　　　　　　非常赞同　　　　　强烈反对

1. 如果你的上司询问我对一个新的广告活动的意见，而这个广告活动是上司设想的而且他很喜欢，我却不喜欢，我会将我的想法告诉他。　　5　　4　　3　　2　　1
2. 在没有得到出版商允许的情况下，我绝不会复制软件。　　5　　4　　3　　2　　1
3. 如果为了达到每个月必需的销售额，我要推销产品的话，我将给予客户一个极为宽松的交货日期。　　5　　4　　3　　2　　1
4. 在应聘一份工作时，我会不提曾经被解雇或不愉快的离职经历。　　5　　4　　3　　2　　1
5. 如果我认为公司亏待我，我会在其他方面多赚些钱。　　5　　4　　3　　2　　1
6. 如果我看见一位同事对客户或主管说错了话，我会告诉老板。　　5　　4　　3　　2　　1
7. 我会向我的主管卖弄风情，如果我认为这样会让我更快地被晋升的话。　　5　　4　　3　　2　　1
8. 如果没有更容易的另外的办法，我会用公司的电话打长途。　　5　　4　　3　　2　　1
9. 我绝对不会将公司的曲别针、办公用品或其他的办公设施带回家。　　5　　4　　3　　2　　1
10. 即使我知道自己只能在某个机构工作几个月，也会接受这份长期的全职工作。　　5　　4　　3　　2　　1
11. 当我的确需要休息时，也绝不会喊"累"。　　5　　4　　3　　2　　1
12. 如果一位供应商送给我一份我真的很喜欢的礼物，我不会将它退还，除非保留它会被我的上司发现。　　5　　4　　3　　2　　1
13. 如果我感觉在性方面被一位能力不如他人的应聘者吸引，我不会让这种感觉影响我的雇用决策。　　5　　4　　3　　2　　1
14. 如果在竞争中我没有获得提升，我在为获得提升的人工作时会变得很懈怠。　　5　　4　　3　　2　　1
15. 如果我的秘书不忙，我会要求她为我打印一些私人信件。　　5　　4　　3　　2　　1

得分以及解释：

将你画圈的数字相加得出你的总分。

70~75分：你是一个很道德的人，有时候可能会被人批评为人太刻板。

50~69分：你的道德意识一般，而且需要加强你的道德准则。

40~49分：虽然你表现出了一些道德意识，但是你的行为有时候可能并不道德。

0~39分：你表现的道德价值低于现代标准并且会对你的事业造成不利影响。

（材料来源：[美] 菲利普·L·胡萨克尔（Phillip L. Hunsaker）著：《管理技能实战训练手册》，张颐，汤永，译，机械工业出版社2003年版，第83~84页）

（二）"瘦肉精"事件

河南省孟州市等地养猪场采用违禁动物药品"瘦肉精"饲养生猪，有毒猪肉流入济源双汇食品有限公司。事件经相关媒体曝光后，引发广泛关注。为查清"瘦肉精"的生产、销售源头，河南省公安厅迅速确定了"追上线、查网络、端窝点、打源头"的案件主攻方向。通过层层"倒追",公安机关发现,湖北襄阳籍刘某为制造"瘦肉精"的最大嫌疑人。

据刘某交代,他曾在江苏常州一家药厂担任技术人员,其间结识了同厂做药品销售的奚某。2007年,曾销售过平喘药盐酸克伦特罗的奚某告诉刘某,有人想要盐酸克伦特罗用于养殖,如果能研制生产出来,就可以获得高额利润。

2007年4月底,利用奚某提供的资金,刘某回到老家襄阳,找到南漳县九集镇八泉村的一个民营化工企业负责人,称可以合作开发化工产品二氯烟酸。达成租赁经营协议后,刘某利用厂里的试验室和自购的设备,开始秘密研制盐酸克伦特罗。

为刘某打开销路的正是其合伙人江苏常州的奚某和下线销售人员河南郑州的陈某、洛阳的肖某等人。

2007年年底,刘某在不掌握地下销售渠道的情况下,开始陆续把生产出的盐酸克伦特罗交给奚某,然后由奚某负责外销给河南郑州的陈某和洛阳的肖某,2008年自己开始直接给陈某和肖某"发货"。"他们只需要电话通知我需要'几个'、什么时间发货就可以了。"

据刘某交代,由于清楚是违法活动,上下线制售人员间都以电话单线联系,几乎从不见面,联系中也从不提及"瘦肉精"一词,一般以"一个"代表"一公斤"的电话暗号商定所需数量,然后通过物流公司以"添加剂"的名义向外"发货",而收货人直接按"行内价格"将资金汇入指定账户即可完成交易。

据介绍,陈某等人从刘某处"接货"后,除少数就地转手给次级分销人员赚取差价以外,一般会按照30~35倍的比例在盐酸克伦特罗原粉中加入淀粉等添加剂,再次包装后销售给次级分销人员或养殖户。

经公安机关审讯,"瘦肉精"案件中的非法制售网络基本查清:加工源头(刘某和奚某于湖北襄阳合谋研制生产)→主要销售窝点(陈某和肖某)→次级分销窝点(不法兽药店主和生猪购销人)→"瘦肉精"使用者(生猪饲养户)→加精猪流向地(屠宰点和肉制品加工厂)。

处于链条最顶端的刘某称,出厂的盐酸克伦特罗呈粉末状,由于纯度很高,被称作原粉,出售价格一般为2 000元/千克,扣除原料、人力、厂房租金等成本后,每公斤还有600~700元的生产利润。

而主要销售人员陈某和肖某"接货"后,要么以 4 000 元/千克的价格转手给下线人员,要么添加淀粉等物质稀释后,再以每千克 200 多元的价格卖给下线销售人员或者养殖户。"转手的次数越多,'瘦肉精'的纯度就会越低",而每千克的销售利润也会从数千元到上万元不等。"在郑州市陈某的亲戚家,现场查获的未转移现金就高达 30 多万元。"警方人员说。

处于链条次末端的生猪养殖户拿到稀释后的"瘦肉精",由于纯度不同,价格也会从每千克 200~300 元不等。饲料中有了这样的"添加物",就能饲喂出高瘦肉率的生猪,以每头生猪 100 千克计算,每头猪能多赚 40~60 元,对于每头生猪 80~100 元的正常利润而言,算是一笔不小的额外收入。

而为了迎合"挑肥拣瘦"的市场需求,屠宰点和肉制品加工厂也更愿意以微小的边际收购成本增加其收购生猪的瘦肉率,从而在市场竞争和经济获利上占得先机。

自从央视曝光"瘦肉精事件"以来,食品安全再次成为整个社会关注的焦点。现在由于"瘦肉精事件"的影响,中国已经进入了欧足联的"黑名单",此次欧足联发出特别警告后,相信球员们都会对中国和墨西哥产的肉类产品敬而远之了。不仅如此,"瘦肉精事件"或许还会使得欧洲各大豪门的夏季访华受到影响。

根据相关材料分析以下问题:

1. 结合案例,说明企业社会责任有哪些具体表现,讨论企业社会责任所具有的重要意义。

2. 如果你是一位企业负责人,看到案例,有何启示?应该如何渗透到自己的企业管理活动中去?

第九章

管理创新

导入案例

苹果公司的创新

苹果公司的创始人史蒂夫·乔布斯曾经说,"苹果公司是一个非常有条理的公司,而且有了不起的流程。但是这并非苹果公司的全部。流程使人效率更高。但创新则来自于人们在过道上见面,或在夜晚10点半互相通电话,因为有了一个新点子,或者是因为他们意识到对于某个问题的考虑有漏洞等。创新来自于对一百件事说不,以确保我们不走上歧途或不去试图做太多的事。我们总是在考虑有哪些新的市场可以进入,但是只有通过说不才能保证集中精力在最为重要的事情上。"

自成立起,苹果电脑公司就一直是一个致力于运用最新科技,制造优异产品的公司。斯蒂夫·乔布斯、斯蒂夫·盖瑞·沃兹尼亚克坚持以研发为重心,这帮助苹果电脑公司与其竞争对手之间形成了差异化。苹果电脑公司的产品获得了终端用户的广泛认可,这不仅是因为其吸引人的设计,也是因为其在教育、多媒体和娱乐产业中强大的应用。这项成就的一大部分应归功于斯蒂夫·乔布斯,他一直把自己视为一个产品设计师,而不是一个商人。

在苹果公司,创新是一种生活方式,是公司基因的一部分。苹果公司的成功可以归因于其开发创新产品的能力。在过去的几年中,苹果公司在市场上推出了一些优异产品,这些产品成了顾客体验的标杆。苹果公司连续5年排在由商业周刊编制的世界最具有创新公司排行榜的首位。

根据专家们的观点,乔布斯对于优胜的专注使得苹果公司成为一个创新偶像。他对于苹果公司的文化有巨大的影响。他们说乔布斯激发苹果公司的员工通过不同的思考来获得非常规产品,他创造出一种环境。在这个环境中员工们受到鼓励,相信他们比别人更好。产业观察师说,正是乔布斯的"做最好产品"的愿景鼓励着工程师和开发者们去开发最好的产品。

管理创新是组织发展和管理水平提高的经常性工作。当组织所处的外部环境和组织的内部条件发生变化时，组织的管理模式、管理方式就必须进行调整，以适应环境的变化，这种调整从本质上说，就是创新，企业在市场竞争中输赢的关键在于其核心竞争力的强弱，而实现核心竞争力更新的唯一途径就是创新。

第一节　管理创新及其作用

一、管理创新的基本含义

经济学家约瑟夫·熊彼特（Joseph Alois Schumpeter）于1912年在《经济发展理论》一书中首先提出了"创新"的概念，包括研制或引进新产品、运用新技术、开辟新市场、采用新原料或原材料的新供给、建立新的组织形式五个方面。熊彼特的创新概念主要属于技术创新的范围，也涉及管理创新、组织创新等。

本书所定义的管理创新，是指企业把新的管理要素（如新的管理方法、新的管理手段、新的管理模式等）或要素组合引入企业管理系统，以更有效地实现组织目标的创新活动。

知识链接

熊彼特创新活动的五种情况

真正把技术创新作为理论提出来的是著名的美籍奥地利经济学家约瑟夫·熊彼特。他在1912年出版的《经济发展理论》一书中建立了以"创新"为核心的动态发展理论。熊彼特的创新理论运用生产技术和生产方法的变革来解释资本主义的产生和基本特征，分析资本主义的发展过程。按照熊彼特的观点，创新就是建立一种新的生产函数，即实现生产要素和生产条件的一种从未有过的"新组合"并引入生产体系。创新并非单纯的技术或工艺发明，而是一种运转不息的机制。只有引入生产实际中的发现与发明，并对原有的生产体系产生震荡效应，才是创新。在熊彼特看来，作为资本主义灵魂的企业家的职能就是实现创新，引进新组合。所谓经济发展，就是指整个资本主义社会不断实现这种"新组合"。熊彼特将创新活动归结为下列五种情况。

（1）新产品的生产。即创造出尚未为市场所知晓的新产品，或对原有产品进行本质上的改革，并引入市场。

（2）新工艺在生产过程中的应用。即采用该产业部门实际上尚未知晓的新技术，或新的生产方法，或对原有生产工艺进行改进。

（3）新资源的开发。即在生产过程中采用新的原材料或半成品，或对于同一种原材料或半成品找到其最新的用途。

（4）新市场的开辟。即开辟所论及的国家和那些特定的产业部门先前尚未进入过的市场，包括新开辟的地区市场，或在原来的市场内找到新的细分市场。

（5）新的经济活动组织的确立。即制度创新，也是管理创新，这是涉及社会生产的组织方式和相应的生产关系的变动，形成新的产业组织形态，其实质就是制度或体制改革过程，其结果则是新体制代替旧体制。

二、管理创新的基本类型

1. 从作为管理职能的基本内容来看，创新可分为目标创新、技术创新、制度创新和环境创新

（1）目标创新，是指企业在一定的经济环境中从事经营活动，一定的环境要求企业按照一定的方式提供特定的产品。一旦经济环境发生变化，要求企业的生产方向、经营目标以及企业在生产过程中与其他社会经济组织的关系进行相应的调整。

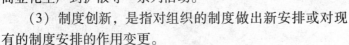

（2）技术创新，是一个从新产品或新工艺设想的产生到市场应用的完整过程，它包括新设想产生、研究、开发、商业化生产到扩散等一系列活动。

（3）制度创新，是指对组织的制度做出新安排或对现有的制度安排的作用变更。

（4）环境创新，是指通过企业积极的创新活动去改造环境，引导环境向着有利于企业经营的方向转化。

2. 从创新的规模以及创新对系统的影响程度来看，可分为局部创新和整体创新

（1）局部创新，是指在系统性质和目标不变的前提下，系统活动的某些内容、某些要素的性质或其相互组合的方式，系统的社会贡献的形式或方式等发生变动。

（2）整体创新，则往往表示系统的目标和使命，涉及系统的目标和运作方式，影响系统的社会贡献的性质。

3. 从创新与环境的关系来分析，可分为消极防御型创新与积极攻击型创新

（1）消极防御型创新，是指由于外部环境的变化对系统的存在和运行造成了某些程度的威胁，为了避免威胁或由此造成的系统损失的扩大化，系统在内部展开的局部或全局性调整。

（2）积极攻击型创新，是在观察外部世界的过程中，敏锐地预测到未来环境可能提供的某种有利机会，从而主动地调整系统的战略和技术，以积极地开发和利用这种机会，谋求系统的发展。

4. 从创新的组织程度来看，可分为自发创新与有组织的创新

（1）自发创新：一方面是指组织自发地应对组织所处的环境，并对环境的变化做出自发的反应，因而进行的创新；另一方面是指组织内部的团体或个人根据自己的意愿进行的

创新。

（2）有组织的创新：一方面是指组织的管理人员根据组织发展的需要，积极主动地寻求创新的机会与办法，计划和组织创新活动，以创新来促进组织的发展。另一层含义是指组织的管理人员积极加强对自发创新的引导，使之与组织的发展目标一致，为组织的发展服务。应当注意的是，有计划、有目的、由组织出面主导的创新对于组织发展的推动要远远大于自发创新对组织发展的推动，其成功的机会也较自发创新要大。

三、管理创新的特征

美国福特公司前总裁福特曾说："不创新，就灭亡。"创新是企业在激烈市场竞争中生存和发展的必然选择，是经济发展和生产率提高的根本动力。为了更积极地致力于创新，更合理有效地组织创新，人们有必要了解创新的特征，以便因势导利。作为人类特有的一种活动，创新一般具有以下几个特征。

1. 创造性

创造性是产生创新思维并加以实现的基本条件，它是人们利用独特的思路把不同的知识组合起来，经过创造性合成（一体化）从而产生不同于一般特殊知识组合的能力。没有创造性很难有创造性的成果，也不可能使创新成果具有增值的功能。创造性可以比作创新的"灵魂"，因而在创新管理中必须把培养和发挥员工创造性放在首位。

2. 风险性

任何创新活动都不可避免地带有一定程度的风险性，创造需要探索，探索意味着开拓、变动、失败和机遇，探索未知，可能获得成功，也可能遭到多次失败，创新的前景具有成功与失败两种可能性。基于创新的这一特征，在管理创新时要允许失败，容忍不同见解和尝试，只有如此才能激发员工持久的创新热情。

3. 知识密集性

创新过程在物质形态上表现为产生新产品、新服务或新流程，从思维和知识形态上看则是进行大量的知识收集、加工、分析、抽象思维，最终形成新知识的过程。只有经过充分的知识积累，具备以密集的知识为基础的创新能力，才有可能获得具有创造性和实用性的创新成果。这就要求在创新过程中做好知识管理，加强创新人员间的沟通和交流。

4. 复杂性

创新过程就像一条链条。认为只要增加上游基础研究的投入就可以直接增加下游的新技术、新产品的产出。但在实际经济活动中，创新有许多起因和知识来源，可以在研究、开发、市场化和扩散等任何阶段发生。创新是诸多因素之间一系列复杂的、综合的相互渗透而共同作用的结果，创新不是一个独立的事件，而是由许多小事件组成的一个螺旋式上升的轨迹，是一个复杂的系统过程。

四、管理创新的作用

创新对企业发展至关重要,企业创新是要运用新的思想、新的技术、新的手段、新的方法,或改善经营,或革新技术,或改进管理,使产品适销、优质、价廉、有特色、服务好、效益佳。

1. 管理创新有助于提高企业的竞争力

随着科学技术的进步和信息技术的发展,企业之间的技术差异越来越小。在这种情况下,企业增强核心竞争力的关键不再像过去那样,仅仅依赖于技术,而是越来越依赖于企业的创新能力。如同一个国家、一个民族一样,企业发展的最根本动力是企业的创新作用,只要

拥有了高人一等的创新能力,企业才能不断提升自己的核心竞争力。创新可以将企业的劣势转化为优势,将不利因素转化为有利因素。如麦当劳的生产技术并不复杂,生产过程也很简单,但麦当劳之所以能够把简单的快餐生产变成一种工业化的生产方式,依靠的就是其标准化的管理流程,这也正是麦当劳管理创新的结果。

2. 管理创新有助于提高企业的经济效益

管理创新的本质在于创立一种新的资源整合和协调范式,以便使企业资源使用的效率和效益得到明显的改善和提高。比如通过产品创新可以帮助企业有力地拓展市场,开展竞争,提高目前的经济效益;通过技术、制度、文化等方面的创新,从而更合理地配置企业资源,大力提高企业长远的经济效益。

3. 管理创新有助于企业可持续发展

企业的成长,有赖于不断出现的新技术、新产品与新市场的支撑,管理创新,即全面提升企业的管理水平,为企业技术创新与市场开拓营造良好的企业管理环境,无疑将极大地促进企业技术创新等工作进行,因此以管理创新为起点,引领企业各项工作,将确保企业的可持续发展。比如,苹果公司自 1977 年成立以来都在不断进行自我更新,运用创新性的模式经营,从最早的技术导向型创新,转到了今天的价值创新,最突出的表现就是 iPod 与 iTunes,使得苹果公司最终赢得了市场。

4. 管理创新有助于形成企业家阶层

职业经理人及企业家阶层的形成是现代企业管理创新的直接成果之一。这一阶层的产生:一方面使企业的管理实现了由技术专家向管理专家的转变,从而提高了企业资源的配置效率;另一方面使企业的所有权与经营管理权发生分离,推动了企业更健康发展。职业经理层的形成对企业的发展起着重要的作用。因为对职业企业家而言,企业的存续对其职业发挥至关重要的作用,他们"宁愿选择能促使公司长期稳定和成长的政策,而不贪图眼前的最大利润"。从这一角度出发,职业企业家必然更进一步关心创新,关心管理创新,因为他们知道管理创新的功效,因此职业经理人员往往成为尤为重要的管理创新主体。

第二节 管理创新的理念、原则及内容

一、管理创新的理念

人的创新行为是受其思想观念支配的,因此一切创新均源于观念上的创新。管理创新理念在组织的整个创新体系中起着非常重要的作用,具体包括以下三个方面的内容。

1. 服务型管理理念

当劳动者和劳动对象在知识型社会中已获得改变后,对管理者在组织的角色定位上提出了新的要求。管理者的职责在于确定企业发展方向,同时能够不断地给组织和员工提供完成工作所需的资源,而不是给已经能够完全独立工作的员工施加太多压力。

2. 学习型管理理念

知识经济要求企业更加重视知识的积累和更新,通过学习型的管理,构建"学习是工作、工作是学习"的新型教育模式,为员工的终身教育、不断获取新知识营造环境支持,并逐步将企业培养成学习型组织。

3. 团队型管理理念

有效的团队事实上是组织结构的最大精简。在一些集团组织中,各成员公司于集团中心之间互相依存,其整个组织结构更具有弹性,并随着市场环境的变化而变化,与市场保持持续的平衡。

二、管理创新的原则

1. 调查研究原则

创新活动是既要有理论,又要付诸实践的工作。为了获得对事物的客观认识,必须在理性思考的基础上,进行认真的调查研究,针对创新对象所涉及的范围,到生产一线,到市场中,到社会的最基层,了解客观事物的真相,了解顾客的需要,了解社会的期望、需要和价值观。

2. 分析综合原则

创新的过程是一个系统的分析综合、探索事物运动规律性的过程。因此,必须在调查研究的基础上,对创新的每一个机会和来源进行有目的的、系统的分析,不放过任何蛛丝马迹,从中发现事物之间的内在联系和相互关系。

3. 突出重点原则

在创新过程中,必须把握住重点内容,这样才能维持一个较高效率的创新进程。这需要创新者具有敏锐的眼光,能够准确地把握事物的主要矛盾,找准突破口,从而推动创新整体向前。

4. 可行性原则

如果消耗大量的企业资源之后,得到的新产品、新制度或新技术等并没有带来多少效率,甚至牺牲了企业的生产效率。那这种创新就"得不偿失",反而会影响企业的竞争力。因此,只有对企业的生产效率有价值、简单而易行的创新,才是企业所需要的。可行性原则包含两方面的内容:一是客观条件的可行性,主要指为完成某项创新必须具备的诸如设备、仪器、工具等各种物质手段,以及必要的资金、人才和信息等条件。二是主观条件的可行性。这是指从事管理创新的人员为完成某个特定目标所必须具备的科学知识和研究能力。

三、管理创新的内容

管理创新的基本内容包括技术创新、目标创新、制度创新、组织机构和结构创新、经营理念创新、文化创新等方面。

1. 技术创新

技术创新是从新产品或新工艺的设想开始,经过研究、开发、工程化、商业化生产,最后到市场应用的一系列活动的总和。企业的技术创新主要表现在产品创新、要素创新和要素组合方法的创新三个方面。

(1) 产品创新。产品创新是指在产品技术变化的基础上进行的技术创新。产品创新就是研究开发和生产出更好的满足顾客需要的产品,使其性能更优,外观更美,使用更便捷、更安全,总费用更低,更符合环境保护的要求。因为产品是满足社会需要、参与竞争,直接体现企业价值的东西,所以这是企业创新的主要任务。产品创新可在三个层面上实现。一是核心产品创新:指对产品的核心功能或者消费者所要求的基本利益进行的创新。

例如,首先在日本出现的卡拉OK这种娱乐方式和在德国出现的第一辆汽车都属于核心层次的产品创新。二是形式产品创新:对核心产品借以体现的具体形态所进行的创新。例如,日本索尼公司推出的随身听和海尔集团推出的小小神童洗衣机等都属于形式产品创新。三是延伸产品创新:指对顾客购买产品后产生的有关需求,如运送、安装、维修等所进行的创新,为了满足消费者对延伸产品的需求,现在大多数商业企业都建立了一整套完善的售后服务体系。

(2) 要素创新。企业的生产过程是一定的劳动者利用一定的劳动手段作用于劳动对象使之改变物理、化学形式或性质的过程。参与这个过程的要素包括材料、设备以及企业员工三类。材料创新的内容包括:开辟新的来源,以保证企业扩大再生产的需要;开发和利用量大价廉的普通材料(或寻找普通材料的新用途),替代量少价昂的稀缺材料,以降低产品的生产成本;改造材料的质量和性能,以保证和促进产品质量的提高。如在

制造业中广泛采用的各种新型、轻型材料就是材料创新的成功典范。"工欲善其事,必先利其器",正说明了精良的机器设备对于产品质量和企业竞争力所起的关键作用。设备创新对于改善企业产品的质量,减少原材料、能源的消耗,节省活劳动的使用都有十分重要的意义。企业的人事创新,既包括根据企业发展和技术进步的要求不断地从外部取得合格的新的人力资源,而且更应注重企业内部现有人力的继续教育,用新技术、新知识去培训、改造和发展他们,使之适应技术进步的要求。

(3) 要素组合方法的创新。利用一定的方式将不同的生产要素加以组合,是形成产品的先决条件。要素的组合包括生产工艺和生产过程的时空组织两方面。工艺创新既要根据新设备的要求,改变原材料、半成品的加工方法,又要求在不改变现有设备的前提下,不断研究和改进操作技术和生产方法,以求得现有设备更充分地利用,现有材料更合理地加工,如工艺过程、材料配方、工艺参数等。

生产工艺改进的典型案例是汽车生产方式的改变,汽车生产由传统的手工生产转向现在的流水线生产模式,极大地提高了汽车企业的生产率,为汽车的大众化做出了巨大贡献,也为众多的汽车生产企业带来了丰厚的利润。

2. 目标创新

目标创新是指企业提出有别于竞争者的,他人认为不可能达到的,更能体现企业经营意义的,并且能使企业获得持续利益的目标体系。企业在各个阶段的具体经营目标,要适时地根据市场环境和消费者需求的特点及变化趋势加以整合,要善于进行目标设定、目标调整、目标替代,每一次改变都是一种创新,如产品产量与规模的调整、用户战略定位目标的变化与调整。

3. 制度创新

制度创新是管理创新的核心内容。由于管理制度是组织活动、成员行为的规范,制度的变革会保证资源重新配置的有效性,会给组织行为带来变化,所以管理创新离不开制度创新。制度创新主要包括产权制度创新、经营制度创新和管理制度创新三方面的内容。企业制度创新就是实现企业制度的变革,通过调整和优化企业所

有者、经营者和劳动者三者之间的关系,使各个方面的权利和利益得到充分体现;不断调整企业的组织结构和修正完善企业内部的各项规章制度,使企业内部的各种要素合理配置,并发挥最大限度的效能。近年来,美国一些知名企业纷纷将过去的单一型产权主体转变为多元化产权主体。例如,微软公司与康卡斯特公司相互参股,联手进入家庭宽带娱乐与信息网络市场,改变了企业产权构成的单一性。再比如:员工股权计划和员工参与制是美国企业通行的一种经营制度,是协调股东和其他利益相关者相互之间关系的一种制度。

4. 组织机构和结构的创新

企业系统的正常运行,既要求具有符合企业及其环境特点的运行制度,又要求具有与之相应的运行载体,即合理的组织形式。因此,企业制度创新必然要求组织形式的变革和发

展。组织创新的内容随着环境因子的变动与组织管理需求发展方向等而各不相同。一般涉及以下方面。a. 功能体系的变动。即根据新的任务目标来划分组织的功能，对所有管理活动进行重新设计。b. 管理结构的变动。对职位和部门设置进行调整，改进工作流程与内部信息联系。c. 管理体制的变动。包括管理人员的重新安排、职责权限的重新划分等。d. 管理行为的变动。包括各种规章制度的变革等。上述开发工作往往需要经历一定时间，从旧结构到新结构也不是一个断然切换的简单过程，一般需较长的过渡、转型时期。所以，作为领导者要善于抓住时机，发现组织变革的征兆，及时进行组织开发工作。

5. 企业经营理念创新

企业经营理念是指导和支配企业生产经营活动理念、准则的总称，是企业精神文化的主要组成部分。企业经营理念是决定企业发展全局的根本性理念，是指导企业全面发展的战略指导思想。因此，经营理念的创新对于企业发展具有指导意义。就外部环境而言，企业经营理念创新则是企业适应市场环境变化的先导，没有企业经营理念的创新就没有企业主动适应市场变化的具体行动，企业就无法在复杂的环境变化中生存。

6. 文化创新

企业文化是企业在长期的生产经营过程中逐步形成的并为全体员工自觉遵守和奉行的价值观念、行为准则和审美理念的集合反映。随着时代发展和企业自身的发展，企业文化也应随之发生改变。文化创新是企业创新的内在源泉，在企业管理中的重要性越来越得到管理者的重视。如果文化创新成为企业文化的根本特征，那么，创新价值观就会得到企业全体员工的认同，行为规范就会得以建立和完善，企业创新动力机制就会高效运转。

第三节　创新的过程

创造性活动是人类智能活动的最高体现，世界上的一切创新成果都是人类创造性思维和劳动的结果。创新思维是一个极为复杂的多因素交互作用的过程，要更好地开发、促进创新思维，更好地从事创新工作，还应该了解创新工作的过程。一般而言，创新工作大体可以分为以下几个步骤。

一、寻找潜在机会阶段

创新之所以要打破原有的秩序，是因为其内部存在或出现了某种不协调的现象。创新活动正是从发现和利用旧秩序内部的这些不协调现象开始的。旧秩序中的不协调既可能存在于系统内部，也可能产生于对系统有影响的外部。就系统内部来说，引发创新的不协调现象主要有：生产经营中的瓶颈、企业意外的成功和失败等；就系统外部来说，有可能成为创新契机的变化主要有：社会科学技术的发展、人口的变化、宏观经济环境的变化和文化与价值观念的转变等。

二、创新构思阶段

提出构想在觉察到不协调现象后,要通过现象研究其原因,并据此分析或预测这种不协调的未来的变化趋势,估计它们可能给组织带来的积极或消极后果,然后设法利用机会或者将威胁转换为机会。在这方面,可以采用"头脑风暴法""德尔菲法""名义小组法"等多种方法,提出消除不协调和解决问题的办法,使系统在更高层次上实现新的平衡。

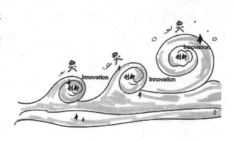

三、决策筛选阶段

在产生许多创意之后,需要根据企业的现实状况、企业外部环境的状况,对这些决策创意根据可识别性、创新性、可实施性等标准进行筛选。经过多次反复比较和优中择优,最后确定出最佳方案。

四、创新实施阶段

"没有行动的思想会自生自灭",这句话对于创新思想的实践尤为重要。组织内外环境瞬息万变,解决不协调的构想提出后必须立即付诸行动。由于外部环境的不确定性以及决策时掌握的信息有限,人们决策时提出的构想可能并不完善,甚至可能很不完善。但是这种构想毕竟是在分析变化了的内外环境的基础上提出来的,有可能能够解决组织所面临的新情况、新问题,必须迅速把它付诸行动。一味地追求完美,以减少受讥讽、被攻击的机会,就可能错失良机。创新的构想只有在不断尝试中才能逐渐完善,企业只有迅速行动,才能有效地抓住机会。

第四节 创新方法

创新方法是指人们在创新过程中所具体采用的方法,包括创新思维方法和创新技法两方面。

一、创新思维方法

大脑是人类进行创新的最重要器官,是创新的物质基础和生理基础,由大脑产生的活动是人创新才能的源泉。在实际的创新活动中,人们运用的创新技巧和方法虽然很多,但其基本原理不外乎逻辑思维、形象思维和灵感思维。

1. 逻辑思维

逻辑思维是撇开事物的具体形象而抽取其本质,从而具有抽象性的特征。这是一种运用概念、判断和推理来反映现实的思想过程,如甲＞乙,乙＞丙,则有甲＞丙。这种"甲＞

丙"的结论就是运用概念进行逻辑推理得来的判断,并不涉及具体事物的形象(无论甲、乙、丙是动物还是房屋)。逻辑思维是一种求同性思维,无论是由个别到一般的归纳法,还是由一般到个别的演绎法,其目的都是求同。如人们看到天上飞的天鹅都是白的,于是得出了"天鹅是白的"这个结论,但后来人们在澳洲发现了黑天鹅。由此可见,"从个别到一般"推理的弱点在于,如果大前提错了,后面的推断必然跟着错。所以,在运用逻辑推断时要注意大前提的正确性。

2. 形象思维

这是一种借助于具体形象来展开思维的过程,带有明显的直觉性。形象思维属于感性认识活动,它的特点是大脑完整地感知现实。日常的形象思维被动复现外界事物的感性形象,而创新性思维则是把外界事物的感性形象重新组织安排,加工创造出新的形象。如爱因斯坦著名的广义相对论的创立,实际上就是起源于一个自由的想象。一天,爱因斯坦正坐在伯尔尼专利局的椅子上,突然想到,如果一个人自由下落,是否会感觉不到他的体重。爱因斯坦说,这个简单的理想实验"对我影响至深,竟把我引向万有引力理论"。形象思维按其内容可分为直觉判断、直觉想象和直觉启发三类。

(1) 直觉判断。即人们通常所说的思维洞察力,也就是通过主体耦合接通、激活在学习和实践中积累起来并储存在大脑中的知识单元——相似块,对客观事物做出迅速判断、直接理解或综合判断。例如,甲是如此,乙和甲相似,所以乙也可能如此。直觉理解或综合判断,中间没有经过严密的逻辑推理程序。

(2) 直觉想象。与直觉判断相比,它不仅依靠人还能意识得到的"相似块",更有潜意识的参与,即已经忘记下沉到意识深处的知识,通过对潜意识的重新组合,做出新的判断或理解。对于这种判断或理解,当事人往往也说不出其中的原因或道理。

(3) 直觉启发。直觉启发是指通过"原型",运用联想或类比,给互不相关的事物架起"创新"的桥梁,从而产生新的判断和新的意识。如德国植物学家施莱登于1938年发表了植物细胞学说。接着,德国解剖学家施旺由植物想到动物,既然植物是由细胞组成的,那么,动物是否也是由细胞组成的呢?经过研究,他证明动物果然也是由细胞组成的。我国古代发明家鲁班从手指被茅草的小齿划破得到启发,于是发明了锯子。这里"茅草上的小齿"就是直觉启发的"原型"。

3. 灵感思维

灵感思维是一种突发式的特殊思维形式，它常出现在创新的高潮时期，是人脑的高层活动。1981 年，获得诺贝尔医学奖的斯佩里的研究成果认为，显意识功能主要存在于左脑，潜意识功能主要存在于右脑，左右脑相互交替作用，从而产生灵感。但灵感具有突发性和瞬时性，来得快，去得也快，必须及时捕捉。尽管如此，灵感并不是不可捉摸的东西，它的诞生和降临也是有条件的。a. 要有执着的追求目标。b. 要有知识和经验的积累。c. 要进行长期艰苦的思维劳动。d. 常需要通过信息或事物的启发。e. 有潜意识的参与。

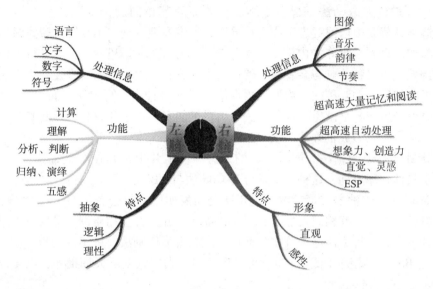

总之，创新思维大体上可以分为上述三种类型。但创新思维的形成要满足以下三个条件。

第一，建立创新思维必须使认识形成概念。人们要在原有事物的基础上有所创新，必须摆脱原有事物在具体形象、方法等方面对思维的束缚。所以，人们必须通过事物的表象抓住其本质。而概念则是在人们大量观察同一类现象时形成的。普遍性的概念，能概括所有同一类事物，从各种形态的个性中提示该事物的共性。因此，使之形成概念是创新思维形成的先决条件。

第二，创新必须借助于正确的判断。判断是人们的一种思维形式。正确的判断能反映事物的内在联系及其规律性，它可以使人们对未来做出正确的判断。

第三，建立创新思维必须有正确的推理，因为正确的判断来自于正确的推理。人类的推理不外乎三种方式，即演绎法、归纳法和类比法。演绎法是从一般到个别的方法；归纳法是从个别到一般的方法；类比法是从一方面的相似推广到其他方面也相似的方法。使用演绎法要注意满足大前提，使用归纳法要考虑特殊性的存在，而使用类比法则要注意可比性。

二、创新技法

创新技法是人们在创新过程中所具体采用的方法，常用的主要有以下几种。

1. 智力激励法

智力激励法,也称"头脑风暴法""理想法""BS会议法"等。这种方法是指以会议形式,最大限度地创造思想活跃、自由发言的气氛,促使每一个成员充分放开思路,大胆设想,各抒己见,标新立异,并相互启发,激发联想,以寻求更新、更多、更好的设想和方案的一种方法。下面介绍几种改进型智力激励法。

(1) 默写式智力激励法。智力激励法传入原联邦德国后,该地的创造学家荷立根据德意志民族喜欢沉思的思维习惯,创立了默写式智力激励法。即会议由6人参加,每人在5分钟内提出3个设想,所以又称"635法"。在举行"635法"会议时,主持人宣布议题并对与会者提出的疑问进行解答,之后,给每人发几张设想卡片填写各自的设想,然后,相互传阅、启发;再在第二个5分钟内,写出3个新设想。以此类推,四个半小时可产生108个设想。这种方法提出尽可能多的点子和设想,在此基础上再进行必要的评估和综合,以形成正确的决策。

(2) 卡片式智力激励法。即将个人的设想写在卡片上,并在会上宣读,以互相启发、激励。由于具体程序不同,这种方法又分为CBS法与NBS法等。

(3) MBS法。这种方法是日本三菱树脂公司发明的。与会者填写1~5个设想,然后,轮流发表自己的设想。互相启发后,写出正式提案,并允许互相质询。最后,大家共同讨论以形成最佳方案,这种方法已在许多方面比一般的智力激励法前进了一大步。

(4) 逆BS法。此法打破禁止批评的规则,对别人的意见可大加批评,以便设想或方案更加完善。

2. 列举法

列举法是指按一定程序,将某些要素解剖分析,发现规律,以寻求突破的一类方法,具体包括以下方法。

(1) 分项检核法,是指在解决问题时,列举一系列相关问题,然后逐项回答、核对和讨论,从中获得解决问题的一些有创见的设想和方法。某企业在进行奖酬制度改革时,提出以下问题进行检核分析:a. 企业的奖酬目标是什么?在多大程度上实现了这一目标?b. 这种目标合适吗?有什么更好的目标吗?c. 企业奖酬目标与要求应做哪些调整?怎样进行调整?d. 适应奖酬调整,涉及的员工有哪些?他们有什么特点和需求?e. 适应上述目标要求,应制定什么样的新奖酬制度?其中什么机制或措施最富激励作用?f. 选择什么样的时机与方式宣传、实施新的奖酬制度?实施中还应注意哪些问题?

(2) 缺点列举法,是指通过发现缺点,并以有针对性地逐一解决问题的方式寻求获得创造性成果。缺点和优点是相对应的,缺点的克服就是优点的形成。从需要解决的问题出发,通过发现、认识、分析和克服缺点,就可以取得某些飞跃和创造性成果,就会有效地实现改进与完善的目标。具体做法是:采取召开小型会议的形式,让大家列举研究对象的缺点;并通过分析归纳,找出主要缺点;再发动大家针对主要缺点,寻求解决办法,要特别注意缺点的对立面与缺点之间的联系;最后,形成综合的改进方案。

(3) 希望点列举法。在创造发明活动中,希望是灵感的源泉,通过对课题的希望和理想,使问题的本来目的聚合成焦点,再加以考虑的技法,就是希望点列举法。这种方法的优势是可以跳出现有状态的小圈子，从目标期望的高度进行思考和运筹，较缺点列举法更能取得一些创造性大的成果。比如：人们很早以前就有顺风耳和千里眼、上天和入地的"希望"。经过一代又一代人的不懈努力，现在都如愿以偿了：雷达、收音机、电视机就是顺风耳和千里眼，宇宙飞船和探地火箭就能"上天""入地"。

3. 变换法

变换法是指变换思维角度、利用事物联系、运用分解组合等手段创造新成果的方法。变换法具体包括以下一些技法。

（1）类比发明法。它是指对存在某种内在联系的不同事物进行类比分析，寻求共同属性与机理，以创造出新成果的方法。这是一种从同中求异，从异中求同，不断产生新设想的方法。具体的类比方法有：a. 拟人类比，即模仿人的机能创造一些事物的新功能和构建设想。例如，机器人的发明就是典型的拟人类比。b. 直接类比，即从自然界或已有的发明成果中，寻找与创造对象类似的东西，通过直接对比，创造新事物。c. 象征类比，即在创造过程中，将一定的抽象概念或思想感情赋予创造对象的具体形式之中的一种类比方法。
d. 因果类比，即依据一事物的因果关系来推出另一事物的因果关系，从而创造出一定的新成果。例如，一名日本人根据发泡剂能使合成树脂布满无数小孔，泡沫塑料从而具有良好的隔热和隔音性能，就尝试在水泥中加入发泡剂，结果制成了具有隔热和隔音性能的气泡混凝土。e. 剩余类比，是指把两个类比对象在各个方面的属性进行对比研究，如果发现它们在某些属性上具有相同的特点，那么可以推定它们剩余的那些属性也可能是相同或类似的，从而可以根据一事物推定另一事物的属性。f. 综合类比，即综合事物的相似特征进行类比，以创造出新事物。

（2）综合法。它是指将两个不同的事物组合到一起，从而产生功能不同的新事物，或将各种要素或不同方案综合起来，而形成新的构想或事物。爱因斯坦曾说过："我认为，为了满足人类的需要而找出已知装置的新的组合的人就是发明家。"比如：我国古代发明的火药，就是将硝酸钾、木炭和硫黄等，有效地组合在了一起。收录机则是收音机和录音机的有效组
合。日本索公尼司的磁半导体技术原理，就是通过把"霍尔效应"和"磁阻效应"这两种现象组合后提出的。

（3）分解法。分解法则是将一个整体事物分解，使其局部成为新事物。在管理中面对有关方案，如认为整体方案弊端太大，则可将其科学分解，剔除不适当部分，只选择和应用其中的部分内容。分解也是一种变动或创新。

（4）换元法。换元或称替代，是指用等效目标进行替代，以寻求新的构想或方案。换元，可以是一种方案行不通时，采用另一种方案进行替代，也可以对原方案中某些要素或环节进行替代。有时还要进行多轮替代，直至满足目标要求为止。

（5）折中法。当几种意见对立，而又各有道理，或各有弊端时，管理者一般不应简单地赞成其中的一种方案，而应在深入分析的基础上，对几种方案进行折中处理，从而使各方都能接受。这种折中也是一种高难度的创新。当初西班牙要求引渡被英国拘留的智利前独裁者皮诺切特时，遭到了智利政府的坚决反对，这使英国政府陷入两难境地。结果，英国内政大臣斯特劳以专家小组鉴定皮诺切特身体已不适宜审判为由，从人道主义角度决定不让西班牙引渡，从而缓解了冲突，解决了这一危机。

（6）重组法。按照新的思路，将原有的要素进行重新组合，就可能获得有价值的新事物。詹姆斯·韦伯·扬创意法就体现了这一思想，他最重要的观点是"新构想是不折不扣的老要素之新组合"。詹姆斯·韦伯·扬创意法提出创意产生有五个特定步骤：收集原始资料；用心检查这些资料；孵化阶段；构想的产生；最后形成与发展构想。

在表述复杂事物或回答"两难"问题时，也有把相反或对立的概念组织在一起，实现语言的创新，以达到特定的目的。

（7）移植法。当把某一领域中的机制与办法引进新的领域，用来解决管理难题时，就会产生一种全新的思路或办法，使原有领域传统的东西一下子变成另一个领域全新的东西。例如：红外辐射是一种很普通的物理过程，凡高于绝对温度零度的物体，都有红外辐射，只是温度低时辐射量极微罢了。可这一原理移植到其他领域，可产生新奇的成果，有红外线探测、遥感；诊断、治疗、夜视、测距等。在军事领域则有红外线自动导引的"响尾蛇"导弹，装有红外瞄准器的枪械、火炮和坦克，红外扫描及红外伪装等。

（8）逆向发明法。世界上所有的事物都有正反两个方面，其表现形式是多种多样的，如大小、上下、东西、里外、真假、进退、正负、作用力与反作用力、手心与手背、光明与黑暗、战争与和平等。沿着事物的相反方向，用反向探求的思维方式对现有产品或课题设计进行逆向思考，提出新的课题设计或完成新的发明的创造技法称为逆向发明法。

例如：原联邦德国某造纸厂，因工人的疏忽，在生产过程中少放了一种胶料，制成了大量不合格的纸，用墨水笔一写，字迹就会化开。如果这批纸全部报废，就会给公司带来重大损失。肇事者拼命地想：有没有什么好的补救方法呢？有一天，他漫不经心地把墨水洒在了桌上，他顺手拿起几张这种"没用的"纸来擦，结果墨水被吸得干干净净。"变废为宝"的念头在他的头脑中一闪而过。终于，这批纸被当作吸墨纸全部卖出去了。后来，又有人做了个带把的船形架，把吸墨水纸装在上面，这样，一个新的发明——"吸墨器"就诞生了。

好钢一定要用在刀把上！

（9）多向思考法。在解决问题时，要突破单向思考的框子，提倡多角度思考。例如，"三向法"，即从正面思考，从反面思考，从侧面思考，以开阔视野，拓展思路，多渠道寻求解决问题的办法。

本章小结

创新是一种思想以及在这种思想指导下的实践,是管理的一项基本职能。创新职能具有创造性、风险性、知识密集性、复杂性等特征。创新对于企业的长久发展意义重大;创新涉及企业管理的方方面面,创新的内容包括技术创新、目标创新、组织机构和结构创新、制度创新、文化创新、企业经营理念创新等;创新一般要经历四个阶段,是一个复杂的、循序渐进的过程;管理创新可以遵循一定的方法。

知识拓展

《数字化生存》:渐进思想是创新的最大敌人。——尼古拉·尼葛洛庞帝

没有创新,就不可能有合理的,尤其是有效的管理。——阿法纳西耶夫

处处都推倒这道冷漠的墙,给有创新精神的人,革新者,创造着开路,这就是管理机关和领导人的重要任务。——阿法纳西耶夫

创新是科学房屋的生命力。——阿西莫夫

不创新,就死亡。——艾柯卡

创新有时需要离开常走的大道,潜入森林,你就肯定会发现前所未见的东西。——贝尔

决定经济向前发展的并不是财富500强,他们只决定媒体、报纸、电视的头条,真正在GDP 中占百分比最大的还是那些名不见经传的创新的中小企业;真正推动社会进步的也不是少数几个明星式的 CEO,而是更多默默工作着的人,这些人也同样是名不见经传,甚至文化程度教育背景都不高,这些人中,有经理人、企业家,还有创业者。——彼得·德鲁克

训练题

一、选择题

1. 从创新与环境的关系来分析,创新可以分为(　　　)。
 A. 消极防御型创新 B. 积极攻击型创新
 C. 局部创新 D. 整体创新

2. 管理创新的特征有哪些?(　　　)
 A. 风险性 B. 创造性
 C. 知识密集性 D. 复杂性

3. 创新技法是人们在创新过程中具体采用的方法,常用的主要有(　　　)。
 A. 列举创新法 B. 联想创新法
 C. 类比创新法 D. 首创创新法

4. 创新的原则是指生产管理创新创意的行为准则。一般来说,创新的原则包括以下几个(　　　)。
 A. 调查研究原则 B. 分析综合原则
 C. 突出重点原则 D. 可行性原则

二、简答题

1. 管理创新的含义是什么?
2. 管理创新的基本内容是什么?

3. 创新过程包含哪些阶段的工作？
4. 何为创新思维？创新思维有哪些表现形式？

三、案例分析

Google 公司企业创新

Google 公司（中文译名：谷歌），是一家美国的跨国科技企业，致力于互联网搜索、云计算、广告技术等领域，开发并提供大量基于互联网的产品与服务，其主要利润来自于 AdWords 等广告服务。Google 由当时在斯坦福大学攻读理工博士的拉里·佩奇和谢尔盖·布卢姆共同创建，因此两人也被称为"Google Guys"。

自互联网诞生以来，发展到现在，已经可以说是影响了人们的行为方式、思维方式，成为人们生活的重要组成部分。互联网金融、电子商务、人们获取信息的方式的改变，又会倒逼企业不断创新来满足人们的需要，这些都使得 Google 公司不断进行创新，而且技术更新速度非常快，停止创新的结果就是等待死亡。

谷歌能够持续创新的原因有很多，笔者在这里只列出以下四点。

1. Google：一个规则制定者的逻辑和未来

鱼和熊掌不可皆得吗？Google 却有着鱼（商业竞争）和熊掌（超前创新）都要兼得的野心，可算是有史以来最为"神奇"的科技企业，它依托互联网浪潮的兴起，最终却致力于改造互联网形态，并已两次成功改造了互联网形态：第一次是通过搜索引擎改变了以门户为主要形态的互联网；第二次是通过 Google + Android 的开发组合重新定义了移动互联网。

2. 敢于做"减法"的逻辑

目标越重，就越会让逆水行舟的环境压力加剧，尤其是作为 Google 这样一艘载满珍宝的巨轮，在加速航行的过程中，扔下一些与目标相对不那么匹配的货物，也是需要勇气的。Google Reader 是其中一件看似最为可惜的货物，它带来的恶劣后果甚至波及产品之外的范畴，可以预见得到，以后每当 Google 要推出新产品之后，都会有用户发出"反正 Google 某天又会关闭它"的声音——Google 在发布 Google Keep（云笔记产品）的时候，社交网络上便产生了逆反的声音，认为无法信赖 Google 会将 Keep 作为长久产品来运营，这在 Google 的经历中可谓前所未见。Google 每年都有一次"春季大扫除"的习惯，其中寿命最短的仅活了 175 天，寿命最长的是 iGoogle，活了 3 106 天，Reader 寿命长度排名第二，2 824 天。而这些产品的平均寿命是 1 459 天。

3. 创新成为一种习惯

在时间安排上，Google 制定了一项政策，将创新列入员工的工作时间预算，要求技术人员花 80% 的时间在核心的搜索和广告业务上，其余 20% 则用在他们自己选择的技术项目上，这就迫使员工必须腾出时间进行创新。善于利用失败和混乱，谷歌快速地推出大量创新产品，这些产品可能并不完美，但谷歌会让市场来选择，这样创新的失败成本也是最低的。

4. 文化也能促进创新

激发创意的公司文化。谷歌在行动上真正做到把员工当作最重要的资产，它为员工提供了很多激发智能的机会，并营造了良好的知识工作环境，以独特的公司文化吸引了聪明的人才。一般来说，创意的构思过程是混乱无序的，但谷歌却以一套以数据为驱动的创意评估流程，很好地平衡了这种无序性，谷歌对于分析和数据的重视远远超过其他绝大多数公司。

结合案例，谈谈企业应如何最大限度地发挥技术创新的作用？

附录　终生受用的经典管理理论和管理故事

优秀管理者必备的"十商"

1. 德商（MQ）：指一个人的道德人格品质。德商的内容包括体贴、尊重、容忍、宽容、诚实、负责、平和、忠心、礼貌、幽默等各种美德。

2. 智商（IQ）：是一种表示人智力高低的数量指标，也可以表现为一个人对知识的掌握程度，反映人的观察力、记忆力、思维力、想象力、创造力以及分析问题和解决问题的能力。

3. 情商（EQ）：指控制自己的情绪和处理人际关系的能力。

4. 逆商（AQ）：指面对逆境承受压力的能力，或承受失败和挫折的能力。

5. 胆商（DQ）：是一个人胆量、胆识、胆略的度量，体现了一种冒险精神。胆商高的人能够把握机会，凡是成功的商人、政客，都具有非凡的胆略和魄力。

6. 财商（FQ）：指理财能力，特别是投资收益能力。财商是一个人最需要的能力，但往往会被人们所忽略。

7. 心商（MQ）：就是维持心理健康、缓解心理压力、保持良好心理状况和活力的能力。心商的高低，直接决定了人生过程的苦乐，主宰人生命运的成功。

8. 志商（WQ）：指一个人的意志品质水平，包括坚韧性、目的性、果断性、自制力等方面。

9. 灵商（SQ）：就是对事物本质的顿悟能力和直觉思维能力。

10. 健商（HQ）：是指个人所具有的健康意识、健康知识和健康能力。

不同层次管理者对技能的要求

技术技能、人际技能、概念技能三种技能是各个层次管理者都需要具备的，只是不同层次的管理者对这三项技能的要求程度会有一些区别。

一般来说，越是处于高层的管理者，越需要制定全局性的决策，以便抓住问题的实质，根据问题和实质果断地做出正确的决策。所做的决策影响范围越广、影响期限越长。因此，他们需要更多地掌握概念技能，进而把全局意识、系统思想和创新精神渗透到决策过程中；另外，他们并不经常性地从事具体的作业活动，所以并不需要全面掌握完成各种作业活动必须具备的技术技能，但需要对技术技能有一些基本了解。

作为基层管理者，他们每天的大量工作是从事具体的作业活动管理，负责检查基层工作人员的工作，及时解决基层工做出现的各种具体问题，因此他们必须全面而系统地掌握与本单位工作内容相关的各种技术技能。当然，基层管理者也可能面临一些例外的、复杂的问题，也要协调好所管辖的部门人员，制订本部门的整体计划，因此需要掌握一些概念技能。

人际关系技能是组织各层管理者都应具备的技能，因为不管是哪个层次的管理者，都需要与上下左右进行有效的沟通，相互合作共同完成组织目标。

下图直观概括了不同层次的管理者应具备的三种技能的比例关系。

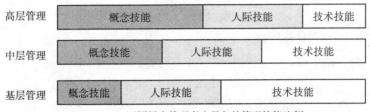

不同层次管理者应具备的管理技能比例

彼得原理

每个组织都是由各种不同的职位、等级或阶层的排列组成的，每个人都隶属于其中的某个等级。彼得原理是美国学者劳伦斯·彼得在对组织中人员晋升的相关现象研究后，得出一个结论：在各种组织中，雇员总是趋向于晋升到其不称职的地位。彼得原理有时也被称为"向上爬"的原理。这种现象在现实生活中无处不在：一名称职的教授被提升为大学校长后，却无法胜任；一名优秀的运动员被提升为主管体育的官员，却无所作为。对一个组织而言，一旦相当部分人员被推到其不称职的级别，就会造成组织的人浮于事，效率低下，导致平庸者出人头地，发展停滞。因此，这就要求改变单纯的根据贡献决定晋升的企业员工晋升机制，不能因某人在某个岗位上做得很出色，就推断此人一定能够胜任更高一级的职务。将一名职工晋升到一个无法很好地发挥个人才能的岗位，不仅不是对本人的奖励，反而使其无法很好地发挥个人才能，也给企业带来损失。

酒与污水定律

酒与污水定律，是指把一匙酒倒进一桶污水，得到的是一桶污水；如果把一匙污水倒进一桶酒，得到的还是一桶污水。在任何组织里，几乎都存在几个"调皮"的人物，他们存在的目的似乎就是为了把事情弄糟。最糟糕的是，他们像果箱里的烂苹果，如果不及时处理，就会迅速传染，把果箱里的其他苹果也弄烂。烂苹果的可怕之处，在于它那惊人的破坏力。一个正直能干的人进入一个混乱的部门可能会被吞没，而一个无德无才者能很快将一个高效的部门变成一盘散沙。组织系统往往是脆弱的，是建立在相互理解、妥协和容忍的基础上的，很容易被侵害、被毒化。破坏者能力非凡的另一个重要原因在于，破坏总比建设容易。一个能工巧匠花费时日精心制作的陶瓷器，一头驴子一秒钟就能毁掉。如果一个组织里有这样的一头驴子，即使拥有再多的能工巧匠，也不会有多少像样的工作成果。如果你的组织里有这样的一头驴子，你应该马上把它清除，如果你无力这样做，就应该把它拴起来。

木桶定律

水桶定律是讲一只水桶能装多少水，这完全取决于其最短的那块木板。也就是说，任何一个组织，可能面临的一个共同问题，即构成组织的各个部分往往是优劣不齐的，而劣势部分往往决定整个组织的水平。水桶定律与酒与污水定律不同，后者讨论的是组织中的破坏力量，最短的木板却是组织中有价值的一个部分，只不过比其他部分差一些，你不能把它们当成烂苹果扔掉。强弱只是相对而言的，无法消除，问题在于你容忍这种弱点到什么程度，如果严重到成为阻碍工作的瓶颈，你就不得不有所动作。

马太效应

《新约·马太福音》中有这样一个故事：一个国王远行前，交给三个仆人每人一锭银子，吩咐道：你们去做生意，等我回来时，再来见我。国王回来时，第一个仆人说：主人，你交给我的一锭银子，我已赚了 10 锭。于是，国王奖励他 10 座城邑。第二个仆人报告：主人，你给我的一锭银子，我已赚了 5 锭。于是，国王奖励他 5 座城邑。第三仆人报告说：主人，你给我的 1 锭银子，我一直包在手帕里，怕丢失，一直没有拿出来。于是，国王命令将第三个仆人的 1 锭银子赏给第一个仆人，说：凡是少的，就连他所有的，也要夺过来。凡是多的，还要给他，叫他多多益善，这就是马太效应，反映了当今社会中存在的一种普遍现象，即赢家通吃。对企业经营发展而言，马太效应告诉我们，要想在某一个领域保持优势，就必须在此领域迅速做大。当你成为某个领域的"领头羊"时，即便投资回报率相同，你也能更轻易地获得比弱小的同行更大的收益。而若没有实力迅速在某个领域做大，就要不停地寻找新的发展领域，才能保证获得较高的回报。

零和游戏原理

零和游戏是指一项游戏中，游戏者有输有赢，一方所赢正是另一方所输，游戏的总成绩永远为零，零和游戏原理之所以广受关注，主要是因为人们在社会的方方面面都能发现与零和游戏类似的局面，胜利者的光荣后面往往隐藏着失败者的辛酸和苦涩。20 世纪，人类经历两次世界大战，经济高速增长，科技进步、全球一体化以及日益严重的环境污染，零和游戏观念正逐渐被双赢观念所取代。人们开始认识到利己不一定要建立在损人的基础上。通过有效合作皆大欢喜的结局是可能出现的，但从零和游戏走向双赢，要求各方面要有真诚合作的精神和勇气，在合作中不要小聪明，不要总想占别人的便宜，要遵守游戏规则，否则双赢的局面就不可能出现，最终有损失的还是合作者自己。

华盛顿合作规律

华盛顿合作规律说的是，一个人敷衍了事，两个人互相推诿，三个人则永无成事之日。多少有点类似于我们"三个和尚"的故事。人与人的合作，不是人力的简单相加，而是复杂微妙得多。在这种合作中，假定每个人的能力都为 1，那么，10 个人的合作结果有时比 10 大得多，有时，甚至比 1 还要小。因为人不是静止物，而更像方向各异的能量，相互推动时，自然事半功倍；相互抵触时，则一事无成。在我们传统的管理理论中，对合作研究得并不多，最直观的反映就是，目前的大多数管理制度和行为都是致力于减少人力的无谓消耗，而非利用组织提高人的效能。换言之，不妨说管理的主要目的不是让每个人做得更好，而是避免耗能过大。

手表定理

手表定理，是指一个人有一只表时，可以知道现在是几点钟，当他同时拥有两只表时，却无法确定。两只手表并不能告诉一个人更准确的时间，反而会让看表的人失去对准确时间的信心。手表定理在企业经营管理方面，给我们一种非常直观的启发，就是对同一个人或同一个组织的管理，不能同时采用两种不同的方法，不能同时设置两个不同的目标，甚至每个人不能由两个人同时指挥，否则会使这个企业或这个人无所适从。手表定理所指的另一层含义在于，每个人都不能同时选择两种不同的价值观，否则，个人的行为将陷于混乱。

不值得定律

不值得定律最直观的表述是：不值得做的事情，就不值得做好。这个定律再简单不过了，其重要性却时时被人们忽视遗忘。不值得定律反映人们的一种心理，一个人如果从事的是一份自认为不值得做的事情，往往会保持冷嘲热讽、敷衍了事的态度，不仅成功率低，而且即使成功，也不觉得有多大的成就感。因此，对个人来说，应在多种可供选择的奋斗目标及价值观中挑选一种，然后为之奋斗。选择你所爱的，爱你所选择的，才可能激发我们的斗志，也可以心安理得。而对一个企业或组织来说，则要很好地分析员工的性格特性，合理分配工作，如让成就欲较强的职工单独或牵头完成具有一定风险和难度的工作，并在其完成时，给予及时的肯定和赞扬；让依附欲较强的职工，更多地参加到某个团体共同工作；让权力欲较强的职工，担任一个与之能力相适应的主管，同时要加强员工对企业目标的认同感，让员工感觉到自己所做的工作是值得的，这样才能激发员工的热情。

蘑菇管理

蘑菇管理是许多组织对待初出茅庐者的一种管理方法，初学者被置于阴暗的角落（不受重视的部门，或打杂跑腿的工作），浇上一头大粪（无端的批评、指责、代人受过），任其自生自灭（得不到必要的指导和提携）。相信很多人都有过这样一段"蘑菇"的经历，这不一定是什么坏事，尤其是当一切刚刚开始时，当几天蘑菇，能够消除我们很多不切实际的幻想，让我们更加接近现实，看问题也更加实际。一个组织，一般对新进的人员都一视同仁，从起薪到工作都不会有多大的差别。无论你是多么优秀的人才，在刚开始的时候，都只能从最简单的事情做起。蘑菇的经历，对于成长中的年轻人来说，就像蚕茧，是羽化前必须经历的一步。所以，如何高效率地走过生命的这一段，从中尽可能地汲取经验、成熟起来，并树立良好的值得信赖的个人形象，是每个刚入社会的年轻人必须面对的课题。

蝴蝶效应

蝴蝶效应：20世纪70年代，美国一个名叫洛伦兹的气象学家在解释空气系统理论时说，亚马孙河流域热带雨林中一只蝴蝶翅膀偶尔扇动，也许两周后就会引起美国得克萨斯州的一场龙卷风。蝴蝶效应是说，初始条件十分微小的变化经过不断放大，对其未来状态会造成极其巨大的差别。有些小事可以糊涂，有些小事如经系统放大，则对一个组织、一个国家来说是很重要的，就不能糊涂。

青蛙现象

青蛙现象：把一只青蛙直接放进热水锅里，由于它对不良环境的反应十分敏感，就会迅速跳出锅外。如果把一只青蛙放进冷水锅里，慢慢地加温，青蛙并不会立即跳出锅外，水温逐渐提高的最终结局是青蛙死亡了,因为等水温高到青蛙无法忍受时,它已经来不及或者说是没有能力跳出锅外了。青蛙现象告诉我们,一些突变事件,往往容易引起人们的警觉,而易置人于死地的却是在自我感觉良好的情况下,对实际情况的逐渐恶化,没清醒地察觉。

鳄鱼法则

鳄鱼法则:其原意是假定一只鳄鱼咬住你的脚,如果你用手去试图挣脱你的脚,鳄鱼便会同时咬住你的脚与手。你越挣扎,就被咬住得越多。所以,万一鳄鱼咬住你的脚,你唯一的办法就是牺牲一只脚。譬如在股市中,鳄鱼法则就是:当你发现自己的交易背离市场的方向,必须立即止损,不得有任何延误,不得存有任何侥幸。

鲇鱼效应

以前,沙丁鱼在运输过程中成活率很低。后有人发现,若在沙丁鱼中放一条鲇鱼,情况却有所改观,成活率会大大提高。这是什么原因呢?原来鲇鱼在到达一个陌生的环境后,就会"性情急躁",四处乱游,这对于大量好静的沙丁鱼来说,无疑起到了搅拌作用。而沙丁鱼发现多了这样一个"异己分子",自然也很紧张,加速游动。这样沙丁鱼缺氧的问题就迎刃而解了,沙丁鱼也就不会死了。

当一个组织的工作达到较稳定的状态时,常常意味着员工工作积极性的降低,"一团和气"的集体不一定是一个高效率的集体,这时候"鲶鱼效应"将发挥积极的"医疗"作用。一个组织中,如果始终有一位"鲶鱼式"的人物,无疑会激活员工队伍,提高工作业绩,"鲶鱼效应"是企业领导层激发员工活力的有效措施之一。它表现在两方面:一是企业要不断补充新鲜血液,把那些富有朝气、思维敏捷的年轻生力军引入职工队伍中甚至管理层,给那些故步自封、因循守旧的懒惰员工和官僚带来竞争压力,才能唤起"沙丁鱼"们的生存意识和竞争求胜之心。二是要不断地引进新技术、新工艺、新设备、新管理观念,这样才能使企业在市场大潮中搏击风浪,增强生存能力和适应能力。

羊群效应

在一群羊前面横放一根木棍,第一只羊跳了过去,第二只、第三只也会跟着跳过去;这时,把那根棍子撤走,后面的羊,走到这里,尽管拦路的棍子已经不在了,仍然像前面的羊一样,向上跳一下,这就是所谓的"羊群效应",也称"从众心理",是指管理学上一些企业市场行为的一种常见现象。它是指由于对信息不充分并缺乏了解,投资者很难对市场未来的不确定性做出合理的预期,往往是通过观察周围人群的行为而提取信息,在这种信息的不断传递中,许多人的信息将大致相同且彼此强化,从而产生的从众行为。"羊群效应"是由个人理性行为导致的集体的非理性行为的一种非线性机制。

羊群行为是行为金融学领域中比较典型的现象,主流金融理论无法对此加以解释。经济学里,经常用"羊群效应"来描述经济个体的从众跟风心理。羊群是一种很散乱的组织,平时在一起也是盲目地左冲右撞,但一旦有一只头羊动起来,其他的羊也会不假思索地一哄而上,全然不顾前面可能有狼或者不远处有更好的草。因此,"羊群效应"就是比喻人都有一种从众心理,从众心理很容易导致盲从,而盲从往往会陷入骗局或遭到失败。

羊群效应的出现一般在一个竞争非常激烈的行业上，而且这个行业上有一个领先者（领头羊）占据了主要的注意力，那么整个羊群就会不断模仿这只"领头羊"的一举一动，"领头羊"到哪里去"吃草"，其他的羊也去哪里"淘金"。

刺猬法则

刺猬法则：两只困倦的刺猬，由于寒冷而拥在一起。可因为各自身上都长着刺，于是它们离开了一段距离，但又冷得受不了，于是凑到一起。几经折腾，两只刺猬终于找到一个合适的距离：既能互相获得对方的温暖而又不至于被扎。刺猬法则主要是指人际交往中的"心理距离效应"。

破窗理论

破窗理论：一个房子如果窗户破了，没有人去修补，隔不久，其他的窗户也会莫名其妙地被人打破；一面墙，如果出现一些涂鸦没有被洗掉，很快墙上就布满了乱七八糟、不堪入目的东西；一个很干净的地方，人们不好意思丢垃圾，但是一旦地上有垃圾之后，人们就会毫不犹疑地扔垃圾，丝毫不觉羞愧。

破窗理论1也称"破窗谬论"，源于一个叫黑兹利特的学者在一本小册子中的一个譬喻（也有人认为这一理论是法国19世纪经济学家巴斯夏作为批评的靶子而总结出来的，见其著名文章《看得见的与看不见的》）。这位学者说，假如小孩打破了窗户，必将导致破窗人更换玻璃，这样就会使安装玻璃的人和生产玻璃的人开工，从而推动社会就业。

在这里，学者是为了说明孩童的行为与政府的行为所能产生的后果，从而彻底地否定凯恩斯主义的政府干预政策。"破窗理论"就是典型的"破坏创造财富"。把这样的谬论放之于洪灾，放之于地震，放之于战争，好像都很合适。

破窗理论2也叫破窗效应，一扇窗户被打破，如果没有修复，将会导致更多的窗户被打破，甚至整栋楼被拆毁。由美国政治学家威尔逊和犯罪学家凯琳观察总结的"破窗理论"指出，环境可以对一个人产生强烈的暗示性和诱导性。

二八定律

二八定律（帕累托定律）：19世纪末20世纪初意大利的经济学家帕累托认为，在任何一组东西中，最重要的只占其中一小部分，约20%，其余80%尽管是多数，却是次要的。社会中约80%的财富集中在20%的人手里，而80%的人只拥有20%的社会财富。这种统计的不平衡性在社会、经济及生活中无处不在，这就是"二八法则"。

二八法则告诉我们，不要平均地分析、处理和看待问题，企业经营和管理中要抓住关键的少数；要找出那些能给企业带来80%的利润、总量却仅占20%的关键客户，加强服务，达到事半功倍的效果。企业领导人要对工作认真分类分析，要把主要精力放在解决主要问题、抓主要项目上。

鸟笼逻辑

挂一个漂亮的鸟笼在房间里最醒目的地方，过不了几天，主人一定会做出下面两个选择之一：把鸟笼扔掉，或者买一只鸟回来放在鸟笼里。这就是鸟笼逻辑。过程很简单，设想你是这房间的主人,只要有人走进房间,看到鸟笼,就会忍不住问你:"鸟呢?是不是死了?"当你回答:"我从来都没有养过鸟。"人们会问:"那么,你要一个鸟笼做什么?"最后你不得不在两个选择中二选一,因为这比无休止的解释要容易得多。鸟笼逻辑的原因很简单:人们绝大部分的时候是采取惯性思维,可见在生活和工作中培养逻辑思维是多么重要。

责任分散效应

1964年3月13日夜3时20分,在美国纽约郊外某公寓前,一位叫朱诺比白的年轻女子在结束酒吧间工作回家的路上遇刺。当她绝望地喊叫:"有人要杀人啦!救命!救命!"听到喊叫声,附近住户亮起了灯,打开了窗户,凶手吓跑了。当一切恢复平静后,凶手又返回作案。当她又叫喊时,附近的住户又打开了电灯,凶手又逃跑了。当她认为已经无事,回到自己家上楼时,凶手又一次出现在她面前,将她杀死在楼梯上。在这个过程中,尽管她大声呼救,她的邻居中至少有38位到窗前观看,但无一人来救她,甚至无一人打电话报警。这件事引起纽约社会的轰动,也引起了社会心理学工作者的重视和思考。人们把这种众多的旁观者见死不救的现象称为责任分散效应。

对于责任分散效应形成的原因,心理学家进行了大量的实验和调查,结果发现:这种现象不能仅仅说是众人的冷酷无情,或道德日益沦丧的表现。因为在不同的场合,人们的援助行为确实是不同的。当一个人遇到紧急情境时,如果只有他一个人能提供帮助,他会清醒地意识到自己的责任,对受难者给予帮助。如果他见死不救就会产生罪恶感、内疚感,这需要付出很高的心理代价。而如果有许多人在场的话,帮助求助者的责任就由大家来分担,造成责任分散,每个人分担的责任很少,旁观者甚至可能连他自己的那一份责任也意识不到,从而产生一种"我不去救,由别人去救"的心理,造成"集体冷漠"的局面。

帕金森定律

英国著名历史学家诺斯古德·帕金森通过长期调查研究,写出一本名叫《帕金森定律》的书。他在书中阐述了机构人员膨胀的原因及后果:一个不称职的官员,可能有三条出路,一是申请退职,把位子让给能干的人;二是让一位能干的人来协助自己工作;三是任用两个水平比自己更低的人当助手。这第一条路是万万走不得的,因为那样会丧失许多权力;第二条路也不能走,因为那个能干的人会成为自己的对手;看来只有第三条路最适宜。于是,两个平庸的助手分担了他的工作,他自己则高高在上发号施令,他们不会对自己的权力构成威胁。两个助手既然无能,他们就上行下效,再为自己找两个更加无能的助手。如此类推,就形成了一个机构臃肿、人浮于事、相互扯皮、效率低下的领导体系。

晕轮效应

俄国著名的大文豪普希金曾因晕轮效应的作用吃了大苦头。他狂热地爱上了被称为"莫斯科第一美人"的娜坦丽,并且和她结了婚。娜坦丽容貌惊人,但与普希金志不同道不合。当普希金每次把写好的诗读给她听时,她总是捂着耳朵说:"不要听!不要听!"相反,她总是要普希金陪她游乐,出席一些豪华的晚会、舞会,普希金为此丢下创作,弄得债台高筑,最后还为她决斗而死,使一颗文学巨星过早地陨落。在普希金看来,一个漂亮的女人必然有非凡的智慧和高贵的品格,然而事实并非如此,这种现象被称为晕轮效应。

晕轮效应，就是在人际交往中，人身上表现出的某一方面的特征，掩盖了其他特征，从而造成人际认知的障碍。在日常生活中，"晕轮效应"往往在悄悄地影响我们对别人的认知和评价。这个效应告诉我们，当同学或自己受到公众的关注或注视时，学习和交往的效率就会大大增加。因此，我们在日常生活中要学会与他人友好相处，明白什么样的行为才是同学和老师所接受和赞赏的，我们只有在生活和学习中不断地增加自己的良好行为，才可能受到更多人的关注和赞赏，也才可能让我们的学习不断进步，充满自信！

罗森塔尔效应

美国心理学家罗森塔尔等人于1968年做过一个著名实验。他们到一所小学，在一至六年级各选三个班的儿童进行煞有介事的"预测未来发展的测验"，然后实验者将认为有"优异发展可能"的学生名单通知教师。其实，这个名单并不是根据测验结果确定的，而是随机抽取的。它是以"权威性的谎言"暗示教师，从而调动了教师对名单上的学生的某种期待心理。8个月后，再次智能测验的结果发现，名单上的学生成绩普遍提高，教师也给了他们良好的品行评语。这个实验取得了奇迹般的效果，人们把这种通过教师对学生心理的潜移默化的影响，从而使学生取得教师所期望的进步的现象，称为"罗森塔尔效应"，习惯上也称为皮格马利翁效应（皮格马利翁是古希腊神话中塞浦路斯国王，他对一尊少女塑像产生爱慕之情，他的热望最终使这尊雕像变为一个真人，两人相爱结合）。

教育实践也表明：如果教师喜爱某些学生，对他们会抱有较高期望，经过一段时间，学生感受到教师的关怀、爱护和鼓励；常常以积极的态度对待老师、对待学习以及对待自己的行为，学生更加自信、自爱、自强，诱发出一种积极向上的激情，这些学生常常会取得老师所期望的进步。相反，那些受到老师忽视、歧视的学生，久而久之会从教师的言谈举止、表情中感受到教师的"偏心"，也会以消极的态度对待老师、对待自己的学习，不理会或拒绝听从老师的要求。这些学生常常会一天天变坏，最后沦为社会的不良分子。尽管有些例外，但大趋势却是如此，同时这也给教师敲响了警钟。

我国传统的六家学说

【儒家】 儒家思想，又称儒学，也有人认为它是一种宗教而称之为儒教。儒家思想是一种奉孔子（前551—前479）为宗师，所以又有称为孔子学说，对中国以及远东文明发生过重大影响并持续至今的意识形态，它是中华法系的法理基础。儒家最初指的是冠婚丧祭时的司仪，自汉代起指由孔子创立的后来逐步发展以"仁"为核心的思想体系。

儒家学派的创始人孔子第一次打破了旧日统治阶级垄断教育的局面，变"学在官府"而为"有教无类"，使传统文化教育播及整个民族。这样儒家思想就有了坚实的民族心理基础，为全社会所接受并逐步儒化全社会。

儒家经典主要有儒家圣教十三经。儒家正典化始自孔子治六经。孔子"治《诗》《书》《礼》《乐》《易》《春秋》六经"，即《诗经》《尚书》《仪礼》《乐经》《周易》《春秋》。其中《诗经》教以言语文学，《尚书》教以政事，《礼记》教以宗法纲纪、君子修养；《易经》《春秋》教以道义是非智慧。秦始皇"焚书坑儒"，据说经秦火一炬，《乐经》从此失传；东汉在此基础上加上《论语》《孝经》，共七经；唐时加上《周礼》《礼记》《春秋公羊传》《春秋穀梁传》《尔雅》，共十二经；宋时加《孟子》，后有宋刻《十三经注疏》传世。

孔子、孟子、荀卿、董仲舒、二程、朱熹、陆九渊、王阳明代表了儒家发展的不同阶段。

【周易】《周易》是一部中国古哲学书籍，是建立在阴阳二元论基础上对事物运行规律加以论证和描述的书籍，其对于天地万物进行性状归类，天干地支五行论，甚至精确到可以对事物的未来发展做出较为准确的预测。

易卦系统最基本的要素为阴阳概念，而阴阳概念包括阴阳的性质和状态两层意义。如果不理会阴阳的状态，只论及其性质，则可以用阳爻（—）和阴爻（- -）表示阴阳。将上述阴阳爻按照由下往上重叠三次，就形成了八卦，即"乾，坤，震，巽，坎，离，艮，兑"八个基本卦，称为八经卦。再将八经卦两两重叠，就可以得到六个位次的易卦，共有六十四卦，这六十四卦称为六十四别卦，每一卦都有特定的名称。

【道家】道家，先秦时期的一个思想派别，以老子、庄子、杨朱为主要代表。道家的思想崇尚自然，有辩证法的因素和无神论的倾向，同时主张清静无为，反对斗争。其从旁观察世局，认真思索宇宙的真相，使用抽象度高且不带意识形态的执着语言，描述天道与人事变化的法则，属于原理性研究的层次是其专长。

道家哲学不同于儒家社会哲学的进路，直接从天道运行的原理侧面切入，开展了以自然义、中性义为主的"道"的哲学。天道运行有其自然而然的原理在，道的哲学即是解释此原理的内涵，从而得以提出一个活泼自在的世界空间。透过对此一世界运行秩序之无定限、无执着的认识，道家哲学发展出迥然不同于儒家的社会哲学，社会只是一方存在的客体，在其中生存的人们，应有其独立自存的自由性，而不受任何意识形态的束缚。基本上，道家哲学并不否定儒家的社会理想，但对于社会责任的态度并不先存立场，而能有更尊重人类自主性的态度与存在定位。

道家重视人性的自由与解放。一方面是人的知识能力的解放，另一方面是人的生活心境的解放，前者提出了"为学日益、为道日损""此亦一是非彼亦一是非"的认识原理，后者提出了"谦""弱""柔""心斋""坐忘""化蝶"等的生活功夫来面对世界。道家讲究"人天合一""人天相应""为而不争、利而不害""修之于身，其德乃真""虚心实腹""乘天地之正，而御六气之辩，以游无穷""法于阴阳，以朴应冗，以简应繁"等等。道家主张"齐物""逍遥"，对万物的态度是"无所恃"。在庄周的《逍遥游》中，庄子认为，天地万物都是"有所恃"的，大至鲲鹏，小至蜩鸠，都需要凭借一定的外部条件才能活动。而他的最高境界是"无所恃"，这样才是真正的"逍遥游"。

道家从维护个人利益的角度出发，在经济理论、社会实践方面创立了"人本"的思想观点，主张通过维护每个人的个人利益来达到社会的和谐繁荣，道家尖锐地批判了以天下为根本的政治观点，认为这是"悉天下奉一身"的罪恶表现，在社会制度上主张以维护私有制的利益促进社会的"大同"，这与当今的资本主义社会制度的私有制度有所不同，道家的观点是以私有来促公有。道家主张不损害个人利益，也不能侵犯个人利益，只要每个人的利益得到应有保障，每个人的个人利益不受到侵犯，甚至包括自然界的动物植物的利益不受侵犯，把不受侵犯的个人利益加在一起就是社会的利益得到保障，只有每个人的利益得到了保护，整个国家才能是真正的繁荣。道家的这种思想对今天的政治经济发展起到了重要的作用。

【墨家】墨家是中国古代主要哲学派别之一，约产生于战国时期，创始人为墨翟（dí）。

墨家是一个纪律严密的学术团体，其首领称"矩子"。墨家学派有前后期之分，前期思想主要涉及社会政治、伦理及认识论问题；后期墨家在逻辑学方面有重大贡献。

墨者多来自社会下层，是有知识的劳动者。以"兴天下之利，除天下之害"为教育目的。墨者中从事谈辩者，称"墨辩"；从事武侠者，称"墨侠"。墨者必须服从钜子的领导，其纪律严明，相传"墨者之法，杀人者死，伤人者刑"。按墨家的规定，被派往各国做官的墨者，必须推行墨家的政治主张；行不通时宁可辞职。另外，做官的墨者要向团体捐献俸禄，做到"有财相分"，当首领的要以身作则。墨家是一个有领袖、有学说、有组织的学派，他们有强烈的社会实践精神。墨者们吃苦耐劳、严于律己，把维护公理与道义看作是义不容辞的责任。

前期墨家的社会伦理思想以兼爱为核心，提倡"兼以易别"，反对儒家强调的社会等级观念。它提出"兼相爱，交相利"，以尚贤、尚同、节用、节葬作为治国方法。它还反对当时的兼并战争，提出"非攻"的主张。它主张非命、天志、明鬼，一方面否定天命，同时又承认鬼神的存在。前期墨家在认识论方面提出了以经验为基础的认识方法。

后期墨家汇合成两支：一支注重认识论、逻辑学、几何学、几何光学、静力学等学科的研究，是谓"墨家后学"（亦称"后期墨家"），另一支则转化为秦汉社会的游侠。前者对前期墨家的社会伦理主张多有继承，在认识论、逻辑学方面成就颇丰。后期墨家除肯定感觉经验在认识中的作用外，也承认理性思维在认识中所起的作用，对前期墨家的经验主义倾向有所克服。战国以后，墨家已经衰微。到了西汉时，由于汉武帝的独尊儒术政策、社会心态的变化以及墨家本身并非人人可达的艰苦训练、严厉规则及高尚思想，墨家在西汉之后基本消失。

【法家】 法家是先秦诸子中对法律最为重视的一派。法家在法理学方面做出了贡献，对于法律的起源、本质、作用以及法律同社会经济、时代要求、国家政权、伦理道德、风俗习惯、自然环境以及人口、人性的关系等基本的问题都做了探讨，并提出了一整套理论和方法，而且卓有成效。为后来建立的中央集权的秦朝制定各项政策提供了相当有效的理论依据，后来的汉朝继承了秦朝的集权体制以及法律体制，这就是我国古代封建社会的政治与法制主体。法家主要代表人物有商鞅、申不害、韩非子、李斯等。战国末期的韩非子是法家思想的集大成者，他建立了完整的法治理论和朴素唯物主义的哲学体系。

在先秦诸子中，针对社会问题，儒家提倡仁爱；墨家主张兼爱；而道家则认为，仁爱和兼爱都不能救世，救世的唯一方法就是什么都不做，即"无为"的思想。法家反对礼制，认为法律的第一个作用是"定分止争"，也就是明确物的所有权；第二个作用是"兴功惧暴"，即鼓励人们立战功，而使那些不法之徒感到恐惧。法家认为人都有"好利恶害"或者"就利避害"的本性。法家反对保守的复古思想，主张锐意改革。商鞅明确地提出了"不法古，不循今"的主张，同时主张法、势、术结合的治国方略，法是指健全法制；势指的是君主的权势，要独掌军政大权；术是指的驾驭群臣、掌握政权、推行法令的策略和手段。法家的思想是必须献出生命来实践，流出鲜血来祭奠，是血染的思想。

【兵家】 中国先秦、汉初研究军事理论，从事军事活动的学派。诸子百家之一。据《汉书·艺文志》记载，兵家又分为兵权谋家、兵形势家、兵阴阳家和兵技巧家四类。兵家主要代表人物，春秋末有孙武、司马穰苴；战国有孙膑、吴起、尉缭、魏无忌、白起等；汉初有张良、韩信等。今存兵家著作有《黄帝阴符经》《六韬》《三略》《孙子兵法》《司马法》

《孙膑兵法》《吴子》《尉缭子》《将苑》《百战奇略》《唐太宗李卫公问对》等。各家学说虽有异同，然其中包含丰富的朴素唯物论与辩证法因素。兵家的实践活动与理论，影响当时及后世甚大，为我国古代宝贵的军事思想遗产。

管理学的理论奠基人：亚当·斯密

亚当·斯密（Adam Smith，1723—1790）是公认的经济学祖师，但他在管理学中的地位十分微妙。作为古典经济学理论体系的创立者，亚当·斯密在经济学界的地位是独一无二的，他的《国富论》在经济学领域的影响极为深远。同时，他在伦理学方面的建树也十分有名，他的《道德情操论》至今依然是经典之作。然而，很少有人注意到他对管理学的贡献。在管理学领域，人们总是把斯密看作经济学家，在推崇他的经济学理论的同时又把他置于管理学之外。所谓地位微妙，是指管理学家们都客客气气地尊奉斯密为大师先哲，但又不把他看作管理学的圈内人士。厄威克的名著《管理备要——七十位先驱者生活和工作的历史记载》，收录了从工业革命到古典管理学时期的众多人物，应有尽有，连制造蒸汽机的小瓦特和博尔顿也有一席之地，唯独没有亚当·斯密。因而，如何认识斯密与管理学的关系，至今仍是一个值得思考的问题。

1723年6月5日，亚当·斯密出生于苏格兰法夫郡一个只有1 500人左右的小镇柯卡尔迪（Kirkcaldy）。幼年的斯密聪明好学，14岁就进入格拉斯哥大学（University of Glasgow），主修拉丁语、希腊语、数学以及道德哲学。在格拉斯哥学习期间，著名哲学教授弗兰西斯哈奇森的自由主义精神给予斯密很大启发，斯密对这位老师的教导一直念念不忘。1740年，斯密获得了奖学金，进入著名学府牛津大学学习，1746年毕业后回到故乡柯卡尔迪。1748年，斯密开始在爱丁堡大学担任讲师，主讲英国文学，几年后又开始讲授经济学课程。1751年，斯密回到母校格拉斯哥任教授，主讲逻辑学和道德哲学。在格拉斯哥大学任职期间，斯密公开发表经济自由主义的主张，形成了自己的经济学观点。1759年，斯密的第一部著作《道德情操论》出版，这部著作为他赢得了巨大的声誉，使他跻身于英国一流学者之列。1764年，斯密受布克莱公爵之邀，离开格拉斯哥大学，到欧洲大陆旅行。旅行的经历以及在旅行过程中同许多著名大陆学者的交往，促使斯密经济理论走向成熟，尤其是重农主义的经济学家魁奈对他影响很大。三年后，斯密回到伦敦，被选为英国皇家学会会员。为了完成自己的研究工作，斯密回到故乡柯卡尔迪，开始潜心撰写经济学著作。1776年，这部写作历时六年，修改三年的经济学巨著《国民财富的性质和原因的研究》（即《国富论》）终于完成。它的发表，标志着古典自由主义经济学的正式诞生。

在写作《国富论》的过程中，斯密积劳成疾。自1784年开始，他的健康状况持续恶化。但斯密依然笔耕不辍，继续写作两部关于哲学和经济学的著作。1787年，斯密应邀去伦敦为英国内阁成员讲授经济学，同年11月，又被推荐担任母校格拉斯哥大学的校长。1790年7月，这位终身未娶的伟大学者与世长辞。

斯密一生追求完美，在临终前，他坚持将未完成的十几部手稿付之一炬，实践了他认真负责的一贯理念。当然，对后世的读者来说，这些手稿的焚毁则是一大损失。在他逝世后，后人根据他的学生所记的笔记，1796年整理出版了《正义、警察、岁入和军备讲稿》，其他遗稿也陆续整理出版，包括1793年的《哲学问题论集》，1795年的《天文学史》等。

斯密一生最密切的朋友是大卫休谟，休谟在哲学方面的造诣对斯密产生了很大影响。两人大概于1751年前后结识,此后,两人除见面外,一直有着频繁的通信联系。当斯密在写完《国富论》后,担心自己健康恶化有可能看不到该书的出版,便指定休谟为自己的遗稿管理人。但结果却是休谟去世在先。而休谟的遗嘱中,恰恰指定斯密为遗稿管理人。

亚当·斯密的著作,对后世有着重大影响。时至今日,经济学界依然不断有"回到斯密"的呼声。如1998年诺贝尔经济学奖得主阿玛蒂亚森,在他的著述中反复阐明斯密的贡献。森的福利经济学,就是建立在斯密的理论基础上。在经济学界,斯密几乎成为被征引最多的作家。如今,亚当·斯密的头像已出现在英国20镑面值的新版钞票上。

经济学界看重斯密无可厚非,问题是,斯密对管理学的贡献是什么?本文认为,正是斯密的经济学理论为管理学的诞生铺垫出了理论前提。《国富论》同管理学紧密相关的,主要有两方面内容:一是经济人假设的提出,二是劳动分工理论。

任何一门学科,如果要进行相应的科学研究,都离不开必要的假设。这种假设,在自然科学中称之为公理。当然,基本假设是非常少的。假设越少,在相关的理论体系中就越重要。其他定理和公式,都是以基本假设为前提推演出来的。在社会科学中,这种得到学界公认的假设寥寥可数,经济人假设就是其中之一。假如基本假设被否定或被证伪,学科范式就会产生革命性的变化。可以说,基本假设是学科的起始原点。对于管理学来说,经济人假设就具有这种学科原点式的地位。

斯密虽然没有明确地提出"经济人"概念,但学界公认经济人假设的始祖是他。他在《国富论》中有这样一段被广为征引的名言:"我们每天所需要的食物和饮料,不是出自屠户、酿酒家和面包师的恩惠,而是出于他们自利的打算。我们不说唤起他们利他心的话,而说唤起他们利己心的话。我们不说自己需要,而说对他们有利。"(王亚南、郭大力译本,商务印书馆1972年版,第14页)。在斯密看来,生产者为人们提供各种各样的商品,不是出于对他人的同情和恩惠,而是出于生产者"自利的打算"。人具有追求自身利益的普遍性,每个人行为的出发点都是为了"利己"。斯密在论述市场秩序形成的原理时,特别强调追求私利的意义。这种自利动机和行为,被后人概括为"经济人"。但是,按自利原则行事,并不能保证人们不违背常理,神经失常或某些疯狂行为,也可能合乎自利动机。经济学毕竟不是精神病理学,所以,还必须同时假定"经济人"的自利是符合理性的。也就是说,人们的自利行为,不是出于任意的想象或盲目的冲动,而是以可以理解的方式即比较利害得失的方式进行的。纳索·威廉·西尼尔(Nassau William Senior, 1790—1864)沿着斯密的思路,确立了个人经济利益最大化公理,并由此推论出边际效益递减学说。到了1836年,约翰·穆勒在《政治经济学定义及研究这门学问的哲学方法》中,给出了经济人假设的标准定义,即"把人看作必然是在现有知识水平上以最少劳动和最小生理节制获取最多必需品、享受和奢侈品"。至此,经济人假设基本定型。

当代管理学家沙因把"经济人"假设具体归纳为四点:第一,人是由经济诱因来引发工作动机的,其目的在于获取最大的经济利益;第二,经济诱因在组织的控制下,因此,人被动地在组织的操纵、激励和控制之下从事工作;第三,人以一种合乎理性的、精打细算的方式行事;第四,人的情感是非理性的,会干预人对经济利益的合理追求。组织必须设法控制个人的感情。

对于管理学来说,必须从人的本性和动机出发来构建相应的理论和方法体系。早期的管理学家,无论泰勒还是法约尔,他们的理论都以经济人假设为逻辑前提。正是在这一意义上,管理学常常被人们看作是经济学的分支领域。即使管理学获得学术上的独立地位后,也与经济学不分轩轾,互相呼应。行为科学诞生后,管理学领域以社会人假设发起了对经济人假设的质疑和挑战,但并未撼动经济人假设的主流地位,反而促使其不断完善,并向其他学科渗透。1986年,获得诺贝尔经济学奖的布坎南(James Mcgill Buchanan,1919—2013),正是以经济人假设来研究政治决策,提出了公共选择理论。在管理学领域,经济人假设远远没有过时。在管理学的不同学派中,无论赞成经济人假设还是反对经济人假设,都绕不过斯密的理论铺垫。

斯密对管理学的另一个贡献是他的分工理论。著名的《国富论》,开宗明义第一章就是论分工。斯密认为,分工程度是一个国家产业、劳动生产力发展水平以及国民财富增长状况的标志。他对劳动分工的作用给予了高度评价,并且认为,劳动生产力的增进以及劳动过程中的熟练程度、技巧和判断力的高低,都同分工紧密相关。斯密以别针工厂为例,说明分工可以使效率大幅度提高(在新版20英镑钞票的斯密头像后,就是别针工厂的图案)。他指出,一个工人在没有受过业务训练并且不熟悉机器操作的情况下,一天或许一根别针也造不出来,最多也不会超过20根别针。而将整个工作分成若干工序,安排不同人负责其中一个工序,效率则会提高许多。具体做法就是按整个制作业务分成抽丝、拉直、切断、削尖、打磨、安装针帽、刷白、包装等18道不同工序,一个人负责其中一项或者两三项,这样可以将一天的产量提高到每人4 800枚。也就是说,如果工人独自工作完成全部工序,无法完成他们适当分工之后所做工作量的1/240。斯密还分析了分工使劳动效率大幅度增长的原因:"第一,劳动者的技巧因业专而日进;第二,由一种工作转到另一种工作,通常须损失不少时间,有了分工,就可以免除这种损失;第三,许多简化劳动和缩减劳动的机械的发明,使一个人能够做许多工作。"基于上述分析,斯密认为,分工原理不仅适用于某一行业,而且适用于整个社会,各个行业都能由于分工的出现而大幅度提高产量。

斯密提出的分工思想,直接导致了管理学的诞生。从数学家巴贝奇到工程师泰勒,都秉承了斯密的分工理论。科学管理的一个重大贡献,就是不仅强调生产技术的分工,而且主张组织结构的分工和管理职能的分工。泰勒所主张的计划与执行分离、计划室与车间分离、职能工长制,都是以分工为出发点。而分工势必带来相应的协作和统一问题,由此使管理成为必不可少的组织任务,同时也使管理的内容和方法出现了划时代的变化。管理的各种技术手段,都与生产分工有关,并进而发展为组织分工和管理分工。

可以说,斯密的经济人假设和分工理论,构成了管理学的理论前提和技术前提。但有一个很有意思的疑问:各种管理学著作在讲述理论前辈时,总会提到其他人,甚至会追溯到古埃及和古中国,但往往不会把斯密看作管理学始祖,其原因何在?

或许,这一切都与斯密的出发点有关。他的研究立足于整体的社会经济,而不是立足于个体的企业经营,即立足于"国民财富"而不是立足于"企业效益"。斯密论证的逻辑,是由交换而产生分工,由分工和交换而形成市场,由市场交易而产生货币,进而转向对资本的研究和对经济政策的评析。所以,他的理论与企业的具体经营活动基本没有联系。另外,简单分析其理论不难看出,斯密从本质上是反对管理的。管理运用的是"看得见的手",而斯密大力提倡的是"看不见的手"。他提出的"经济人"假设,立足于人人对私利的追求,进而通过交易满足社会公共利益。所以,斯密主张充分的经济自由和完全的自由竞争,通过市场的价值规律自然而然地对企业经营起调节作用。这种调节不仅作用于市场价格,使得商品的种类和数量与社会的有效需求一致，而且作用于生产要素和资源，使它们按照不断优化的比例配置于不同的生产部门。正是出于这一逻辑，斯密反对国家干预，强调把调节机制交给市场，由市场来制约社会各个方面的发展。对于国家来说，充当"守夜人"角色足矣。那么，同样的道理，他不讲企业管理的作用，而是强调由市场来调节企业的运行。在他的理论中，只有"资本家"是必不可少的，而没有"经理人"的地位。这正是斯密的理论没有发展为管理学的一个重要原因。

尽管斯密不是管理学的创始人，但管理学却离不开他的理论。如果说，斯密关注的是企业外部的"交易"，那么，管理学关注的是企业内部的"调控"。斯密关注的是"自发秩序"，而管理学关注的是"人为秩序"，同一源头的不同方向流出了经济学和管理学两条理论长河。

数学家查尔斯·巴贝奇

查尔斯·巴贝奇，于1792年出生于英格兰西南部的托特纳斯，是一位富有银行家的儿子，后来继承了相当丰厚的遗产，但他把金钱都用于了科学研究。考入剑桥大学后，他发现自己掌握的代数知识甚至超过了教师。毕业后留校，24岁的年轻人荣幸地受聘担任剑桥"路卡辛讲座"的数学教授。这是一个很少有人能够获得的殊荣，牛顿的老师巴罗是第一名，牛顿是第二名。假若巴贝奇继续在数学理论领域耕耘，他本来是可以走上鲜花铺就的坦途。然而，这位旷世奇才却选择了一条无人敢攀登的崎岖险路。

18世纪末，法兰西发起了一项宏大的计算工程——人工编制《数学用表》，这在没有先进计算工具的当时，可是项极其艰巨的工作。法国数学界调集大批精兵强将，组成了人工手算的流水线，算得个天昏地暗，才完成了17卷大部头书稿。即便如此，计算出的数学用表仍然存在大量错误。这件事也许就是巴贝奇萌生研制计算机构想的起因。巴贝奇的第一个目标是制作一台"差分机"，那年他刚满20岁。他从法国人杰卡德发明的提花织布机上获得了灵感，差分机设计闪烁出了程序控制的灵光——它能够按照设计者的旨意，自动处理不同函数的计算过程。1822年，巴贝奇小试锋芒，初战告捷，第一台差分机呱呱坠地。但是，这一"小试"也耗去了整整10年。这是因为当时的工业技术水平极差，从设计绘图到零件加工，都得自己亲自动手。好在巴贝奇自小就酷爱并熟悉机械加工，车钳刨铣磨，样样拿手。在他孤军奋战下造出的这台机器，运算精度达到了6位小数，当即就演算出好几种函数表。以后实际运用证明，这种机器非常适合编制航海和天文方面的数学用表。成功的喜悦激励着巴贝奇，他连夜奋笔上书皇家学会，要求政府资助他建造第二台运算精度为20位的大型差分机。英国政府看到巴贝奇的研究有利可图，破天荒地与科学家签订了第一个合同，财政部慷慨地为这台大型差分机提供出1.7万英镑的资助。巴贝奇自己也贴进去1.3万英镑巨款，用以弥补研制经费的不足。在当年，这笔款项的数额无异于天文数字——有关资料介绍说，1831年约翰·布尔制造一台蒸汽机车的费用才784英镑。然而，英国政府和巴贝奇都失算了，第二台差分机在剑桥的"阴沟"里面翻了船！我们可以设身处地替巴贝奇想一想，第二台差分机大约有25 000个零件，主要零件的误差不得超过每英寸千分之一，即使用现在的加工设备和技术，要想造出这种高精度的机械也绝非易事。巴贝奇把差分机交给了英国最著名的机械工程师约瑟夫·克莱门特所属的工厂制造，但工程进度十分缓慢。设计师心急火燎，从剑桥到工厂，从工厂到剑桥，一天几个来回。他把图纸改了又改，让工人把零件重做一遍又一遍。年复一年，日复一日，直到又一个 10 年过去后，巴贝奇依然望着那些不能运转的机器发愁，全部零件亦只完成不足一半数量。参加试验的同事们再也坚持不下去，纷纷离他而去，如鸟兽散。巴贝奇独自苦苦支撑了第三个 10 年，终于感到自己再也无力回天。在痛苦的煎熬中，他无计可施，只得把全部设计图纸和已完成的部分零件送进伦敦皇家学院博物馆供人观赏。

1842 年，在巴贝奇的一生中是极不平常的一年。那年冬天，伦敦的气候格外寒冷，巴贝奇的身心全都冷得发颤。英国政府宣布断绝对他的一切资助，连科学界的友人都用一种怪异的目光看着他。英国首相讥讽道："这部机器的唯一用途，就是花掉大笔金钱！"同行们讥笑他是"愚笨的巴贝奇"。就在这痛苦艰难的时刻，一缕春风悄然吹开巴贝奇苦闷的心扉。洛甫雷斯伯爵夫人，本名叫阿达·奥古斯塔，是英国大名鼎鼎的诗人拜伦之独生女。她比巴贝奇的年龄要小 20 多岁，1815 年才出生。阿达自小命运多舛，来到人世的第二年，父亲拜伦因性格不合与她的母亲离异，从此别离英国。可能是从未得到过父爱的缘由，小阿达没有继承到父亲诗一般的浪漫热情，却继承了母亲的数学才能和毅力。在阿达 27 岁时，她成为巴贝奇科学研究上的合作伙伴，迷上这项常人不可理喻的"怪诞"研究。30 年的困难和挫折并没有使巴贝奇折服，阿达的友情援助更坚定了他的决心。还在大型差分机进军受挫的 1834 年，巴贝奇就已经提出了一项新的更大胆的设计。他最后冲刺的目标，不是仅仅能够制表的差分机，而是一种通用的数学计算机。巴贝奇把这种新的设计叫作"分析机"，它能够自动解算有 100 个变量的复杂运算，每个数可达 25 位，速度可达每秒钟运算一次。今天我们再回首看看巴贝奇的设计，分析机的思想仍然闪烁着天才的光芒。巴贝奇首先为分析机构思了一种齿轮式的"存储库"，每一齿轮可储存 10 个数，总共能够储存 1 000 个 50 位数。分析机的第二个部件是所谓"运算室"，其基本原理与帕斯卡的转轮相似，但他改进了进位装置，使得 50 位数加 50 位数的运算可完成于一次转轮之中。此外，巴贝奇也构思了送入和取出数据的机构以及在"存储库"和"运算室"之间运输数据的部件。他甚至还考虑到如何使这台机器处理依条件转移的动作。一个多世纪过去后，现代计算机的结构几乎就是巴贝奇分析机的翻版，只不过它的主要部件被换成了大规模集成电路而已。仅此一说，巴贝奇就当之无愧于计算机系统设计的"开山鼻祖"。为分析机编制一批函数计算程序的重担，落到了数学才女柔弱的肩头。阿达开天辟地第一回为计算机编出了程序，其中包括计算三角函数的程序、级数相乘程序、伯努利函数程序等。阿达编制的这些程序，即使到了今天，计算机软件界的后辈仍然不敢轻易改动一条指令。人们公认她是世界上第一位软件工程师。1981 年，这种语言被正式命名为 ADA 语言，使阿达的英名流传至今。不过，以上讲的都是后话，殊不知巴贝奇和阿达当年处在怎样痛苦的水深火热之中！由于得不到任何资助，巴贝奇为把分析机的图纸变成现实，耗尽了自己全部的财产，搞得一贫如洗。贫困交加，无休无止的脑力劳动，使阿达的健康状况急剧恶化。1852 年，怀着对分析机成功的美好梦想和无言的悲怆，巾帼软件奇才魂归黄泉，年仅 36 岁。阿达去世后，巴贝奇又默默地独自坚持了近 20 年。晚年的他已经不能准确地发音，甚至不能有条理地表达自己的意思，但是他仍然百折不挠地坚持工作。上帝对巴贝奇和阿达太不公平！分析机终于没能造出来，他们失败了。巴贝奇和阿达的失败是因为他们看得太远，分析机的设想超出了他们所处时代至少一个世纪！然而，他们留给了计算机界后辈们一份极其珍贵的精神遗产，包括 30 种不同的设计方案，近 2 100 张组装图和 50 000 张零件图……更包括那种在逆境中自强不息，为追求理想奋不顾身的拼搏！1871年，为计算机事业而贡献了终生的先驱者终于闭上了眼睛。

罗伯特·欧文的"新和谐村"实验

　　罗伯特·欧文是19世纪初英国最有成就的实业家之一，是一位杰出的管理先驱者。欧文于1800—1828年间在苏格兰自己的几个纺织厂内进行了空前的试验。1823年，他以全部财产在美国印第安纳州建立了一所"新和谐村"，进行共产主义"劳动公社"的实验。欧文在历史上第一次揭示了无产阶级贫困的原因，并从生产力的角度提出公有制与大生产的紧密联系。晚年还提出过共产主义主张。最著名的著作为《新社会观》《新道德世界书》。

　　欧文的管理思想基于"人是环境的产物"这一法国唯物主义学者的观点，他在新拉纳克所进行的一切实验都是为了证明："用优良的环境代替不良的环境，是否可以使人由此洗心革面，清除邪恶，变成明智的、有理性的、善良的人；从出生到死亡，始终苦难重重，是否能够使其一生仅为善良和优良的环境所包围，从而把苦难变成幸福的优越生活。"正是基于这样一个充满希望和想象的伟大理念，才形成了他超越当时现实生活的管理思想。

　　欧文在新拉纳克的管理独具特色。首先，他在工厂内推行了一种新的管理制度，其核心是废除惩罚，强调人性化管理。欧文根据工人在工厂的表现，将工人的品行分为恶劣、怠惰、良好和优质四个等级，用一个木块的四面涂上黑、蓝、黄、白四色分别表示。每个工人的前面都有一块，部门主管根据工人的表现进行考核，厂长再根据部门主管的表现对部门主管进行考核。考核结果摆放在工厂里的鲜明位置上，所属的员工一眼就可以看到各人木块的不同颜色。这样，每人目光一扫，就可以知道对应的员工表现如何。刚开始实行这项制度的时候，工人表现恶劣的很多，而表现良好的却很少。但是，在众人目光的注视中和自尊心理的驱使下，表现恶劣的次数和人数逐渐减少，而表现良好的工人却不断地增多。为了保证这种考核的公正，欧文还规定，无论是谁认为考核不公，都可以直接向他进行申诉。这种无惩罚的人性化管理，在当时几乎是一个奇迹。同时，部门主管考核员工，经理考核部门主管，同时辅之以越级申诉制度，开创了层级管理的先河，也有利于劳资双方的平等沟通和矛盾化解。欧文认为，好的环境可以使人形成良好的品行，坏的环境则使人形成不好的品行。他对当时很多资本家过分注重机器而轻视人的做法提出了强烈批评，并采用多种办法致力于改善工人的工作环境和生活环境。在工厂里，欧文通过改善工厂设备的摆设和搞好清洁卫生等方法，为工人创造出一个在当时看来尽可能舒适的工作场所。他还主动把工人的工作时间从13～14小时缩短到10.5小时。在新拉纳克厂区，人们看到的是一排排整齐的工人宿舍，每个家庭为两居室。欧文很注重绿化环境，在工人住宅的周围，树木成荫，花草成行，这对工人的身心健康起着十分积极的作用。为了使工人的闲暇时间有正当向上的娱乐和学习，消除酗酒斗殴等不良风气，欧文还专门为工人建造了供他们娱乐的地方——晚间文娱中心。这种娱乐中心，就是现在俱乐部、夜总会的雏形。

　　欧文的管理思想中，教育制度占有很大比重。他是历史上第一个创立学前教育机关（托儿所、幼儿园）的教育理论家和实践者。为了普及教育，他主张建立教育制度，实行教育立法。欧文认为，"教育下一代是最最重大的课题"，"是每一个国家的最高利益所在"，"是世界各国政府的一项压倒一切的紧要任务"。他的教育理念是："人们在幼儿时期和儿童时期被培养成什么样的人，成年后也就是什么样的人。现在如此，将来也是如此。"在他这一理念的指导下，欧文非常重视儿童教育。他禁止他的工厂雇用十岁以下的童工，并于

1816年耗资一万英镑在他的厂区建立了第一所相当接近现代标准的公共学校——"性格陶冶馆"，这所学校是新拉纳克的中心建筑，为2~14岁的少年儿童提供良好的教育，另外还附设有成人教育班。欧文制订的教学计划，侧重于儿童性格的培养以及儿童职业能力的提高。他的宗旨是"为了培养儿童的优良情操和实用技能，使他们能够成为有用的幸福的人而对他们进行教导"。他把"读、写、算、说"当作学生们必需的学习项目。欧文的教学思想、教学理念和教学计划在新拉纳克取得了巨大的成功，公共学校同时也成为对公众开放的社交和休闲中心。除了学校外，欧文还举办劳工食堂，创建工人消费合作社，设立工人医疗和养老金制度等。新拉纳克由此成为英国的模范社区，没有流浪汉，没有小偷小摸，几乎是资本主义"罪恶泛滥"中冒出来的一方净土。欧文的管理思想和教育思想，都是为了他的最高目标——建立新的和谐社会而做准备的。

欧文对管理学中的贡献是，摒弃了过去那种把工人当作工具的做法，着力改善工人劳动条件，诸如提高童工参加劳动的最低年龄；缩短雇员的劳动时间；为雇员提供厂内膳食；设立按成本向雇员出售生活必需品的模式，从而改善当地整个社会状况。

泰勒的三个著名试验

【金属切削试验】 1881年在米德韦尔公司，为了解决工人的怠工问题，泰勒进行了金属切削试验。他自己具备一些金属切削的作业知识，于是他对车床的效率问题进行了研究，开始了预期6个月的试验。在用车床、钻床、刨床等工作时，要决定用什么样的刀具、多大的速度等来获得最佳的加工效率。这项试验非常复杂和困难，原来预定为6个月实际却用了26年，耗费了80多万吨钢材，总共耗费约15万美元。最后，在巴斯和怀特等十几名专家的帮助下，取得了重大的进展。这项试验还获得了一个重要的副产品——高速钢的发明并取得了专利。试验结果发现了能大大提高金属切削机工产量的高速工具钢，并取得了各种机床适当的转速和进刀量以及切削用量标准等资料。

【搬运铁块试验】 1898年，泰勒从伯利恒钢铁厂开始他的实验。这个工厂的原材料是由一组记日工搬运的，工人每天挣1.15美元，这在当时是标准工资，每天搬运的铁块重量有12~13吨，对工人的奖励和惩罚的方法就是找工人谈话或者开除，有时也可以选拔一些较好的工人到车间里做等级工，并且可得到略高的工资。后来泰勒观察研究了75名工人，从中挑出了四个，又对这四个人进行了研究，调查了他们的背景、习惯和抱负，最后挑了一个叫施密特的人，这个人非常爱财并且很小气。泰勒要求这个人按照新的要求工作，每天给他3.85美元的报酬。通过仔细地研究，使其转换各种工作因素，以此来观察它们对生产效率的影响。例如，有时工人弯腰搬运，有时他们又直腰搬运，后来他又观察了行走的速度，持握的位置和其他的变量。通过长时间的观察试验，并把劳动时间和休息时间很好地搭配起来，工人每天的工作量可以提高到47吨，同时并不会感到太疲劳。他也采用了计件工资制，工人每天搬运量达到47吨后，工资也升到3.85美元。这样，施密特开始工作后，第一天很早就搬完了47.5吨，拿到了3.85美元的工资。于是其他工人也渐渐按照这种方法来搬运了，劳动生产率提高了很多。

【铁锹试验】 早先工厂里工人干活是自己带铲子。铲子的大小也就各不相同，而且铲不同的原料时用的都是相同的工具，那么在铲煤沙时重量如果合适的话，在铲铁砂时就过重了。泰勒研究发现每个工人的平均负荷是21磅，后来他就不让工人自己带工具了，而是准备了一些不同的铲子，每种铲子只适合铲特定的物料，这不仅使工人的每铲负荷都达到了21磅，也是为了让不同的铲子适合不同的情况。为此他还建立了一间大库房，里面存放各种工具，每个的负重都是21磅。同时，他还设计了一种有两种标号的卡片，一张说明工人在工具房所领到的工具和该在什么地方干活，另一张说明他前一天的工作情况，上面记载着干活的收入。工人取得白色纸卡片时，说明工作良好，取得黄色纸卡片时就意味着要加油了，否则的话就要被调离。将不同的工具分给不同的工人，就要进行事先的计划，要有人对这项工作专门负责，需要增加管理人员，但是尽管这样，工厂也是受益很大的，据说这一项变革可为工厂每年节约8万美元。

泰勒的三个试验为他的科学管理思想奠定了坚实的基础，使管理成了一门真正的科学，这对以后管理学理论的成熟和发展起到了非常大的推动作用。

霍桑试验

霍桑工厂是一个制造电话交换机的工厂，具有较完善的娱乐设施、医疗制度和养老金制度，但工人们仍愤愤不平，生产成绩很不理想。为了找出原因，美国国家研究委员会组织研究小组开展试验研究。霍桑试验是一项以科学管理的逻辑为基础的试验。从1924年开始到1932年结束，在将近8年的时间内，前后共进行过两个回合：第一个回合是从1924年11月至1927年5月，在美国国家科学委员会赞助下进行的；第二个回合是从1927年至1932年，由梅奥主持进行，整个试验前后经过了四个阶段。

【照明试验】当时关于生产效率的理论占统治地位的是劳动医学的观点，认为影响工人生产效率的是疲劳和单调感等，于是当时的试验假设便是"提高照明度有助于减少疲劳，使生产效率提高"。可是经过两年多试验发现，照明度的改变对生产效率并无影响。具体结果是：当试验组照明度增大时，试验组和控制组都增产；当试验组照明度减弱时，两组依然都增产，甚至试验组的照明度减至0.06烛光时，其产量亦无明显下降；直至照明减至如月光一般、实在看不清时，产量才急剧降下来。研究人员面对此结果感到茫然，失去了信心。从1927年起，以梅奥教授为首的一批哈佛大学心理学工作者将试验工作接管下来，继续进行。

【福利试验】试验目的总的来说是查明福利待遇的变换与生产效率的关系。但经过两年多的试验发现，不管福利待遇如何改变（包括工资支付办法的改变、优惠措施的增减、休息时间的增减等），都不影响产量的持续上升，甚至工人自己对生产效率提高的原因也说不清楚。后经进一步的分析发现，导致生产效率上升的主要原因如下：①参加试验的光荣感。试验开始时6名参加试验的女工曾被召进部长办公室谈话，她们认为这是莫大的荣誉。这说明被重视的自豪感对人的积极性有明显的促进作用。②成员间良好的相互关系。

【访谈试验】研究者在工厂中开始了访谈计划。此计划的最初想法是要工人就管理当局的规划和政策、工头的态度和工作条件等问题做出回答，但这种规定好的访谈计划在进行过程中却大出意料之外，得到意想不到的效果。工人想就工作提纲以外的事情进行交谈，工人认为重要的事情并不是公司或调查者认为意义重大的那些事。访谈者了解到这一点，及时把访谈计划改为事先不规定内容，每次访谈的平均时间从30分钟延长到1~1.5个小时，多听少说，详细记录工人的不满和意见。访谈计划持续了两年多。工人的产量大幅提高。工人们长期以来对工厂的各项管理制度和方法存在许多不满，无处发泄，访谈计划的实行恰恰为他们提供了发泄机会。发泄过后，工人的心情舒畅，士气提高，使产量得到提高。

【群体试验】梅奥等人在这个试验中是选择14名男工人在单独的房间里从事绕线、焊接和检验工作。对这个班组实行特殊的工人计件工资制度。试验者原来设想，实行这套奖励办法会使工人更加努力工作，以便得到更多的报酬。但观察结果发现，产量只保持在中等水平上，每个工人的日产量平均都差不多，而且工人并不如实地报告产量。深入的调查发现，这个班组为了维护他们群体的利益，自发地形成了一些规范。他们约定，谁也不能干得太多，突出自己；谁也不能干得太少，影响全组的产量，并且约法三章，不准向管理当局告密，如有人违反这些规定，轻则挖苦谩骂，重则拳打脚踢。进一步调查发现，工人们之所以维持中等水平的产量，是担心产量提高，管理当局会改变现行奖励制度，或裁减人员，使部分工人失业，或者会使干得慢的伙伴受到惩罚。这一试验表明，为了维护班组内部的团结，可以放弃物质利益的引诱。由此提出"非正式群体"的概念，认为在正式的组织中存在着自发形成的非正式群体，这种群体有自己的特殊的行为规范，对人的行为起着调节和控制作用，同时加强了内部的协作关系。

杰出领导者的5项基本工作

对于企业家来说，坚持完成文中这五项工作就可以让自己与公司及员工都从中获益。而如果企业家没有能够完成这些工作，无论再怎么努力工作，公司与自身最终都将落入到失败的境地中。

【确保所有员工都可以获得成长的机会】对于企业家来说，如果仅仅关注于是否可以按时完成任务、达成既定目标以及展示出自身领导能力之类事情的话，就会导致本末倒置的问题出现。毕竟，如果没有来自杰出员工的全力支持，企业家就不会有完成任何重点目标和具体任务的机会。并且，对于员工来说，自身具有的能力水平就是可以完成任务的实际范围。所以，企业家的本职工作就是向员工提供帮助以实现更上一层楼的目标。

另外，即便是最善于学习的员工在自身技能提高方面可做的工作也非常有限。因此，对于管理者来说，基本任务就是确保员工们都可以获得培训、指导以及需要和应得的机会。在这一过程中，领导者需要倾听各种发言、引导前进方向并培养出员工们的忠诚和责任感来。管理者接下来还要做的，就是对结果进行全面分析，并对从执行到个人等方面表现出的进步与提高在工作情况方面带来的改善情况进行持续跟踪——这理应包括公司与员工两部分。

对于领导者来说，首要职责就是让下属员工获得属于自己的发展机会。只要在员工技能培训方面花费足够的时间，领导者就会发现实现预定的长期目标不过是瓜熟蒂落的自然结果。

【重点关注刚出现的问题】在给团队士气带来严重负面影响方面，没有什么其他事件会比无法解决的问题速度更快。同事之间的争吵、工作方面的问题、跨部门的纷争之类的行为都可能以给员工在工作动力、参与热情甚至职业道德方面带来负面影响。

细微问题永远不会自动消失。它们总是会蔓延并发展成更严重的问题——如果领导者选择忽视所存在的问题，就会导致员工们立即放弃应有的尊重。而当领导者不受到尊重的时间，就不要奢谈什么领导力了。

对于领导者来说，永远都不应该幻想问题会奇迹般地消失（或者抱着总会有别人处理的投机心理）。不管实际问题多么微小，领导者都必须亲自进行处理。

【拯救陷入困境苦苦挣扎的员工】所有团队中都会有一名无法按时完成任务的成员：如果领导者采取公开未能完成任务的具体情况、在会议上当众发火之类做法的话，往往只会起到降低项目前进速度的负面效果。随着时间的推移，其他成员以及领导者都会将陷入困境苦苦挣扎的当事者认定为问题所在的误区中。

如果出现了这种情况，陷入困境苦苦挣扎的当事者就几乎再也不可能回到自己的原有岗位上了。对于单独成员来说，来自团队整体的不满将属于过于沉重无法承担的情况。

但是，对于领导者来说，这些不满并没有达到过于沉重无法移除的境地中。

因此，在决定去除项目中的薄弱环节之前，领导者就应当竭尽全力为该员工提供足够帮助以达到恢复其原有声誉的目标。这时间，领导者应当对问题进行具体分析和及时处理，并且需要采取最积极的方式。通常情况下，可以采用这样的说法："迈克，我知道你过去一直在努力。我也明白你竭尽全力地试图完成任务。现在，就让我们一起来找到需要你的其他岗位。"与此同时，领导者还应该表现出信心十足和毫无担忧的乐观心态，以及最重要的部分：告诉他自己就在这里亲自为所有相关步骤提供帮助。

这并不意味着领导者需要降低对于广大员工的具体要求。仅仅只是说明应当进行更多的监督和辅导工作而已。

当然，这种处理方式有时也会失败，如果真的发生了这样的情况，领导者依然可以将过程本身作为自己取得的成绩。

【致力于为员工提供全面服务——并且，绝对不要将自己也包括在内】如果领导者喜欢进行自我表扬的话，或许可以侥幸逃脱一两次，但最终结果也就仅此而已。简单来说，领导者永远不应该说或者做可以让自己成为焦点的任何事情。举例来说，领导者在表扬员工之前花时间谈论自己所做的贡献就属于完全应当避免的情况。千万不要说："尽管花费了不少时间，但我终于说服高层管理人员，让我们……"之类的言语。如果事情属于不用说的情况，正确的选择就是坚持这么做。

对于领导者来说，获得的光辉和荣耀应当来自其他人的反馈，绝对不应该是自己的表现。当员工脱颖而出的时间，在团队成功完成任务的时间以及员工将濒临失败的项目改造成为盈利大户的时间，领导者务必要记住向他们而不是自己表示祝贺。

对于一名杰出的经理人来说，这些都仅仅属于应当完成的本职工作而已。

对于领导者来说，只要坚持将员工放在最重要的位置上，其他所有人就将会很快知道你的重要程度有多高。

【与员工交流的时间保持谦虚低调】作为一名企业家，我们已经达到了很多员工盼望有一天最终可以达到的等级。尽管有些员工所羡慕的是我们已经达成的业绩；但绝大部分员工所尊重的其实是现在的勤奋工作以及取得的成就。因此，有时间他们所期望的仅仅就是与领导一起聊会天或者玩玩而已。

如果出现这种情况，领导者可以选择将他赶出去，或者将其作为真正重要的时刻：一次可以进行鼓舞、激励、保证或者通过提供可以为员工生活带来更重要事物而带来希望的极佳机会。

对于领导者来说，所处的职位越高，拥有的影响力就越大，这也就意味着在运用影响力的时间需要承担更加沉重的责任。

一些管理学基础知识

一、素养

★ 蓝斯登原则：在你往上爬的时候，一定要保持梯子的整洁，否则你下来时可能会滑倒。

提出者：美国管理学家蓝斯登

点评：进退有度，才不至进退维谷；宠辱皆忘，方可以宠辱不惊。

★ 卢维斯定理：谦虚不是把自己想得很糟，而是完全不想自己。

提出者：美国心理学家卢维斯

点评：如果把自己想得太好，就很容易将别人想得很糟。

★ 托利得定理：测验一个人的智力是否属于上乘，只看脑子里能否同时容纳两种相反的思想，而无碍于其处世行事。

提出者：法国社会心理学家托利得

点评：思可相反，得须相成。

二、统御

★ 刺猬理论：刺猬在天冷时彼此靠拢取暖，但保持一定距离，以免互相刺伤。

点评：保持亲密的重要方法，乃是保持适当的距离。

★ 鲦鱼效应：鲦鱼因个体弱小而常常群居，并以强健者为自然首领。将一只稍强的鲦鱼脑后控制行为的部分割除后，此鱼便失去自制力，行动也发生紊乱，但其他鲦鱼却仍像从前一样盲目追随。

提出者：德国动物学家霍斯特

点评：①下属的悲剧总是领导一手造成的。②下属觉得最没劲的事，是他们跟着一位最差劲的领导。

★ 雷鲍夫法则：在你着手建立合作和信任时要牢记我们语言中：

1. 最重要的八个字是：我承认我犯过错误
2. 最重要的七个字是：你干了一件好事
3. 最重要的六个字是：你的看法如何
4. 最重要的五个字是：咱们一起干
5. 最重要的四个字是：不妨试试
6. 最重要的三个字是：谢谢您
7. 最重要的两个字是：咱们
8. 最重要的一个字是：您

提出者：美国管理学家雷鲍夫

点评：①最重要的四个字是：不妨试试；②最重要的一个字是：您。

★ 洛伯定理：对于一个经理人来说，最要紧的不是你在场时的情况，而是你不在场时发生了什么。

提出者：美国管理学家洛伯

点评：如果只想让下属听你的，那么当你不在身边时他们就不知道应该听谁的了。

三、沟通

★ 斯坦纳定理：在哪里说得越少，在哪里听到的就越多。

提出者：美国心理学家斯坦纳

点评：只有很好听取别人的，才能更好说出自己的。

★ 费斯诺定理：人有两只耳朵却只有一张嘴巴，这意味着人应该多听少讲。

提出者：英国联合航空公司总裁兼总经理费斯诺。

点评：说得过多了，说的就会成为做的障碍。

★ 牢骚效应：凡是公司中有对工作发牢骚的人，那家公司或老板一定比没有这种人或有这种人而把牢骚埋在肚子里公司要成功得多。

提出者：美国密歇根大学社会研究院

点评：①牢骚是改变不合理现状的催化剂；②牢骚虽不总是正确的，但认真对待牢骚却总是正确的。

★ 避雷针效应：在高大建筑物顶端安装一个金属棒，用金属线与埋在地下的一块金属板连接起来，利用金属棒的尖端放电，使云层所带的电和地上的电逐渐中和，从而保护建筑物等避免雷击。

点评：善疏则通，能导必安。

四、协调

★ 氨基酸组合效应：组成人体蛋白的八种氨基酸，只要有一种含量不足，其他七种就无法合成蛋白质。

点评：当缺一不可时，一就是一切。

★ 米格－25效应：苏联研制的米格－25喷气式战斗机的许多零部件与美国的相比都落后，但因设计者考虑了整体性能，故能在升降、速度、应急反应等方面成为当时世界一流。

点评：所谓最佳整体，乃是个体的最佳组合。

★ 磨合效应：新组装的机器，通过一定时期的使用，把摩擦面上的加工痕迹磨光而变得更加密合。

点评：要想达到完整的契合，须双方都做出必要的割舍。

五、指导

★ 波特定理：当遭受许多批评时，下级往往只记住开头的一些，其余就不听了，因为他们忙于思索论据来反驳开头的批评。

提出者：英国行为学家波特

点评：总盯着下属的失误，是一个领导者的最大失误。

★ 蓝斯登定律：跟一位朋友一起工作，远较在父亲之下工作有趣得多。

提出者：美国管理学家蓝斯登

点评：可敬不可亲，终难敬；有权没有威，常失权。

★ 吉尔伯特法则：工作危机最确凿的信号，是没有人跟你说该怎样做。

提出者：英国人力培训专家吉尔伯特

点评：真正危险的事，是没人跟你谈危险。

★ 权威暗示效应：一位化学家称，他将测验一瓶臭气的传播速度，他打开瓶盖15秒后，前排学生即举手，称自己闻到臭气，而后排的人则陆续举手，纷纷称自己也已闻到，其实瓶中什么也没有。

点评：迷信则轻信，盲目必盲从。

六、组织

★ 奥尼尔定理：所有的政治都是地方的。

提出者：美国前众议院院长奥尼尔

点评：只有切身体会到的，群众才认为那是真实的。

★ 定位效应：社会心理学家曾作过一个试验：在召集会议时先让人们自由选择位置，之后到室外休息片刻再进入室内入座，如此5~6次，发现大多数人都选择他们第一次坐过的位置。

点评：凡是自己认定的，人们大都不想轻易改变它。

★ 艾奇布恩定理：如果你遇见员工而不认得，或忘了他的名字，那你的公司就太大了点。

提出者：英国史蒂芬约瑟剧院导演亚伦艾奇布恩

点评：摊子一旦铺得过大，你就很难把它照顾周全。

七、培养

★ 吉格勒定理：除了生命本身，没有任何才能不需要后天的锻炼。

提出者：美国培训专家吉格勒

点评：水无积无辽阔，人不养不成才。

★ 犬獒效应：当年幼的藏犬长出牙齿并能撕咬时，主人就把它们放到一个没有食物和水的封闭环境里让这些幼犬自相撕咬，最后剩下一只活着的犬，这只犬称为獒。据说十只犬才能产生一只獒。

点评：困境是造就强者的学校。

八、选拔

★ 近因效应：最近或最后的印象对人的认知有强烈的影响。

提出者：美国社会心理学家洛钦斯

点评：结果往往会被视为过程的总结。

★ 酒井法则：在招工时用尽浑身解数，使出各种方法，不如使自身成为一个好公司，这样人才自然而然地会汇集而来。

提出者：日本企业管理顾问酒井正敬

点评：不能吸引人才，已有的人才也留不住。

★ 美即好效应：对一个外表英俊漂亮的人，人们很容易误认为他或她其他方面也很不错。

提出者：美国心理学家丹尼尔麦克尼尔。

点评：印象一旦以情绪为基础，这一印象常会偏离事实。

九、任用

★ 奥格尔维法则：如果我们每个人都雇佣比我们自己都更强的人，我们就能成为巨人公司。

提出者：美国奥格尔维马瑟公司总裁奥格尔维

点评：如果你所用的人都比你差，那么他们就只能做出比你更差的事情。

★ 皮尔卡丹定理：用人上一加一不等于二，搞不好等于零。

提出者：法国著名企业家皮尔卡丹。

点评：组合失当，常失整体优势；安排得宜，才成最佳配置。

十、激励

★ 马蝇效应：再懒惰的马，只要身上有马蝇叮咬，它也会精神抖擞，飞快奔跑。

点评：有正确的刺激，才会有正确的反应。

★ 倒 U 形假说：当一个人处于轻度兴奋时，能把工作做得最好。当一个人一点儿兴奋都没有时，也就没有做好工作的动力了；相应地，当一个人处于极度兴奋时，随之而来的压力可能会使他完不成本该完成的工作。世界网坛名将贝克尔之所以被称为常胜将军，其秘诀之一是在比赛中自始至终防止过度兴奋，而保持半兴奋状态。所以，有人亦将倒 U 形假说称为贝克尔境界。

提出者：英国心理学家罗伯特、耶基斯和多德林。

点评：1. 激情过热，激情就会把理智烧光；2. 热情中的冷静让人清醒，冷静中的热情使人执着。

影响世界进程的 100 位管理大师

1. 亚当·斯密（Adam Smith，1723—1790）

主要贡献：劳动分工、"共同利益"的观点，提出分工理论，著有《国富论》。

2. 罗伯特·欧文（Robert Owen，1771—1858）

主要贡献：提出空想社会主义的思想、最早注意到人的因素对提高劳动生产率的重要性，人本管理的先驱。

3. 查尔斯·巴贝奇（Charles Babbage，1792—1871）

主要贡献：进一步发展了亚当·斯密的劳动分工思想；体力和脑力劳动分工主张；劳资关系协调；发明计数机器，著有《论机械和制造业的经济》。

4. 弗雷德里克·W·泰勒（Frederick W. Taylor）（1856—1915）

主要贡献：理论集中在科学管理方面，制订工作定额；选择第一流工人；标准化管理；差别计件工资；精神革命，著有《科学管理原理》等。

5. 卡尔·巴恩（Carl G. Barth, 1860—1939）

主要贡献：执行泰勒制的正统的忠实信徒，著有《作为泰罗管理制度一部分的机械厂计算尺》。

6. 亨利·甘特（Henry L. Gantt，1861—1919）

主要贡献：发明了甘特图，著有《甘特图表：管理的一个行之有效的工具》《工业领导》。

7. 弗兰克·吉尔布雷斯（Frank B. Gilbreth，1868—1924）

主要贡献：时间和动作研究、计时轨迹摄影技术。

8. 莉莲·吉尔布雷斯（Lillian Moller Gilbreth，1878—1972）

主要贡献：时间和动作研究。

9. 哈林顿·埃默森（Harrington Emerson，1853—1931）

主要贡献：效率的大祭司，提出效率的十二个原则。著有《十二个效率原则》。

10. 莫里斯·库克（Morris Cooke，1872—1960）

主要贡献：在大学和市政管理方面。

11. 亨利·法约尔（Henry Fayol，1841—1925）

主要贡献：古典组织理论，提出了职能原则和管理原则，著有《工业管理与一般管理》等。

12. 马克斯·韦伯（Max Weber，1864—1920）

主要贡献：古典组织理论，权力论；研究组织的官僚模式，著有《社会与经济组织理论》。

13. 林德尔·厄威克（Lyndall F. Urwick，1891—1984）

主要贡献：国际管理协会的首任会长；研究综合古典管理理论，最大的贡献是对经典的管理理论进行了综合。提出了组织的八项原则，著有《行政管理原理》《管理的要素》。

14. 卢瑟·古利克（Luther H. Gulick，1892—1993）

主要贡献：综合古典管理理论，提出管理的七项职能说，著有《管理科学论文集》。

15. 玛丽·帕克·福莱特（Mary Parker Follett，1868—1933）

主要贡献：过渡期，架起古典管理理论和行为科学理论的桥梁，主要思想集中在行政管理，提出整合与责任分担问题，著有《动态的行政管理》等。

16. 雨果·孟斯特伯格（Hugo Munsterberg，1863—1916）

主要贡献：过渡期，工业心理学的创始人之一。

17. 乔治·埃尔顿·梅奥（George Elton Mayo，1880—1949）

主要贡献：在第二阶段参与霍桑实验，提出人际关系理论。著有《工业文明的人类问题》《工业文明的社会问题》。

18. 弗里茨·罗特利斯伯格（Fritz J. Roethlisberger，1898—1974）

主要贡献：突出人际关系理论，与梅奥合作20余年。

19. 赫伯特·西蒙（Herbert A. Simon）

主要贡献：决策理论学派，提出了决策理论。著有《行政管理行为》和《人工科学》

两个系列论著。他的经典著作《管理行为》(1947)的基础是其关于管理决策制定的博士论文。他既是诺贝尔经济学奖得主又是计算机科学图灵奖得主。

20. 亚伯拉罕·马斯洛（Abraham Maslow，1908—1970）

主要贡献：美国行为心理学家，提出需求五层次理论，著有《激励与个性》《良好精神管理》等。

21. 克莱顿·阿尔德佛（Clayton Alderfer）

主要贡献：提出需要层次的 ERG 需要理论。

22. 戴维·麦克利兰（David McClelland）

主要贡献：提出需要层次的成就动机理论。

23. 道格拉斯·麦克雷戈（Douglas McGregor，1906—1964 年）

主要贡献：人际关系学方面的思想家，提出 X–Y 理论，著有《企业的人事方面》等。

24. 约翰·莫尔斯（John Morse）

主要贡献：提出人性假设的超 Y 理论，著有《组织及其他成员：权变法》。

25. 威廉·奥奇（William G. Ouchi）

主要贡献：提出人性假设的 Z 理论，著有《Z 理论——美国企业界怎样迎接日本的挑战》。

26. 克里斯·阿基里斯（Chris Argyris）

主要贡献：提出人性假设的不成熟—成熟理论，著有《人性与组织》等。

27. 库尔特·卢因（Kurt Lewin，1890—1947）

主要贡献：提出团体行为理论："团体力学"和"非正式组织"，著有《人格的动力理论》《社会科学中的场论》。

28. 利兰·布雷德福（Leland Bradford）

主要贡献：提出群体行为："感受性训练"—实验室训练。

29. 伯尔赫斯·弗雷德里克·斯金纳（B. F. Skinner）

主要贡献：提出行为修正的强化理论，著有《有机体的行为：一种实验的分析》《科学与人类行为》。

30. 阿尔伯特·班杜拉（Albert Bandura）

主要贡献：提出行为修正的自我强化理论。

31. 莱曼·波特（Lyman Porter）

主要贡献：提出综合激励模型，著有《管理态度和成绩》。

32. 维克多·维鲁姆（Victor H. Vroom）

主要贡献：提出效价—手段—期望理论，著有《工作与动机》。

33. 弗雷德里克·赫茨伯格（Frederick Herzberg）

主要贡献：提出双因素理论，著有《工作的激励因素》。

34. 斯塔西·亚当斯（J. Stacy. Adams）

主要贡献：提出公平理论，著有《工人关于工资不公平的内心冲突同其生产率的关系》《社会交换中的不公平》。

35. 哈罗德·凯利（Harold H. Kelley）

主要贡献：提出归因理论，对海德的归因理论进行又一次扩充和发展。著有《社会心理学的归因理论》。

36. 哈罗德·孔茨（Harold koontz，1908—1984）

主要贡献：西方现代管理理论形成的标志、管理过程学派代表、强调管理的概念、理论、原理和方法，著有《管理学》。

37. 切斯特·巴纳德（Chester Barnard，1886—1961）

主要贡献：社会系统学派创始人、主要研究经理人员的职能、组织与管理，著有《经理人员的职能》。

38. 斯坦利·西肖尔（Stanley E. Seashore）

主要贡献：当代经济学家和社会心理学家，提出"组织有效性评价标准"。

39. 罗伯特·坦南鲍姆（Robert Tannenbaum）

主要贡献：领导连续体理论，著有《如何选择领导模式》。

40. 俄亥俄州立大学研究小组

主要贡献：提出领导行为的二维构面理论。

41. 伦西斯·利克特（Rensis Likert）（密执安研究）

主要贡献：支持关系理论的创始人，提出四种领导体制，著有《新型的管理》《人类组织》。

42. 罗伯特·布莱克（Robert R. Blake）

主要贡献：提出管理方格理论，著有《管理方格》。

43. 弗雷德·菲德勒（Fred E. Fiedler）

主要贡献：权变理论学派创始人，提出领导类型权变理论，著有《权变模型—领导效用的新方向》。

44. 罗伯特·豪斯（Robert J House）

主要贡献：提出领导权变理论：途径—目标理论。

45. 保罗·赫塞（Paul Hersey）

主要贡献：提出领导行为权变理论：领导生命周期理论，著有《情境领导》。

46. 理查德·约翰逊（Richard A. Johnson）

主要贡献：系统管理学派代表人物之一，1963年与卡斯特、罗森茨韦克合写《系统理论和管理》。

47. 弗里蒙特·卡斯特（Fremont E. Kast）

主要贡献：系统管理学派代表人物之一，1970年与罗森茨韦克合作发表的《组织与管理——一种系统学说》，比较全面地论述了系统管理理论。提出卡斯特模式：组织变革的 6 个步骤。

48. 詹姆斯·罗森茨韦克（James E. Rosenzweig）

主要贡献：系统管理学派代表人物之一，1963 年与约翰逊、卡斯特三人合写《系统理论和管理》、1970 年与卡斯特合作发表的《组织与管理——一种系统学说》，比较全面地论述了系统管理理论。

49. 詹姆斯·格黑尔·米勒（James Grier Miller）

主要贡献：系统管理学派主要代表人物之一。

50. 梅萨·罗维奇（M. Mesarovie）

主要贡献：系统管理学派主要代表人物之一。

51. 彼得·德鲁克（Peter Drucker）

主要贡献：经验主义学派代表人物，美国管理学家和管理咨询人员，被认为是当代西方影响最大的管理学家之一。突破思想是从目标管理到管理知识工人的过程，著有《管理的实践》《管理：任务、责任和实践》等。

52. 欧内斯特·戴尔（Ernest Dale）

主要贡献：经验主义学派代表人物，主要贡献是比较管理经验研究，著有《伟大的组织者》《企业管理的理论与实践》。

53. 威廉·纽曼（William Newman）

主要贡献：经验主义学派代表人物，美国管理学家，著有《经济管理活动：组织和管理的技术》《管理的过程》。

54. 阿尔弗雷德·P·斯隆（Alfred P. Sloan）

主要贡献：经验主义学派代表人物，美国高级经理、长期担任通用汽车公司的总经理董事长、首创事业部制组织结构，著有《我在通用汽车公司的年代》。

55. 保罗·劳伦斯（Paul R. Lawrence）

主要贡献：权变理论学派代表人物，著有《复杂组织的分化和整体化》《组织和环境》。

56. 弗雷德·卢桑斯（Fred Luthars）

主要贡献：权变理论学派代表人物，系统地介绍了权变管理理论，提出了用权变理论可以统一各种管理理论的观点。著有《管理导论：一种权变学说》。

57. 琼·伍德沃德（Joan Woodward）

主要贡献：权变理论学派代表人物，英国女管理学家。组织设计权变理论主要代表人物之一，著有《经营管理和工艺技术》《工业组织：理论和实践》《工业组织：行为和控制》。

58. 亨利·明茨伯格（Henry Mintzberg）

主要贡献：西方管理学界经理角色学派的主要代表人物，主要贡献在于对管理者工作的分析，著有《经理工作的性质》。

59. 埃尔伍德·斯潘塞·伯法（Elwood Spencer Buffa）

主要贡献：研究现代化生产管理方法和管理科学的著名学者，西方管理科学学派代表人物，提出决策的四种类型。著有《生产管理基础》。

60. W·爱德华兹·戴明（W. Edwards Deming）

主要贡献：主要是"质量管理"和质量管理十四法，有力地指导了丰田汽车公司管理。著有《走出危机》。

61. 约瑟夫·朱兰（Joseph Juran）

主要贡献：提出全面质量管理思想，质量三元论，把 80/20 原则引入质量管理，著有《质量控制手册》《朱兰论质量领导》等。

62. 戴尔·卡内基（Dale Carnegie，又译为"戴尔·卡耐基"）

主要贡献：美国著名的人际关系学大师，西方现代人际关系教育奠基人。著有《卡内基沟通与人际关系》（又名《人性的弱点》，等）。

63. 詹姆士·钱皮（James Champy）

主要贡献：突破思想为经营的重造思想，与哈默提出 BPR（业务流程重组），著有《重造企业》对工作流程进行根本性的重新思考并彻底改革。

64. 马文·鲍尔（Marvin Bower）

主要贡献：现代管理咨询之父，开创管理咨询行业，缔造了麦肯锡咨询公司的传奇故事，主要理论是公司文化和价值、团队工作和计划管理、管理顾问的专业化等领域。著有《管理意志》《领导意志》。

65. 大前研一（Kenichi Ohmae）

主要贡献：日本战略之父，是企业家的战略头脑，提出成功的战略和关键因素，是 40 多本书的作者。著有《战略家的思想》《没有国界的世界》。

66. 汤姆·彼得斯（Tom Peters）

主要贡献：提出变革是企业获得生存的唯一出路。著有《追求卓越》《管理的革命》，开辟了商业书籍荣登畅销书榜首的先河。

67. 布鲁斯·亨德森（Bruce Henderson）

主要贡献：创建了第一家纯粹的战略顾问公司：波士顿咨询公司，提出波士顿矩阵。

68. 亨利·福特（Henry Ford）

主要贡献：美国福特汽车创始人，主要突破性思想是大规模生产，著有《我的生活和工作》。

69. 小托马斯·沃特森（Thomas Watson Jr.）

主要贡献：国际商用机器公司（IBM）前董事长，深入探讨公司的立业宗旨，著有《一个企业和它的信念》。

70. 戴维·帕卡德（David Packard）

主要贡献：惠普公司的创始人之一，著有《惠普之道》。

71. 盛田昭夫（Akito Morita）

主要贡献：日本索尼公司的创始人之一，突破性思想主要在"日本管理"领域，著有

《日本制造》。

72. 松下幸之助（Konosuke Matsushita）

主要贡献：松下幸之助是松下公司的创立者。实行水坝式经营。突破性思想是客户服务、企业家的企业天才等，著有《不仅仅为了面包》。

73. 罗伯特·汤赛德（Robert Townsend）

主要贡献：美国快递公司13年的总裁，揭露了现代组织的臃肿、愚蠢和荒唐，著有《提升组织》。

74. 哈罗德·杰林（Harold Geneen）

主要贡献：ITT（国际电报电话公司）的总裁，公司连续买进了共计350家，其中包括艾为斯汽车租赁公司、喜来登酒店集团，突破性思想为用事实分析和管理，著有《协同作用神话》等。

75. 伊戈尔·安索夫（Igor Ansoff）

主要贡献：是对战略管理学的清晰构想做系统阐述的关键人物之一，主要理论成就是战略化管理和差距分析及协同理论，著有《公司战略》。

76. 迈克尔·波特（Michael Porter）

主要贡献：全世界关于竞争战略的最高权威。提出了决定产业竞争的五种力量，三种基本的竞争战略，分析竞争对手的四种要素等具有深远影响的见解。著有《竞争战略》《竞争优势》《国家竞争力》等。

77. 加里·哈默尔（Gary Hamel）

主要贡献：提出了公司核心竞争力理论，是90年代企业战略问题的代表人物。著有《公司的核心竞争力》等。

78. 理查德·帕斯卡尔（RiChard Pascale）

主要贡献：提出7S结构，提供了一种比较美国和日本管理的方法。著有《日本企业的管理艺术》《艰难的管理》。

79. 罗莎贝丝·摩丝·坎特（Rosabeth Moss kanter）

主要贡献：创立了好尺度咨询公司，主要研究战略、创新和变革方面，提出了"授权"的概念，著有《当巨人学跳舞时》《变革大师》等。

80. 查尔斯·汉迪（Charles Handy）

主要贡献：提出三种新的组织形式：三叶草组织、联邦组织和3I组织。著有《理解组织》《非理性的年代》和《空雨衣》等。

81. 阿尔弗雷德·钱德勒（Alfred Chandler）

主要贡献：主要研究战略与结构之间的关系、多事业部制企业的经营等问题，著有《战略与结构》等。

82. 舒曼特拉·高沙尔（Sumantra Ghoshal）

主要贡献：印度学者，提出了全球化和公司结构思想，提出个性化公司的概念，著有《个性化的公司》等。

83. 彼得·圣吉（Peter Senge）

主要贡献：麻省理工学院组织化学习中心负责人，提出了"学习型组织"的概念及其操作要义。著有《第五项修炼》等。

84. 吉尔特·霍夫斯泰德（Geert Hofstede）

主要贡献：荷兰心理学家，突破性思想为文化管理，著有《文化的重要性》等。

85. 冯斯·琼潘纳斯（Fons Trompenaars）

主要贡献：讨论管理者在经济全球化过程中可能会遇到的各种文化因素是如何影响人们的行动的，列举几种文化的冲突，著有《跨越文化浪潮》等。

86. 埃德加·沙因（Edgar Schein）

主要贡献：组织心理学领域的创始人之一，提出的"企业文化"概念，为以后企业文化的研究开辟了道路。著有《组织文化与领导》《组织心理学》等。

87. 埃里奥特·杰奎斯（Elliott Jaques）

主要贡献：加拿大裔心理学家，提出企业的管理水平应基于领导决策之前所花费的可测时间长度和根据时间长度所应获得的报酬。著有《企业文化之改变》《时间的自由度》。

88. 阿尔文·托夫勒（Alvin Toffler）

主要贡献：美国未来学家突出贡献划分人类的三个时期，著有《未来的冲击》《第三次浪潮》。

89. 约翰·奈斯比特（John Naisitt）

主要贡献：未来学领域的权威人物，探讨了十个方面的结构性改革，著有《大趋势》，该书销售了800万册。

90. 玛丽·帕克·福列特（Mary Parker Follett）

主要贡献：提出了管理培训和领导者要接受教育的观点，指出了处理冲突的三种手段。

91. 华伦·本尼斯（Warren Bennis）

主要贡献：组织发展理论的先驱者，突破性成就是对组织理论的发展，在组织动力学框架下论述领导。著有《领导者：掌管的策略》《组织天才》等。

92. 劳伦斯·彼得（Laurence Peter）

主要贡献：研究的重点集中于企业和管理等级制度方面，核心是"彼得原理"。著有《彼得原理》。

93. 西奥多·莱维特（Theodore Levitt）

主要贡献：美国研究院研究员，近三十年来主要的营销大师。指出，企业优先考虑的中心应是满足顾客而不应是简单的生产商品，主导公司的应是营销而不是产品。重点理论在全球化和市场学领域，著有《营销中的改革创新》《营销近视》等。

94. 菲利普·科特勒（Philip Kotler）

主要贡献：营销学领域的主要权威人物之一。提出，"营销者的任务是推销产品实体中所包含的利益或服务，而不能仅限于描述产品的形貌"。提出将市场营销看作经济活动的中心环节，著有《营销管理》等。

95. 杰伊·洛希（Jay W. Lorsch）

主要贡献：提出人性假设的超Y理论，著有《组织及其他成员：权变法》。

96. 爱德华·劳勒（Edward Lawler）

主要贡献：提出综合激励模型，著有《管理态度和成绩》。

97. 沃伦·施密特（Warren H. Schmidt）

主要贡献：提出领导连续体理论，著有《如何选择领导模式》。

98. 简·莫顿（Jane S. Mouton）

主要贡献：提出管理方格理论，著有《管理方格》。

99. 特伦斯·米切尔（Terence R. Mitchell）

主要贡献：提出领导权变理论：途径—目标理论。

100. 肯尼斯·布兰查德（Kenneth Blanchard）

主要贡献：管理寓言的鼻祖，情景领导理论的创始人之一，提出领导生命周期理论，著有《情境领导》。

制度的力量

第一个故事：合格率的检查制度

"二战"期间，美国空军降落伞的合格率为99.9%，这就意味着从概率上来说，每一千个跳伞的士兵中会有一个因为降落伞不合格而丧命。军方要求厂家必须让合格率达到百分之百才行。厂家负责人说他们竭尽全力了，99.9%已是极限，除非出现奇迹。军方（也有人说是巴顿将军）由此改变了检查制度，每次交货前从降落伞中随机挑出几个，让厂家负责人亲自跳伞检测。从此，奇迹出现了，降落伞的合格率达到了百分之百。

第二个故事：付款方式

英国将澳洲变成殖民地之后，因为那儿地广人稀，尚未开发，英政府就鼓励国民移民到澳洲，可是当时澳洲非常落后，没有人愿意去。英国政府就想出一个办法，把罪犯送到澳洲去。这样一方面解决了英国本土监狱人满为患的问题，另一方面也解决了澳洲的劳动力问题，还有一条，他们以为把坏人都送走了，英国就会变得更美好了。

英国政府雇用私人船只运送犯人，按照装船的人数付费，多运多赚钱。很快政府发现这样做有很大的弊端，就是罪犯的死亡率非常之高，平均超过了10%，最严重的一艘船死亡率达到了惊人的37%。政府官员绞尽脑汁想降低罪犯运输过程中的死亡率，包括派官员上船监督，限制装船数量等，却都不理想。

最后，他们终于找到了一劳永逸的办法，就是将付款方式变换一下：由根据上船的人数付费改为根据下船的人数付费。船东只有将人活着送达澳洲，才能赚到运送费用。

新政策一出炉，罪犯死亡率立竿见影地降到了1%左右。后来船东为了提高生存率还在船上配备了医生。

第三个故事：粥的分配制度

七个人住在一起，每天分一大桶粥。要命的是，粥每天都是不够的。一开始，他们抓阄决定谁来分粥,每天轮一个。于是乎,每周下来,他们只有一天是饱的—自己分粥的那一天。后来他们开始推选出一个口口声声道德高尚的人出来分粥。

大权独揽,没有制约,也就会产生腐败。大家开始挖空心思去讨好他,互相勾结,搞得整个小团体乌烟瘴气。然后大家开始组成三人的分粥委员会及四人的评选委员会,互相攻击扯皮下来,粥吃到嘴里全是凉的。

最后想出来一个方法:轮流分粥,但分粥的人要等其他人都挑完后拿剩下的最后一碗。为了不让自己吃到最少的,每人都尽量分得平均,就算不平,也只能认了。

大家快快乐乐,和和气气,日子越过越好。

第四个故事:互助与共赢的天堂

有一位行善的基督教徒,去世后向上帝提出一个要求,要求上帝领他去参观地狱和天堂,看看究竟有什么区别。

到了地狱,看到一张巨大的餐桌,摆满丰盛的佳肴。心想:地狱生活不错吗?过一会儿,用餐的时间到了,只见一群骨瘦如柴、奄奄一息的人围坐在香气四溢的肉锅前,只因手持的汤勺把儿太长,尽管他们争着抢着往自己嘴里送肉,可就是吃不到,又馋、又急、又饿。

上帝说,这就是地狱。

他们走进另一个房间,这里跟地狱一般无二,同样飘溢着肉汤的香气,同样手里拿着的是特别长的汤勺。但是,这里的人个个红光满面,精神焕发。原来他们个个手持特长勺把肉汤喂进对方嘴里。

上帝说,这就是天堂。

同样的人,不同的制度,可以产生不同的文化和氛围以及差距巨大的结果。

这,就是制度的力量!

一个好的制度可以使人的坏念头受到抑制,而坏的制度会让人的好愿望四处碰壁。建立起将结果和个人责任及利益联系到一起的制度,能解决很多社会问题。

训练题参考答案（部分）

基础篇

第一章　管理基础知识

一、选择题

1. A　2. ABC　3. BD　4. A　5. B

第二章　管理理论与思想

一、选择题

1. A　2. A　3. B　4. C　5. B　6. A　7. B　8. D　9. B　10. BCD

职能篇

第三章　计划职能

一、选择题

1. A　2. ABCD　3. ABCD　4. ABC　5. D　6. ABCD　7. AD　8. A　9. ABC　10. C　11. ABCD　12. B　13. ABCD　14. ABD　15. ABCD

第四章　组织职能

一、选择题

1. ABCD　2. ABCD　3. C　4. AC　5. ABCD　6. AB　7. ABCD　8. C　9. ABC　10. ABCD　11. ABCD　12. A

第五章　领导职能

一、选择题

1. A　2. BCD　3. ABCD　4. ABC　5. D　6. ABC　7. ABCD　8. AB　9. D　10. ABC　11. A　12. ABC　13. ABC　14. ABCD　15. D

第六章　控制职能

一、选择题

1. A　2. A　3. D　4. A　5. B　6. D　7. B　8. D

拓展篇

第七章　企业文化

一、选择题

1. B　2. A　3. A　4. C

第八章　管理道德与社会责任

一、选择题

1. C　2. B　3. C　4. B　5. ABCD

第九章　管理创新

一、选择题

1. AB　2. ABCD　3. ABC　4. ABCD

参 考 文 献

[1] 周三多. 管理学 [M]. 2版. 北京：高等教育出版社，2005.
[2] 郭朝阳. 管理学（中国版）[M]. 北京：北京大学出版社，2006.
[3] 史蒂芬·P·罗宾斯，玛丽·库尔特. 管理学 [M]. 7版. 孙健敏，等，译. 北京：中国人民大学出版社，2003.
[4] 程国平，等. 管理学原理 [M]. 2版. 武汉：武汉理工大学出版社，2006.
[5] 周兵，等. 企业战略管理 [M]. 北京：清华大学出版社，2006.
[6] 吴志清，等. 管理学基础 [M]. 北京：机械工业出版社，2004.
[7] 和丕禅，等. 管理学原理 [M]. 北京：中国农业出版社，2003.
[8] [美] 彼得·德鲁克. 创新与创业精神 [M]. 上海：上海人民出版社，2002.
[9] 李志敏. 跟大师学管理 [M]. 北京：中国经济出版社，2004.
[10] [美] 菲利普·L·胡萨克尔. 管理技能实战训练手册 [M]. 张颐，汤永，译. 北京：机械工业出版社，2003.
[11] [美] PRICE WATERHOUSE. 21世纪CEO的经营理念 [M]. 刘中晏，张建军，等，译. 北京：华夏出版社，1998.
[12] 华牧. 经典管理寓言全集 [M]. 广州：企业管理出版社，2004.
[13] 王毅捷. 管理学案例100 [M]. 上海：上海交通大学出版社，2003.
[14] 宝利嘉顾问，尹毅夫. 中国人的管理功夫 [M]. 北京：中国社会科学出版社，2003.
[15] 王成荣. 企业文化教程 [M]. 2版. 北京：中国人民大学出版社，2009.
[16] 罗长海. 企业文化学 [M]. 3版. 北京：中国人民大学出版社，2006.
[17] 彼得·圣吉. 第五项修炼——学习型组织的艺术与实务 [M]. 郭进隆，译. 上海：三联书店，1998.
[18] 刘玉良，阮小芳. 哈佛模式——职业经理人 [M]. 北京：人民日报出版社，2008.
[19] 盛大生. 如何进行创新管理 [M]. 北京：北京大学出版社，2004.
[20] 周三多，陈传明，鲁明泓. 管理学——原理与方法 [M]. 上海：复旦大学出版社，1999.
[21] 原伟. 建立学习型组织，提升企业创新力 [J]. 中国教育研究与创新，2006（11）.
[22] 白景坤，张双喜. 企业组织创新的系统思考 [J]. 经济纵横，2005（11）.
[23] 罗崇敏. 论企业创新 [M]. 北京：经济日报出版社，2002.

[24] 孙晓琳,吴玺玫. 管理学 [M]. 北京:科学出版社,2010.

[25] 吴拓. 现代企业管理原理 [M]. 2版. 北京:机械工业出版社,2009.

[26] 魏晓龙. 管理学原理 [M]. 长春:吉林大学出版社,2009.

[27] 韩燕雄,张汉军,赵立义. 管理基础与实务 [M]. 长春:东北师范大学出版社,2011.

[28] 潘俊,余源. 精编管理学教程 [M]. 北京:北京交通大学出版社,2010.

[29] 龚丽春. 管理学原理 [M]. 北京:冶金工业出版社,2008.